위패스 공인중개사 1차
민법 및 민사특별법 판서노트

김묘엽 교수
KIM MYO YEOB

WEPASS

· 2025년 제36회 공인중개사
· 13년차, 독보적 실력
· 민법의 신(神)
· 그림으로 보는 민법 판서노트

wepass.co.kr

Part 01. 민법총칙 ··· 1

Part 02. 물권법 ·· 81

Part 03. 계약총론 ··· 258

Part 04. 계약각론 ··· 282

- 선의 : 모른다.
- 악의 : 안다.

- 고의 : 의도적
- 과실(過失) : 실수로 = 주의의무 위반 = 알 수 있었는데
  - 평균인 기준 : 선량한 관리자의 주의의무 위반 → 작은 실수 : 경과실 / 큰 실수 : 중과실
  - 개인적 기준 : 자기 재산과 동일한 주의의무 위반

형법 → 고의 : 살인죄 / 과실 : 과실치사죄   고의 ≠ 과실

민법 → 고의 : 손해배상 / 과실 : 손해배상   고의 = 과실

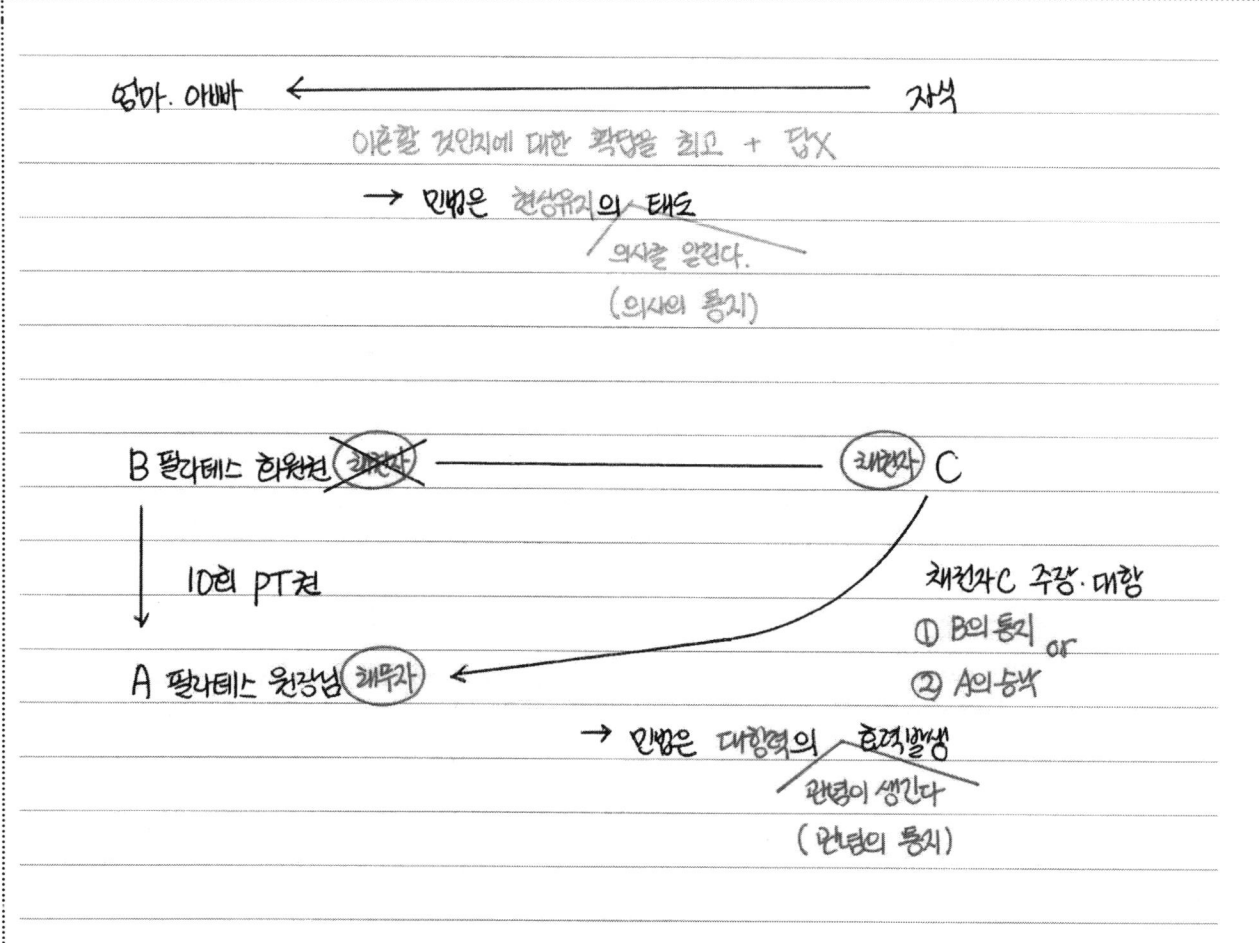

무효와 반사적 이익

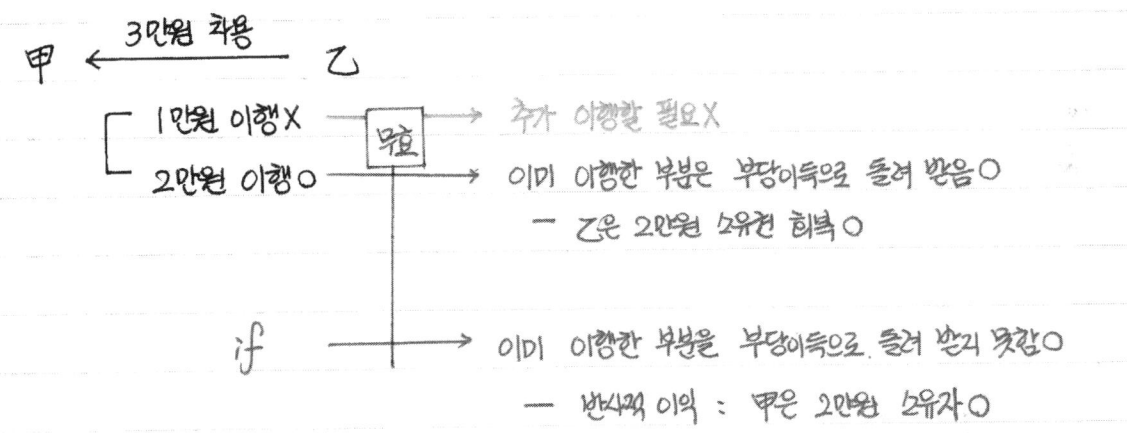

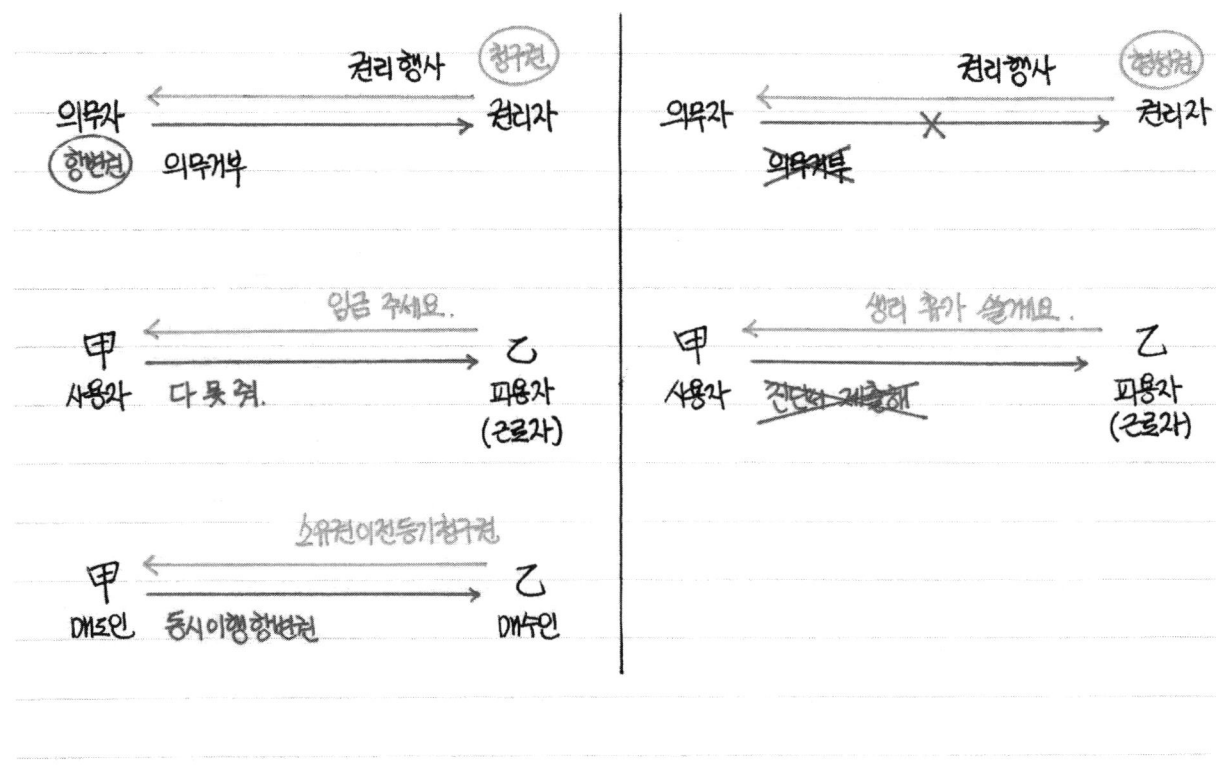

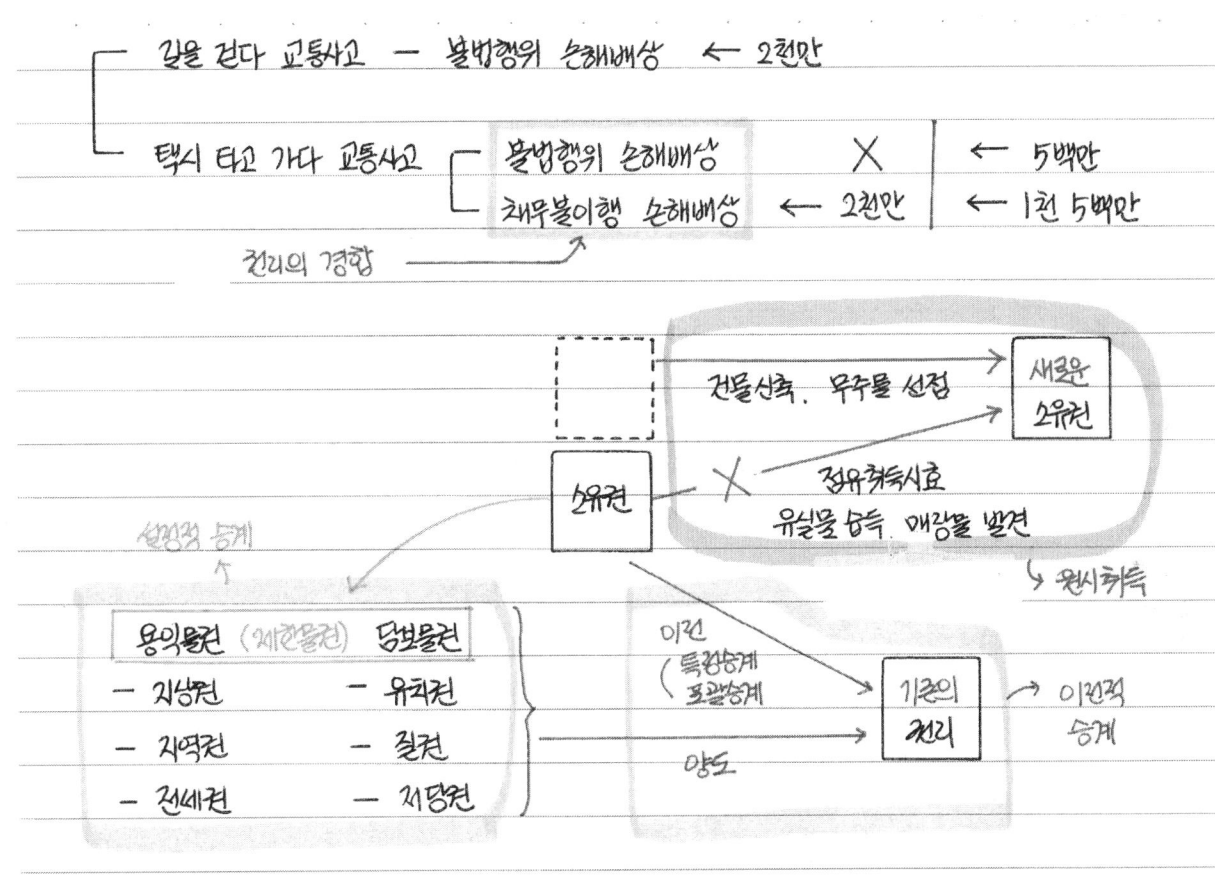

부동산에 관한 법률행위로 인한 물권의 득실변경은 <u>등기를 해야야 효력이 생긴다.</u>
농지　　　　법률행위　　　　취득　　　　등기를 해야 효력 발생
→ 등기는 법률행위의 효력발생 요건 ○

```
甲─────────────────乙
매도인                매수인
```

甲은 등기에 필요한 서류 교부

① 乙은 농지 취득 자격 증명 X → 등기 불가
② 乙은　　　 〃　　　 ○ + 등기 X → 등기 가능하나 효력발생 X
③ 乙은　　　 〃　　　 ○ + 등기 ○ → 등기 한 후 효력발생 ○

→ 농지취득자격증명은 법률행위의 효력발생 요건 X

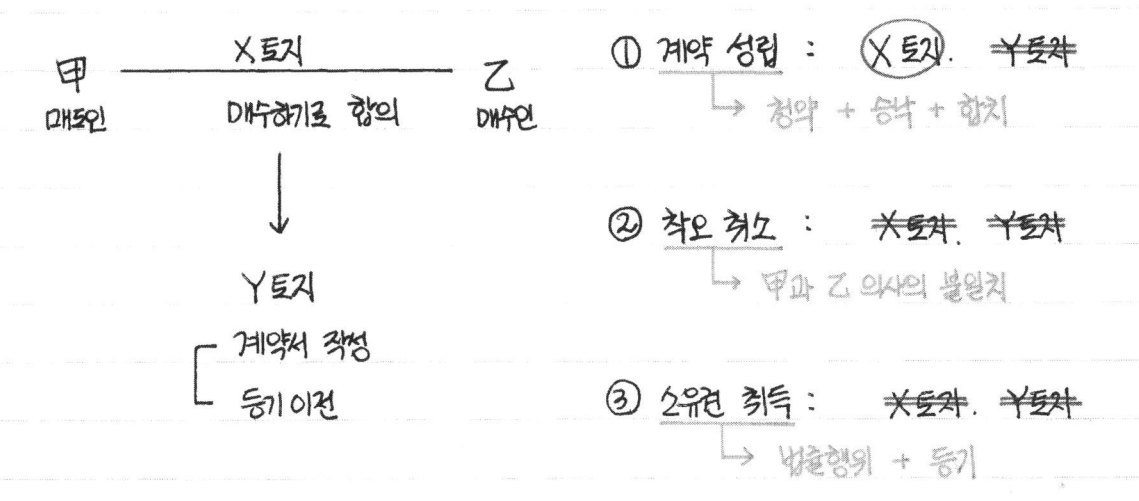

중간생략등기

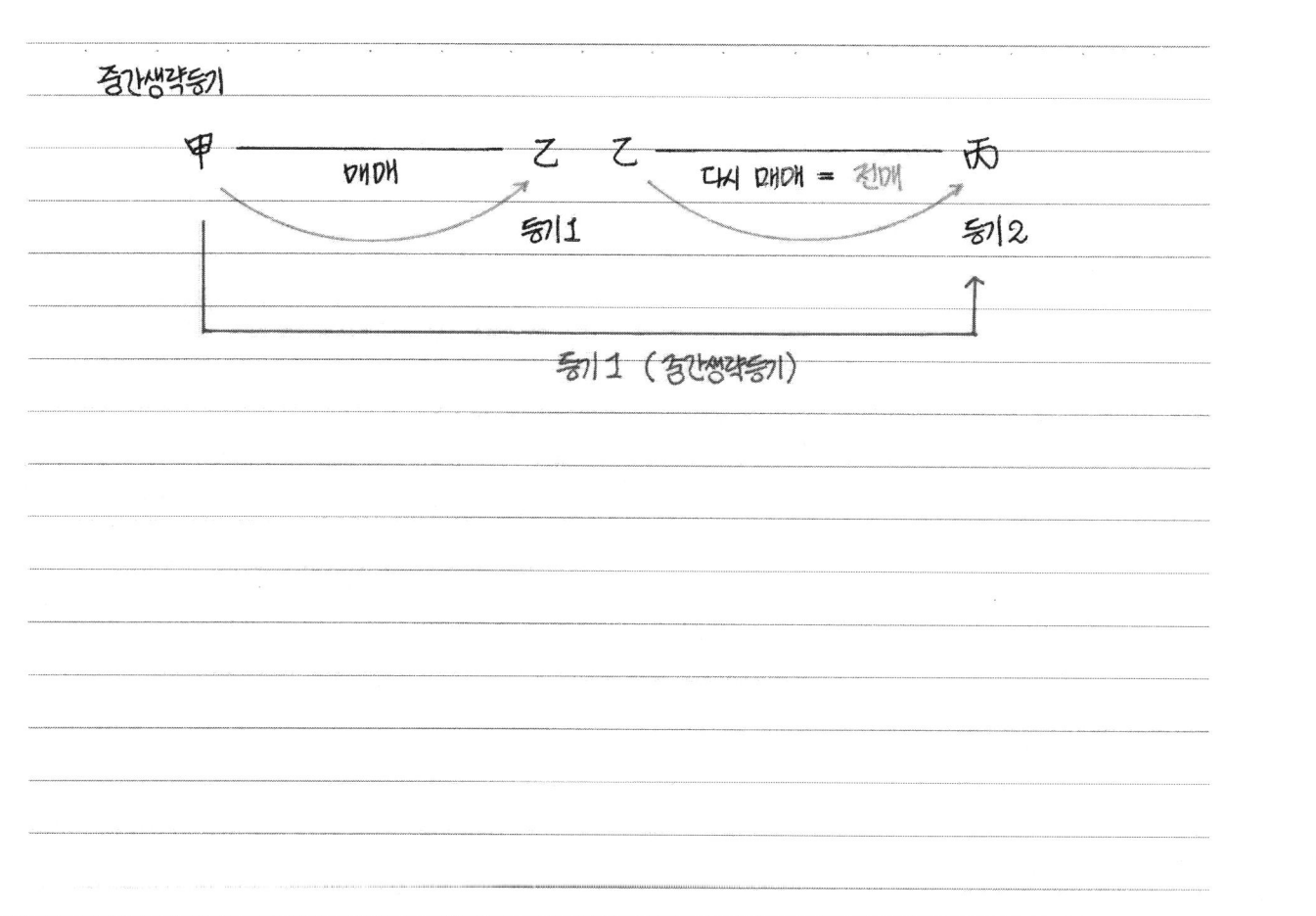

甲의 의사표시

표시 : 천만원 빌려 줘

의사 : 천만원 빌려야지

동기 : 도박자금

甲 ← 병원비로 빌림 — 乙

- 동기를 표시X
- 동기가 상대방에게 알려X

} ~~반사회~~

← 다음날 도박자금 사용을 앎 } ~~반사회~~

甲 ← 도박자금으로 빌림 — 乙

- 동기를 표시O

} 반사회

甲 ← 도박장에서 빌림 — 乙

- 동기를 표시X
- 동기가 상대방에게 알려O

} 반사회

01 민법총칙

① 귀책사유 있는 자를 포함한 누구나 무효 주장
② 무효를 주장하는 자가 증명
③ 당사자, 악의·선의의 제3자를 포함한 누구에게나 무효 주장
④ ┌ 이행하지 않은 자동차 선물 약속 — 이행할 필요 X
   └ 이미 선물한 반지 — 부당이득반환 X : 반사회적 법률행위 예외
        (반사적 이익. 乙이 소유권 취득 O)

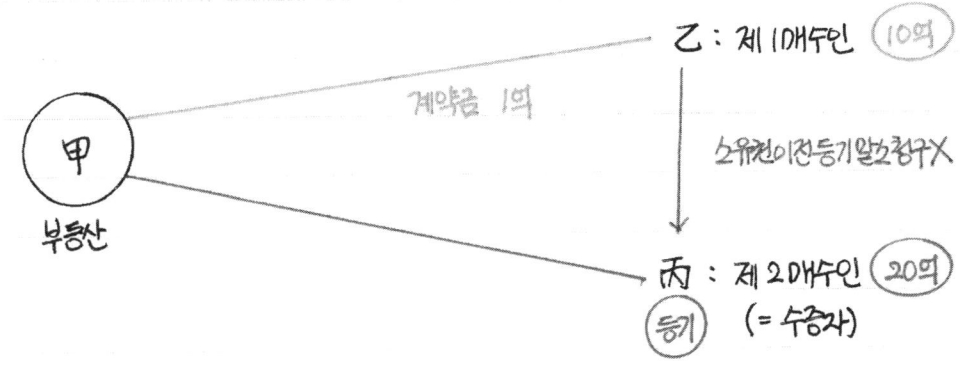

① 계약금은 계약의 해제를 쉽게 함.
  → 계약금을 준 사람은 계약금을 포기하고,
    계약금을 받은 사람은 계약금의 배액을 상환하고 계약을 해제
② 이중매매계약은 유효 — 丙은 소유권을 취득O

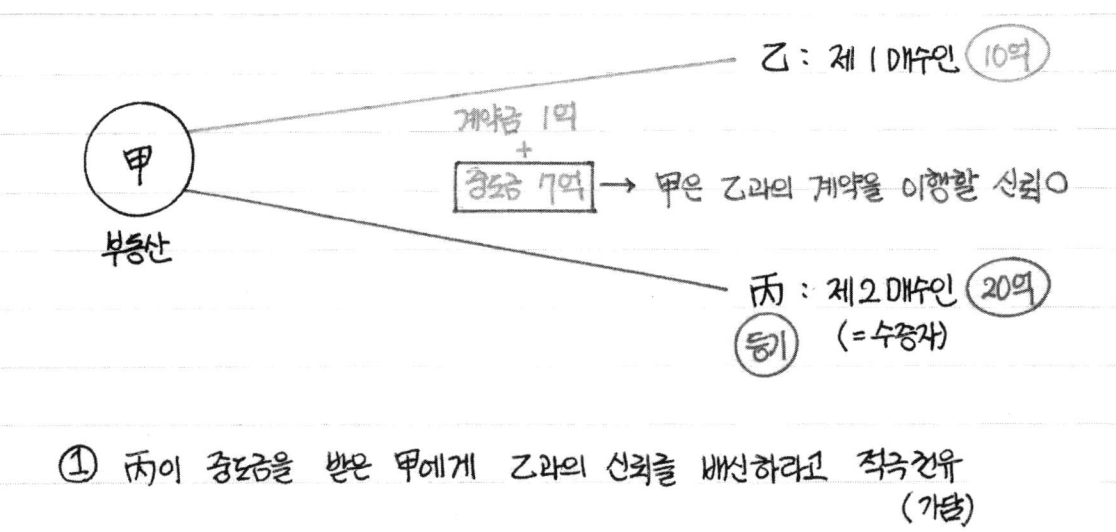

① 丙이 중도금을 받은 甲에게 乙과의 신뢰를 배신하라고 적극권유
　　　　　　　　　　　　　　　　　　　　　　　(가담)

② 배임행위에 적극가담한 이중매매계약은 무효
　　　　　　　　　　　　　　　　반사회적 법률행위로

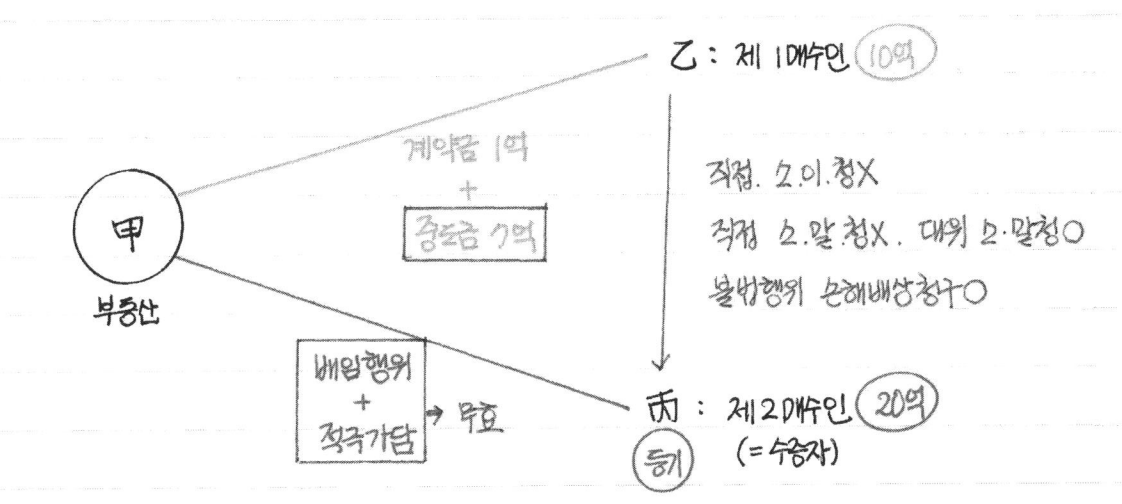

① 무효의 4원칙 - ①.②.③ 동일
② 이미 이행 - 부당이득반환 ○ : 반사회적 법률행위의 예외의 예외
   (※.乙. 丙 2원권 취득X) 丙의 불법원인이 甲보다 현저히 큼

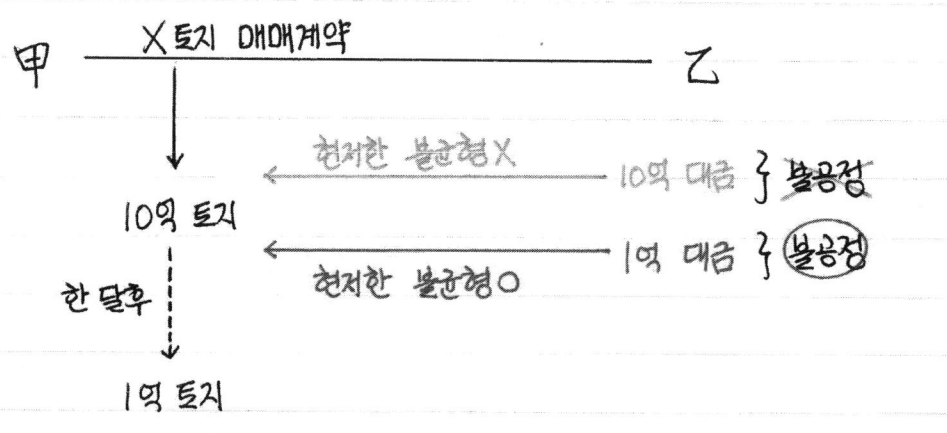

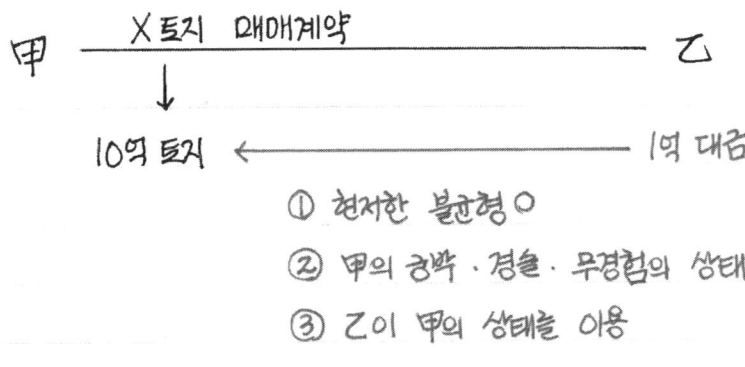

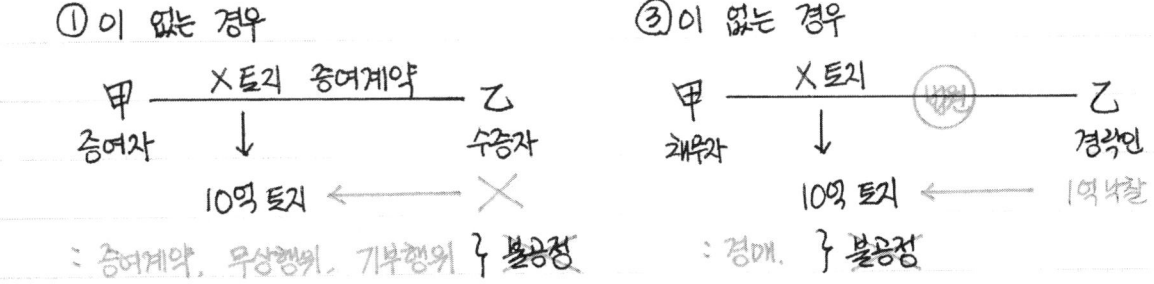

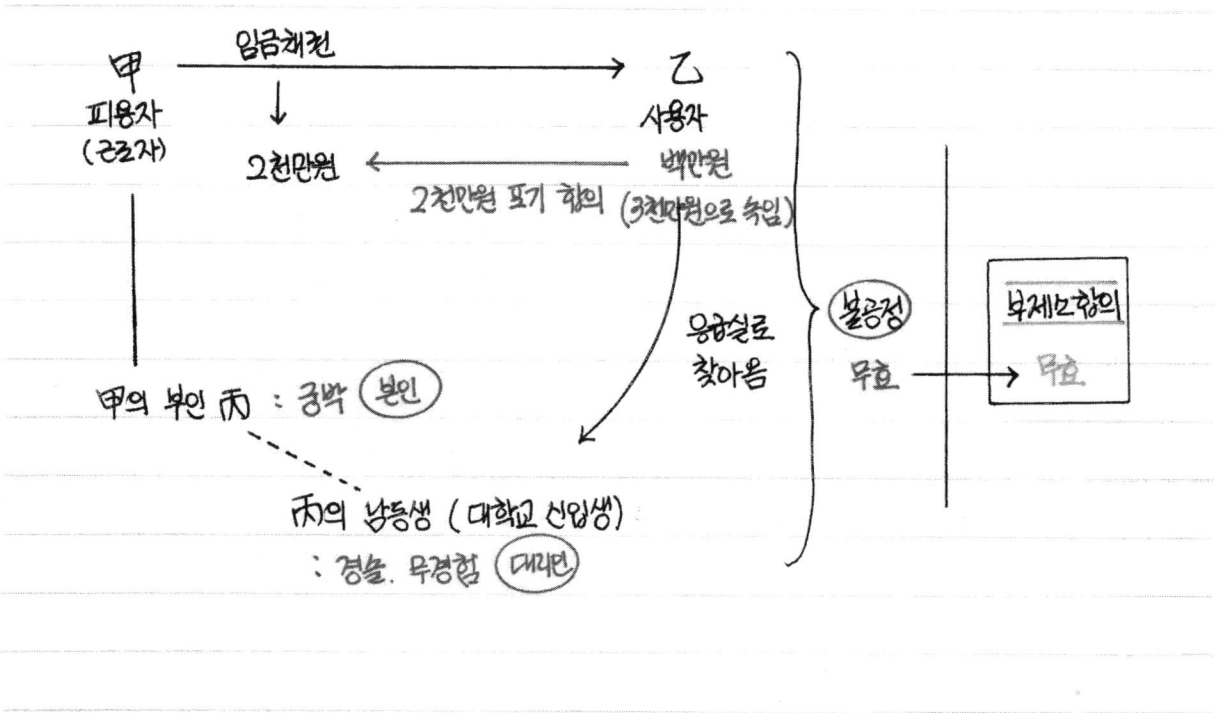

의사의 흠결 : 의사와 표시의 불일치

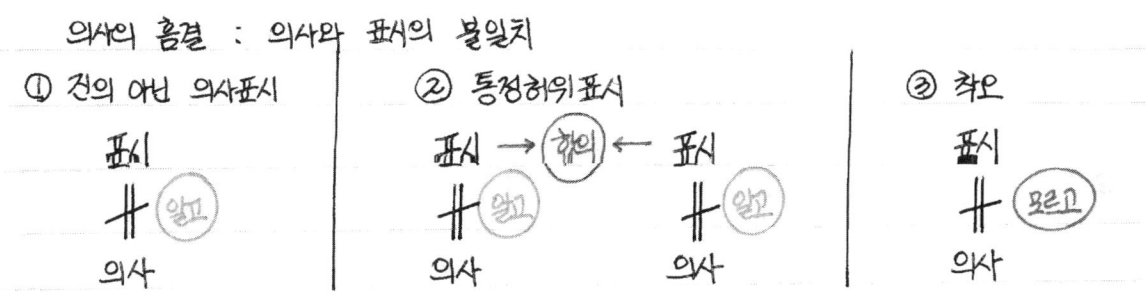

하자 있는 의사표시 : 의사와 표시의 일치

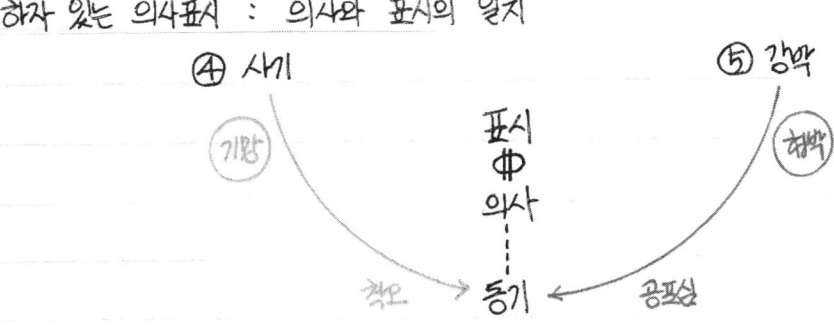

진의 아닌 의사표시 = 비진의표시 = 거짓말 = 허위표시 = 가장행위 = 권한 남용

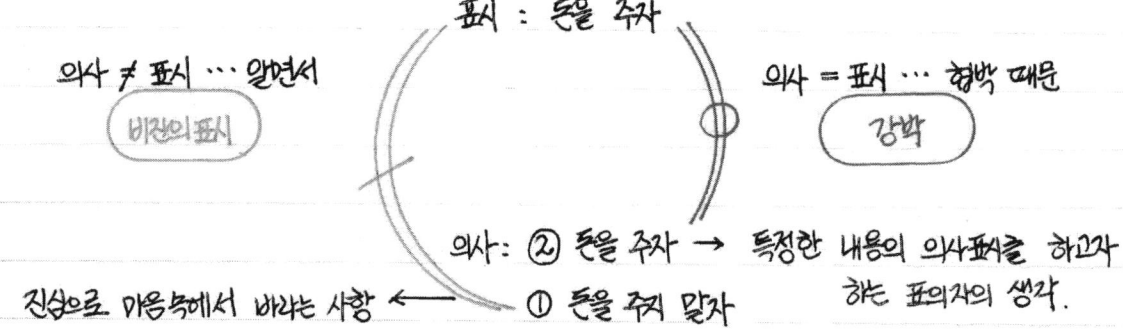

의사 ≠ 표시 … 알면서
비진의표시

표시 : 돈을 주자

의사 = 표시 … 협박 때문
강박

의사: ② 돈을 주자 → 특정한 내용의 의사표시를 하고자 하는 표의자의 생각.
진심으로 마음속에서 바라는 사항 ← ① 돈을 주지 말자

돈을 주는 행위는 비진의표시 X. 진의에 의한 의사표시 O. ← 강박의 의사표시
∴ 진의란 ② 특정한 내용의 의사표시를 하고자 하는 표의자의 생각

비진의표시 ─ 원칙 : 유효
         └ 예외 : 상대방이 알았거나 알 수 있었을 경우 — 무효

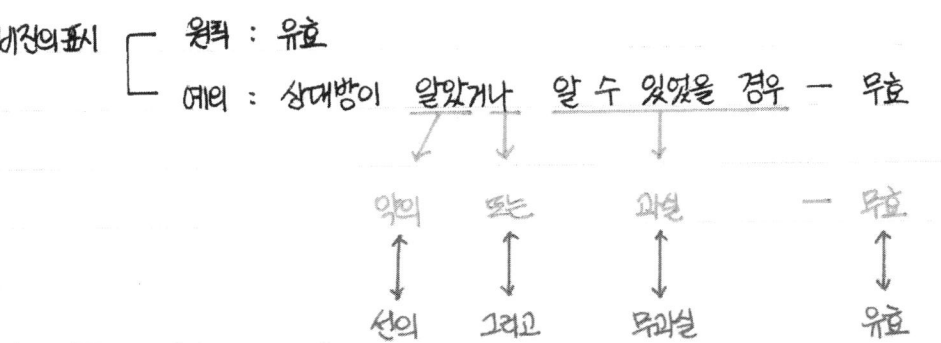

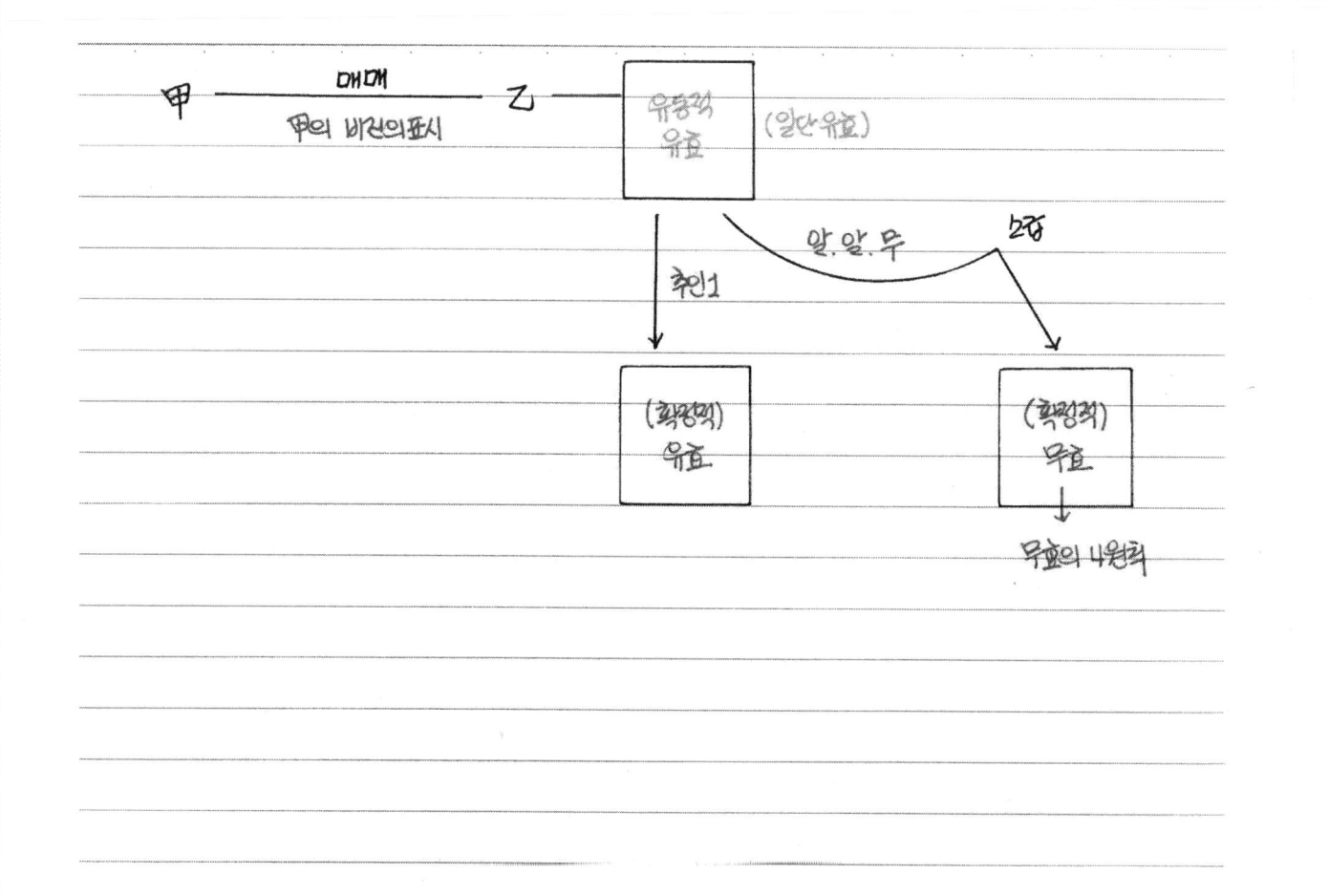

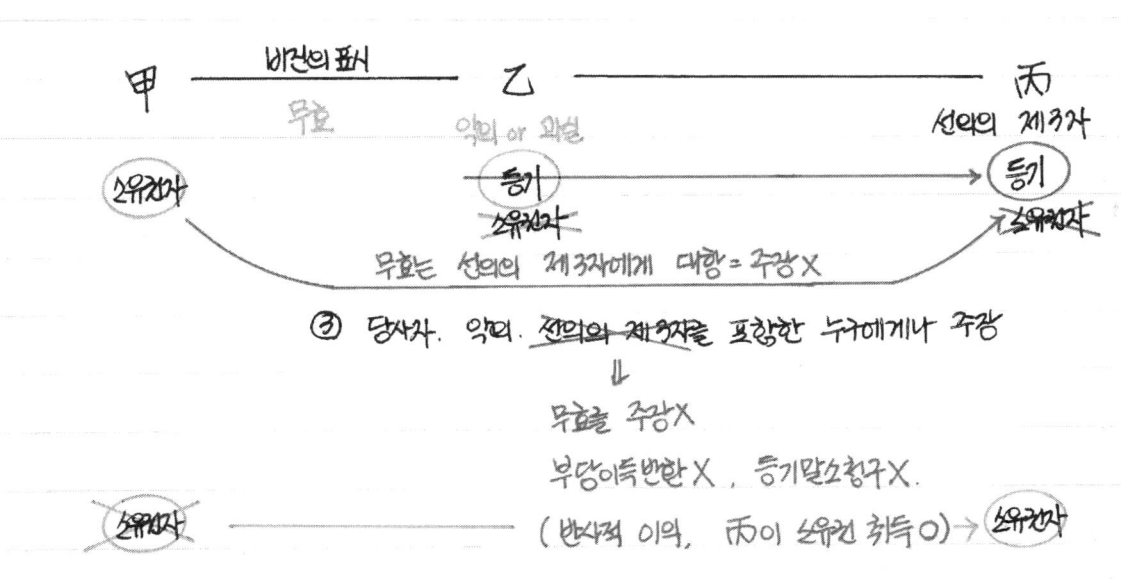

① 채권자
② 국세청 → 甲 ——— 통정허위표시 (매매) ——— 乙   ① 강제집행을 면할 목적
                            ↓무효   ② 세금을 면탈할 목적
     (소유권자)   (등기)

~~반사회적 법률행위 X · 불법원인급여 X~~

① 부당이득반환청구 ○
② 소유권에 기한 반환청구 ○ · 등기말소청구 ○
③ 乙은 권리취득 X

甲 ─── 가장행위 : 매매계약 ─ 무효 ─── 乙
    ── 은닉행위 : 증여계약 ─ 유효

                              (등기) (소유권자) → 증여에 근거

甲 ——————————— 乙   상대방 보호
                   — 선의. 무과실

甲 ——————— 乙 상대방 보호 ——————— 丙 제3자 보호
                — 선의. 무과실   — 선의. ~~무과실~~

甲 ——————— 乙 ——————— 丙 ——————— 丁
         상대방   제3자   제3자
         — 선의. 무과실   — 선의. ~~무과실~~   — 선의. ~~무과실~~

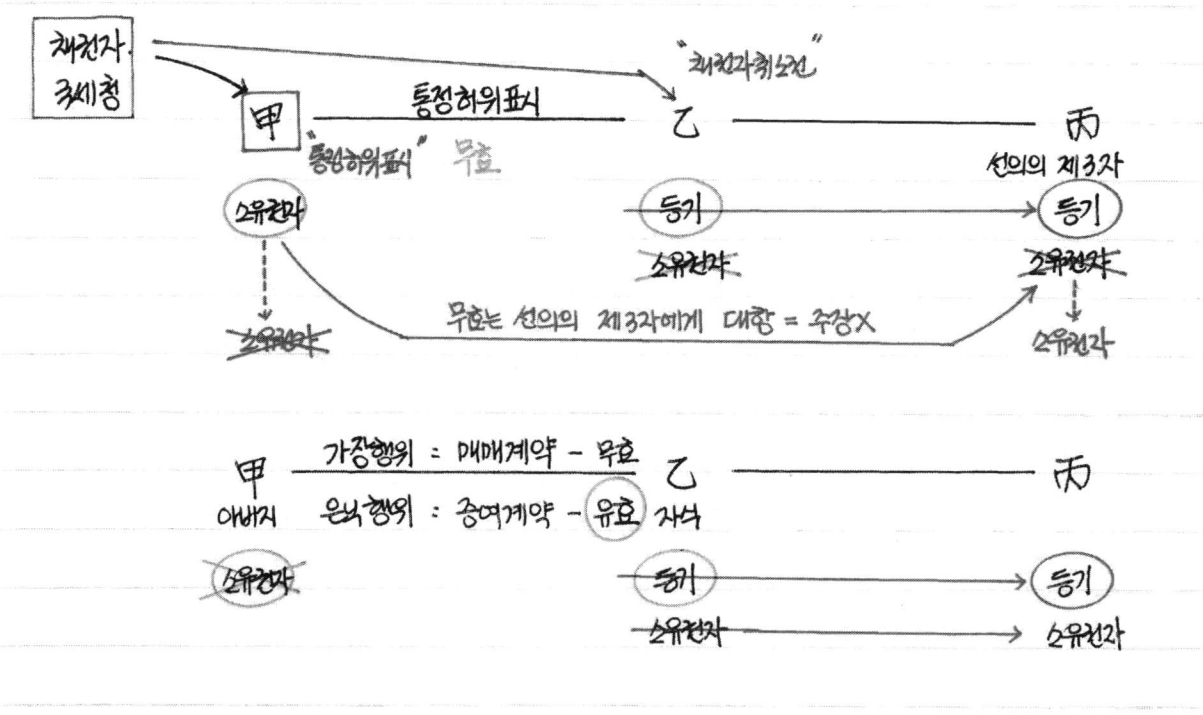

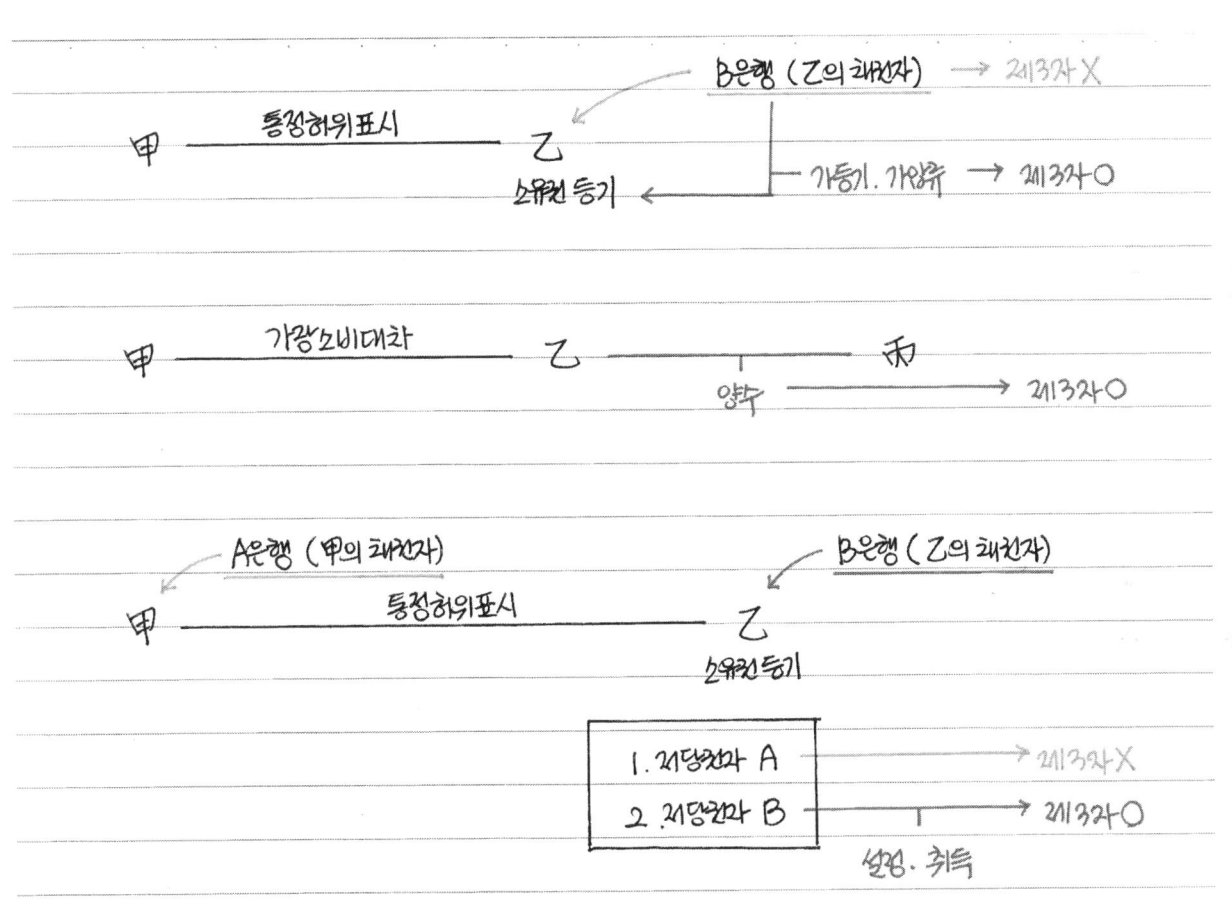

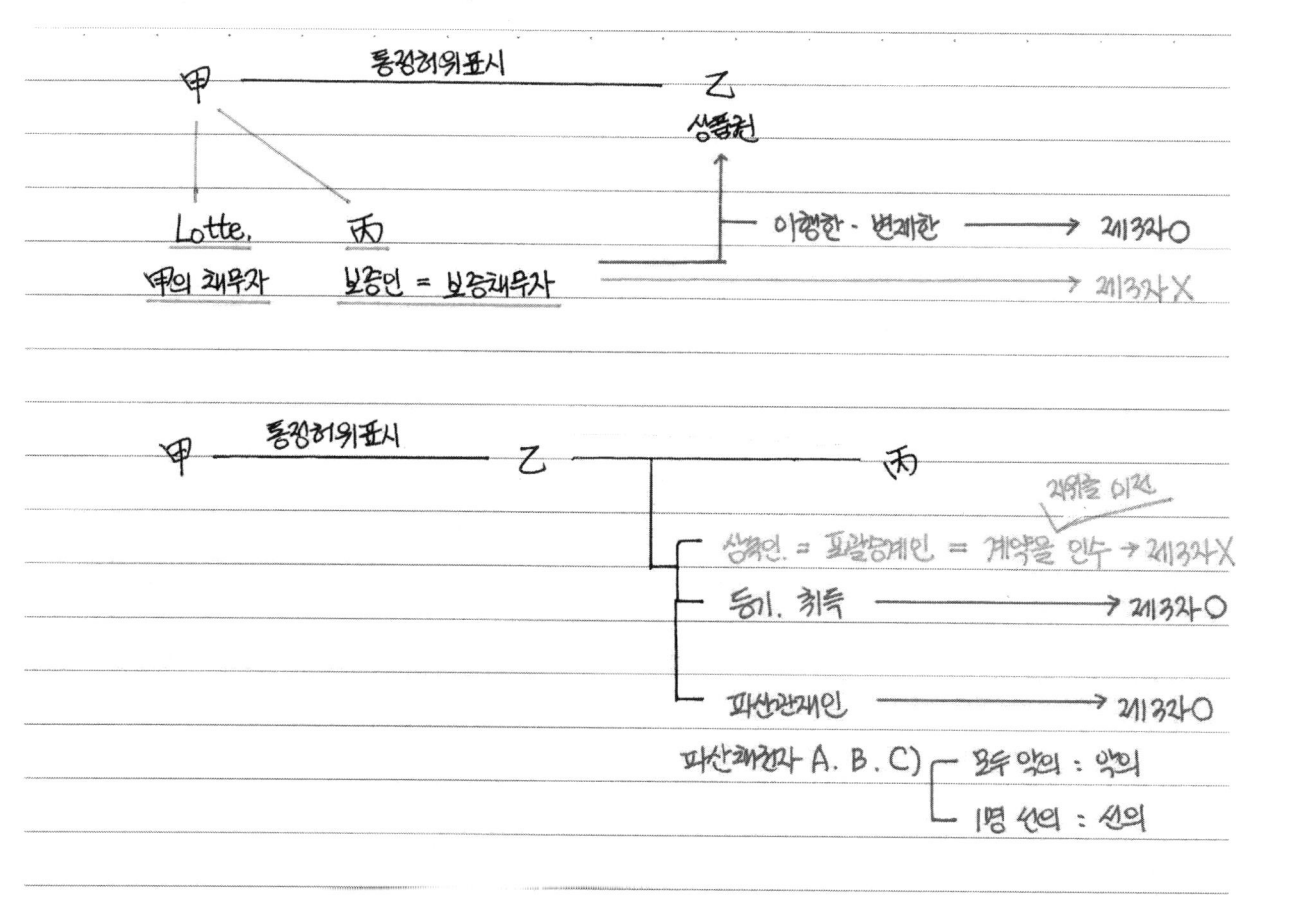

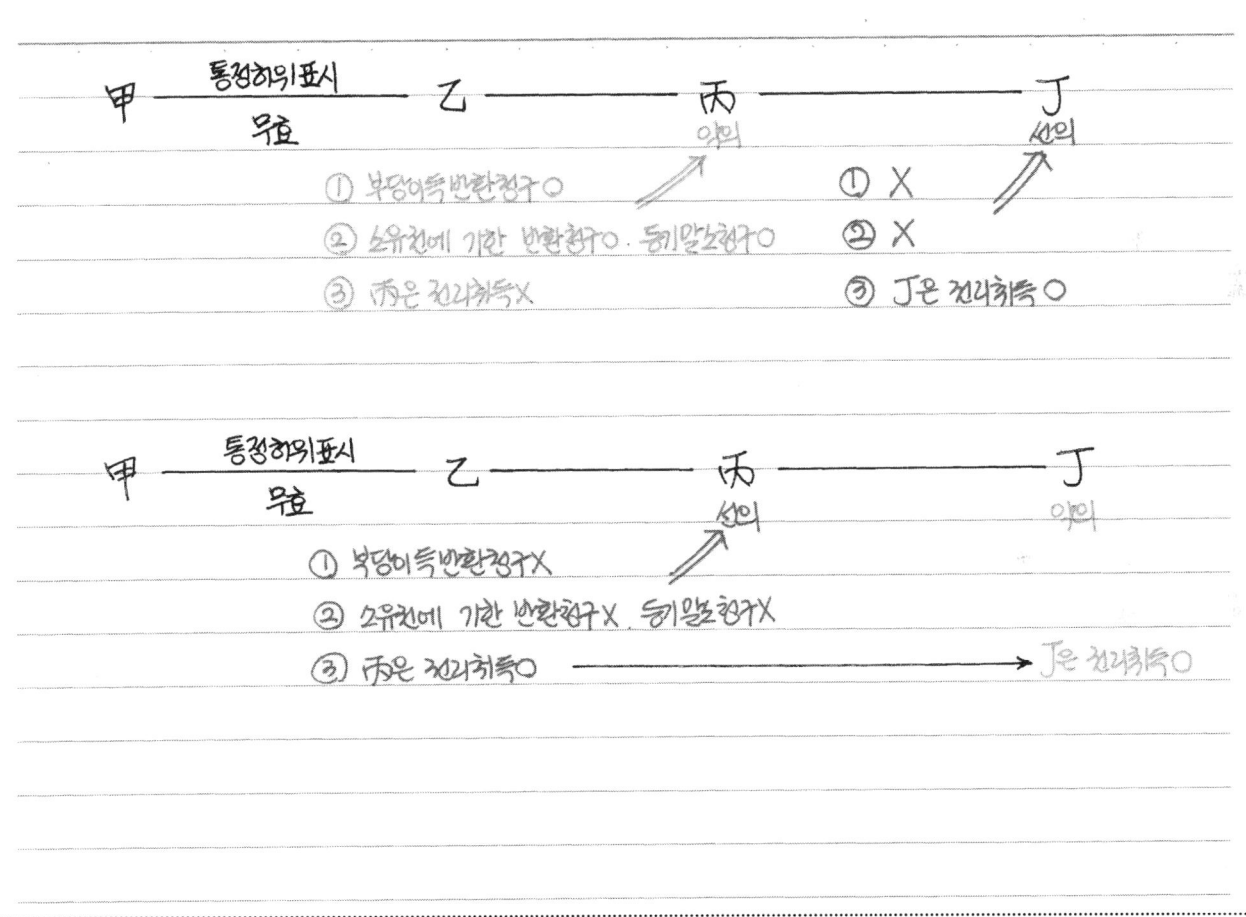

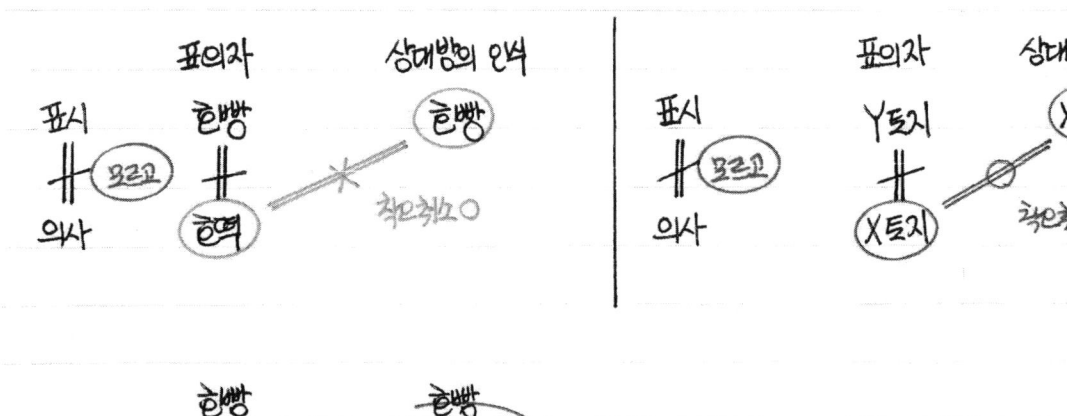

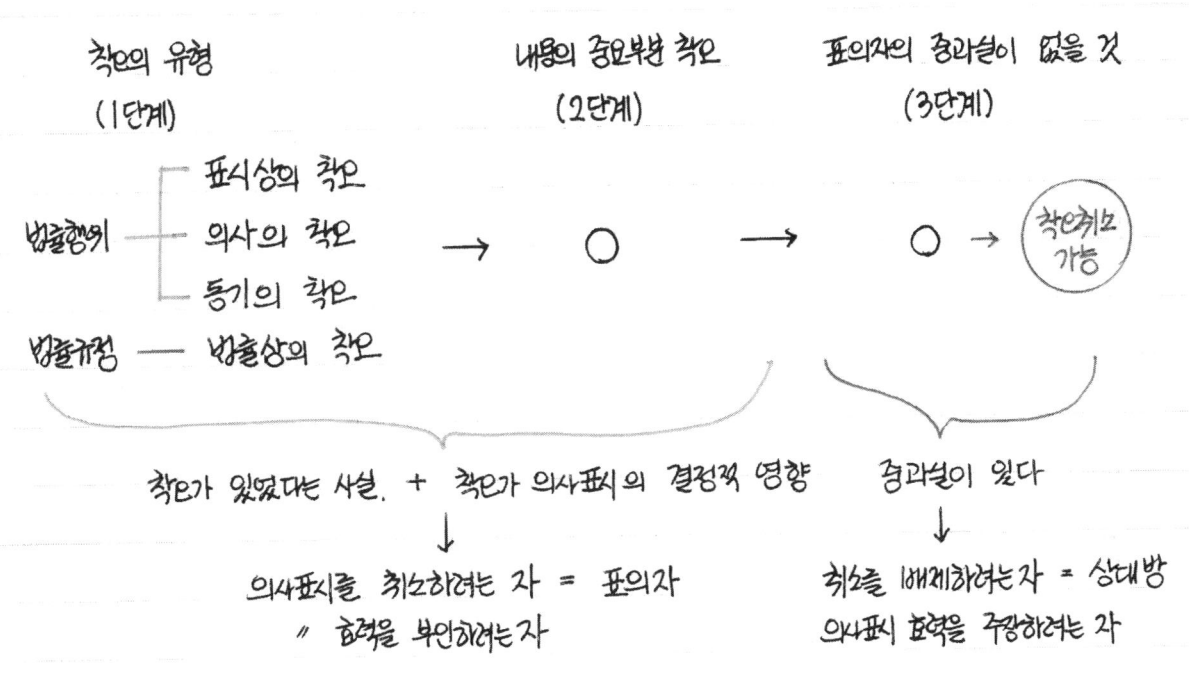

* 사기 취소 — 기망① + 상대방이 동기의 착오를 유발 ②

* 착오 취소
  - 표시상의 착오 — 기망① + 상대방이 표시상의 착오를 유발 ~~O~~ < 사기취소 X
  - ~~의사의 착오~~   착오취소 O
  - 동기의 착오 ┌ 동기를 표시 O (합의 X) — 착오 취소 O
               └ 동기가 상대방에게 알려 O (표시 X) ┐
                 = 상대방이 동기의 착오를 유발 O ┘ — 착오 취소 O

** 사기 취소와 착오 취소의 관계
      기망① + 상대방이 동기의 착오를 유발 ② → 사기 취소 O
                                          → 착오 취소 O

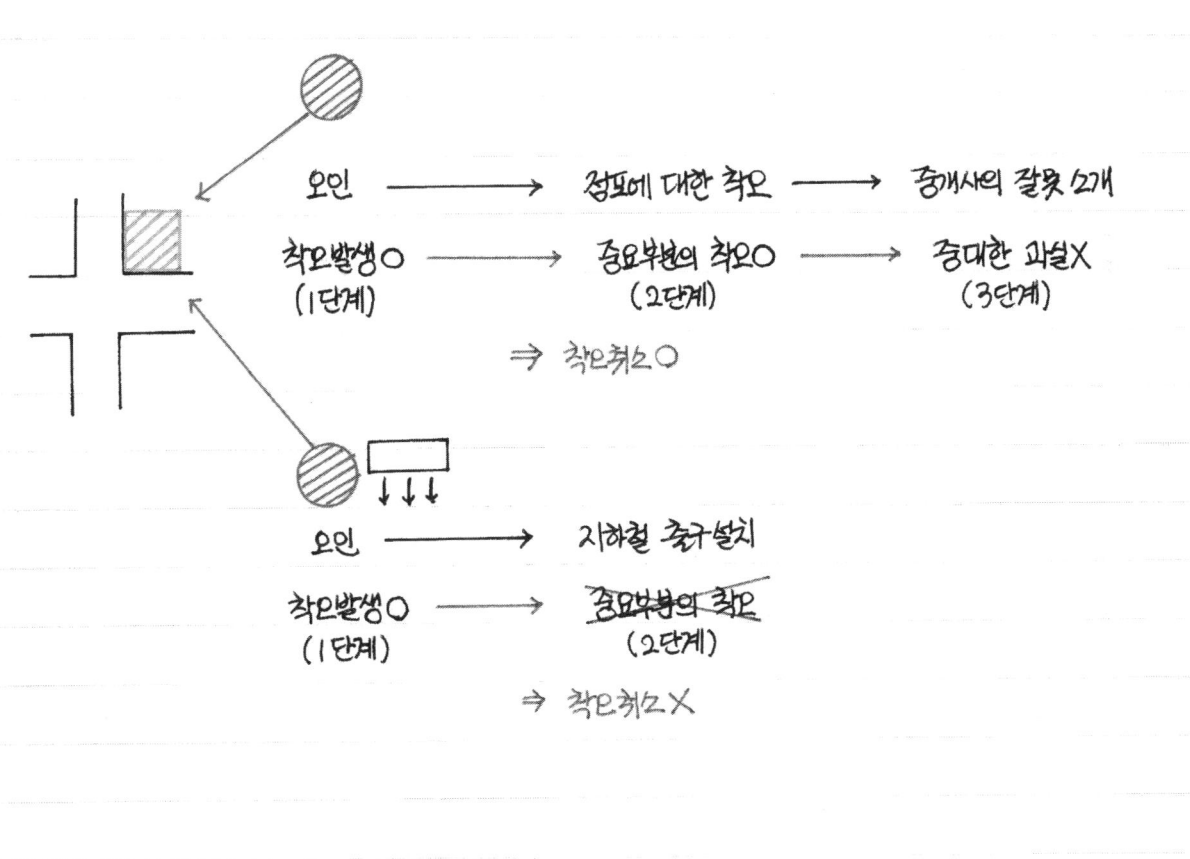

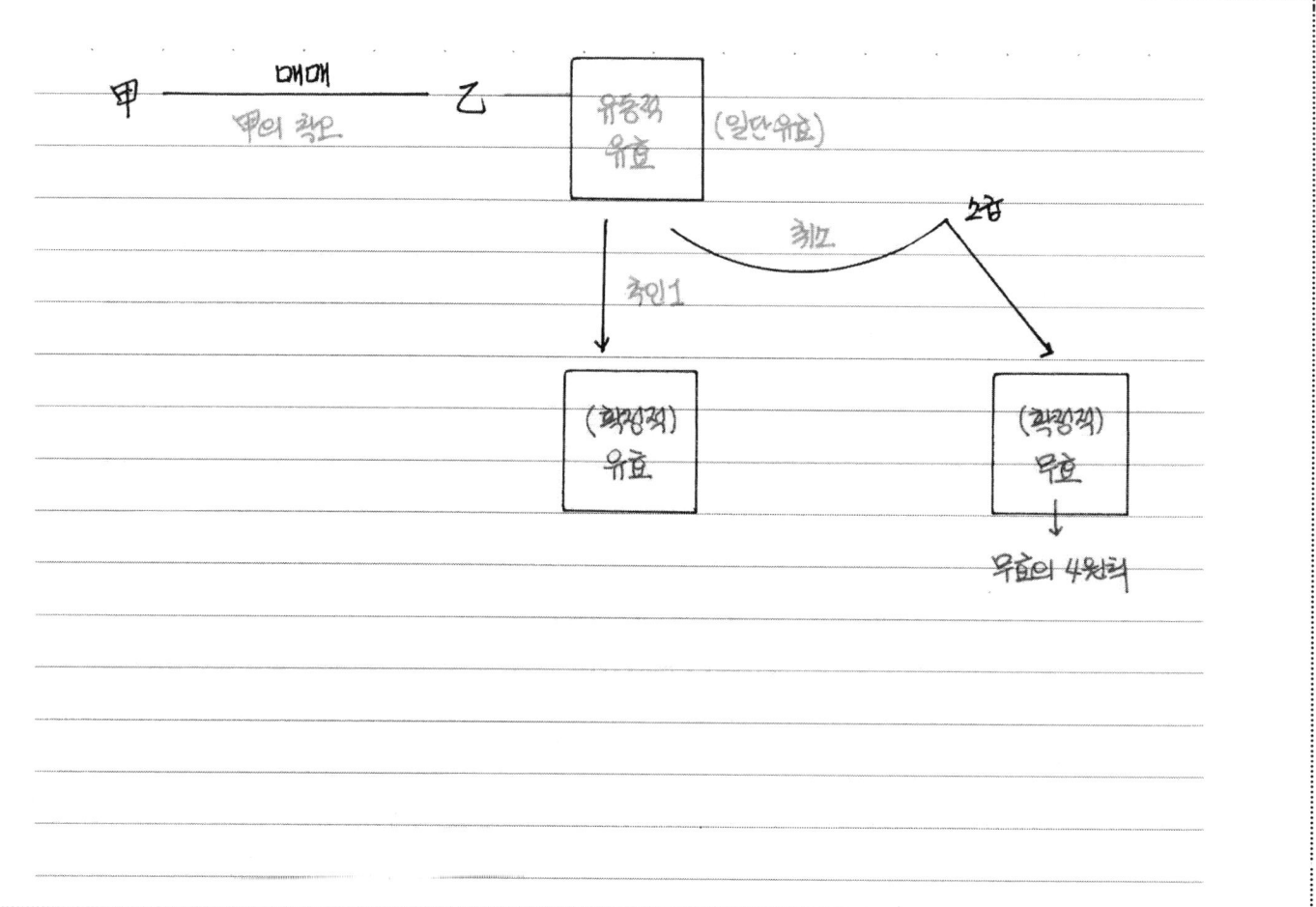

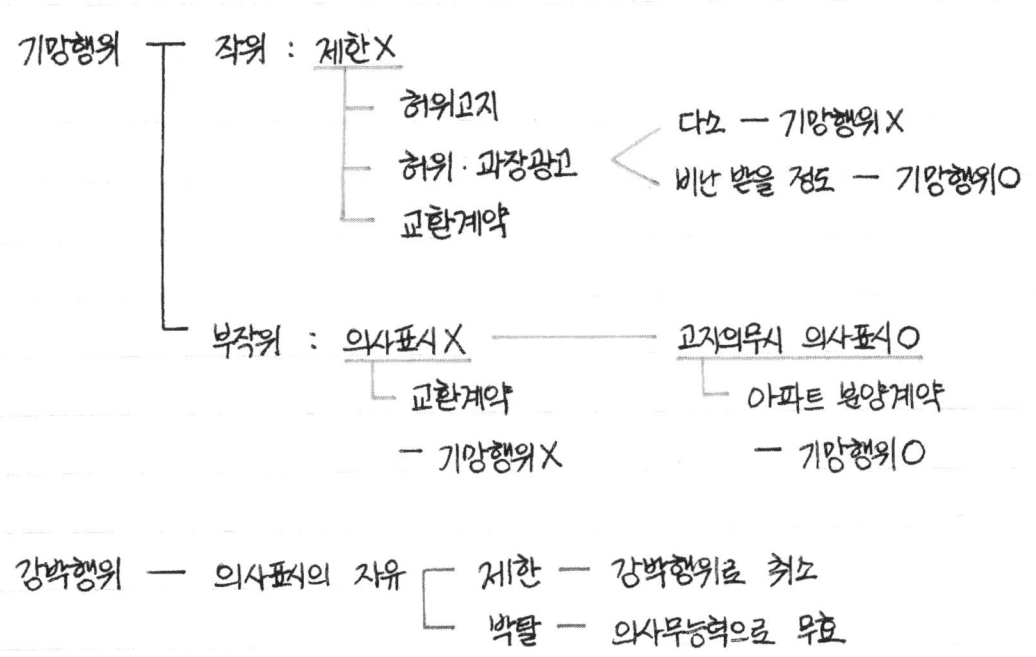

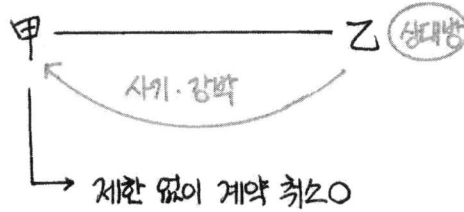
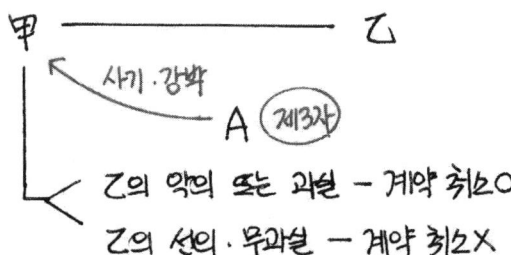
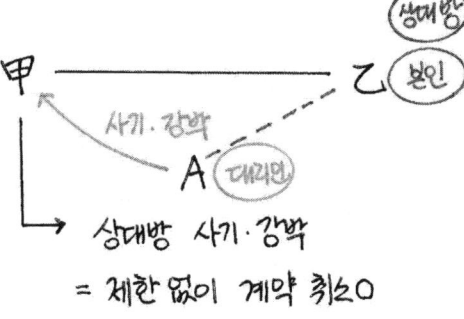
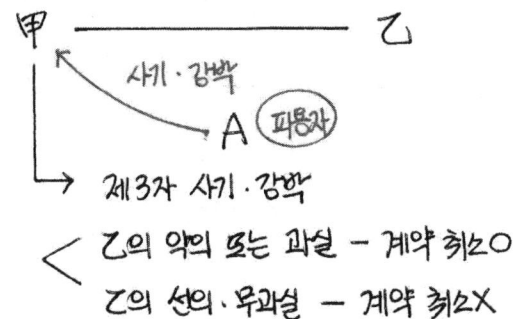

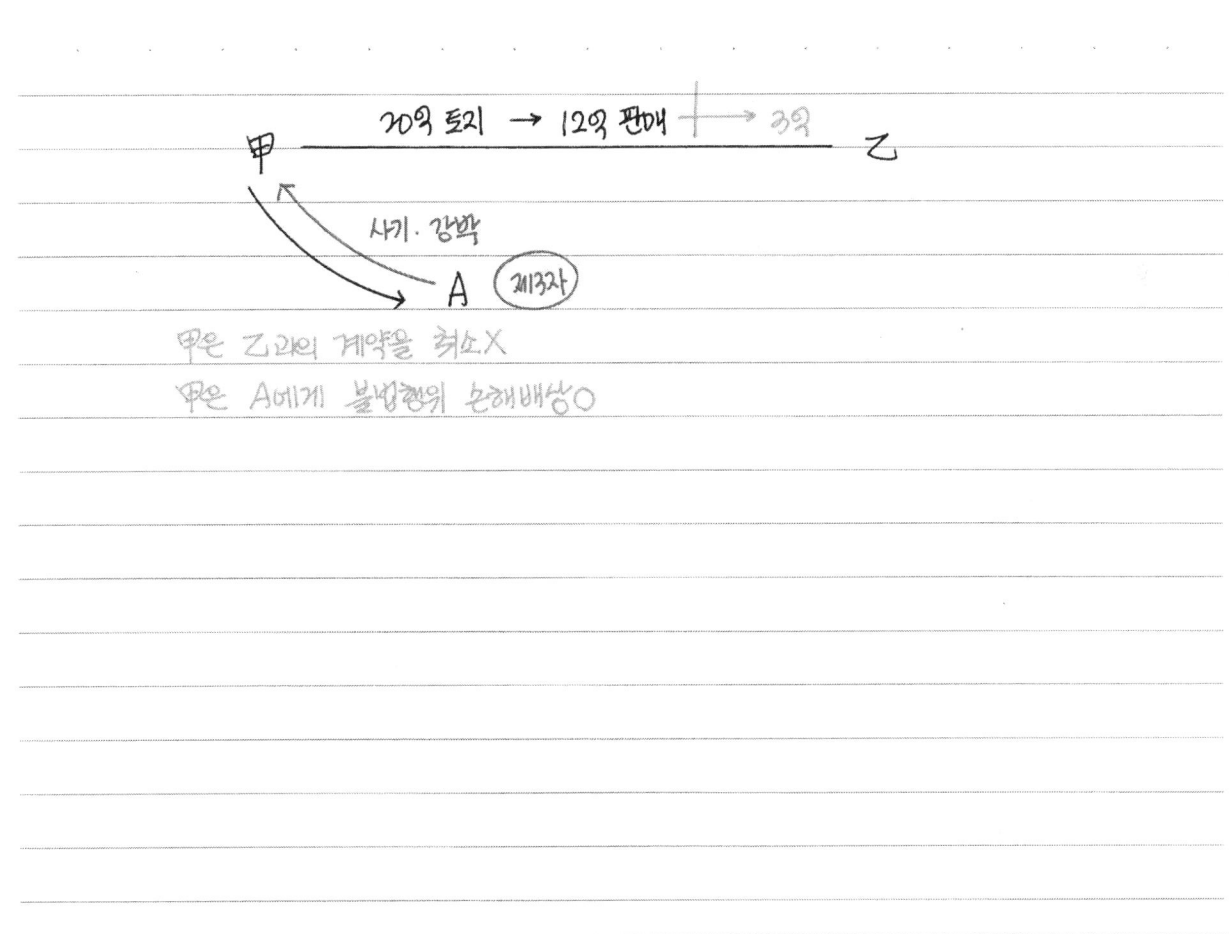

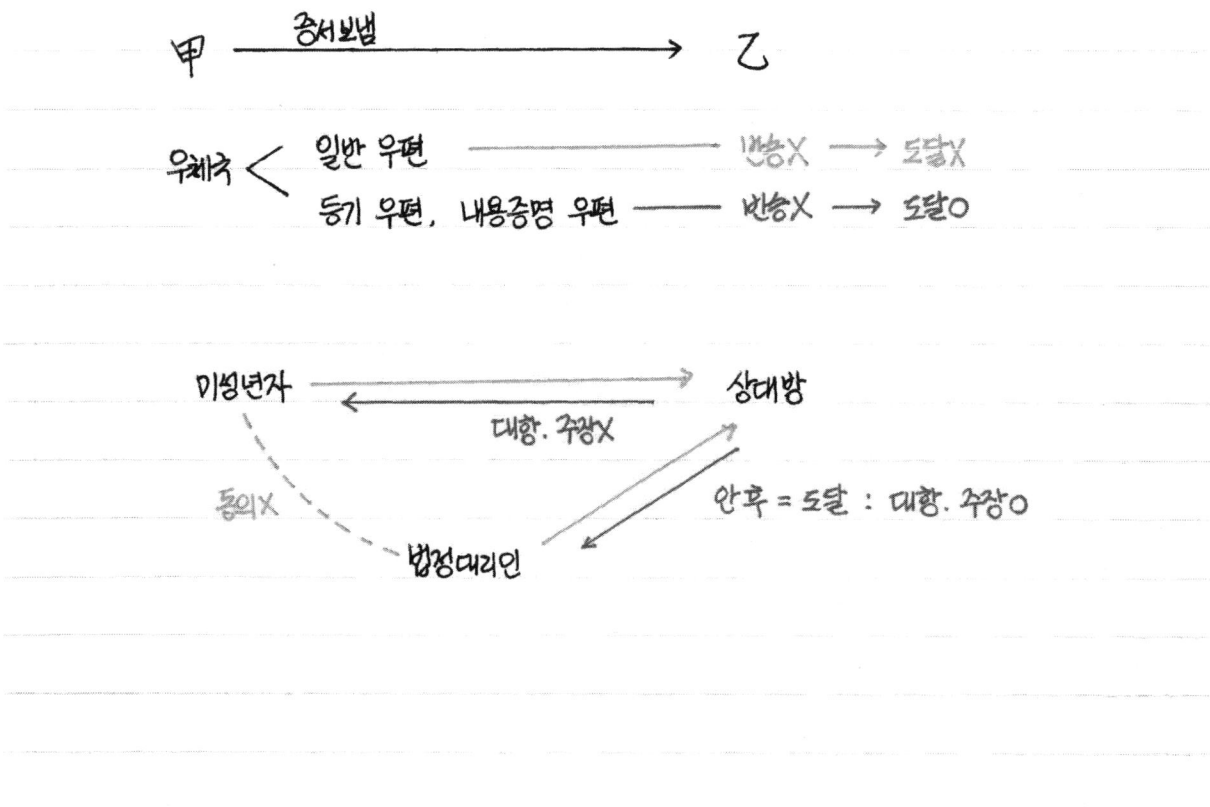

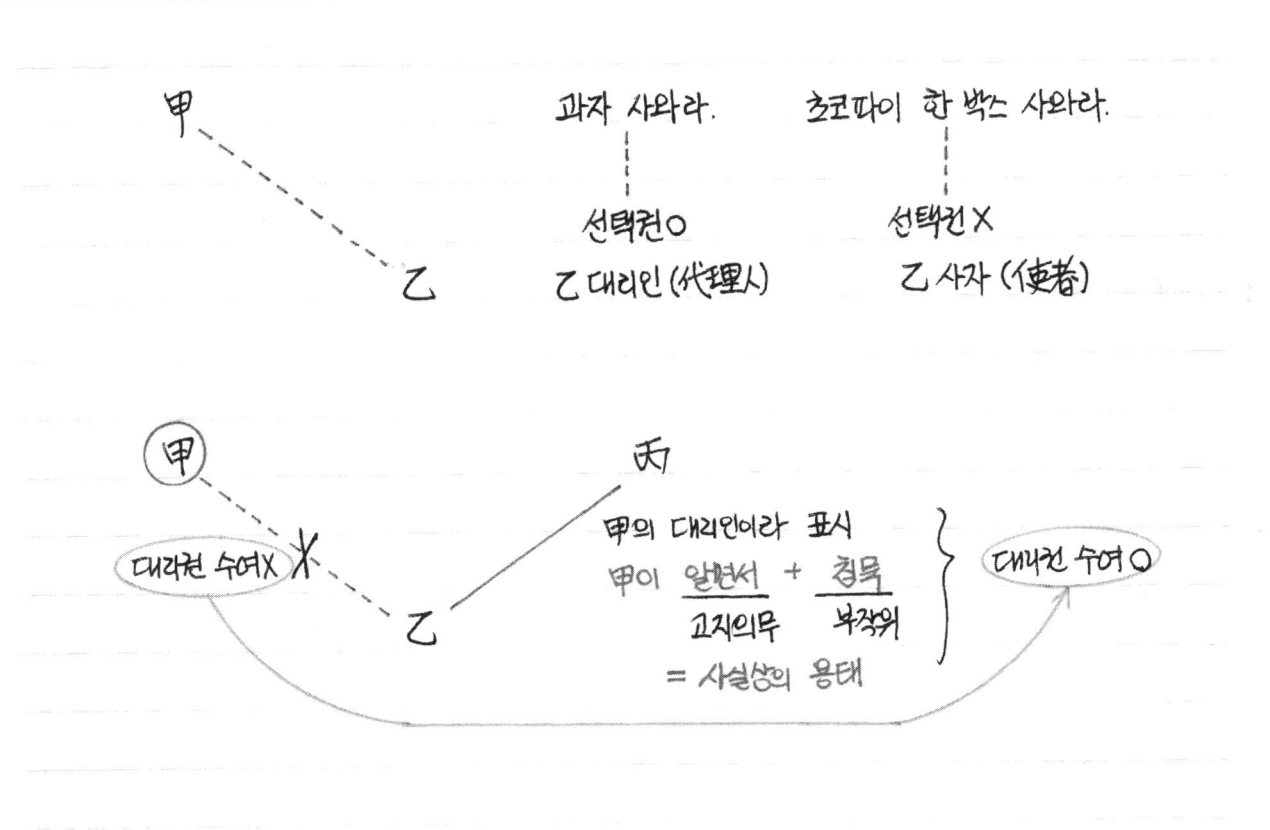

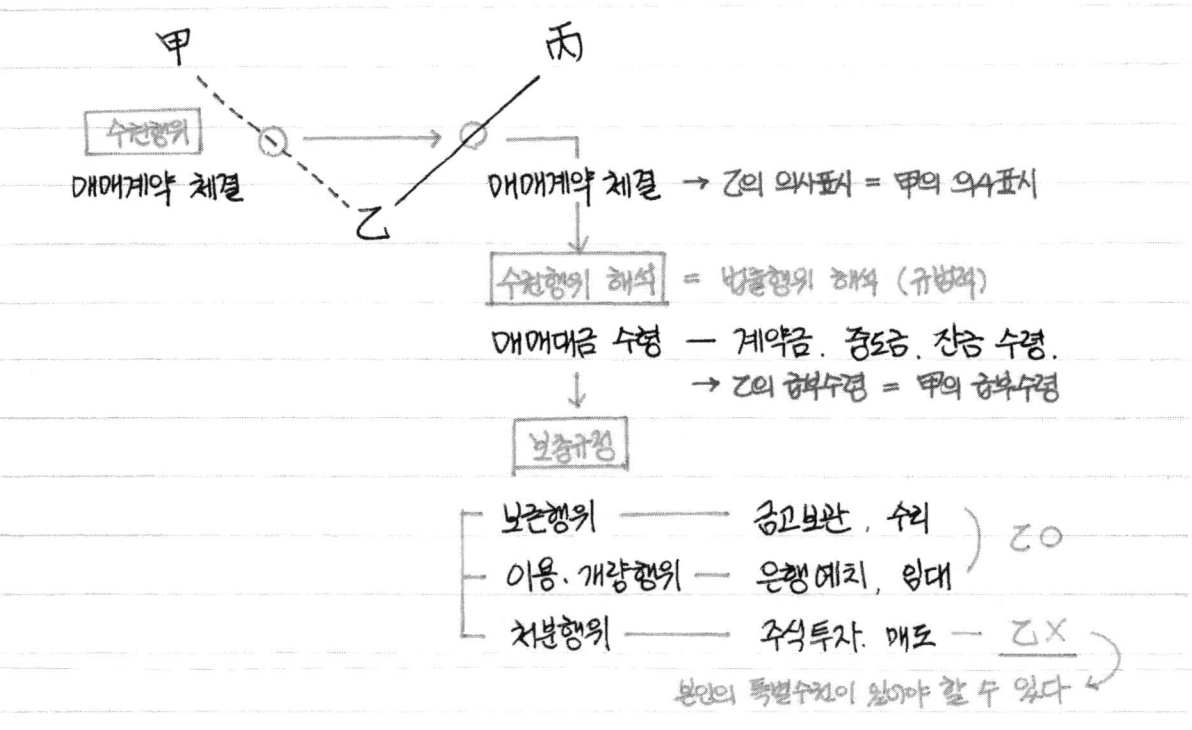

자기계약

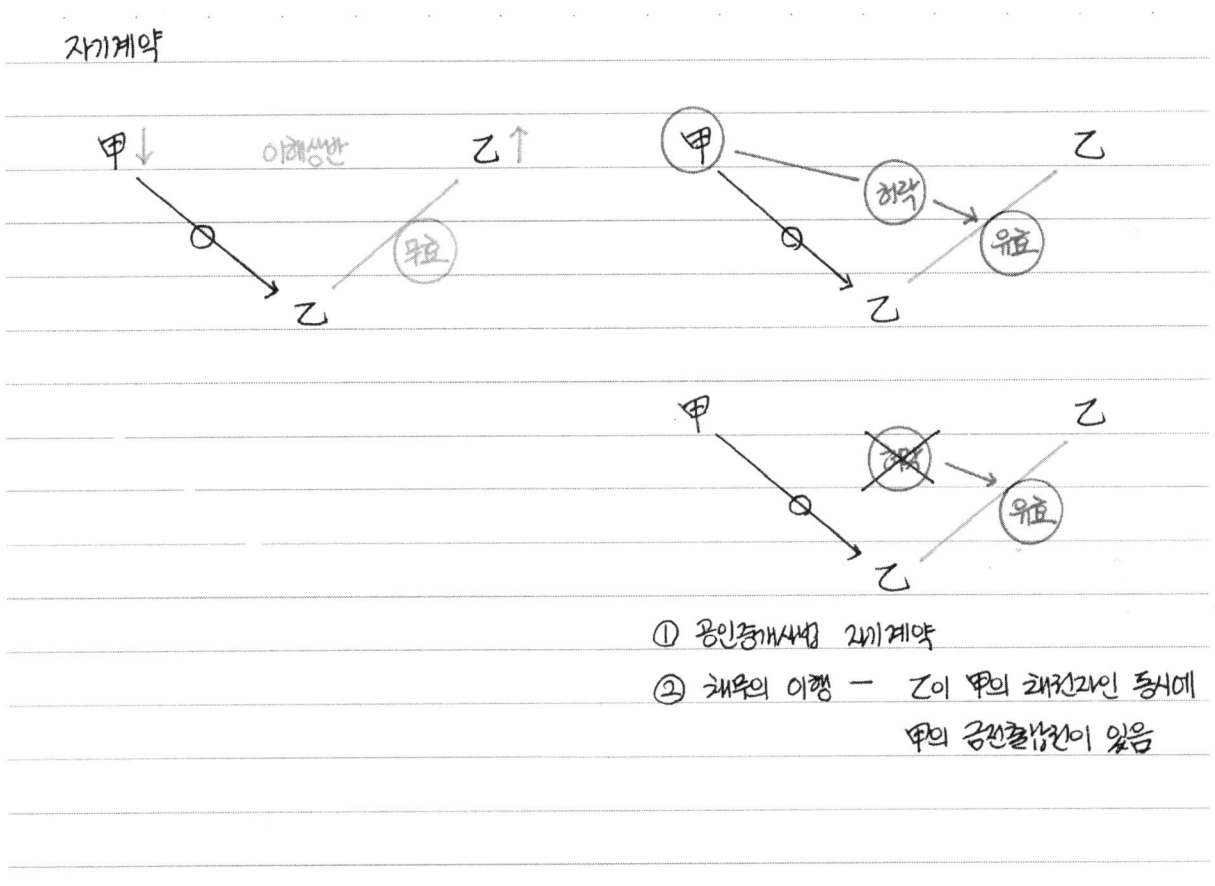

쌍방대리

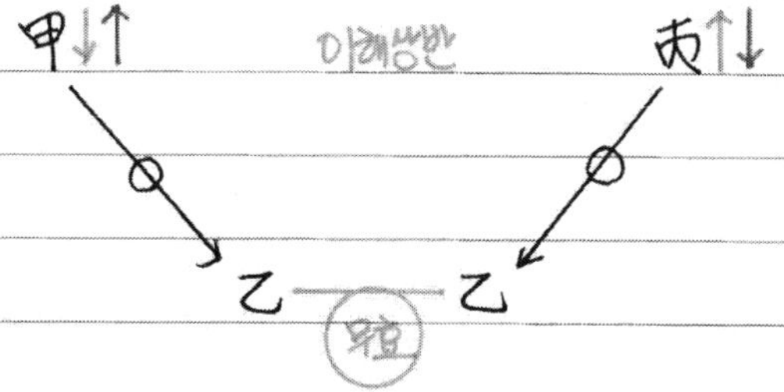

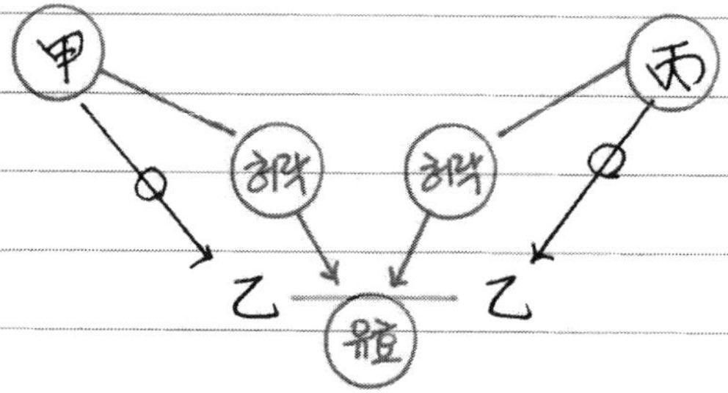

① 동일 물건에 2인을 대리한 이행

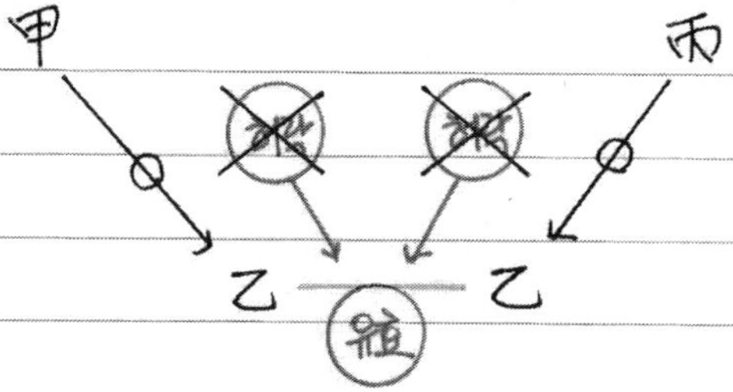

② 채무의 이행 - 법률사가 소유권이전등기

법정대리권 소멸사유   임의대리권 소멸사유
├ 본인 : 사   ├ 본인 : 사
└ 대리인 : 사. 성. 파   └ 대리인 : 사. 성. 파

< 4.20 세무신고 위임계약 ← 원인된 법률관계
  4.22 홈택스 대리권 수여 ← 수권행위

5.1 세무신고 자체 철회 → 원인된 법률관계 종료

5.1 1년간만 세무신고 유예 ┐
    내년부터 세무신고 부탁 ┘ → 수권행위 철회

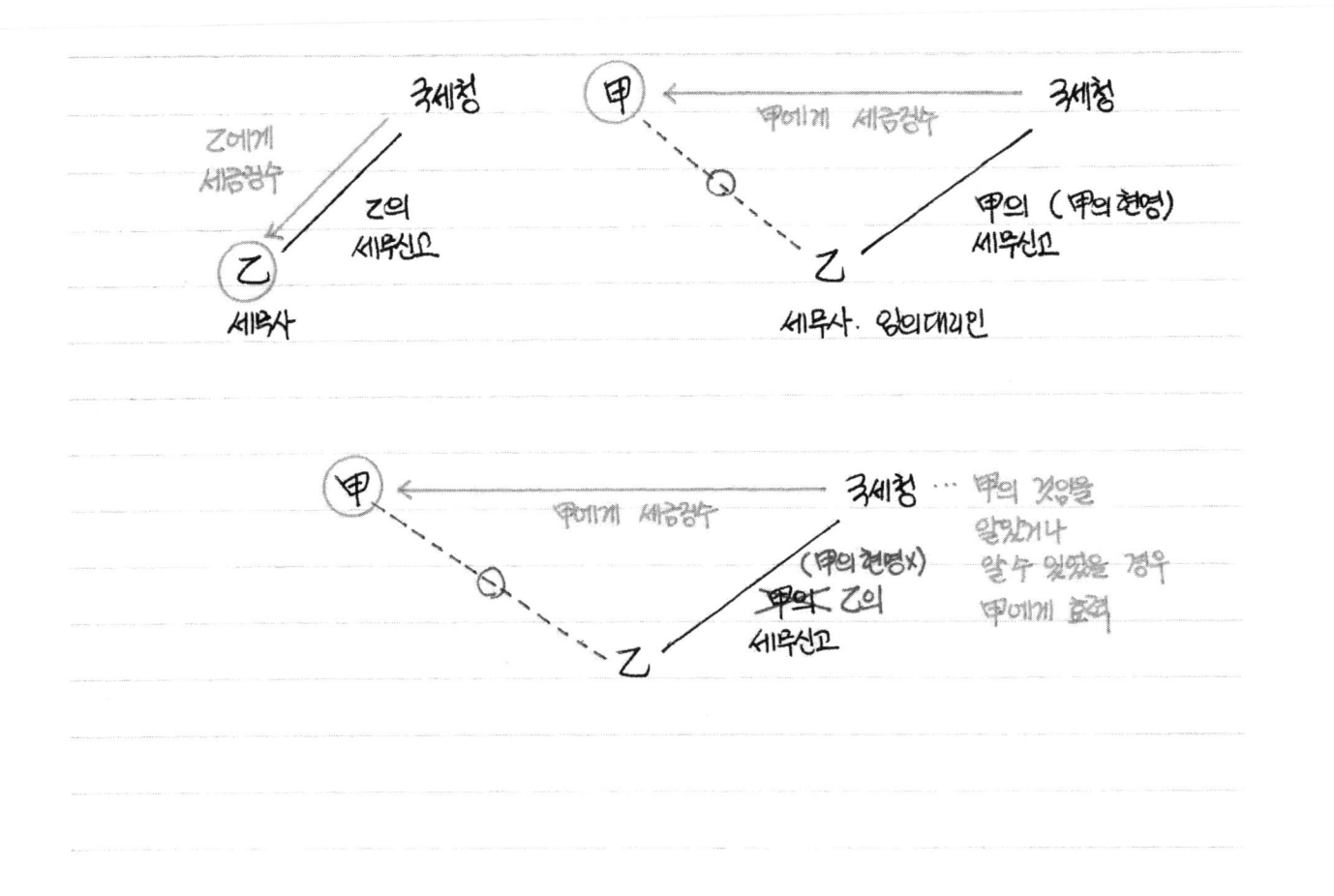

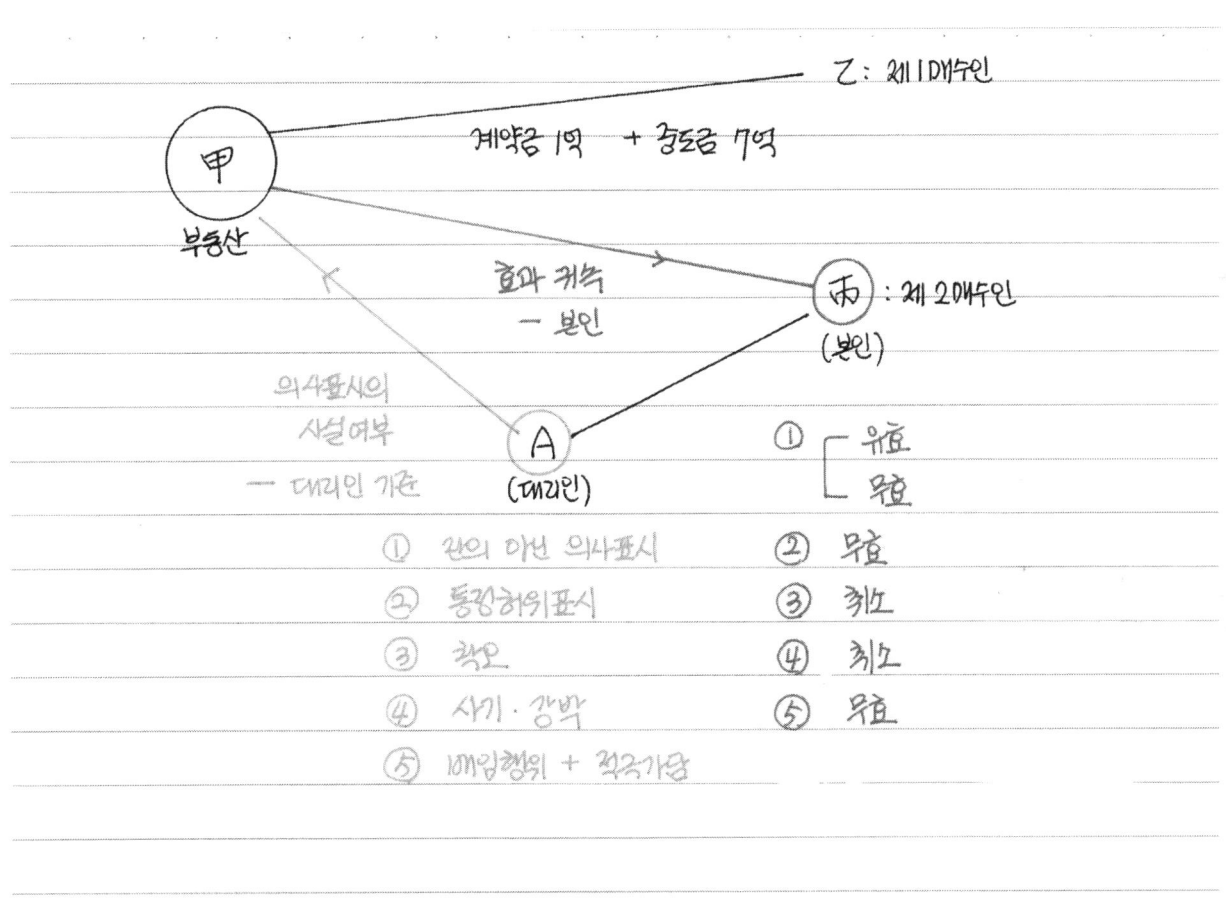

- 피성년후견인 — 대리인 O
- (피성년후견인 아닌 자가 대리인 이였는데) 성년후견개시 — 대리권 소멸 O

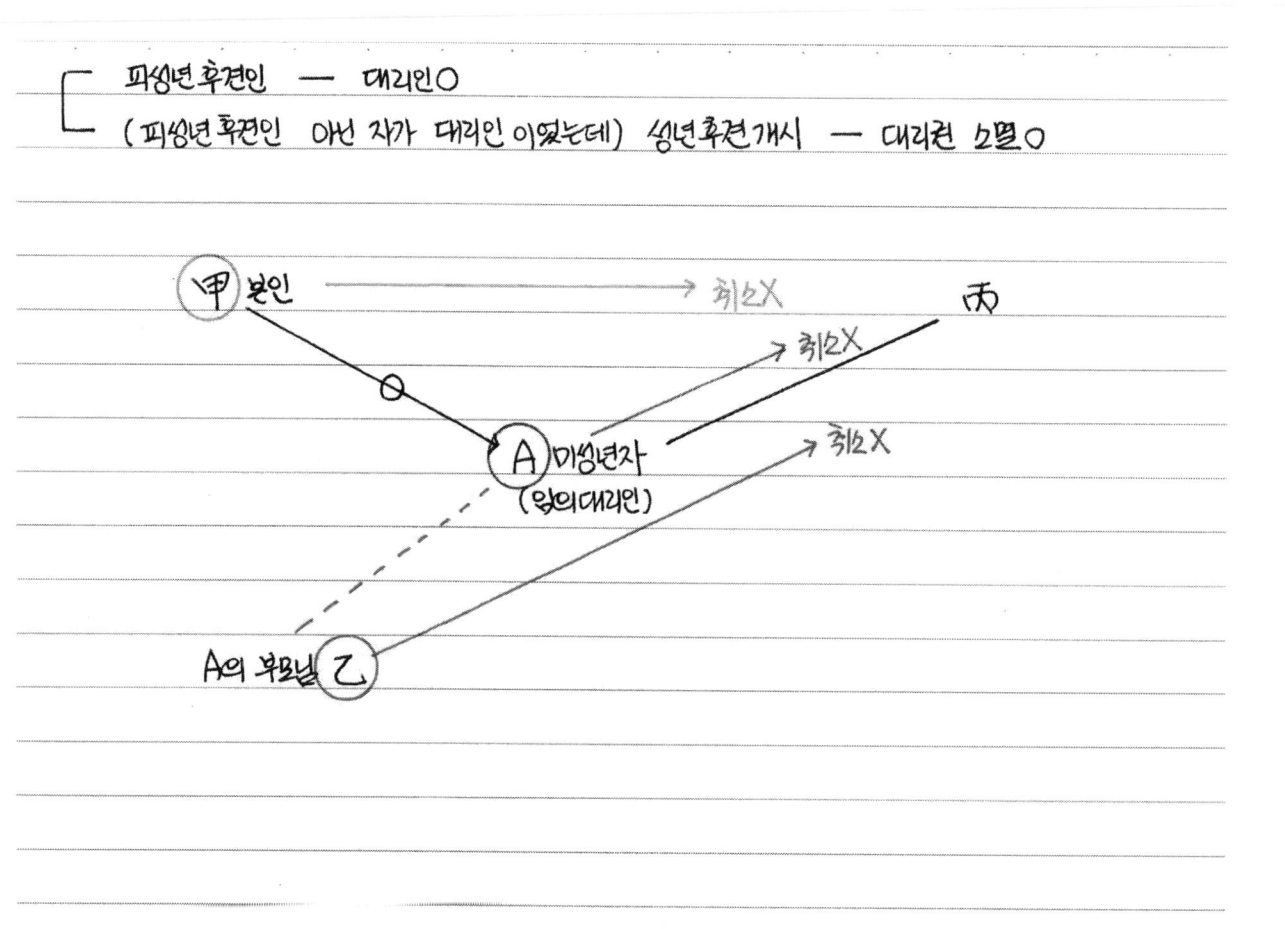

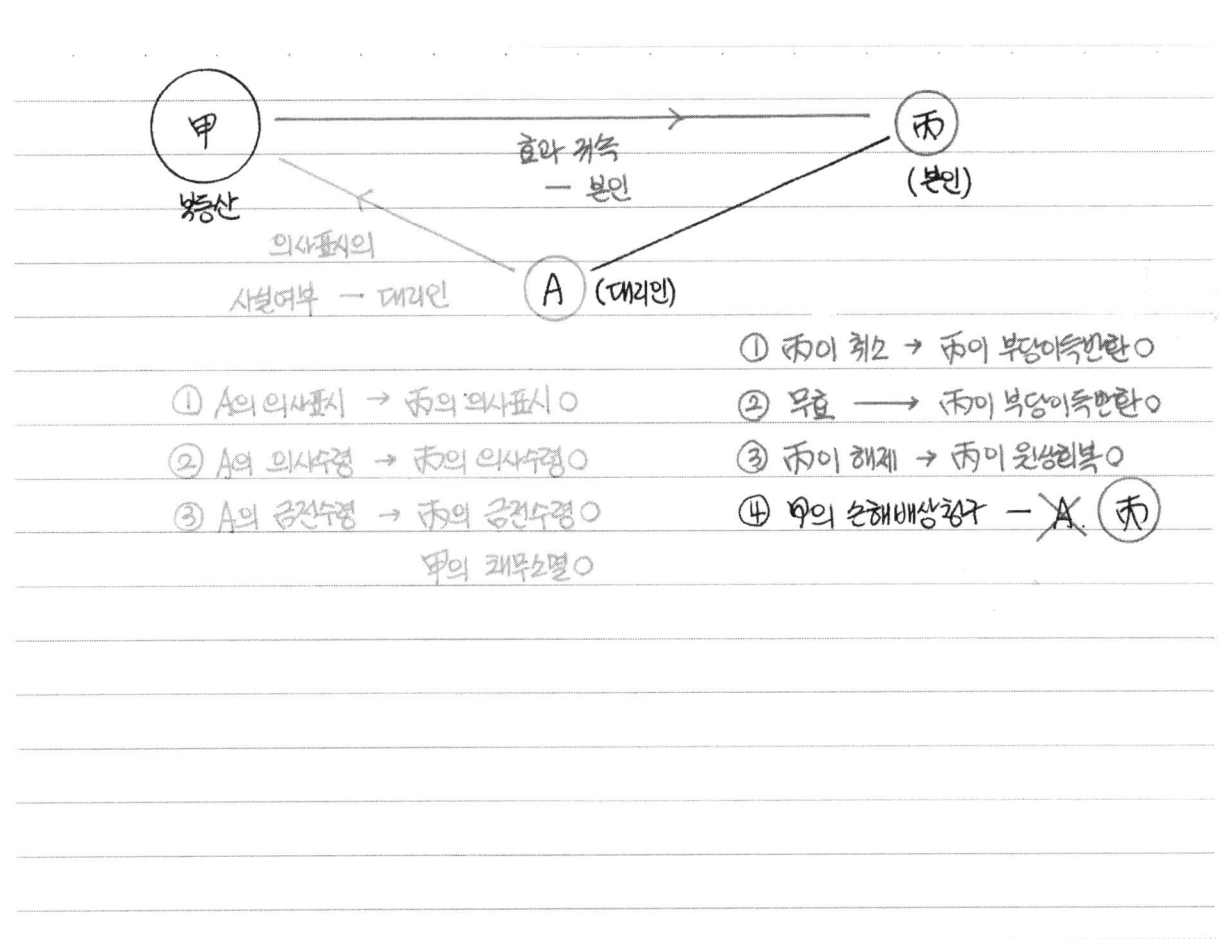

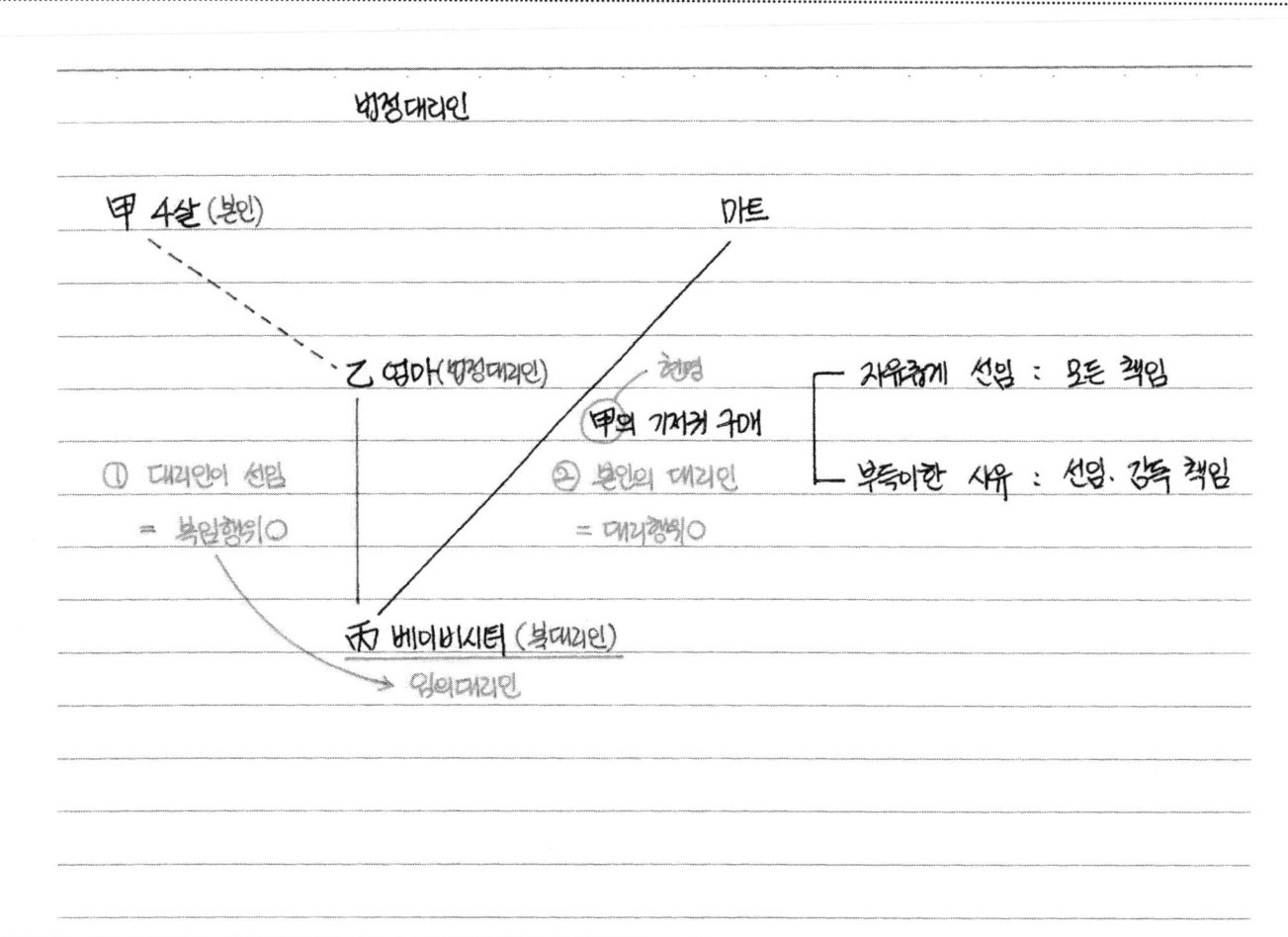

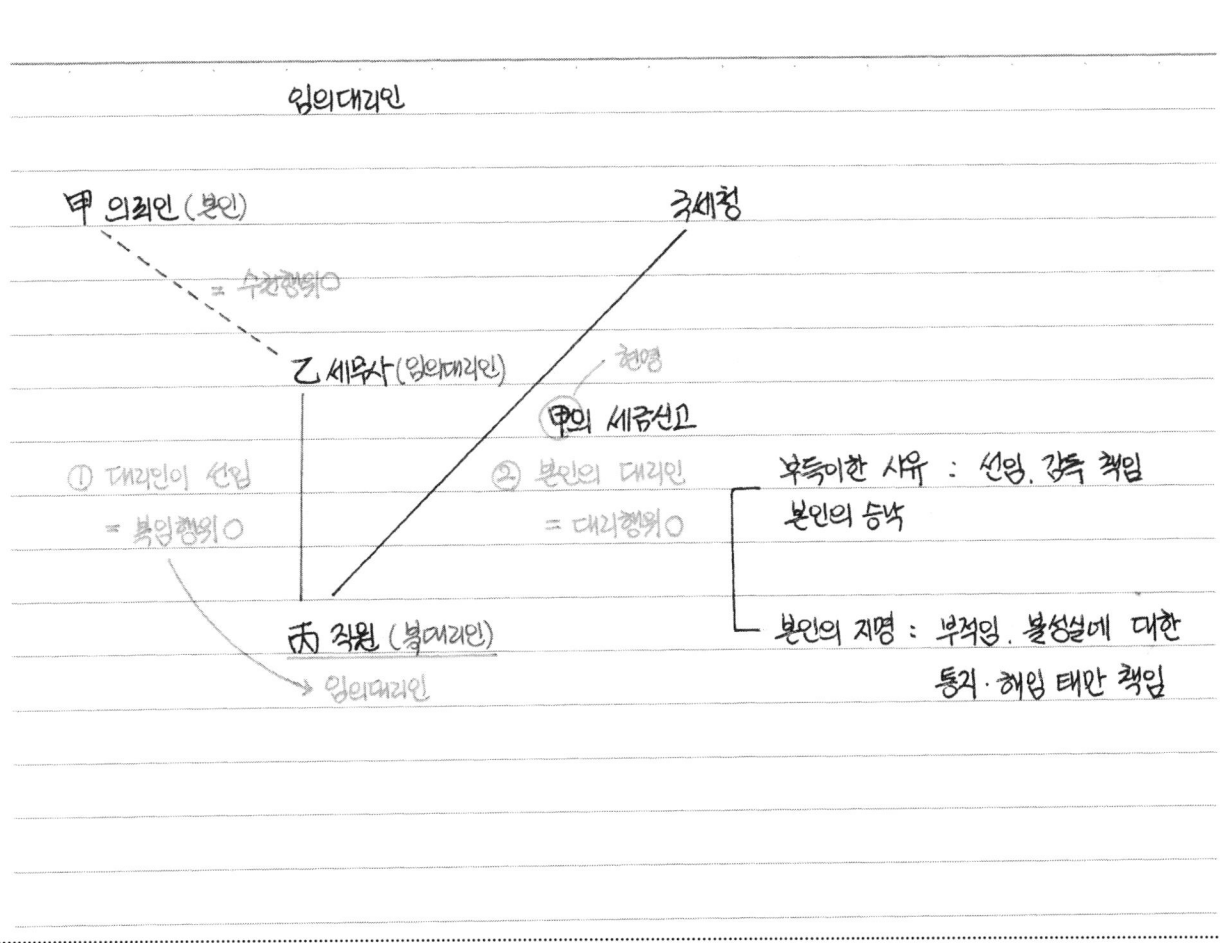

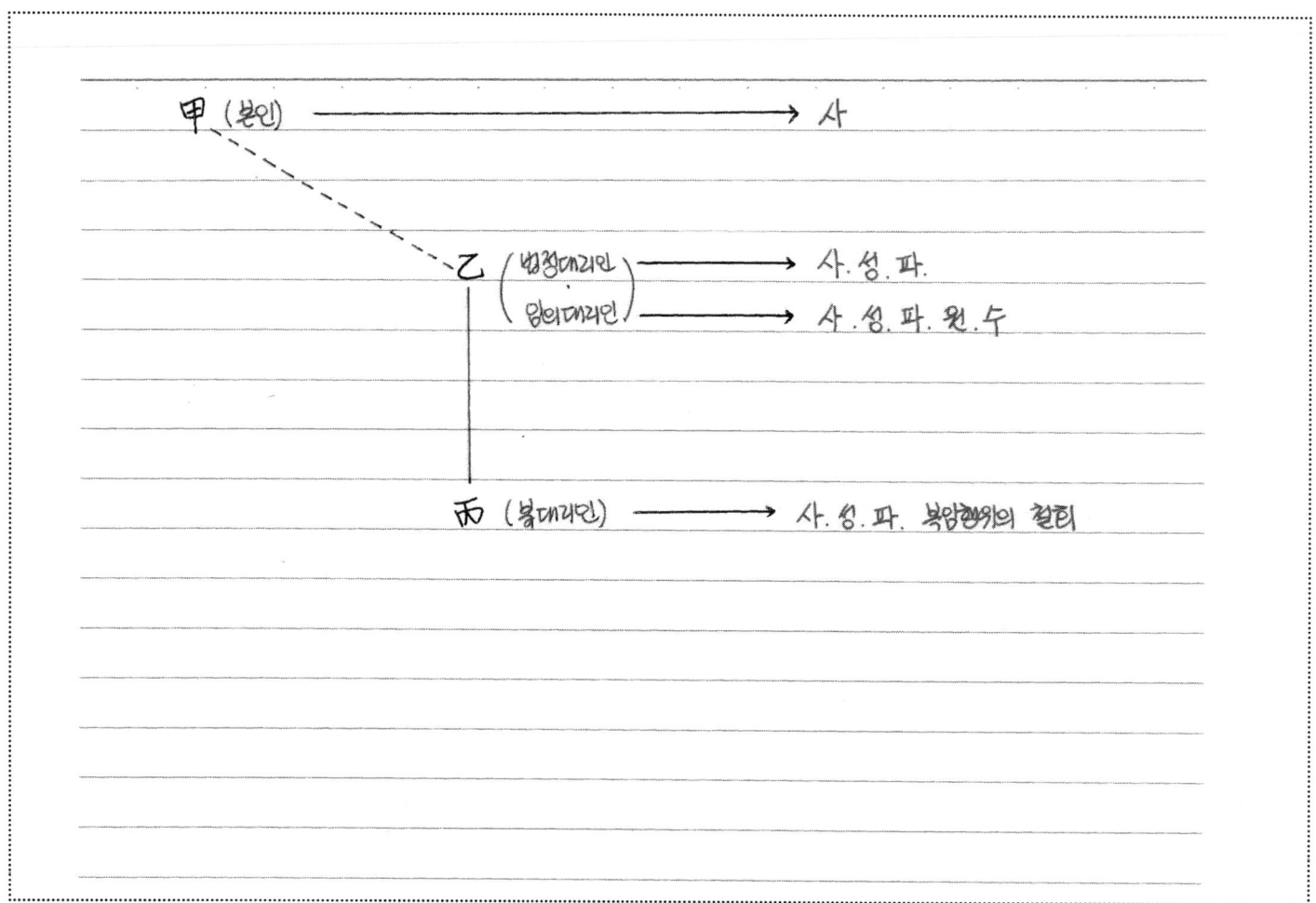

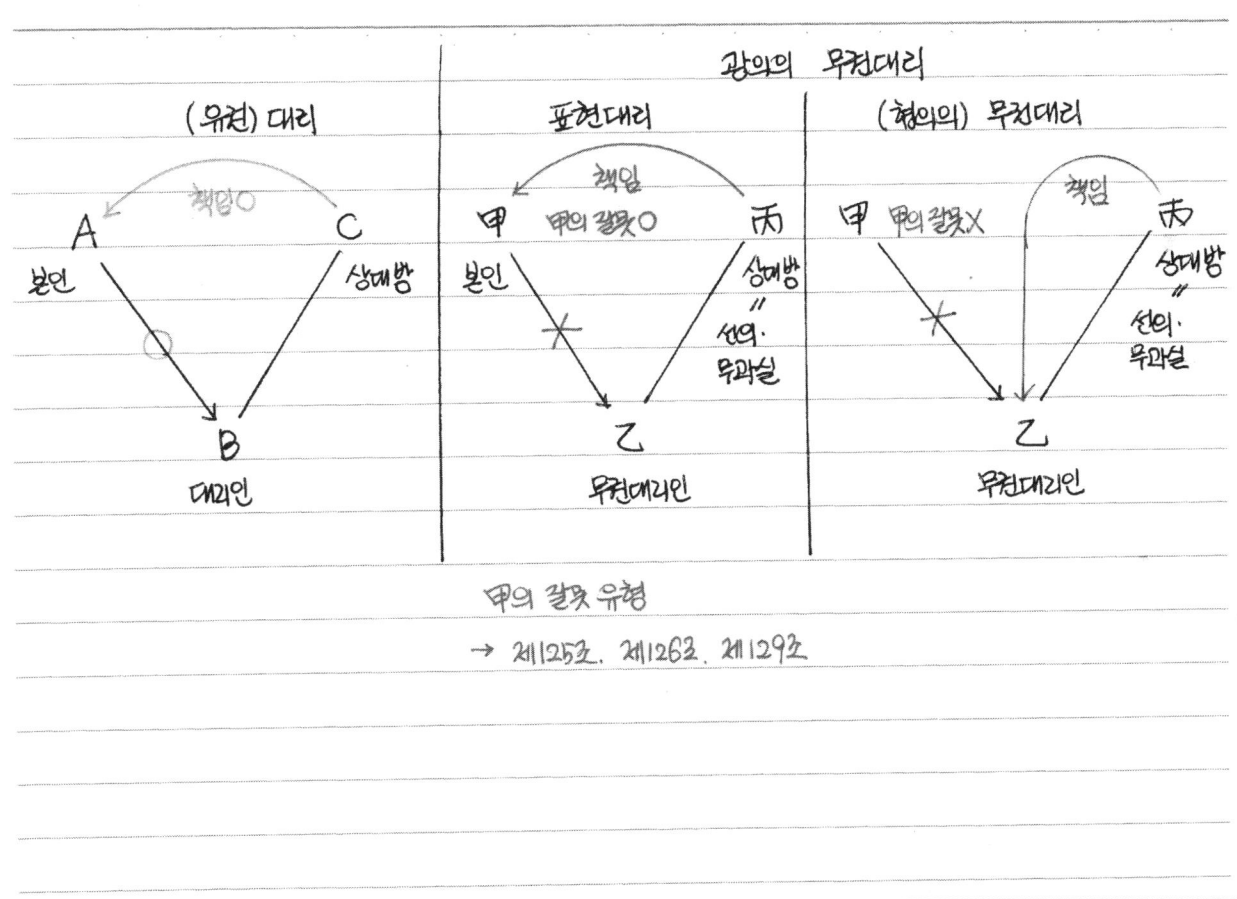

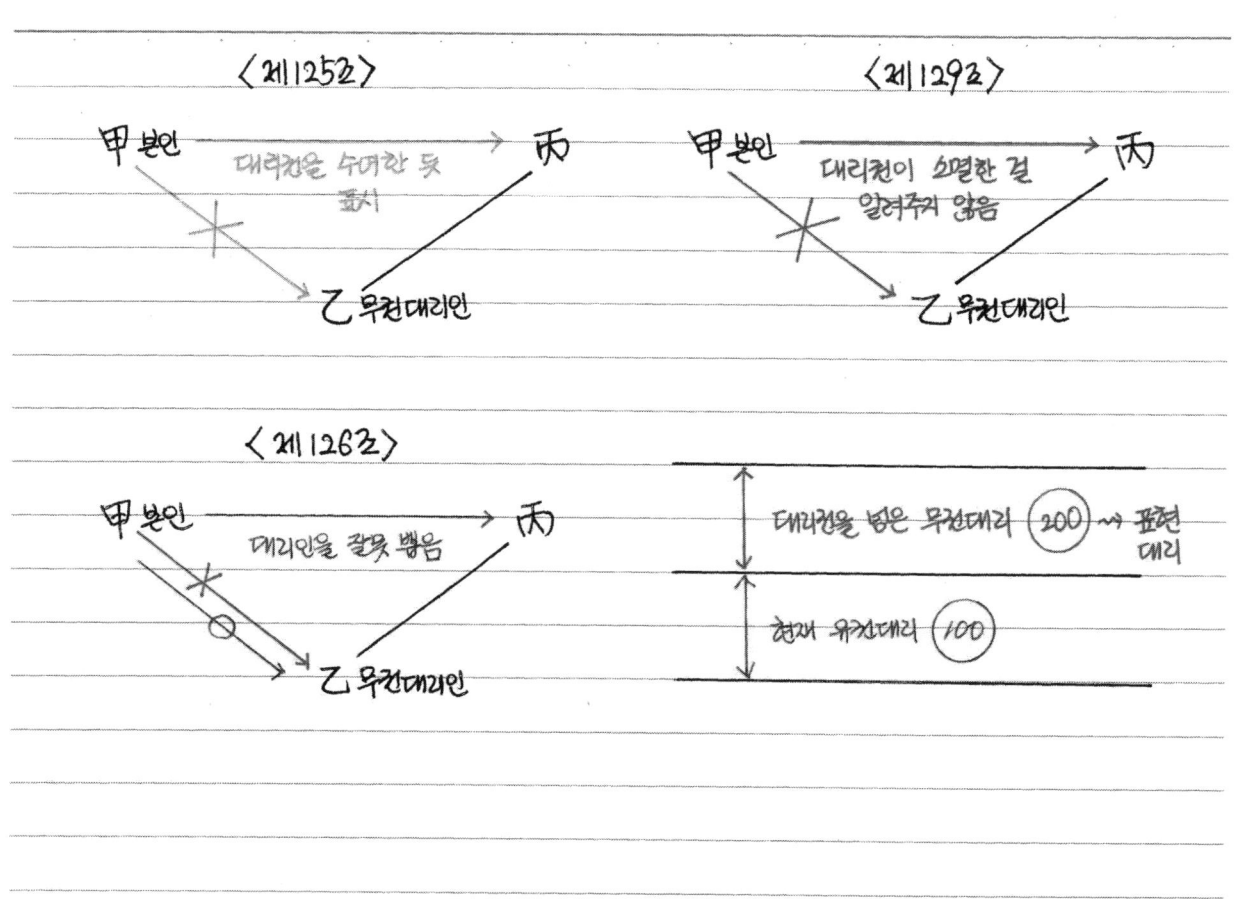

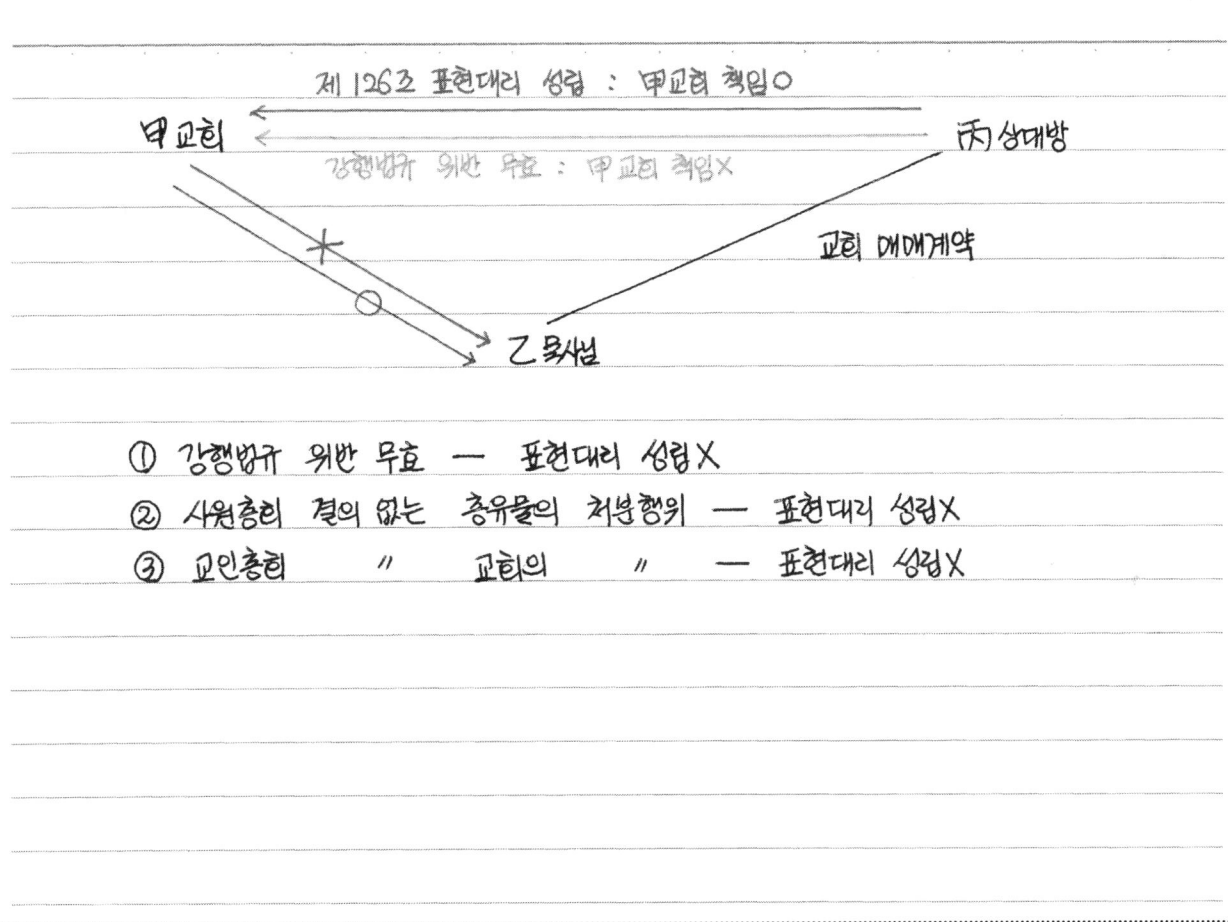

① 강행법규 위반 무효 — 표현대리 성립 X
② 사원총회 결의 없는 총유물의 처분행위 — 표현대리 성립 X
③ 교인총회 　〃　 교회의 　〃　 — 표현대리 성립 X

〈제126조〉

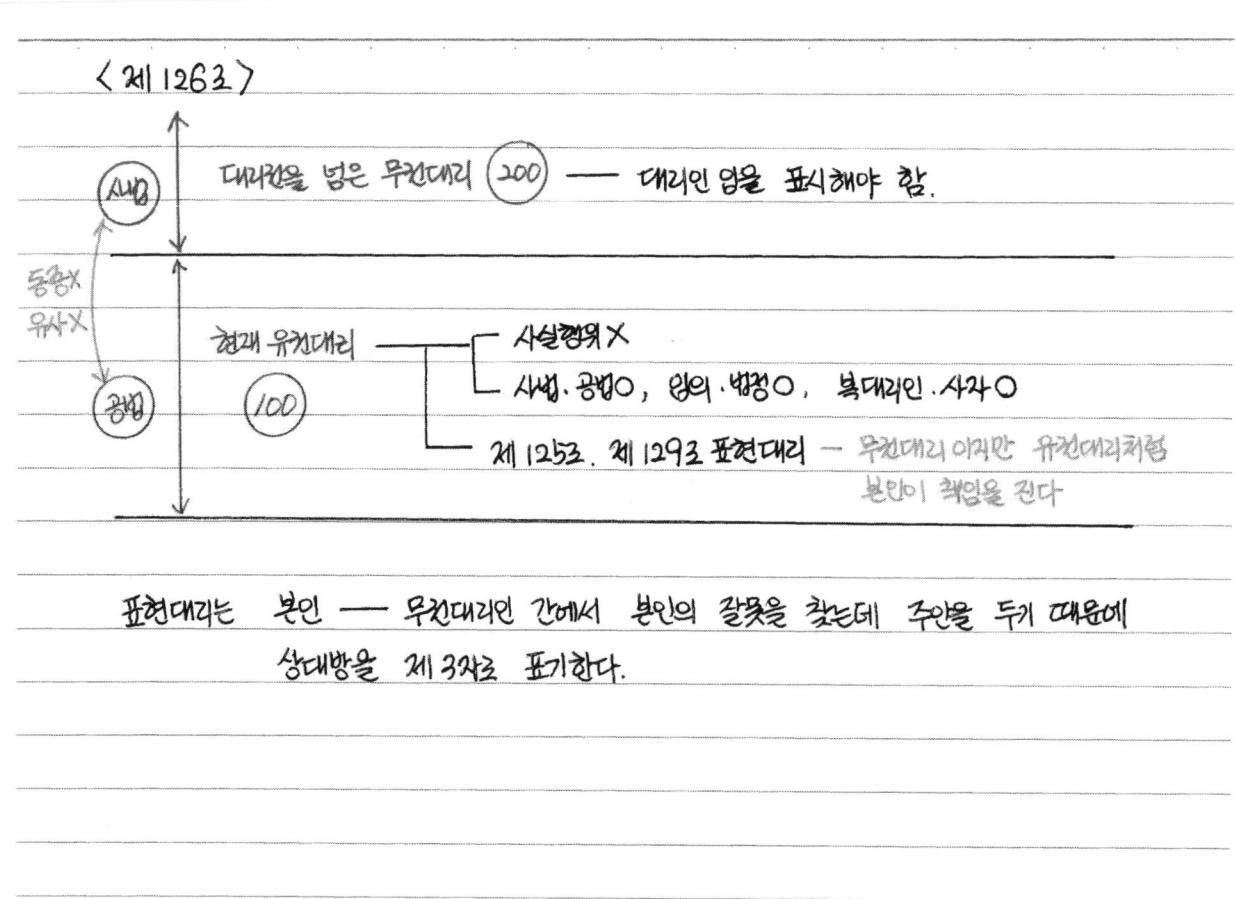

표현대리는 본인 — 무권대리인 간에서 본인의 잘못을 찾는데 주안을 두기 때문에
상대방을 제3자로 표기한다.

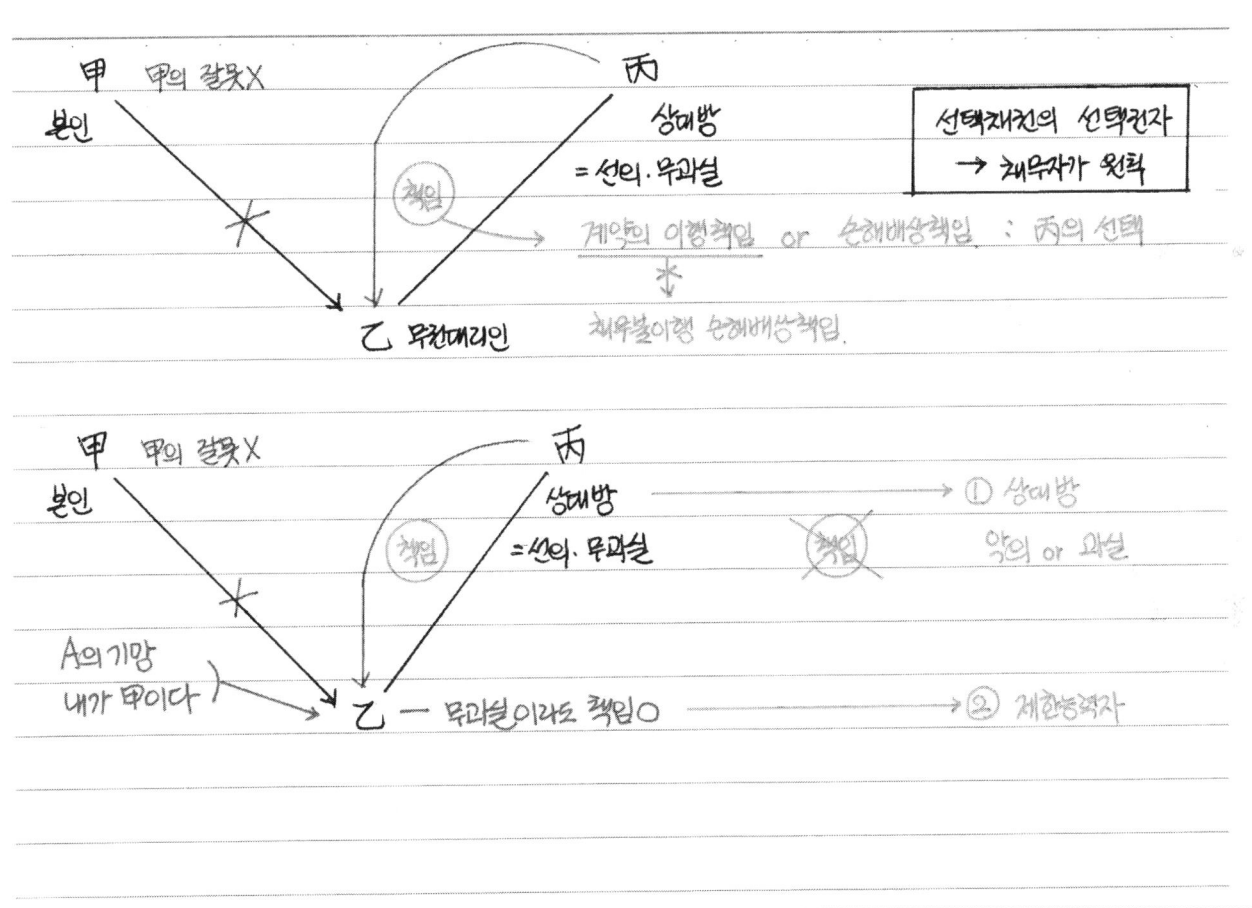

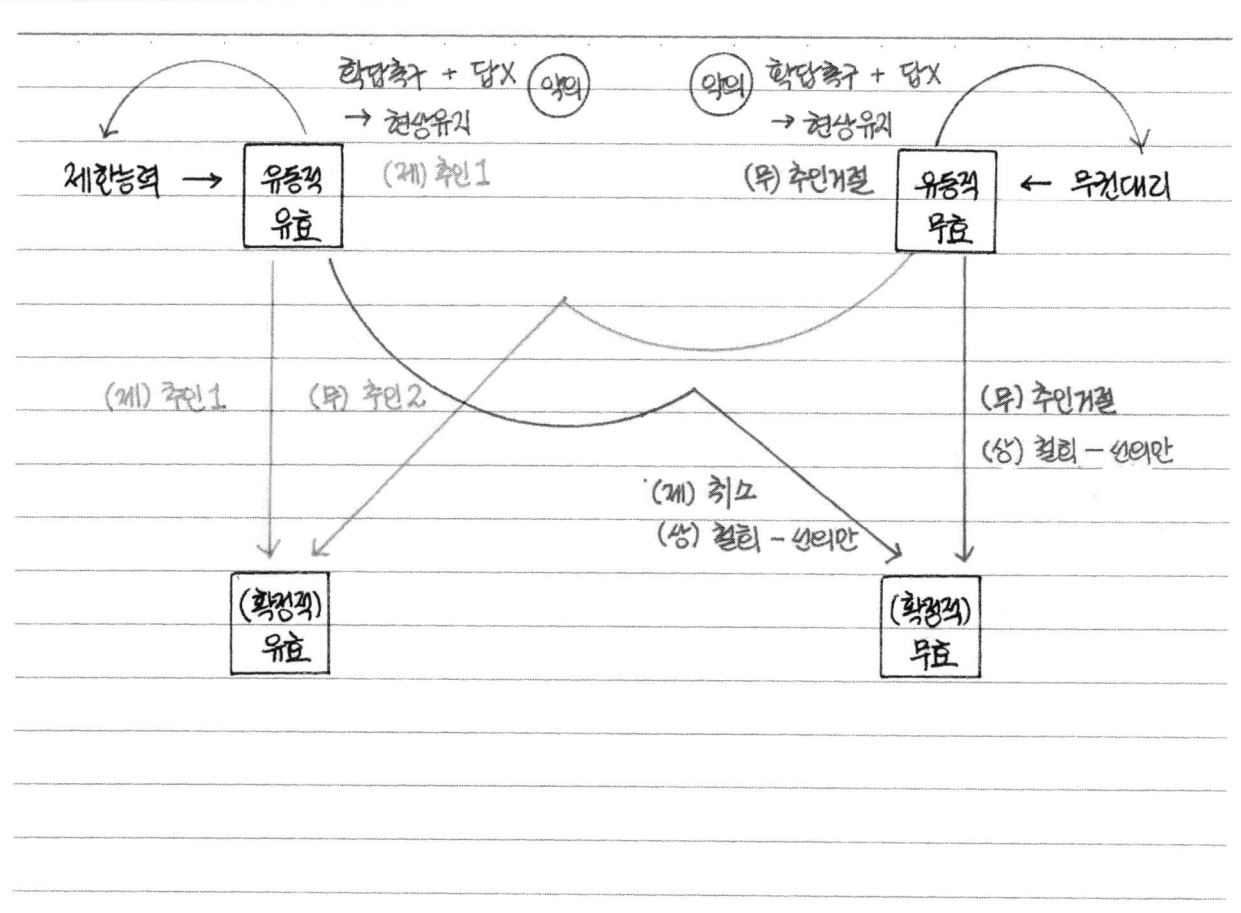

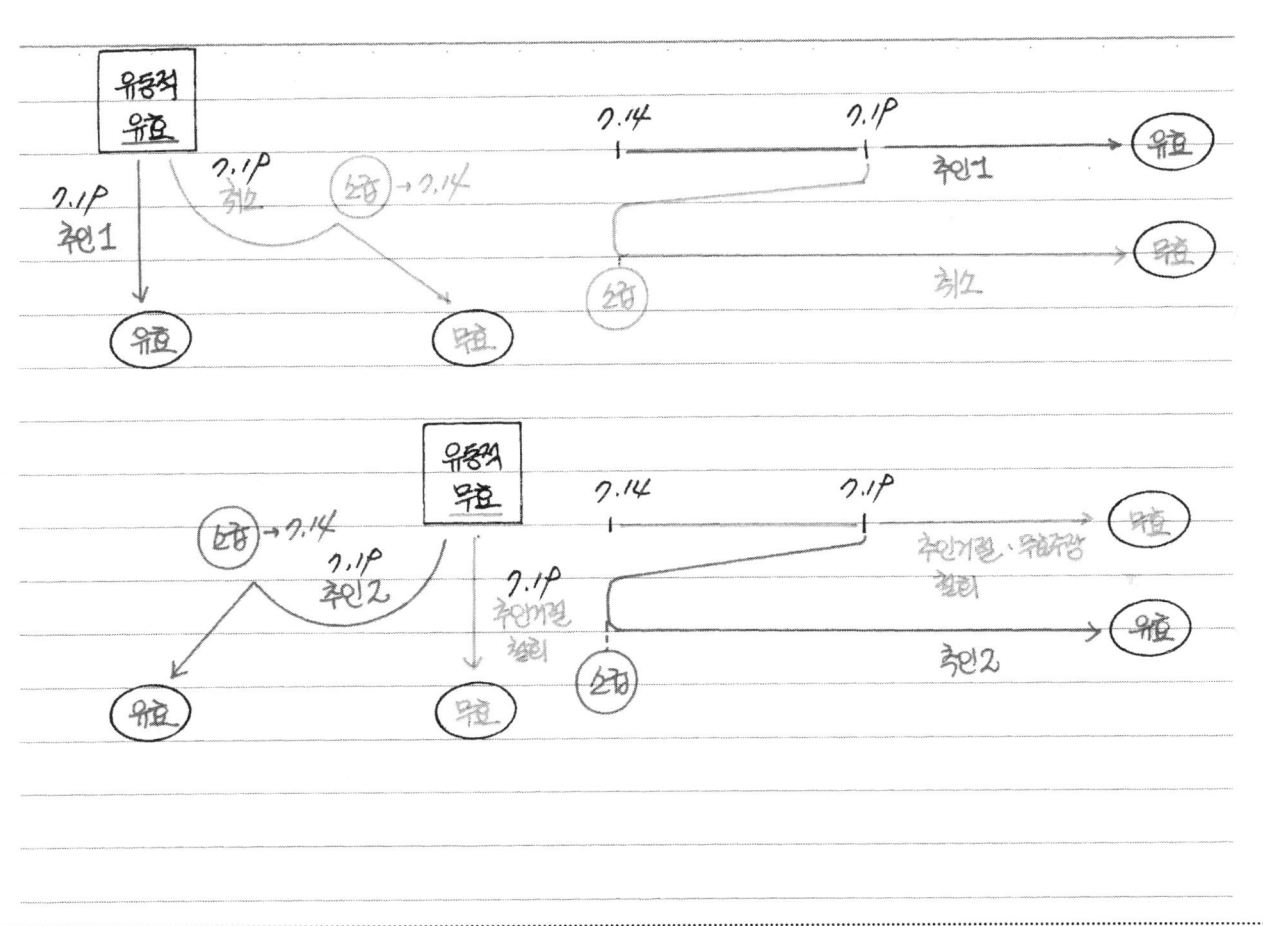

甲
추인
추인거절
① 본인 O
(+ 대리인)
② 상속인 O

甲 본인
丙 상대방
20억
乙 무권대리인
상속인
추인
추인거절
丙
추인
20억 O
= 계약유지
= 모순 X
乙
丙
추인거절 = 무효주장
20억 X
= 계약 안 함
= 모순
乙 = 신의칙에 반한다.

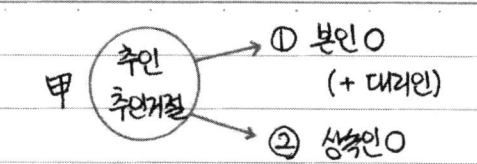

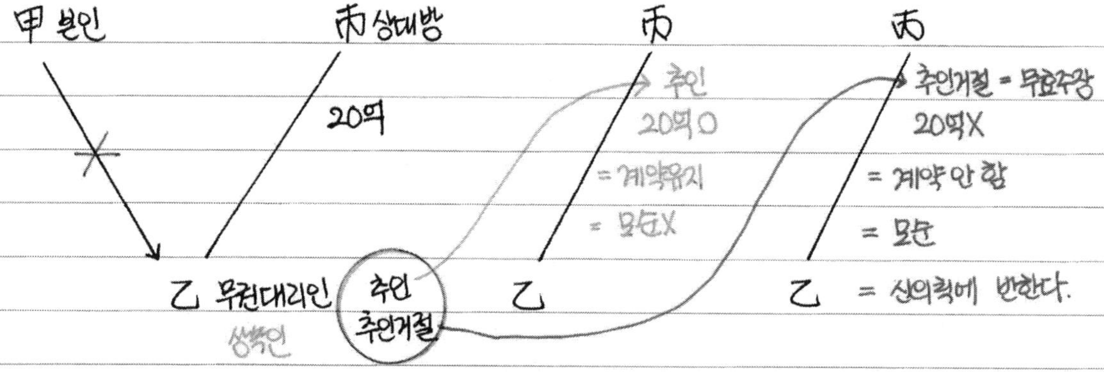

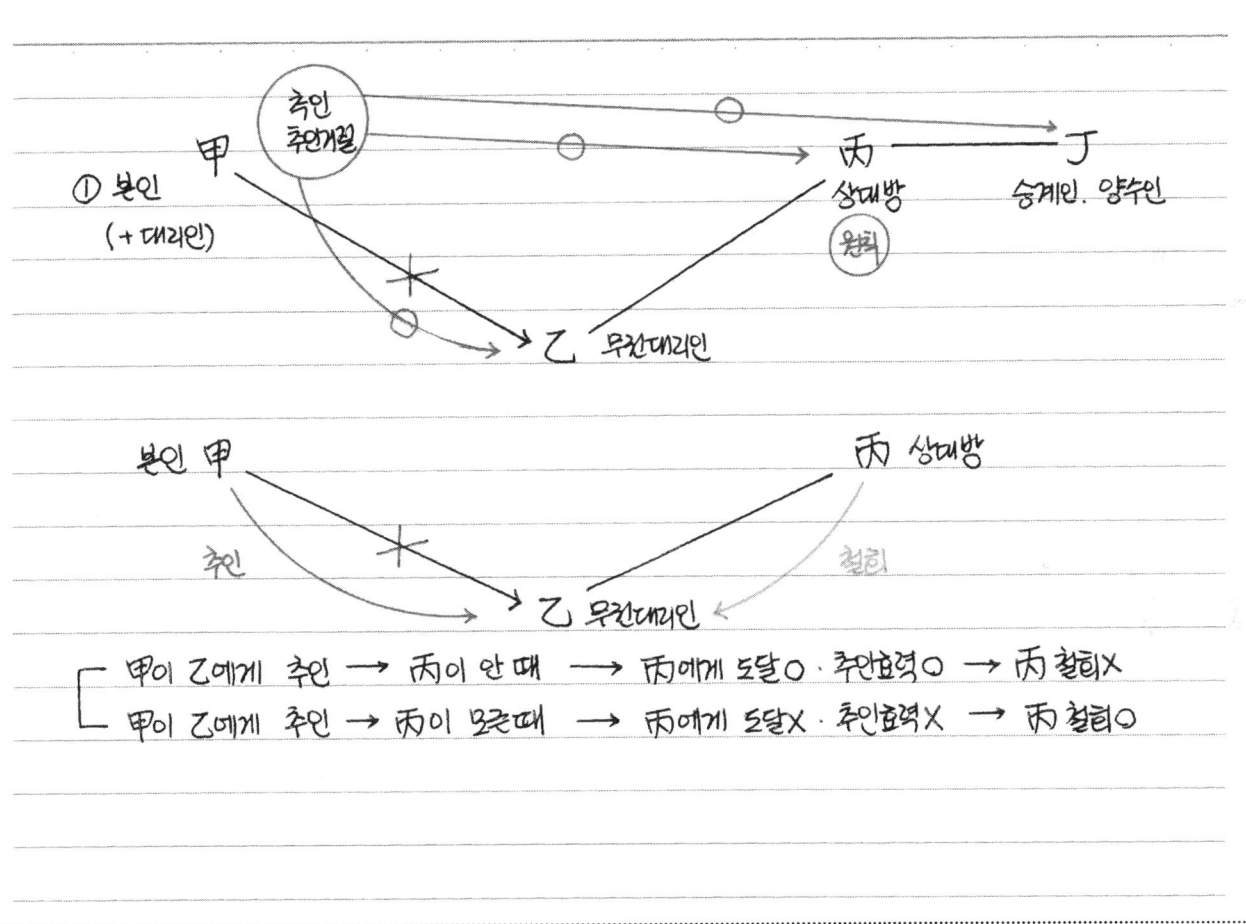

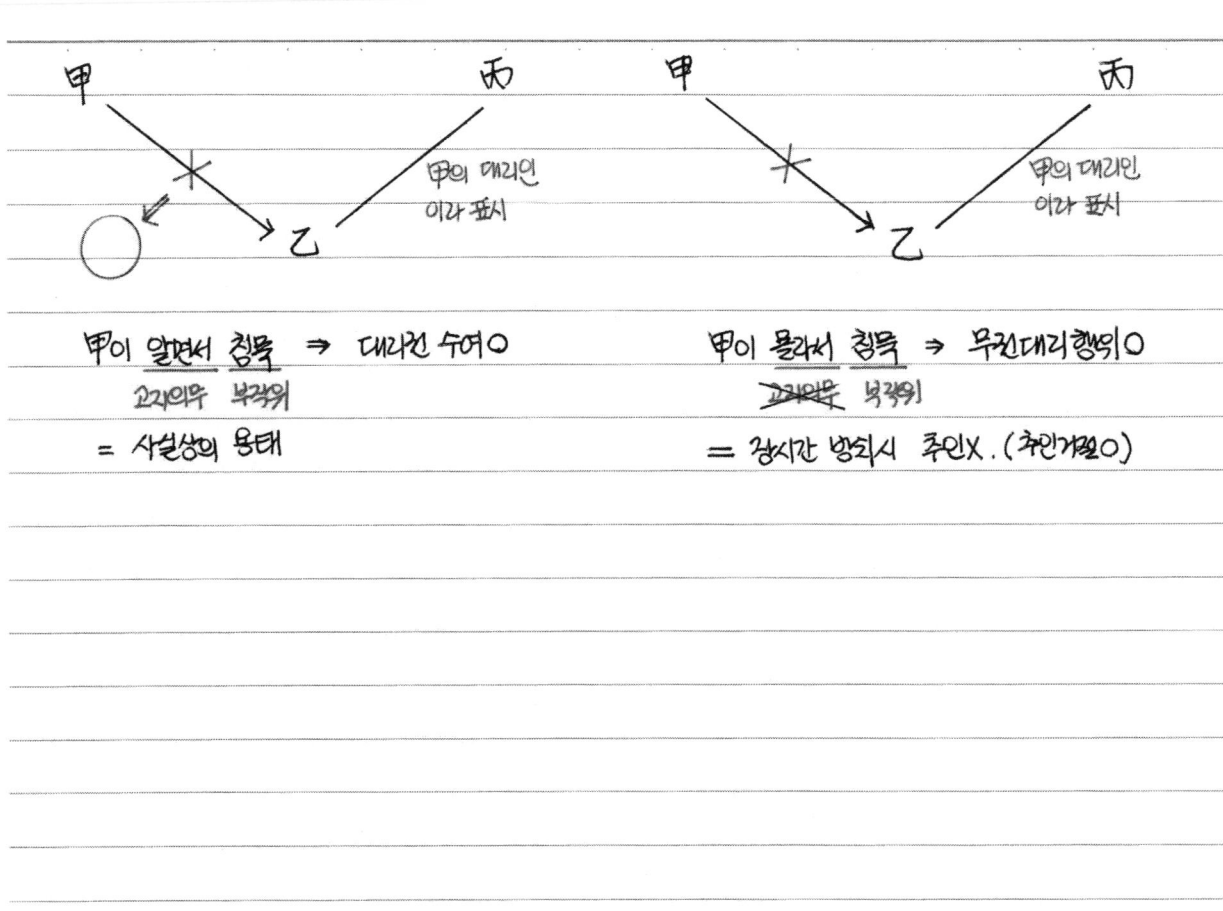

```
甲 ——————————— 혼인계약 ——————————— 乙
남편                                              부인
```

- 바람을 핀 유책사유 있는 자
  → 이혼 청구 X   (취소권자는 별도로 정해졌다)   → 이혼 청구 O
                                                    ↓
                            ┌─────────────────────────┐
   무효의 4원칙 ←──────   │ 이혼이 되면   │
                            │ 혼인계약은 무효가 된다. │
                            └─────────────────────────┘

① 유책사유 있는 자를 포함(甲)한 누구나 무효 주장
② 무효를 주장하는 자가 증명
③ 당사자, 악의·선의의 제3자를 포함한 누구에게나 무효 주장
④ 이행할 필요 X, 부당이득반환 O

무효의 4원칙 중 ③ — 당사자, 선의·악의 제3자에게 무효 주장

절대적 무효	상대적 무효
선의의 제3자에게 무효 주장 O	선의의 제3자에게 무효 주장 X
- 의사무능력의 무효	- 비진의표시의 무효
- 강행규정 위반의 무효	- 통정허위표시의 무효
- 반사회적 법률행위의 무효	
- 불공정한 법률행위의 무효	- 착오 취소로 인한 무효
- 무권대리의 무효	- 사기·강박 취소로 인한 무효
- 제한능력의 취소로 인한 무효	

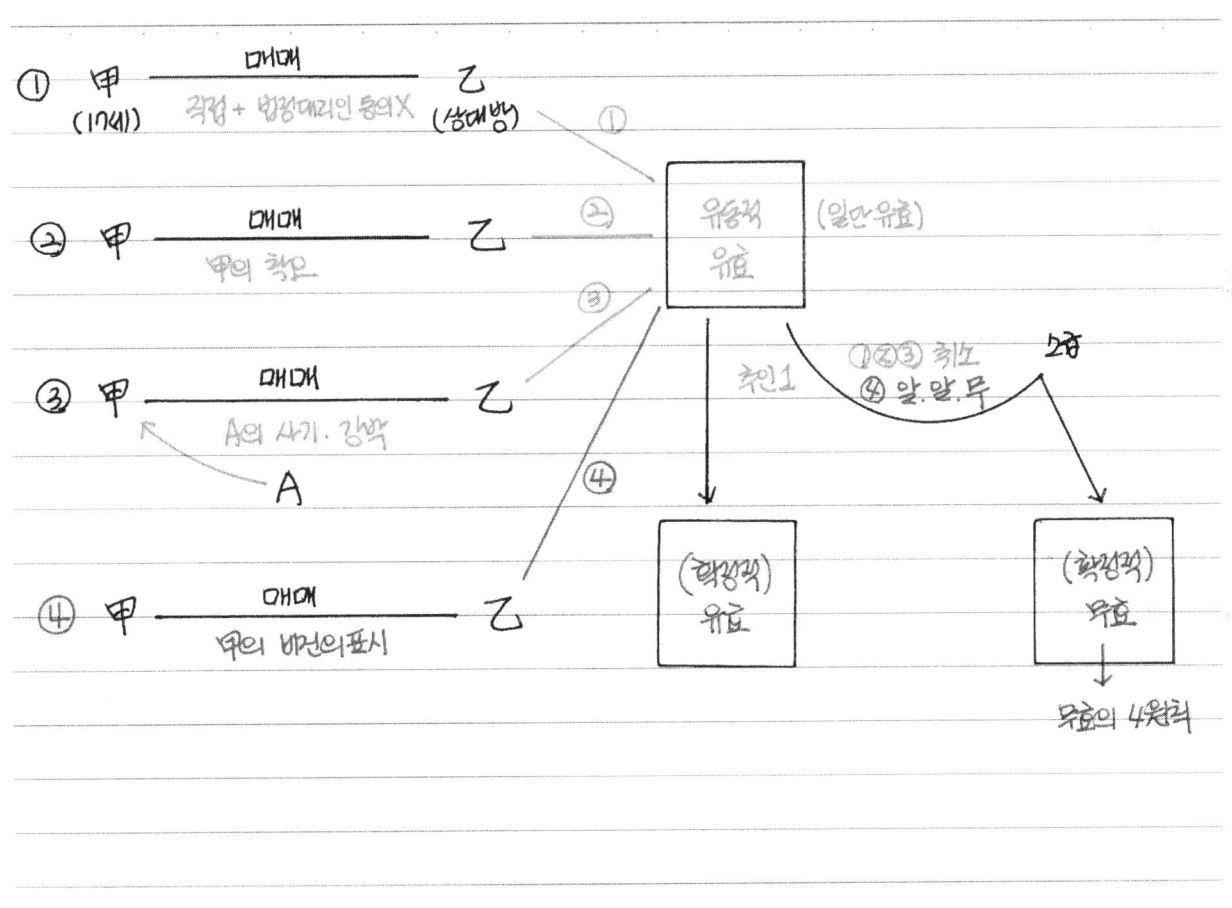

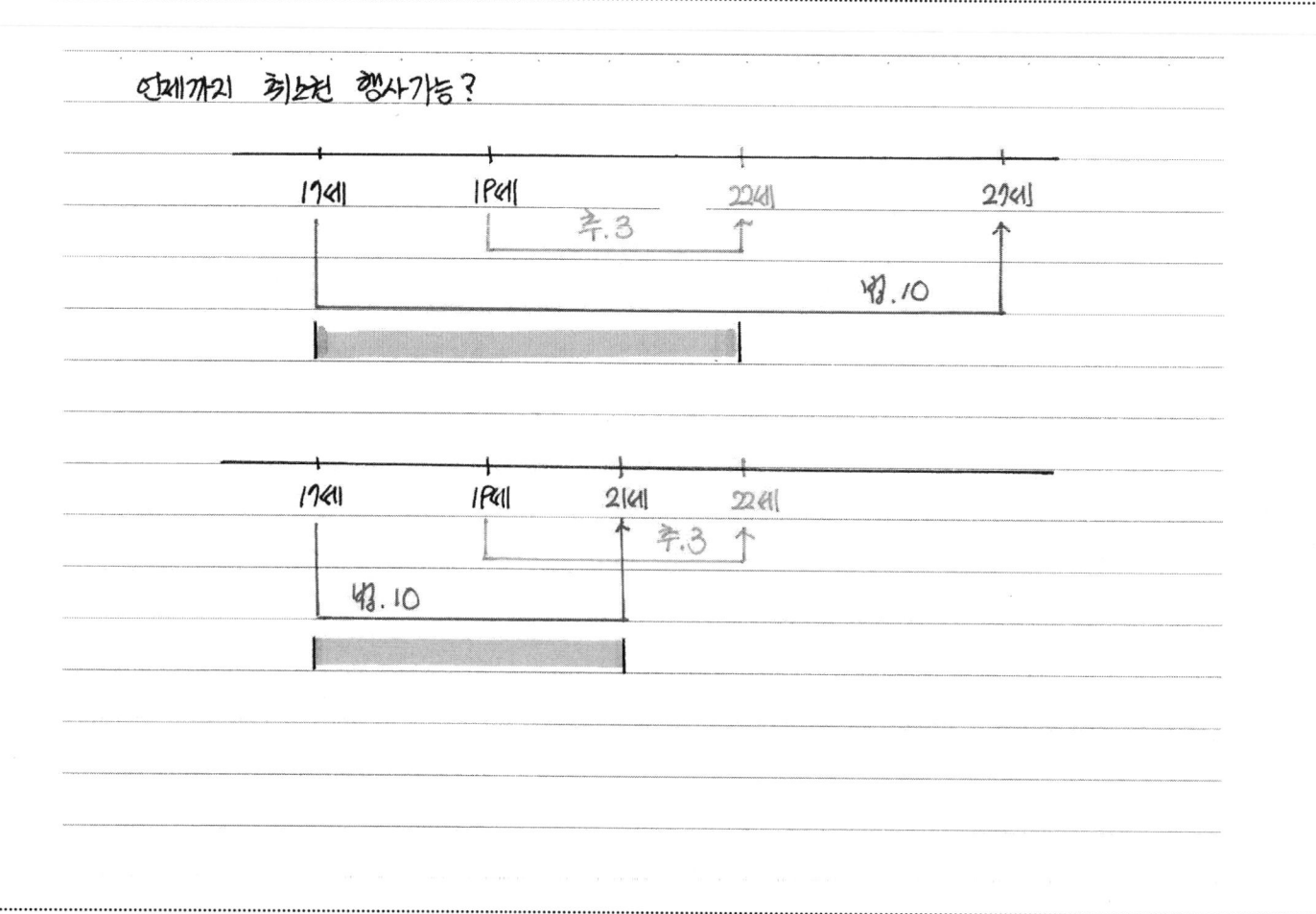

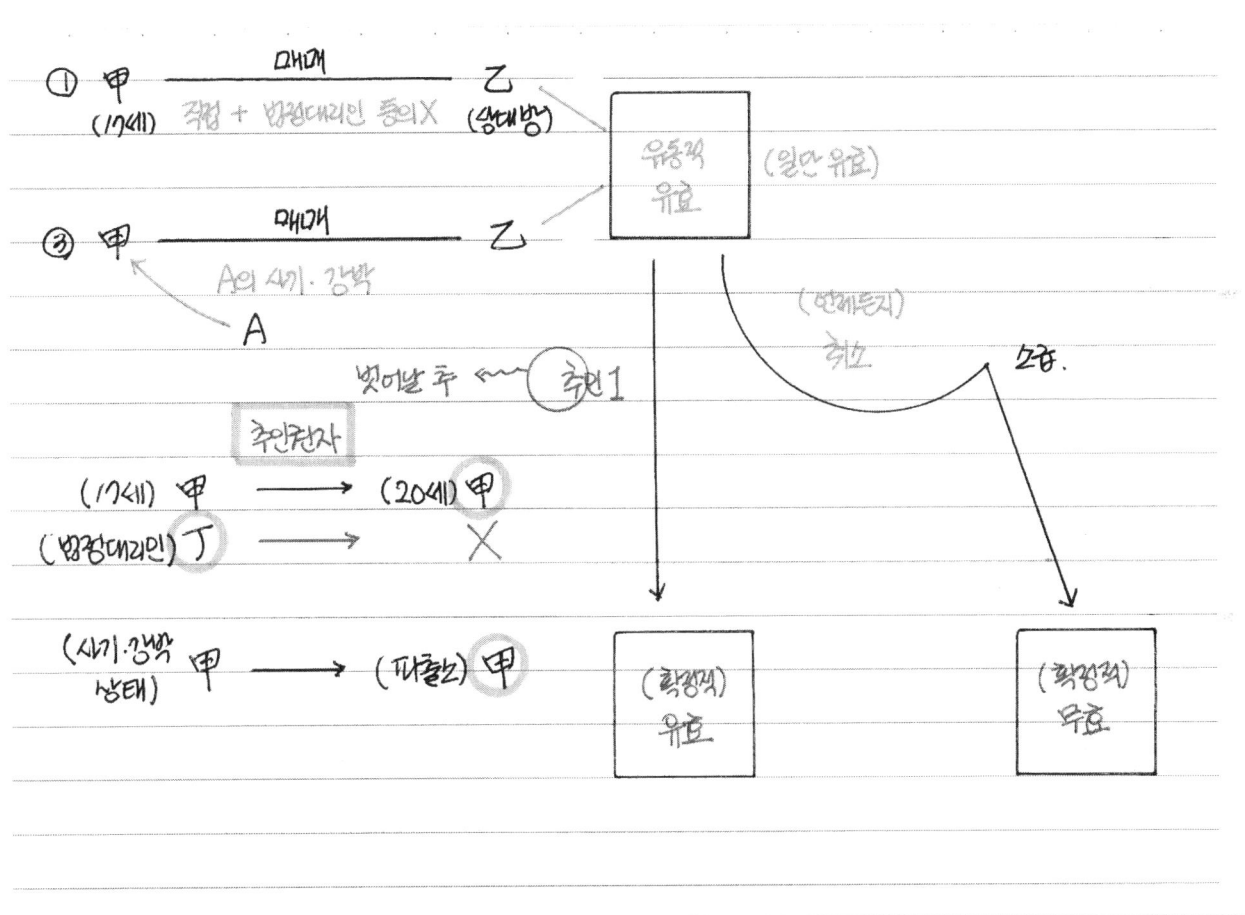

법정추인 사유

추인 1개만 존재

1. 이
2. 청
3. 경
4. 담
5. 양
6. 강 → 그의 취소권자 : 법정추인○
   　　　 상대방 : 법정추인○

취소권자 : 법정추인○
상대방 : 법정추인X

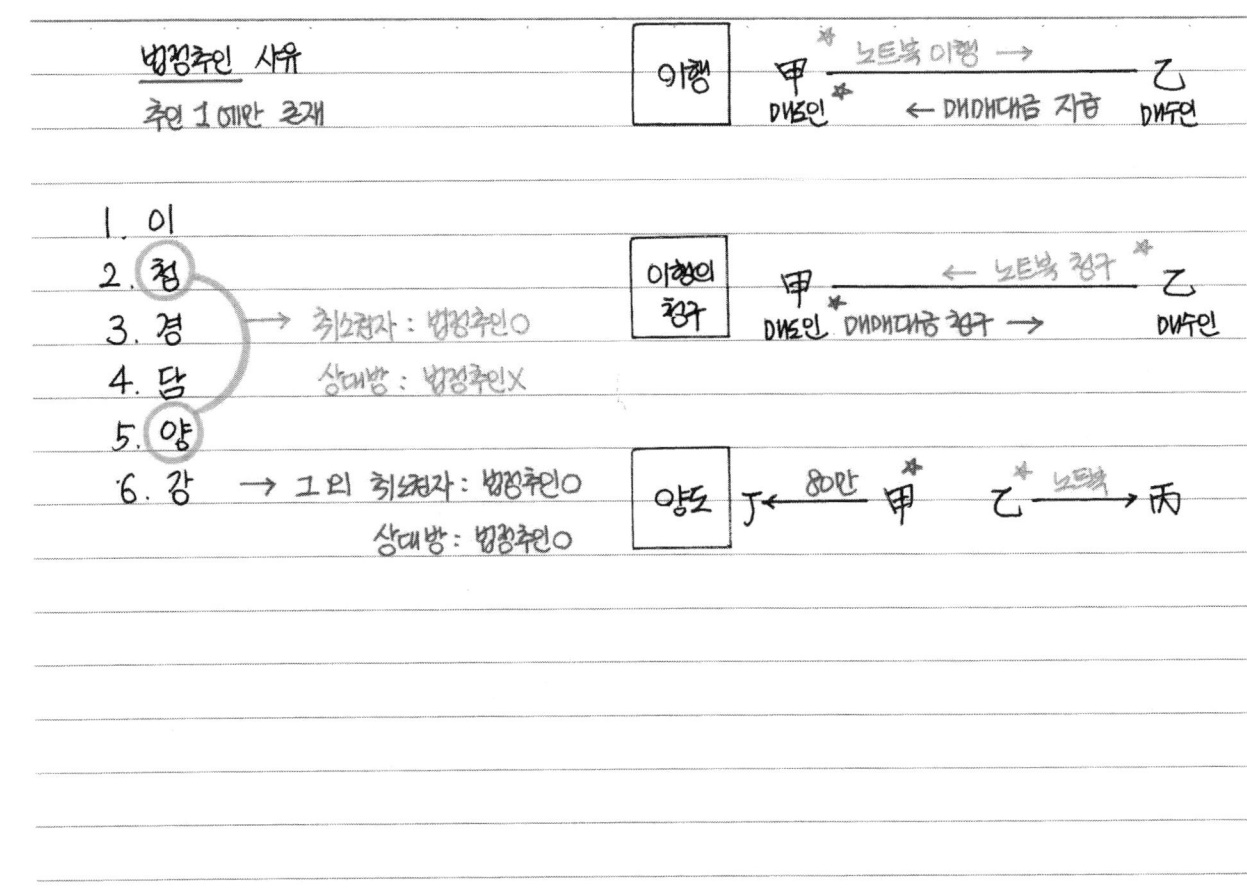

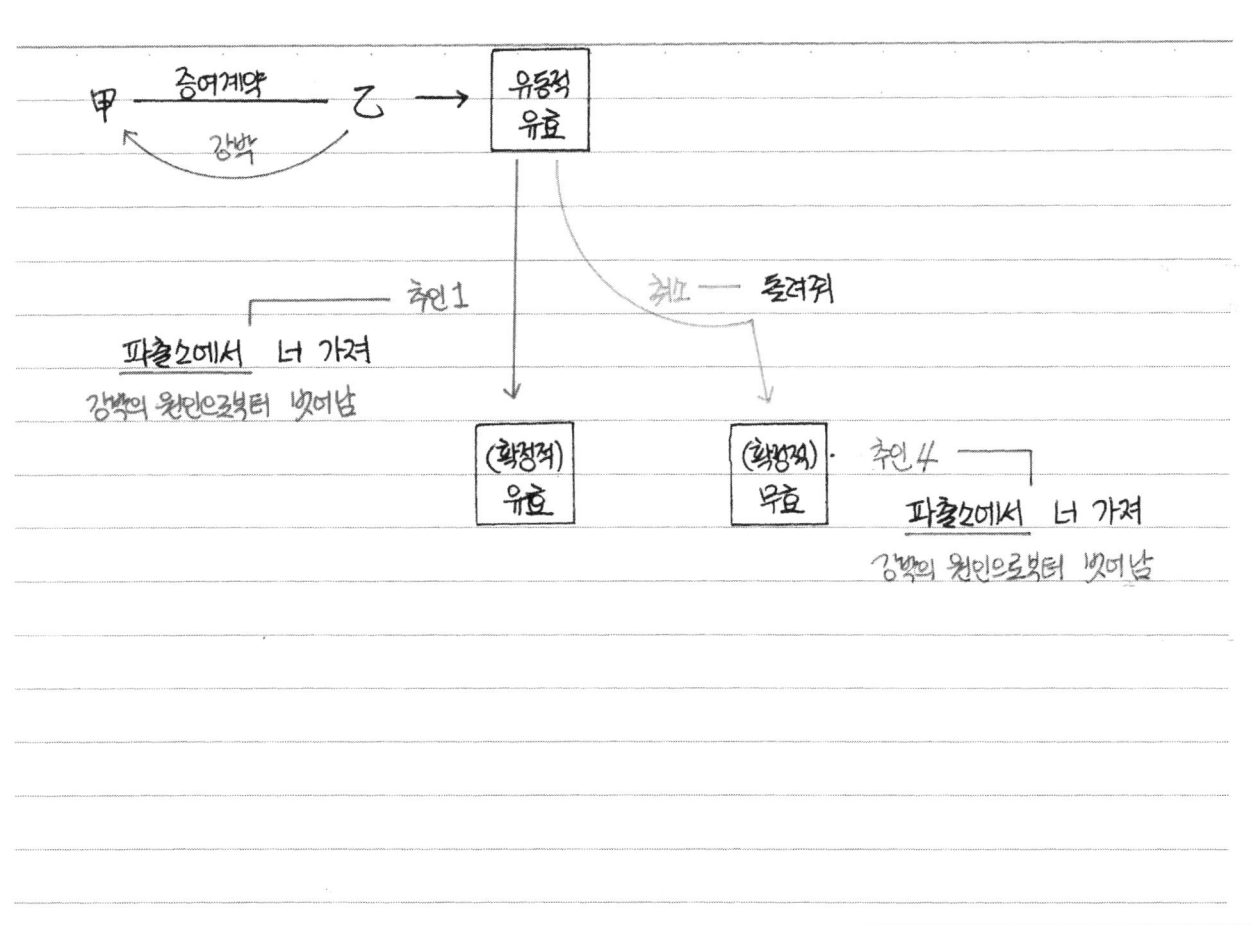

                          일부 무효 ┌ 원칙 : 전부 무효
                                  └ 예외 : 가정적 의사 + 일부 무효

① 가게를 양도
      +
② 권리금 → ~~사기 취소~~ → 일부 취소   ┌ 원칙 : 전부 취소
                              (일부 무효)   └ 예외 : 가정적 의사 + 일부 취소

甲 소유권 등기 ← 乙의 위조를 통해 ← 丙이 위조를 통해
                 자신에게 등기이전   자신에게 이전등기

乙 유권자 ○   乙 유권자 X   ← 丙이 乙의 서명을 위조하는 것처럼 보임
                   ~~乙은 손해가 없음 → 丙에게 손해배상 구~~ X 손해배상 청구

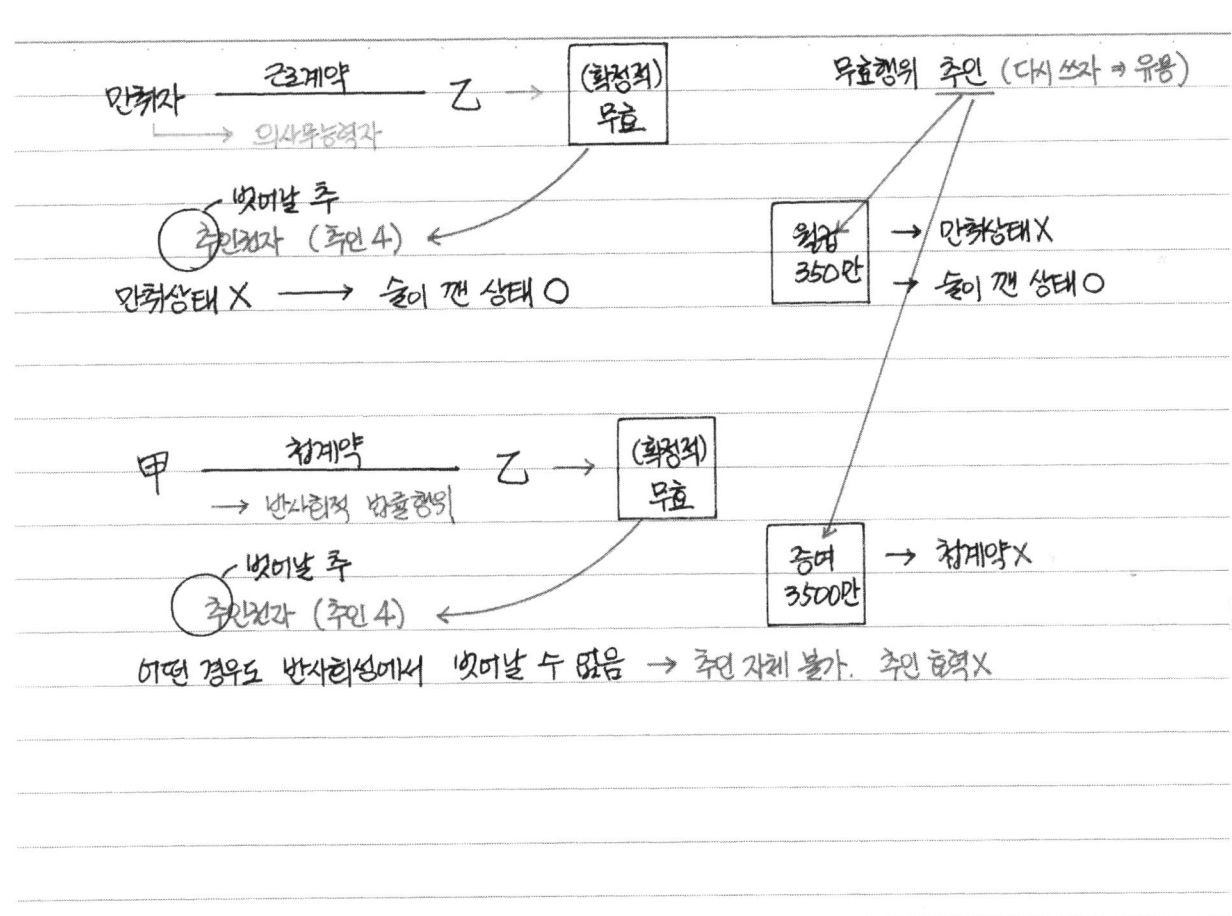

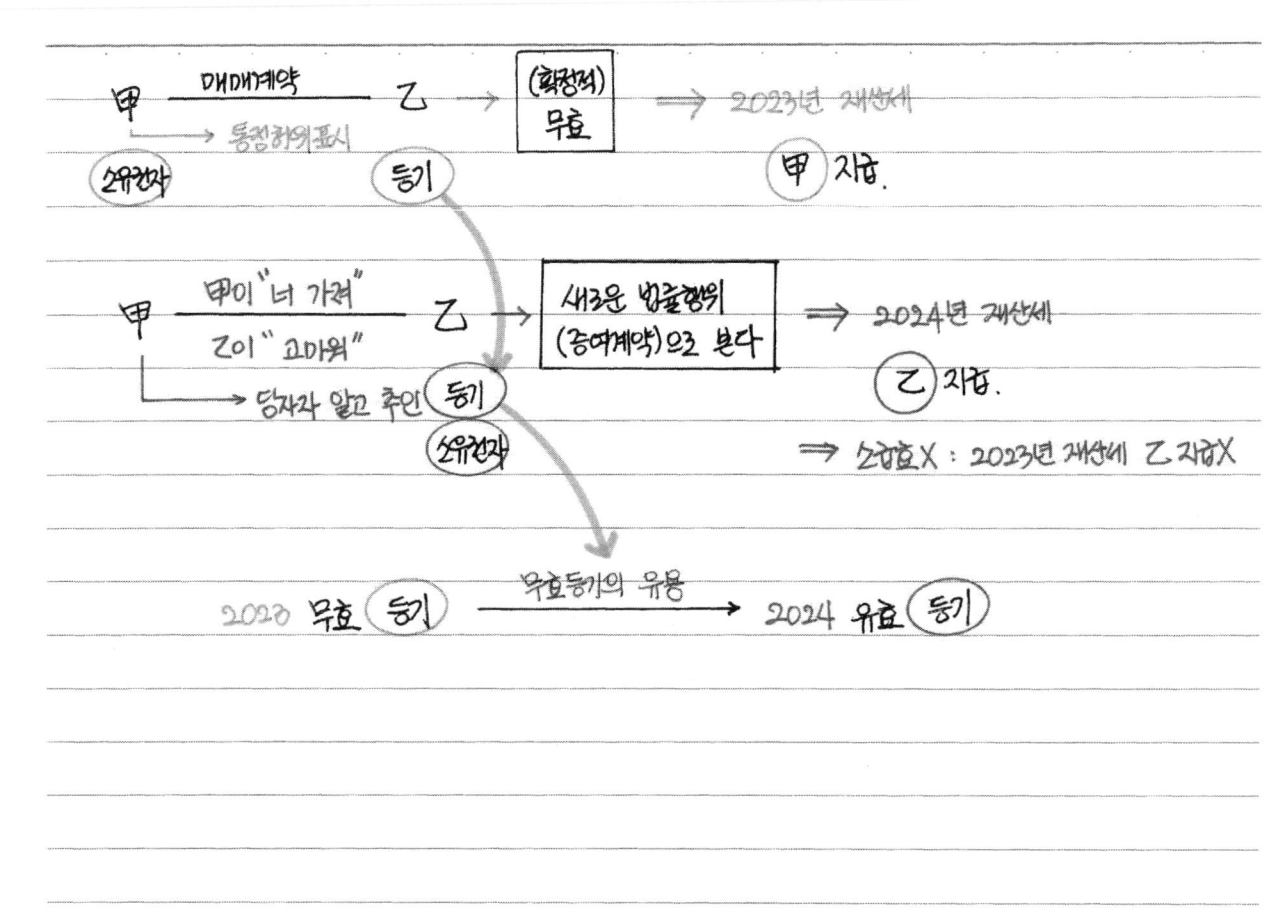

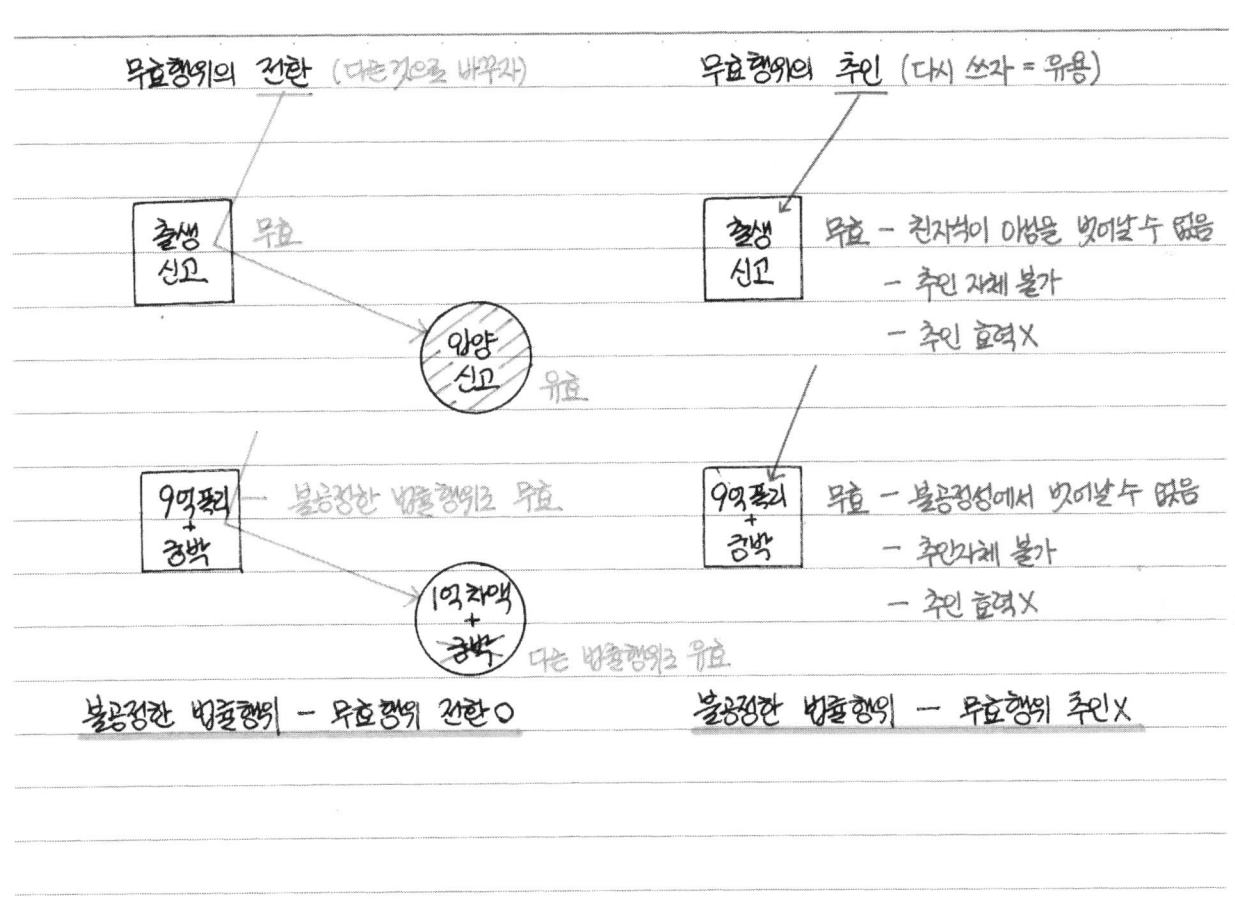

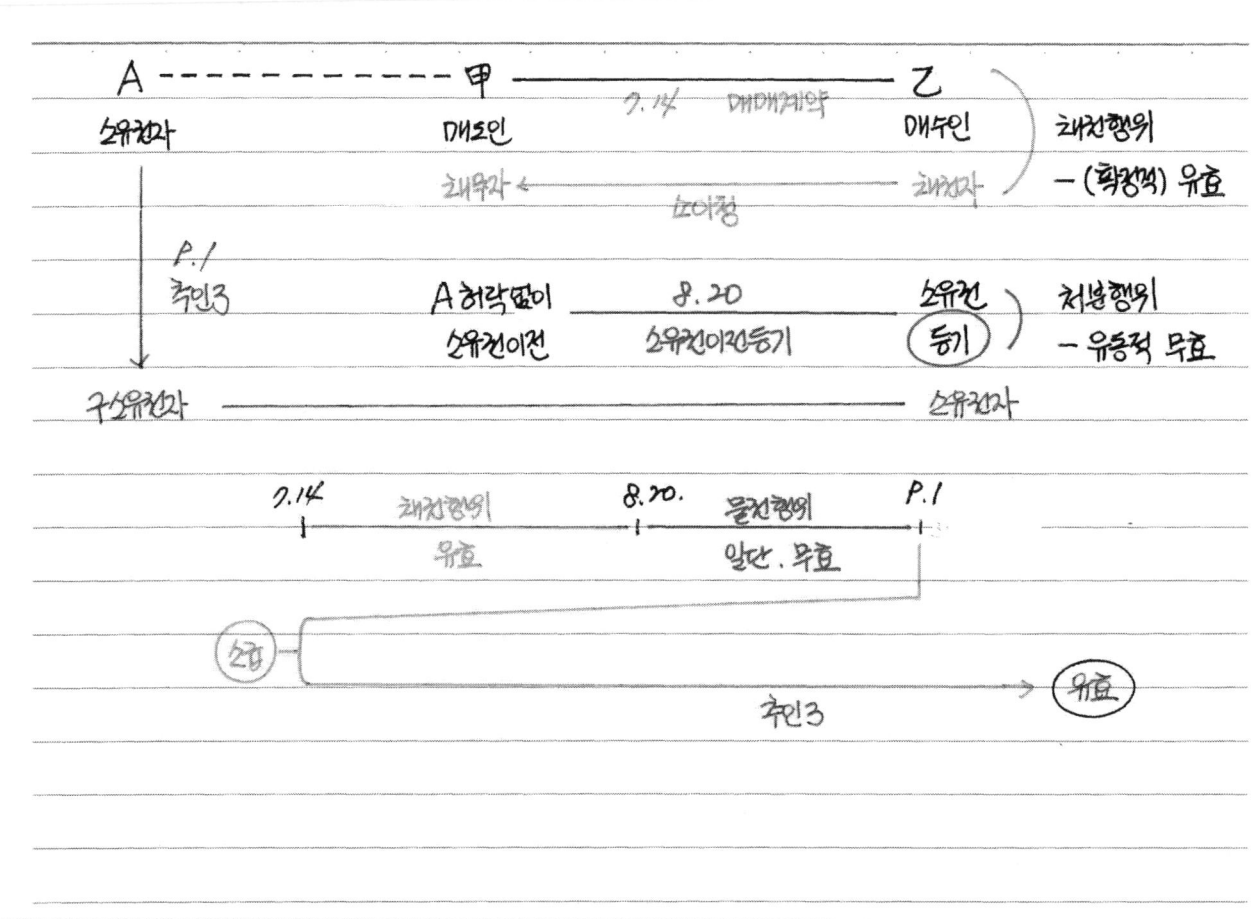

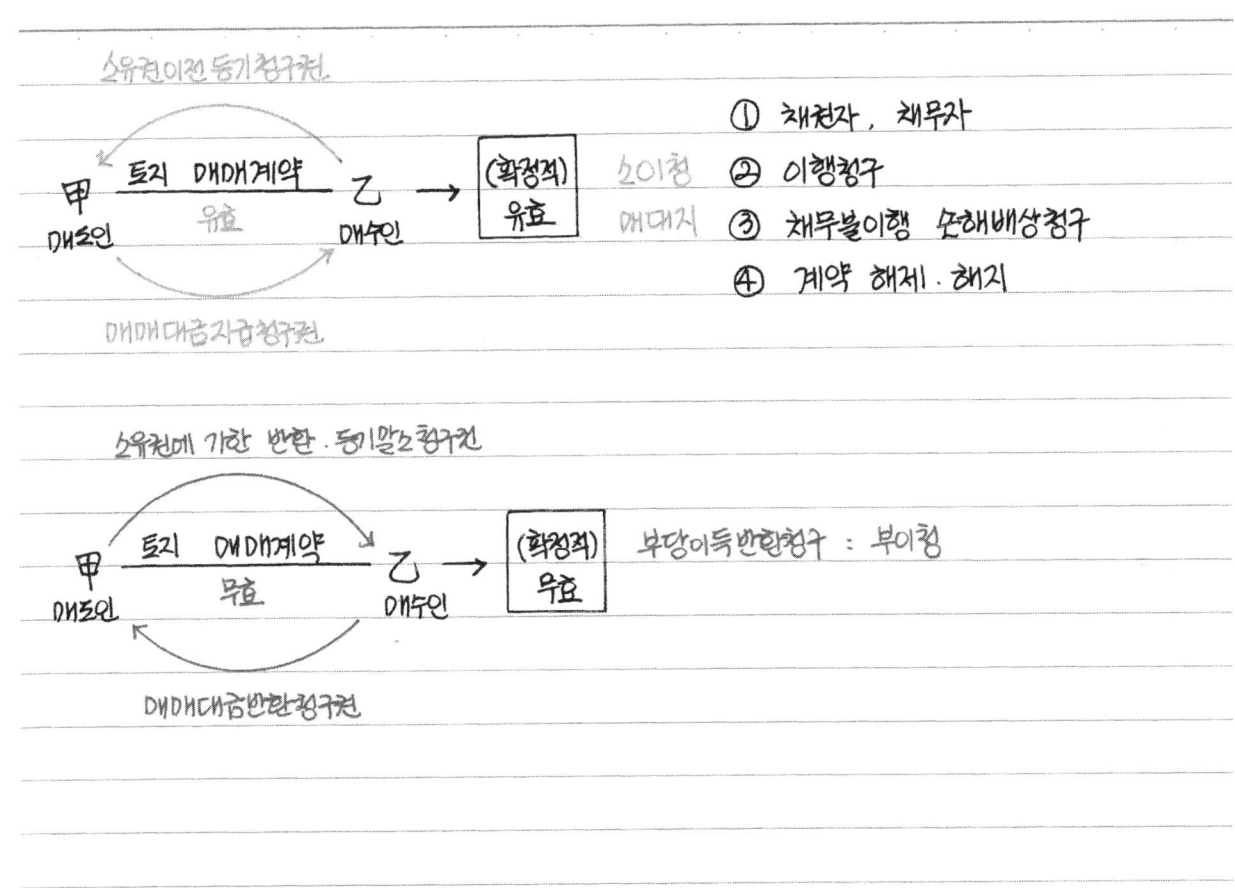

甲 ─────── 토지거래허가 구역 내 허가 받기 전 매매계약 ─────── 乙 → | 유동적 무효 |

① 토지 매매계약 ─ 유동적 무효 : 채권적 효력 X, 물권적 효력 X
　　　　　　　 ─ 확정적 유효 적용 X : 소이청 X, 매매대금 X, 각 이행청구 X, 계약상 이행청구 X
　　　　　　　　　　　　　　　　　토지계약 채무불이행 손해배상 X, 토지계약 해제 X
　　　　　　　 ─ 확정적 무효 적용 X : 부이청 X

② 허가신청 ─ 확정적 유효 : 허가신청 협력의무 O, 이행청구 O
　　　　　　　　　　　　　협력의무 불이행 손해배상 O
　　　　　　　　　　　　　협력의무 불이행 토지계약 해제 X

③ 계약금 계약 ─ 별개 규정 : 계약금 해제 O

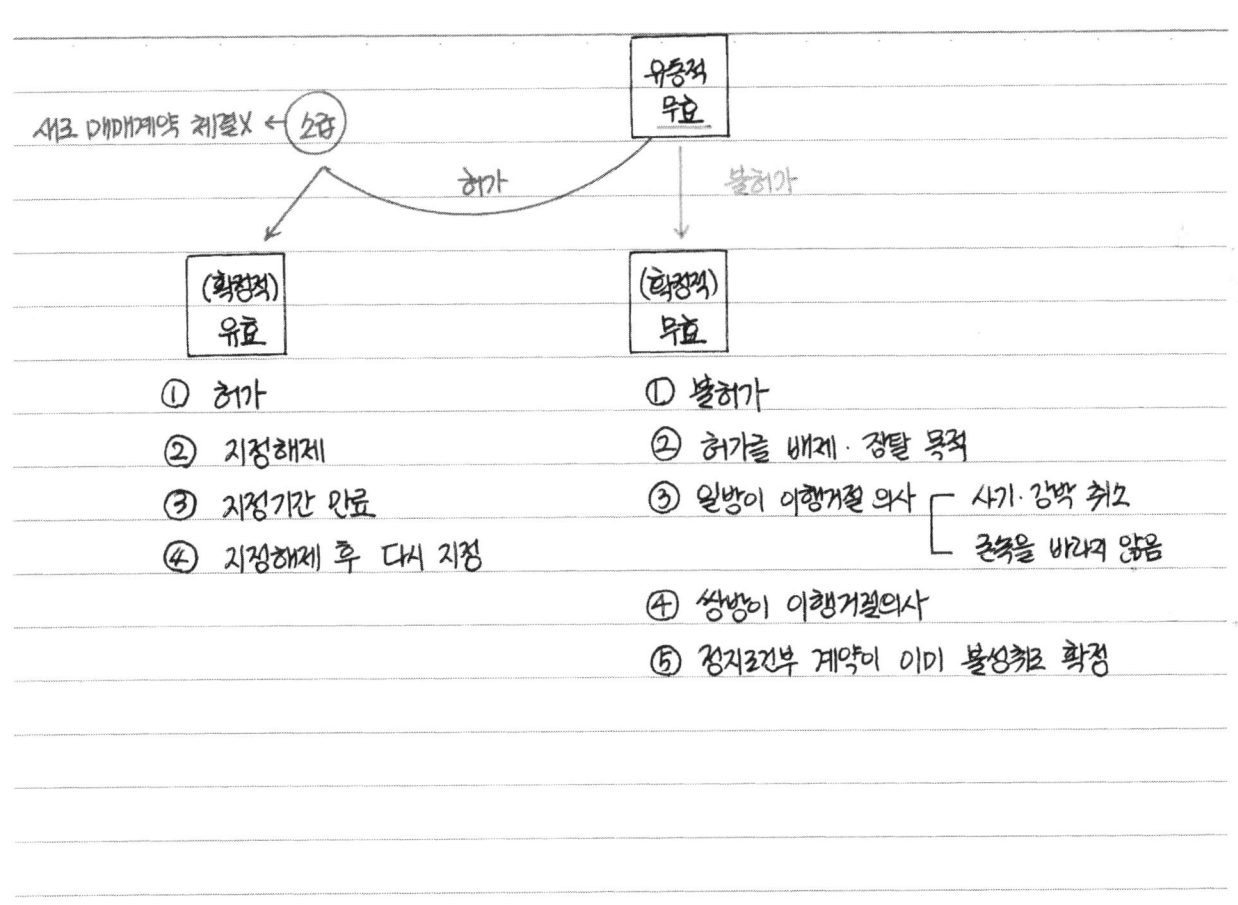

무효의 4원칙 ④ ─┬─ 이행하지 않은 부분 ── 이행할 필요 X
　　　　　　　　└─ 이미 이행한 부분 ── 부당이득반환

부당이득반환 ○　　　　　　　　　　　　　　　　부당이득반환 X

원칙 ┬─ 선의 ── 현존이익　　　　　　　　　── 반사회적 반출행위
　　 └─ 악의 ── 받은이익 + 이자 + 손해배상　→ 소유권에 기한 반환 X

예외1 ┬─ 제한능력자 ── (선의·악의) 현존이익　→ 불법행위 손해배상 X
　　　└─ 의사무능력자 ── (〃) 현존이익

예외2 ── 해제 ── (선의·악의) 받은이익 + 이자 + 손해배상

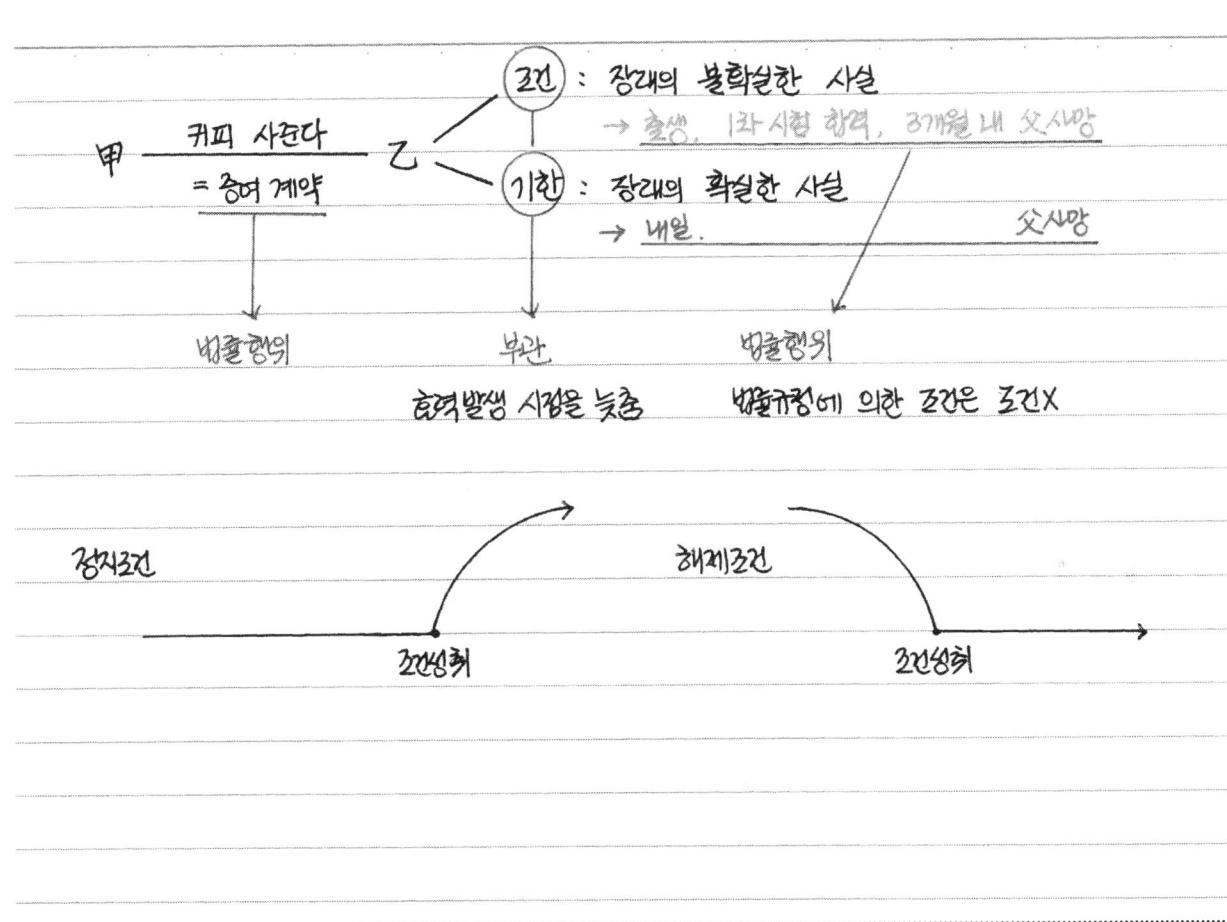

	정지조건 ⊕	해제조건 ⊖
기성조건 ⊕	조건 없는 법률행위	무효인 법률행위
불능조건 ⊖	무효인 법률행위	조건 없는 법률행위

甲 ——오피스텔 증여계약—— 乙 조건: 첩계약 종료시 반환
  - 해제조건
  - 반사회적 조건 = 불법조건

↓   ↓
유효인 법률행위   무효인 조건

→ 법률행위 전체가 무효 O
  조건만 분리하여 무효 X

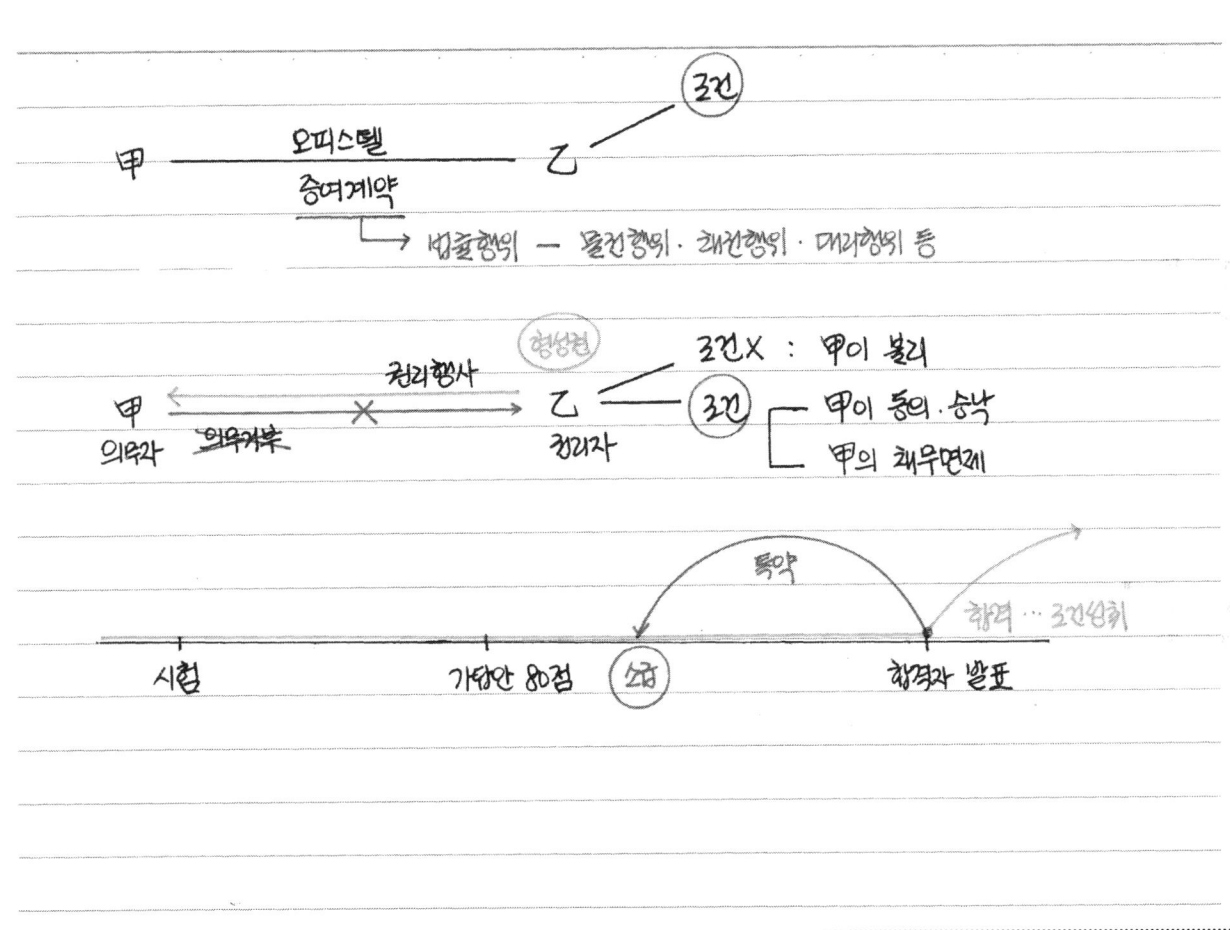

조건 : 커피 사준다 + 1차시험 합격 ┌ 합격O — 커피 사줌O
　　　　　　　　　　　　　　　　└ 합격X — 커피 사줌X
　　　　　　　　　　　　　　　　　↳ 발생하지 아니한 것으로 확정 : 채무이행X

기한 : 보증금 돌려준다 + 새로운 임차인 입주 ┌ B입주 — 보증금 돌려줌O
　　　　　　　　　　　　　　　　　　　　　└ 건물주 입주 — 보증금 돌려줌O
　　　　　　　　　　　　　　　　　　　　　　↳ 발생하지 아니한 것으로 확정 : 채무이행O
　　　　　　　　　　　　　　　　　　　　　　↳ 발생이 불가능 한 때 : 이행기한 도래O

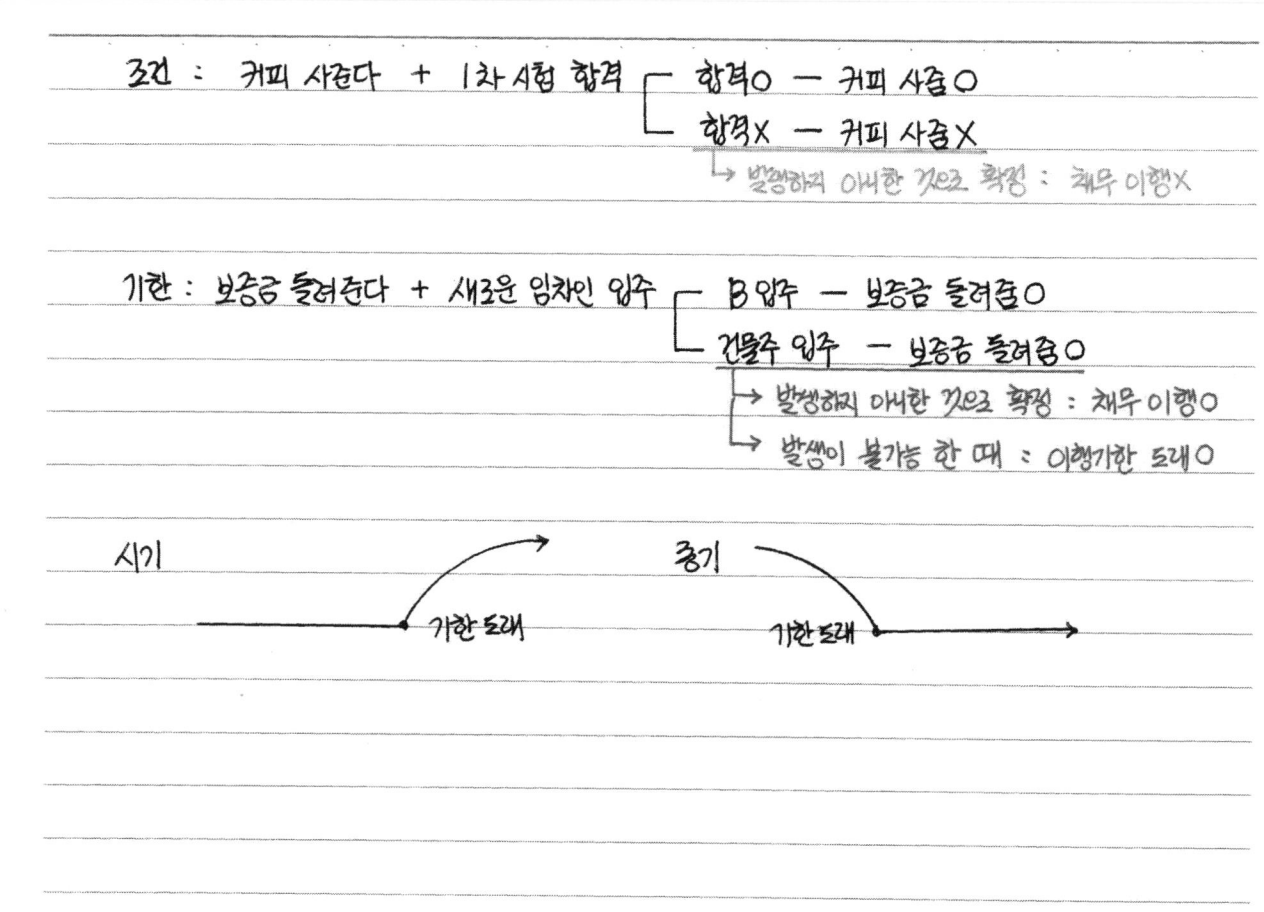

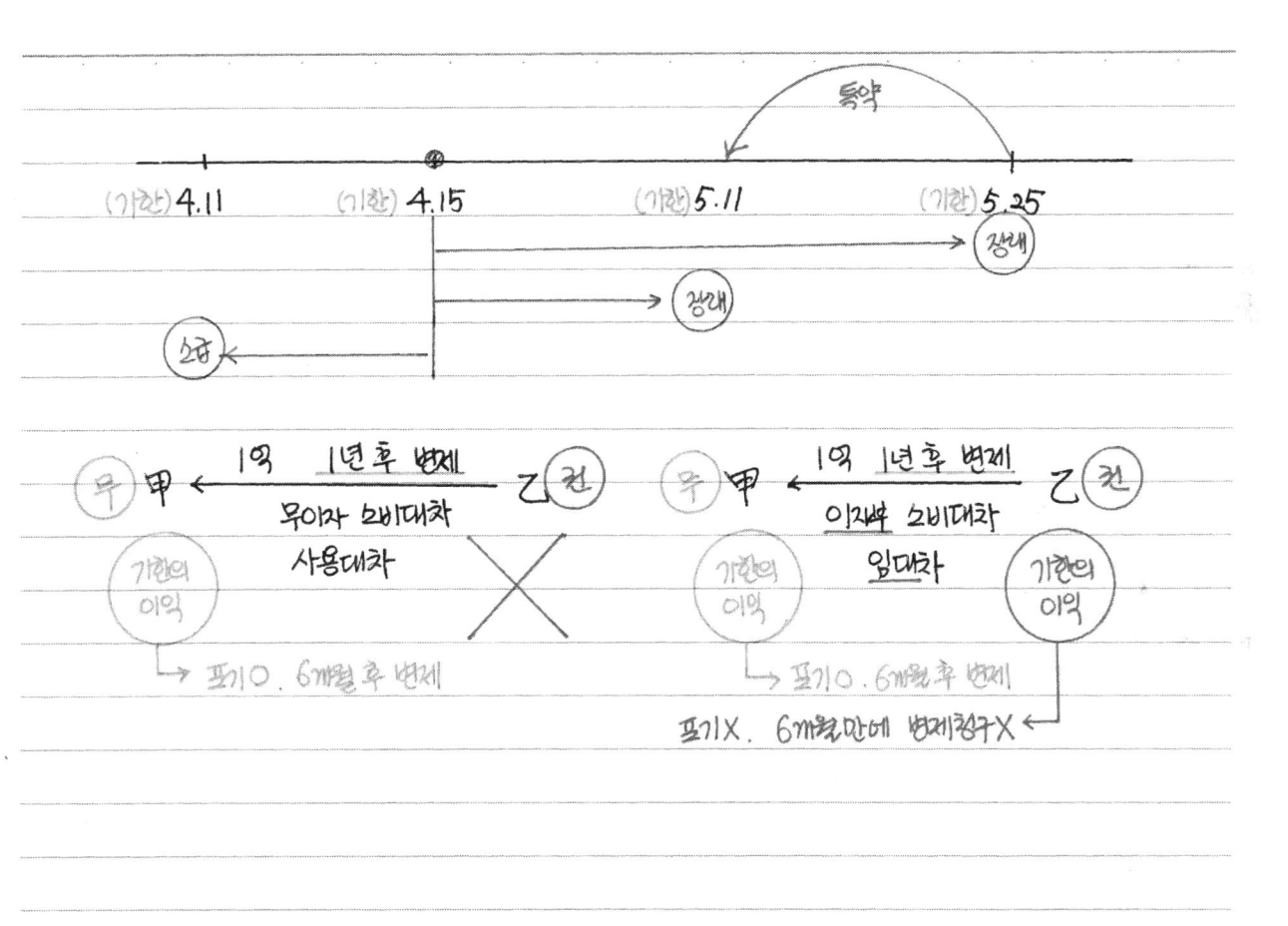

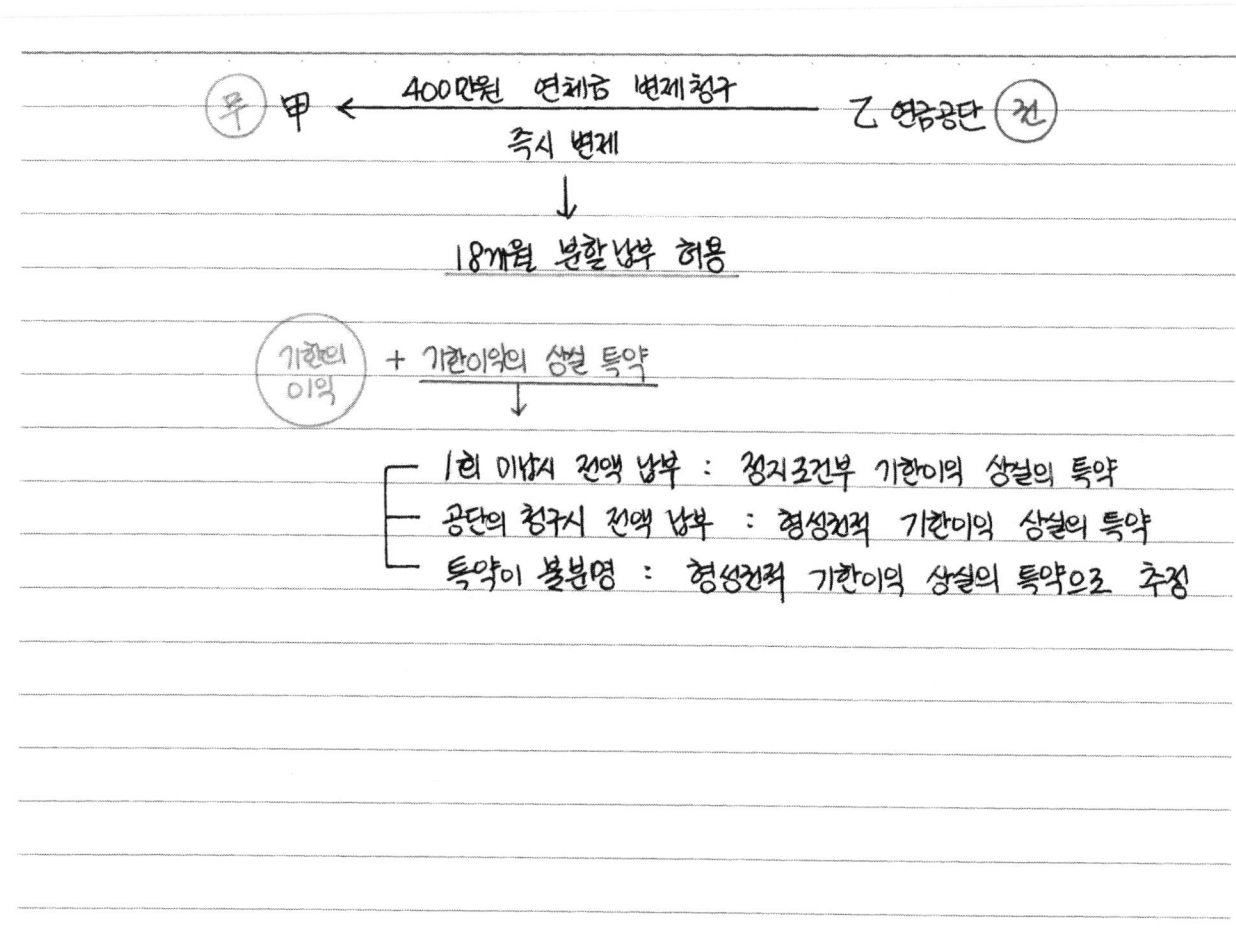

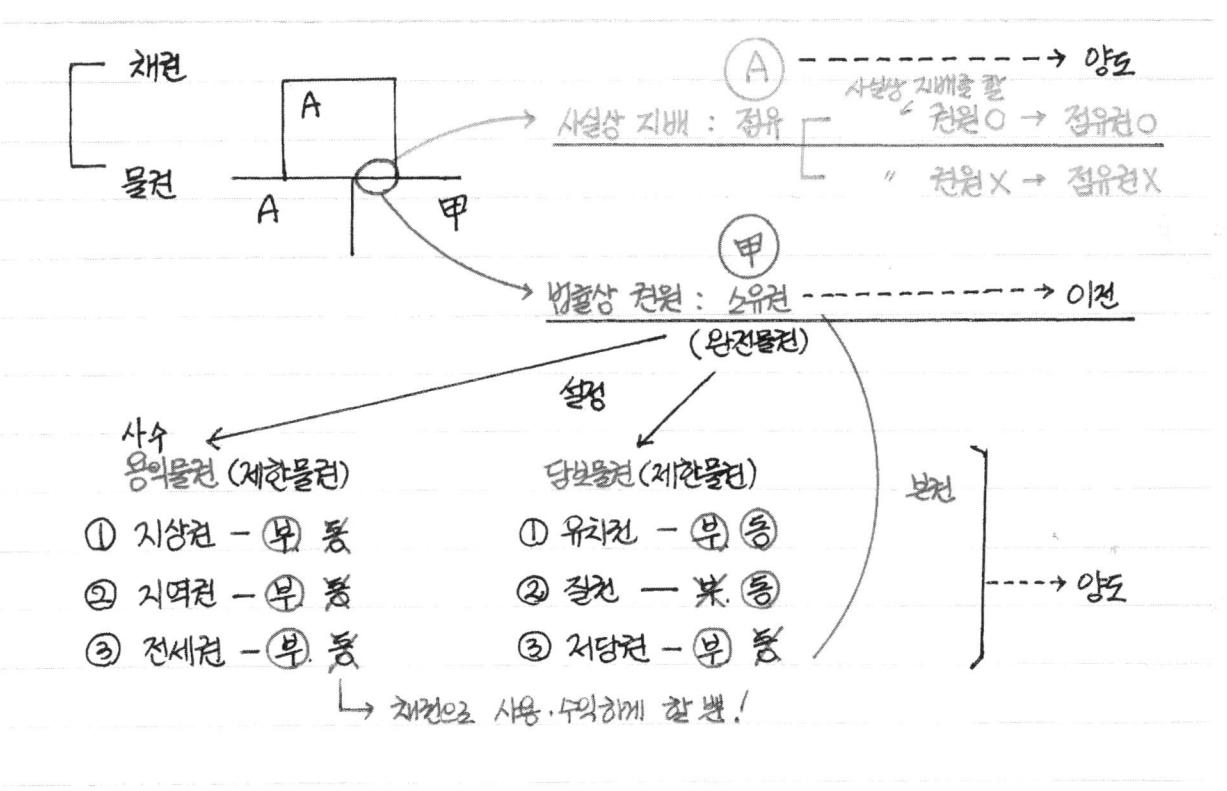

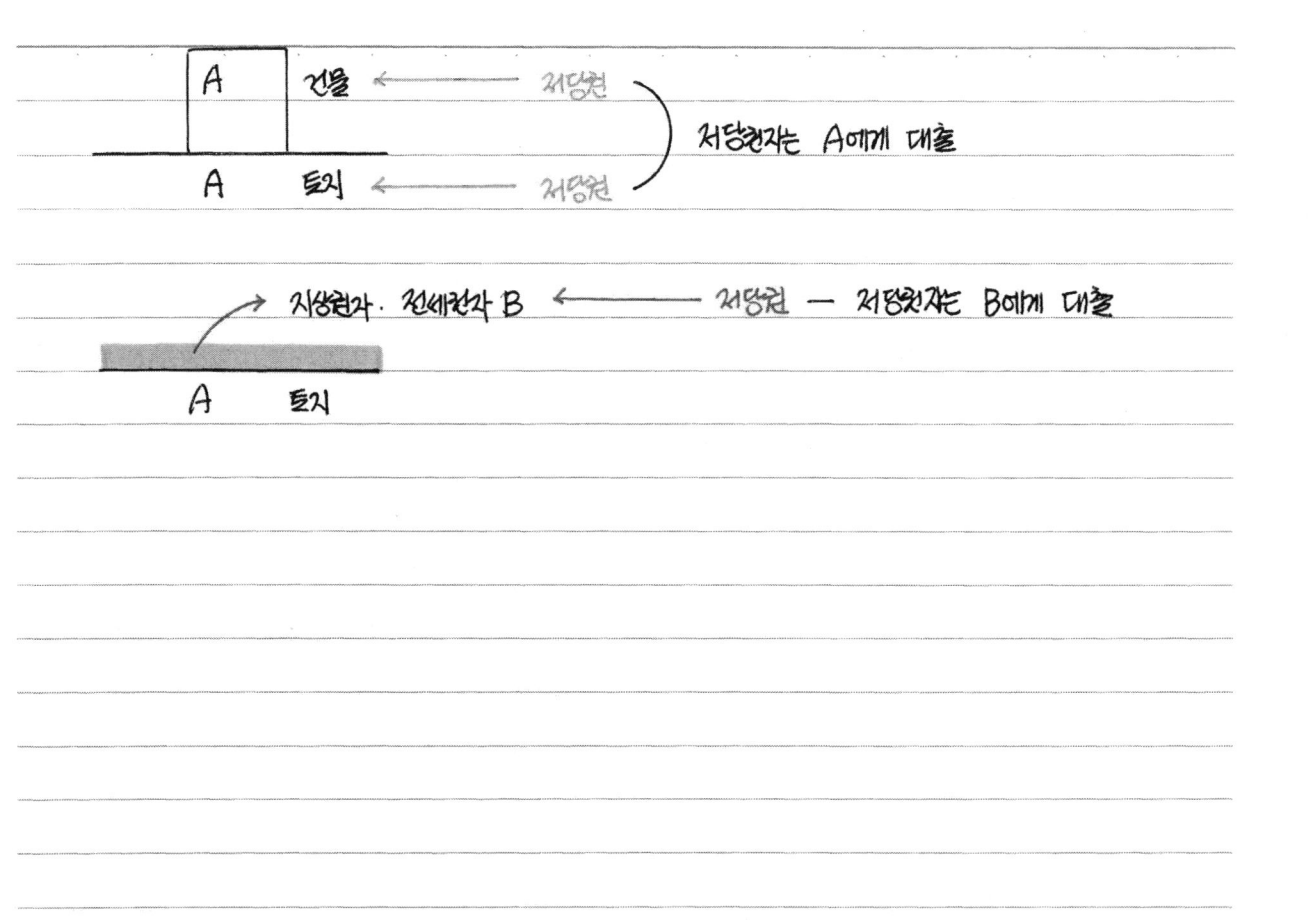

	부동산 소유권 이전방법	동산 소유권 이전방법
	→ 등기, 명인방법	→ 인도

- 토지 ────────→ 등기
- 토지의 정착물
  - 건물 ─────→ 등기
  - 수목 ─────→ 등기, 명인방법 | 뽑으면 → 인도
  - 미분리과실 ──→ 명인방법 | 따면 → 인도
  - 농작물 ────→ 명인방법 | 뽑으면 → 인도

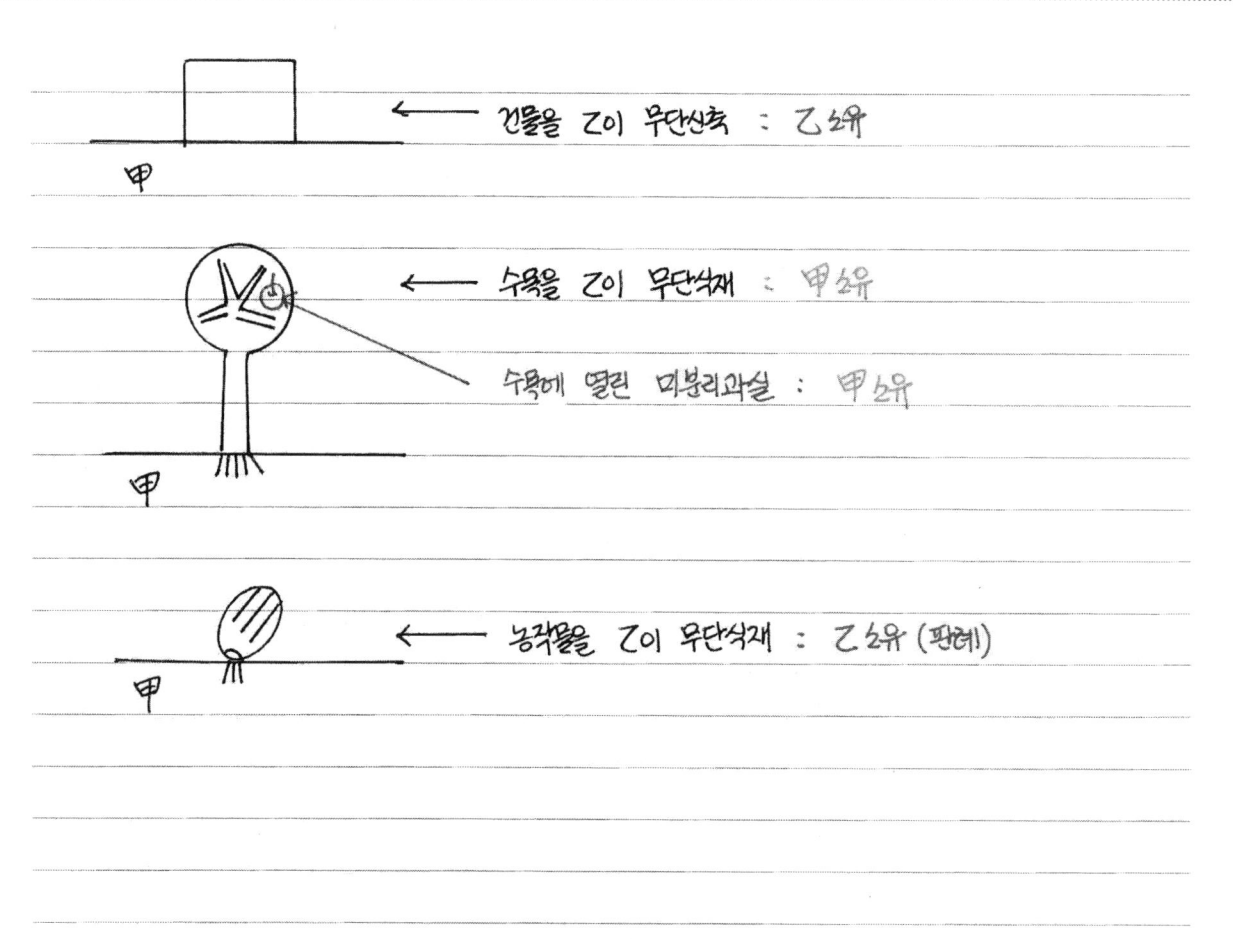

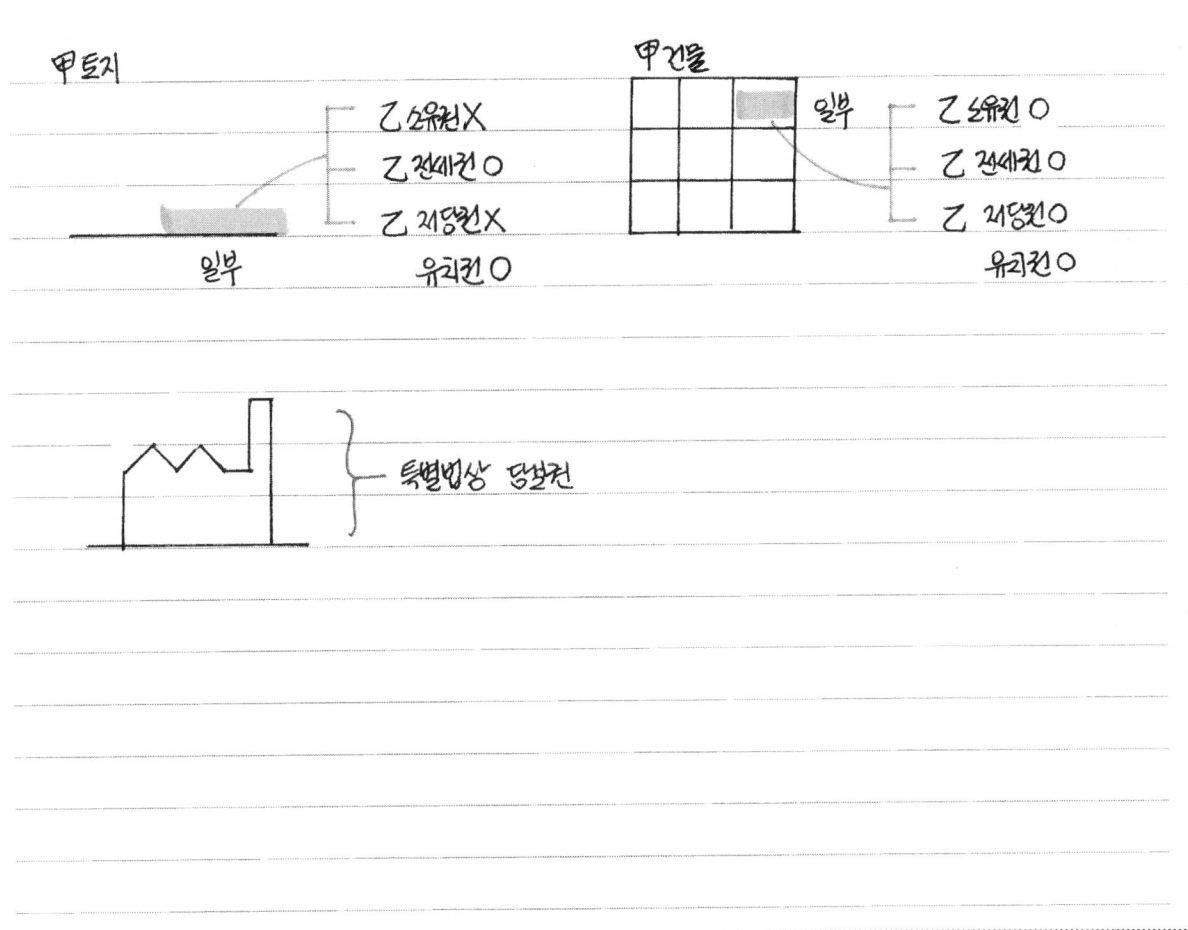

─ 공시(示) ─ 권리가 있다는 것을   ┌ 부동산 : 등기. 명인방법
            공공연하게 보여주자   └ 동산 : 인도. 등기·등록 → 선박. 자동차
                                                          항공기. 중기
─ 공신(信) ─ 공시를 믿은 자에게 권리를 주자.

부동산 ─ 거래활발X (등기)   동산 ─ 거래활발O (인도)
     ─ 진정한 소유자 보호   ─ 거래안전 보호

甲 ──위조── 乙 ──등기── 丙   甲 ──절도── 乙 ──인도── 丙
                  등기   인도
(소유권O)   (소유권X) 공신X (소유권X)   (소유권O)   (소유권X) 공신O (소유권O)
                                              │
                                           소유권X

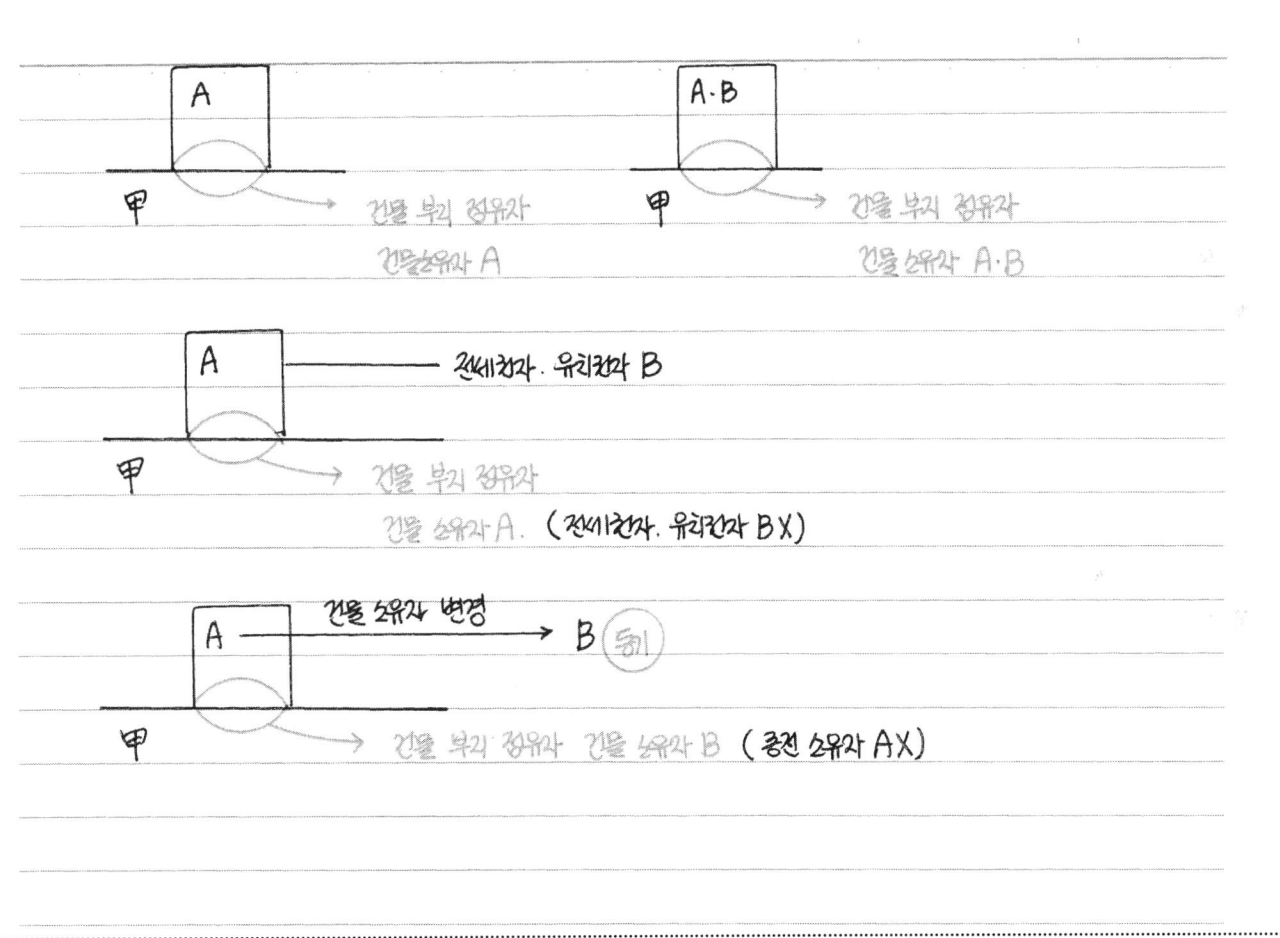

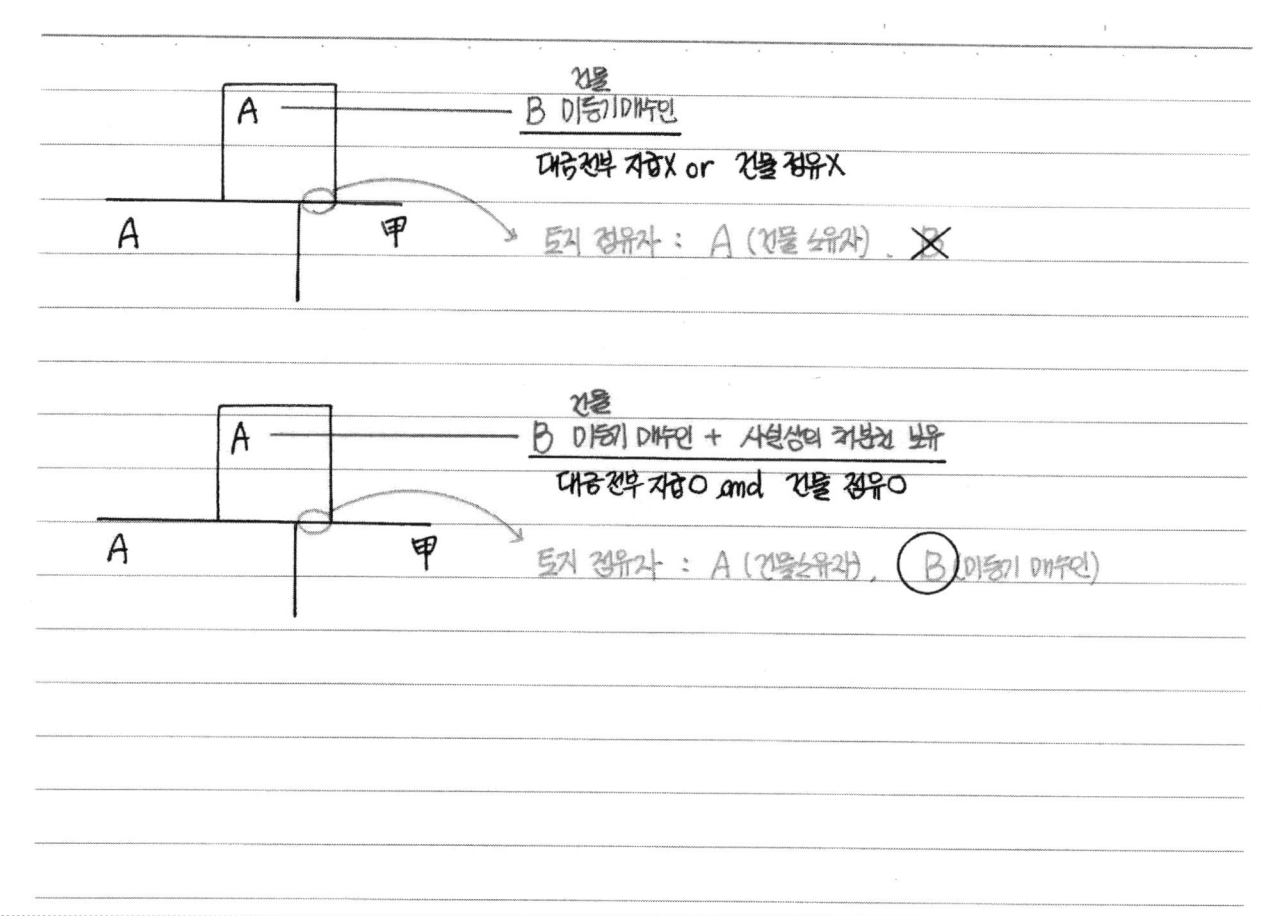

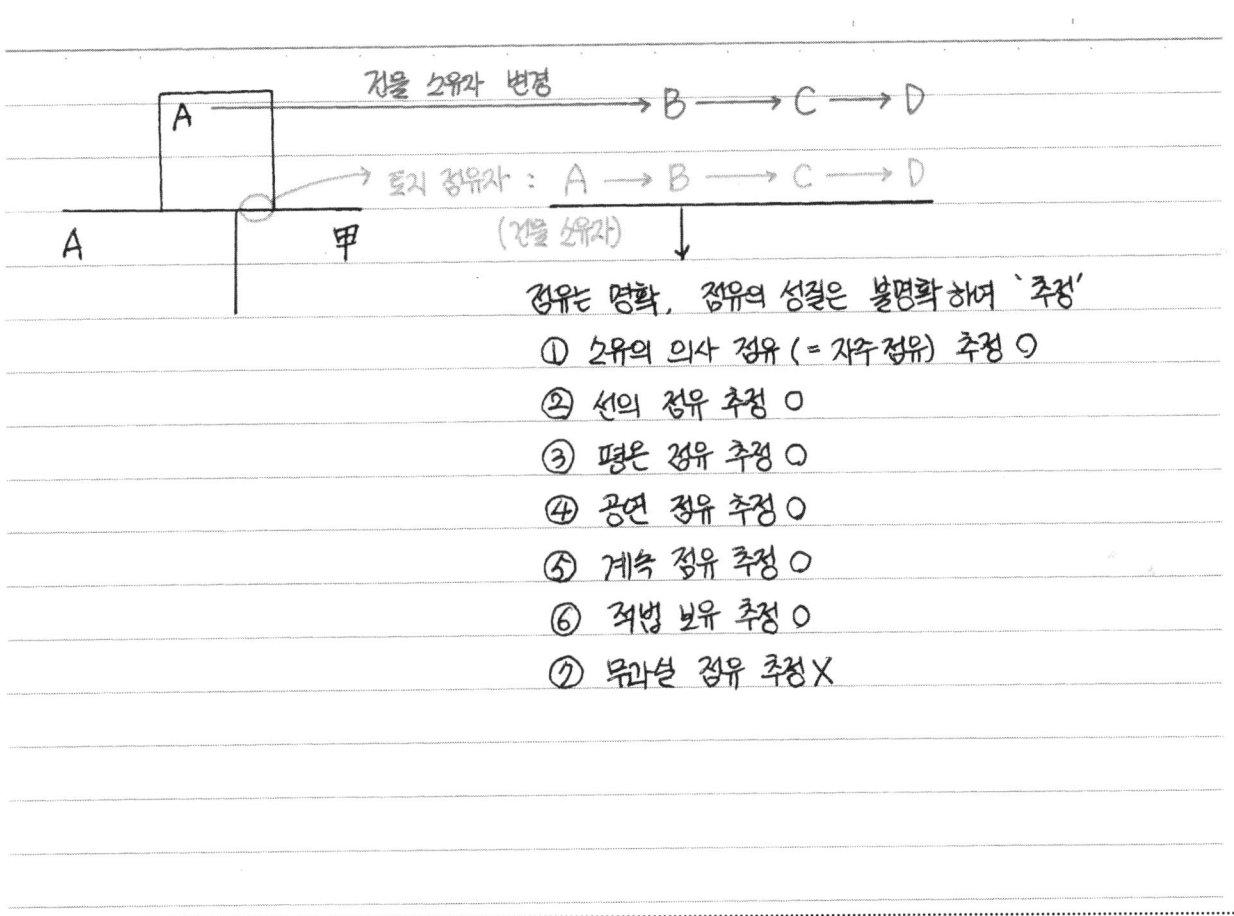

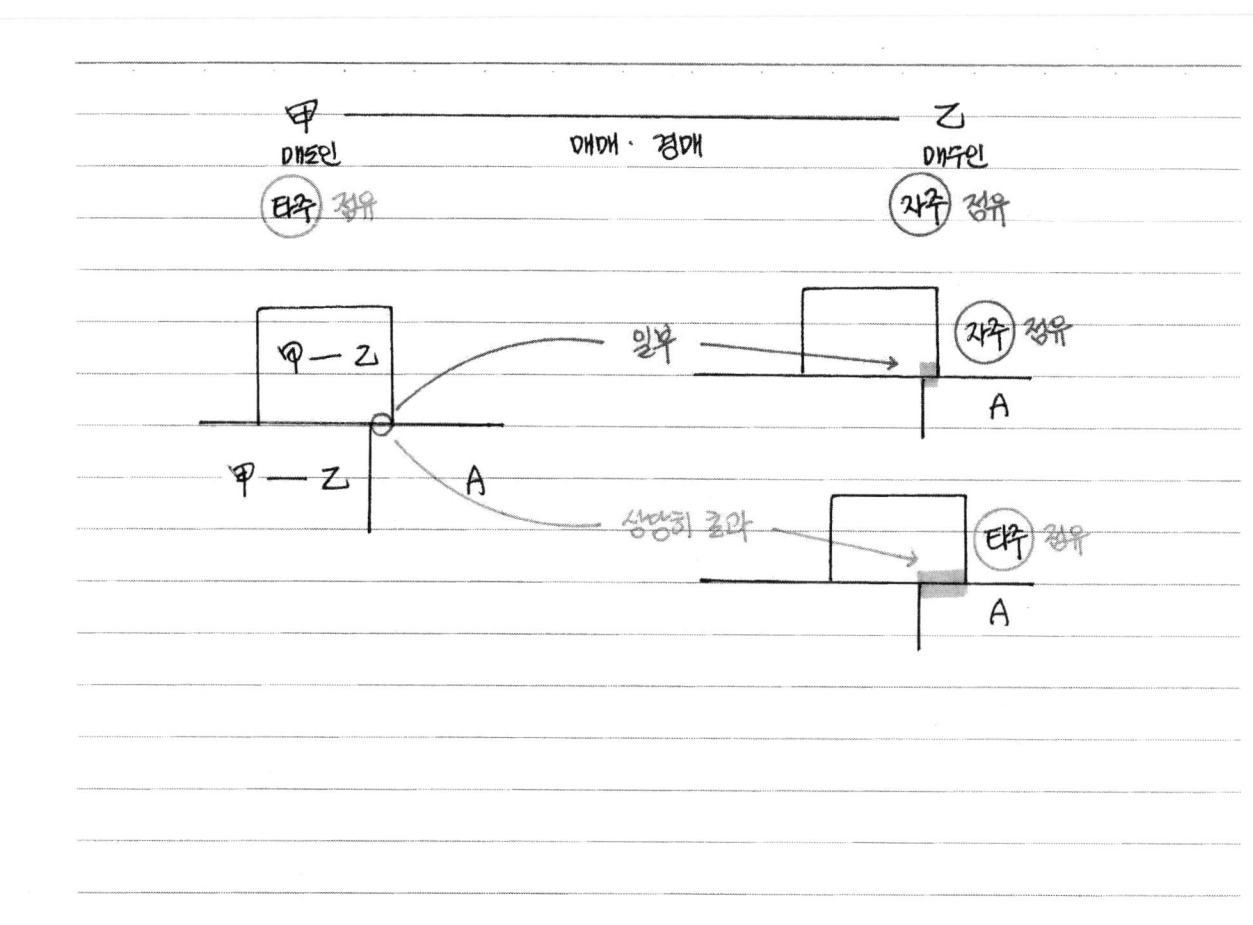

공유 ⇒ 지분 = 물O

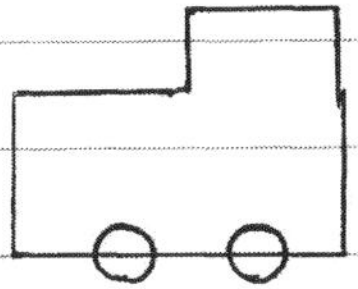

A : 1천만원   지분 $\frac{1}{3}$
B : 1천만원   지분 $\frac{1}{3}$ ⟶ 자동차 전체
C : 1천만원   지분 $\frac{1}{3}$ 1달 동안 10일씩 사용.

┌ A가 10일 사용 → (자주) 점유
└ A가 20일 더 사용 → (타주) 점유

토지
A :   〃
B :   〃   ⟶ 부동산 전체
C :   〃   1/3씩 사용.

좋은 쪽으로 추정 → 깨트리려는 자가 반대사실을 입증·증명 ┌ 입증 성공 : 추정 번복
　　　　　　　　　　　　　　　　　　　　　　　　　　　　　└ 입증 실패 : 추정 유지
　　　　　　　　　　　　　　　　　　　　　　　　　　　　　　 입증 없음

① 자주 점유 추정 ○　　　← 타주 점유
② 선의　　　〃　　　　　← 악의 〃
③ 평온　　　〃　　　　　← 폭력 〃　　　┌ 입증 성공 : 추정 번복
④ 공연　　　〃　　　　　← 은비 〃　　　└ 입증 실패 : 추정 유지
⑤ 계속　　　〃　　　　　← 계속되지 않은 점유　입증 없음
⑥ 적법 보유 추정 ○　　　← 불법 보유
⑦ 무과실 점유 추정 ✕　←　　주장하는 자가 입증!

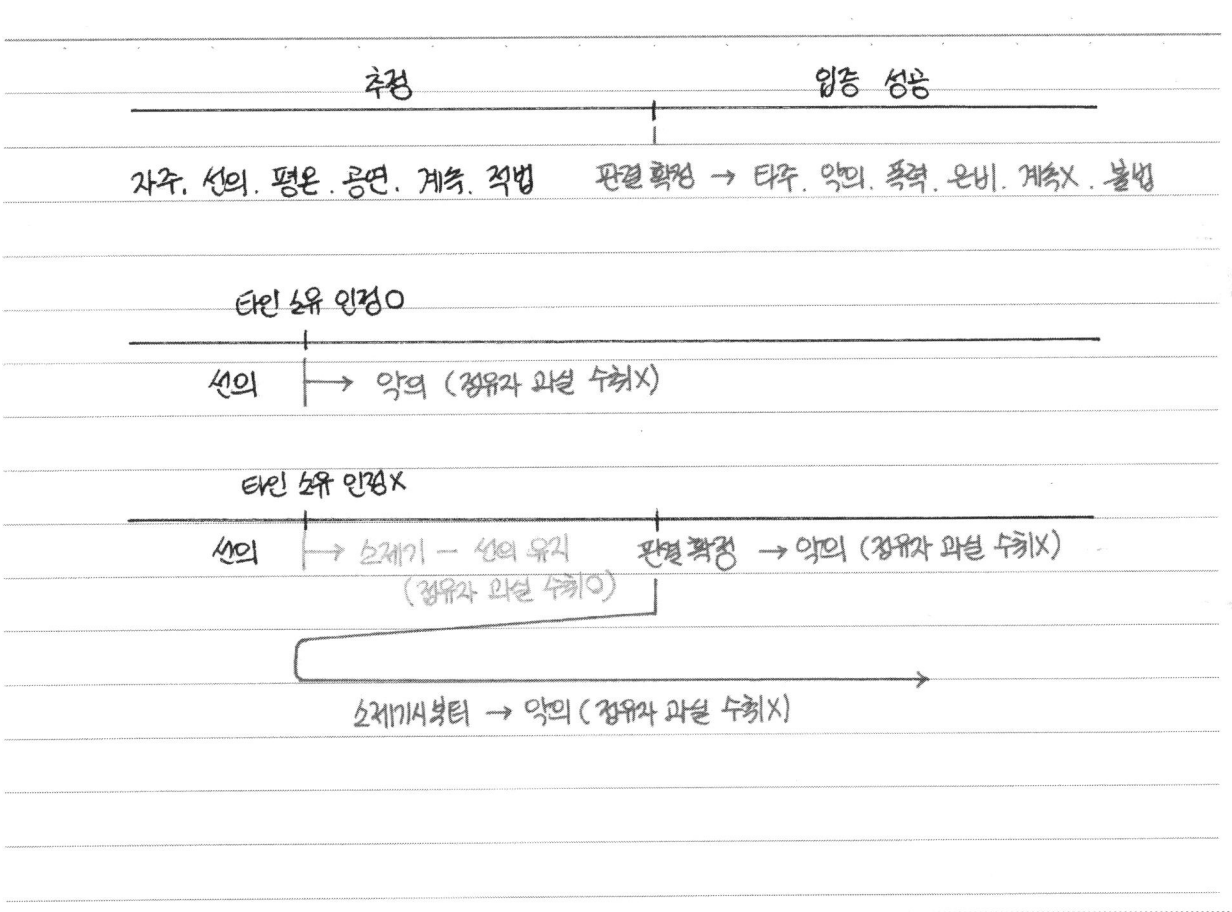

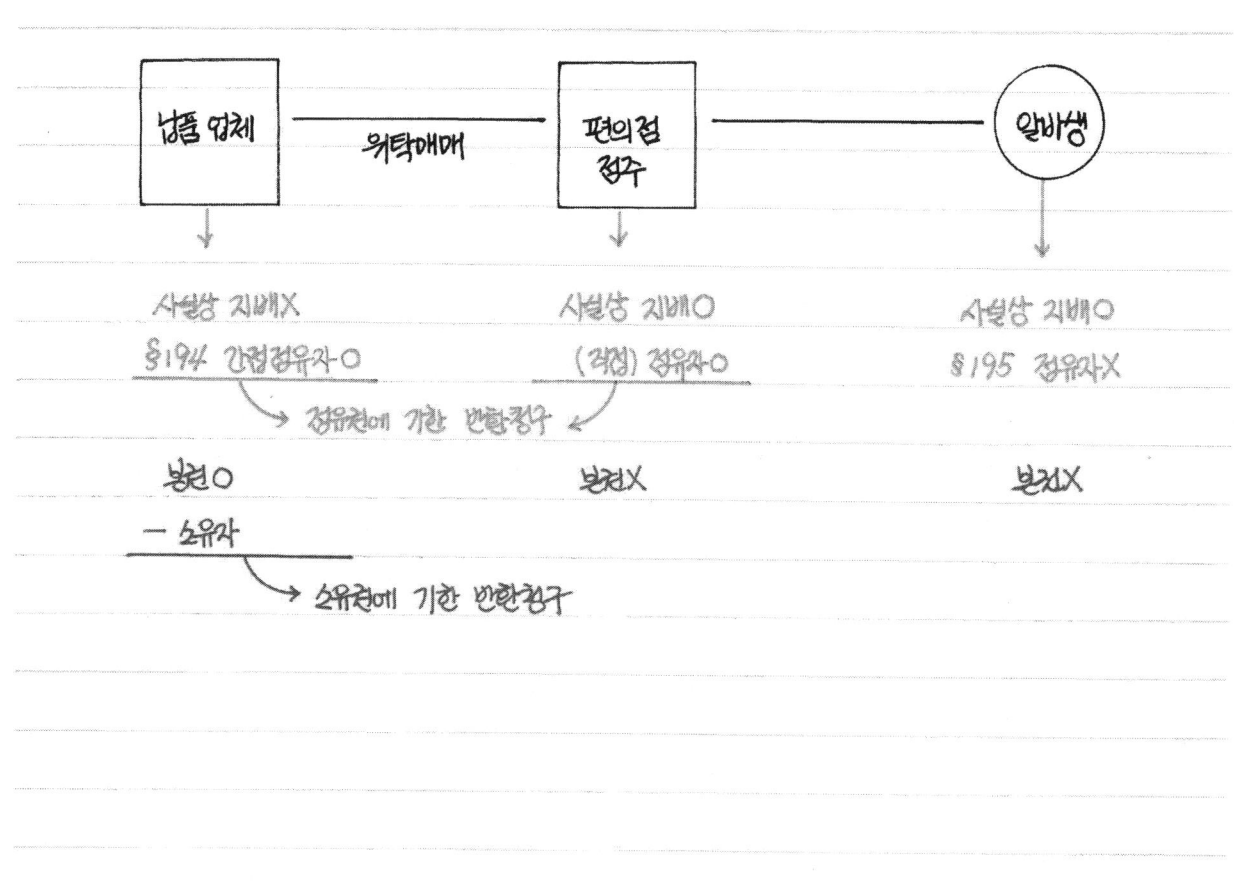

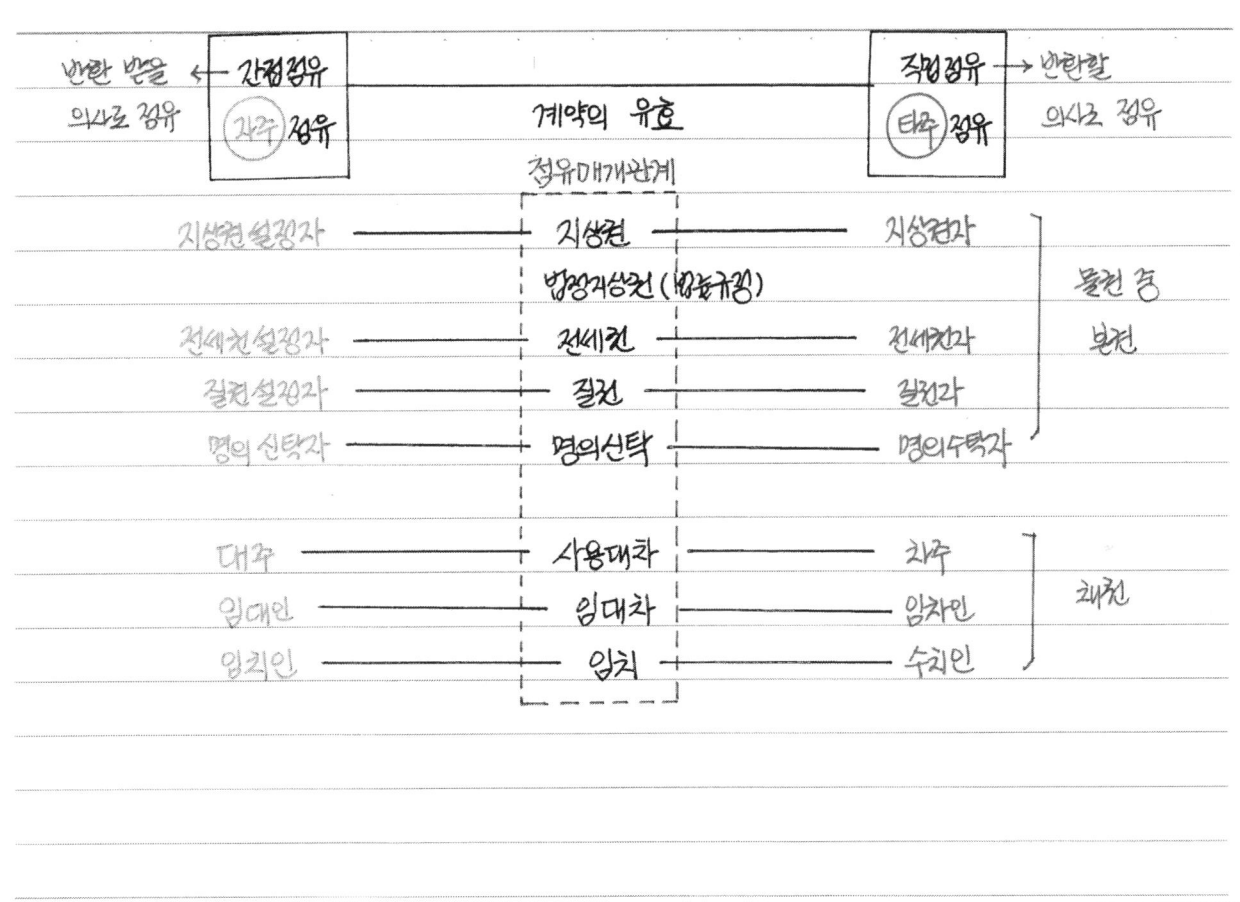

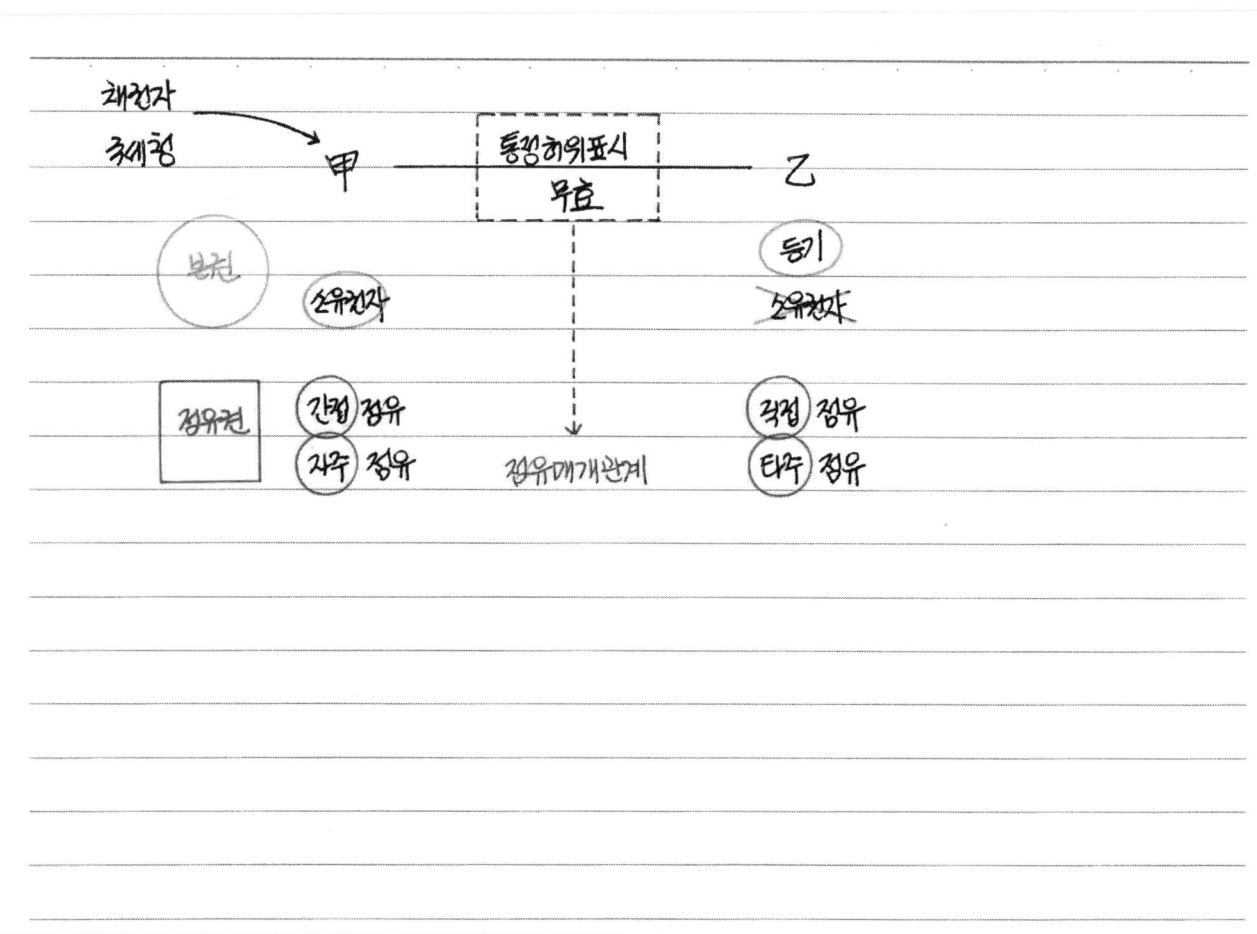

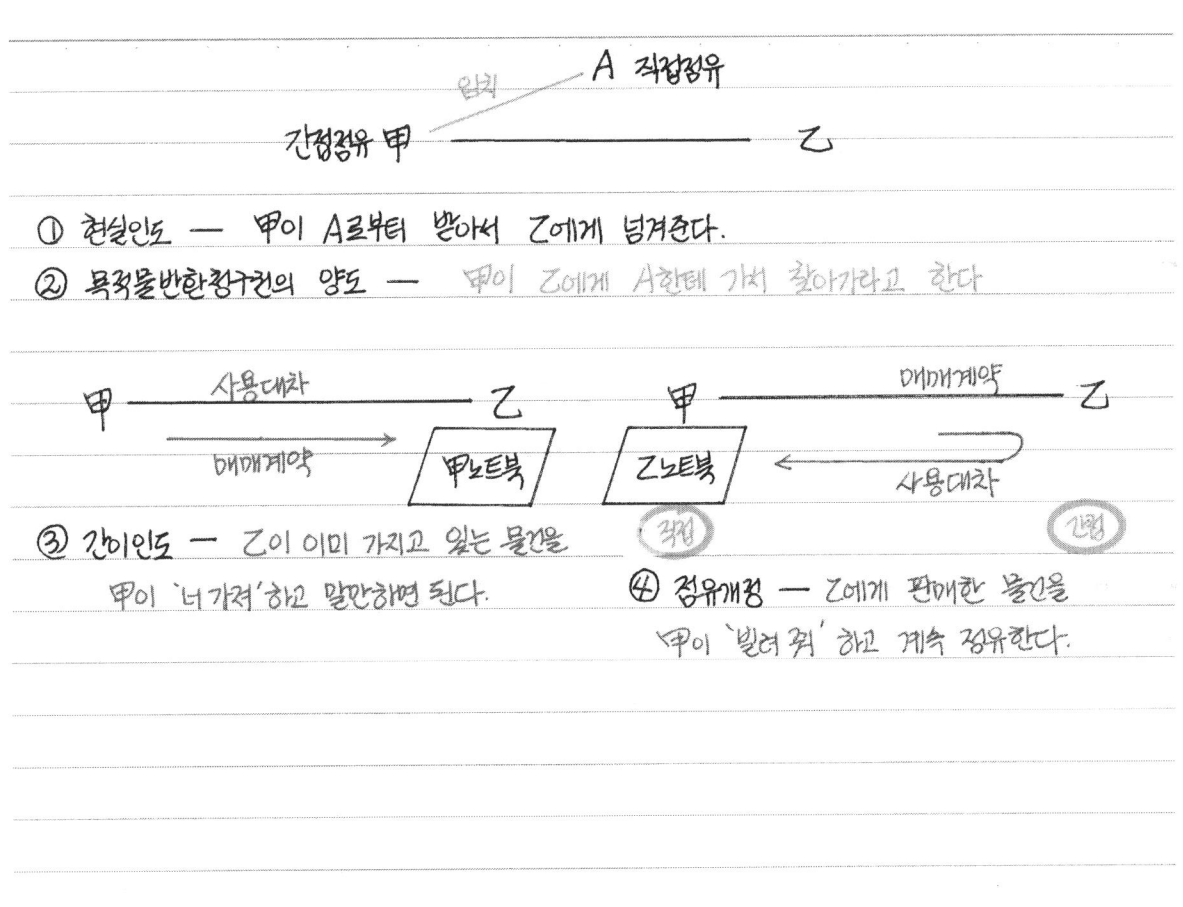

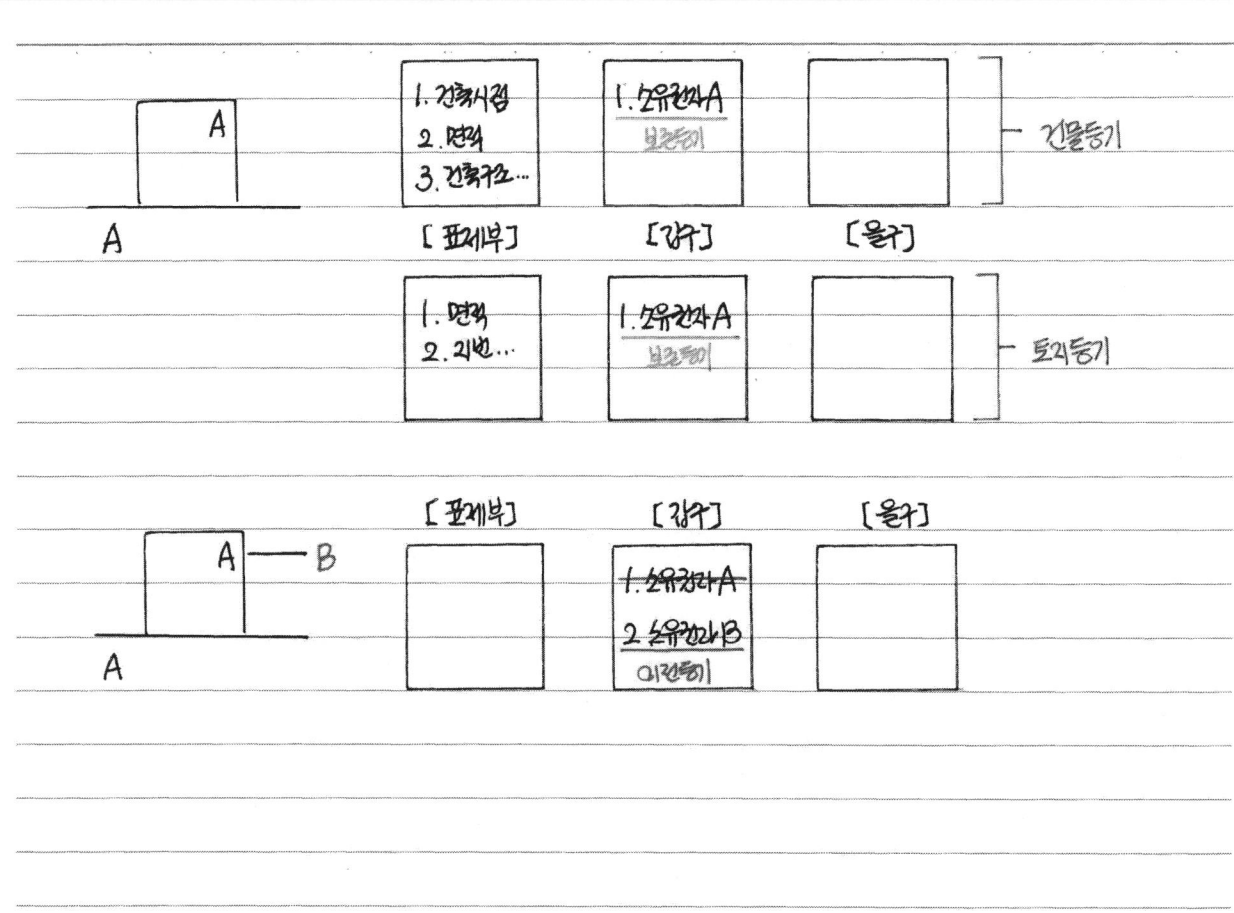

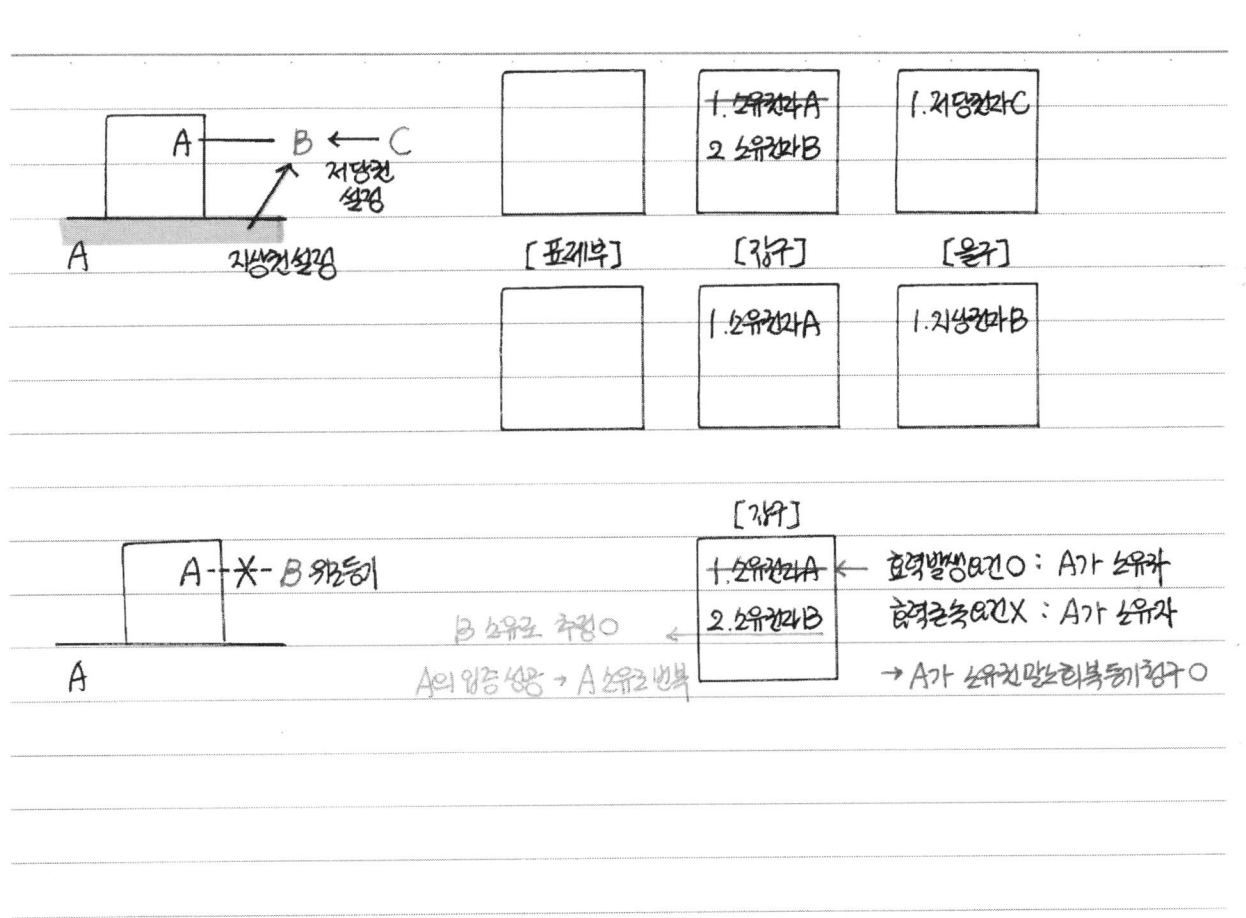

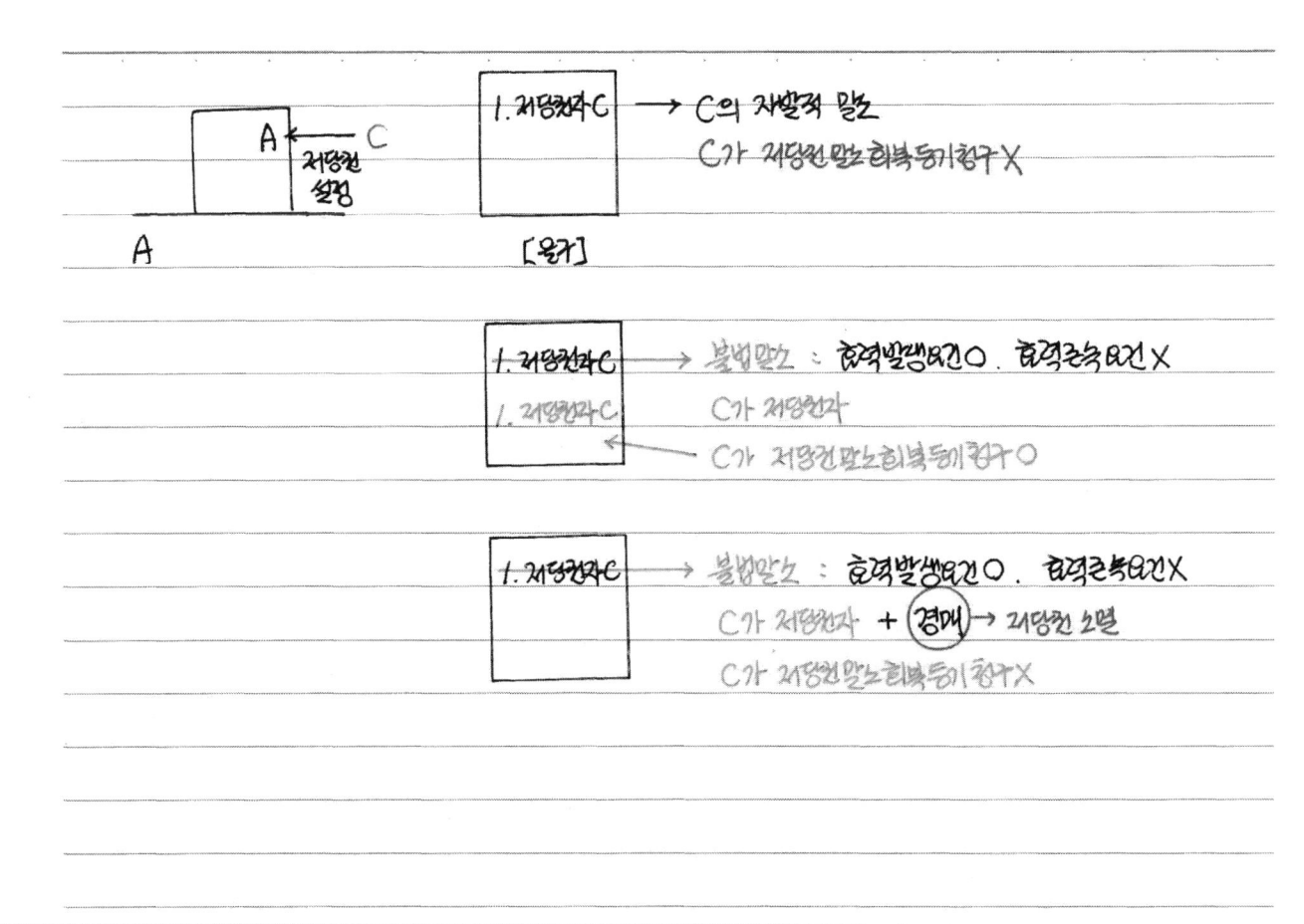

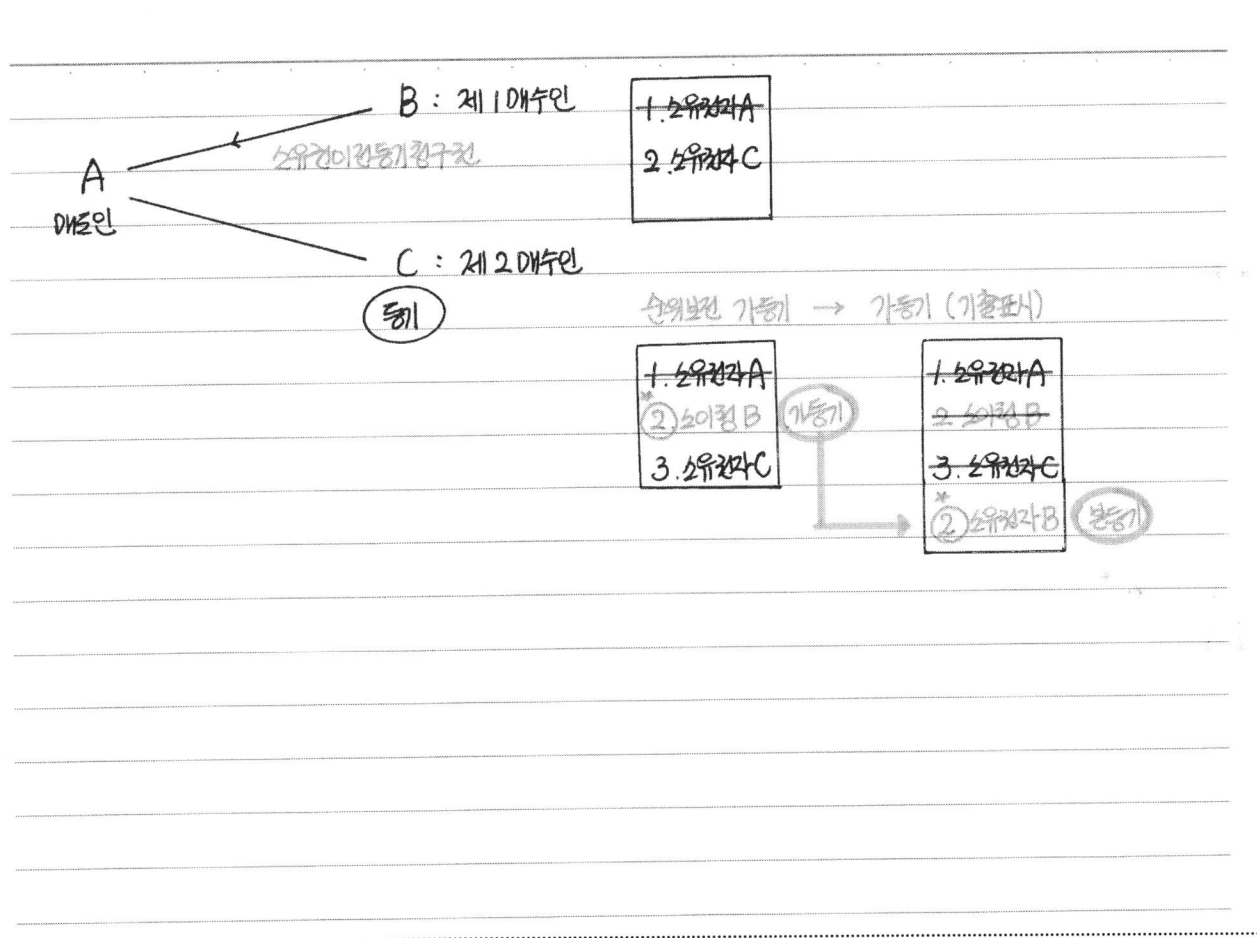

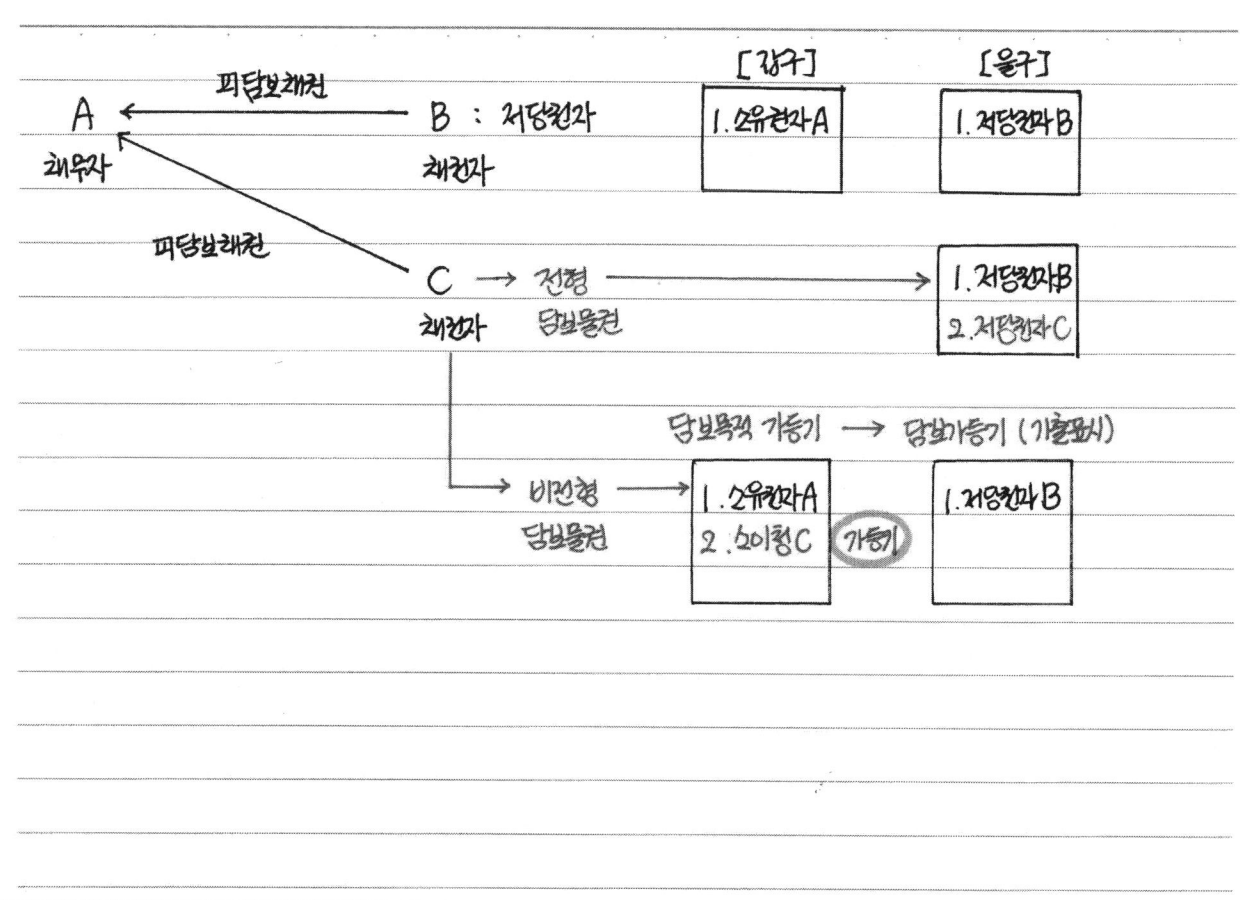

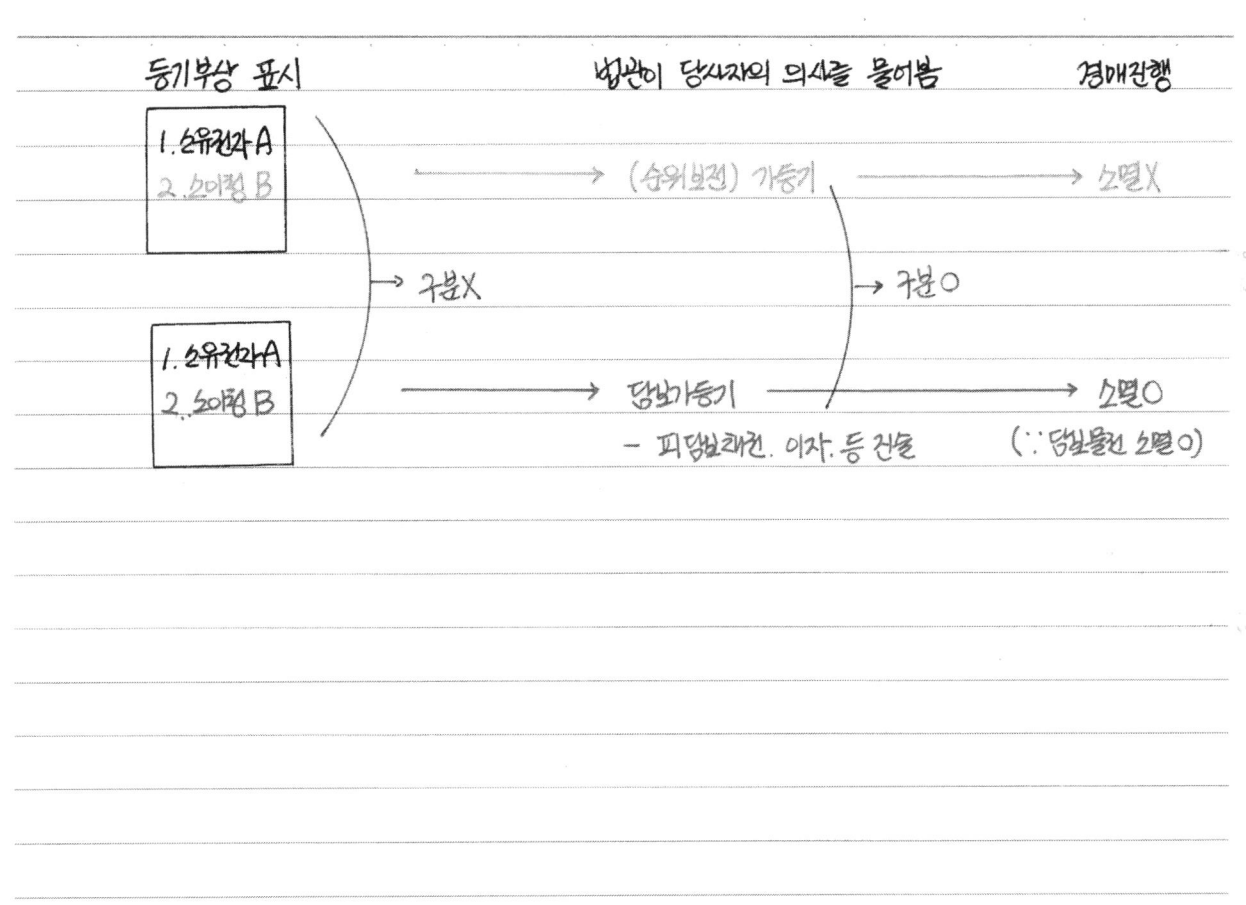

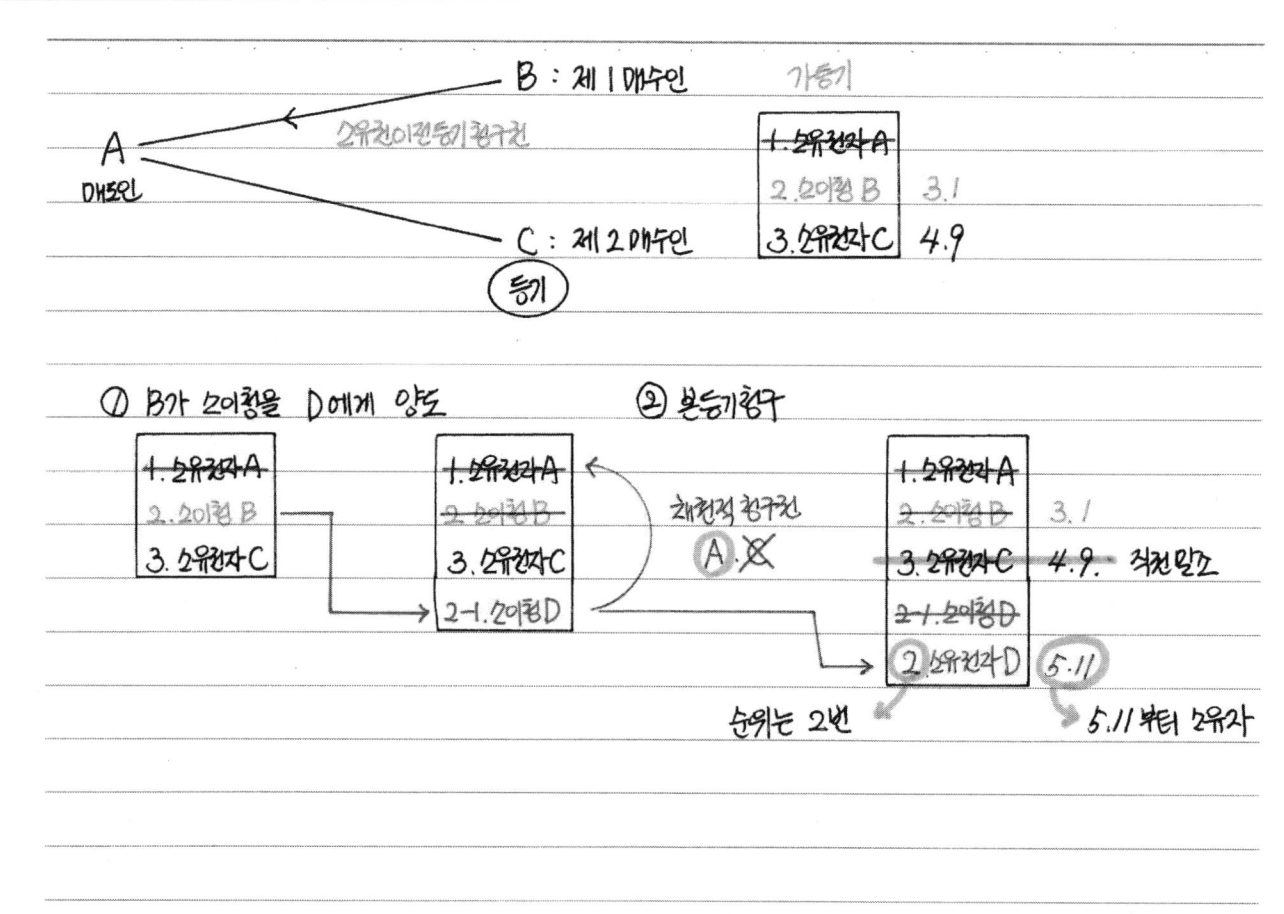

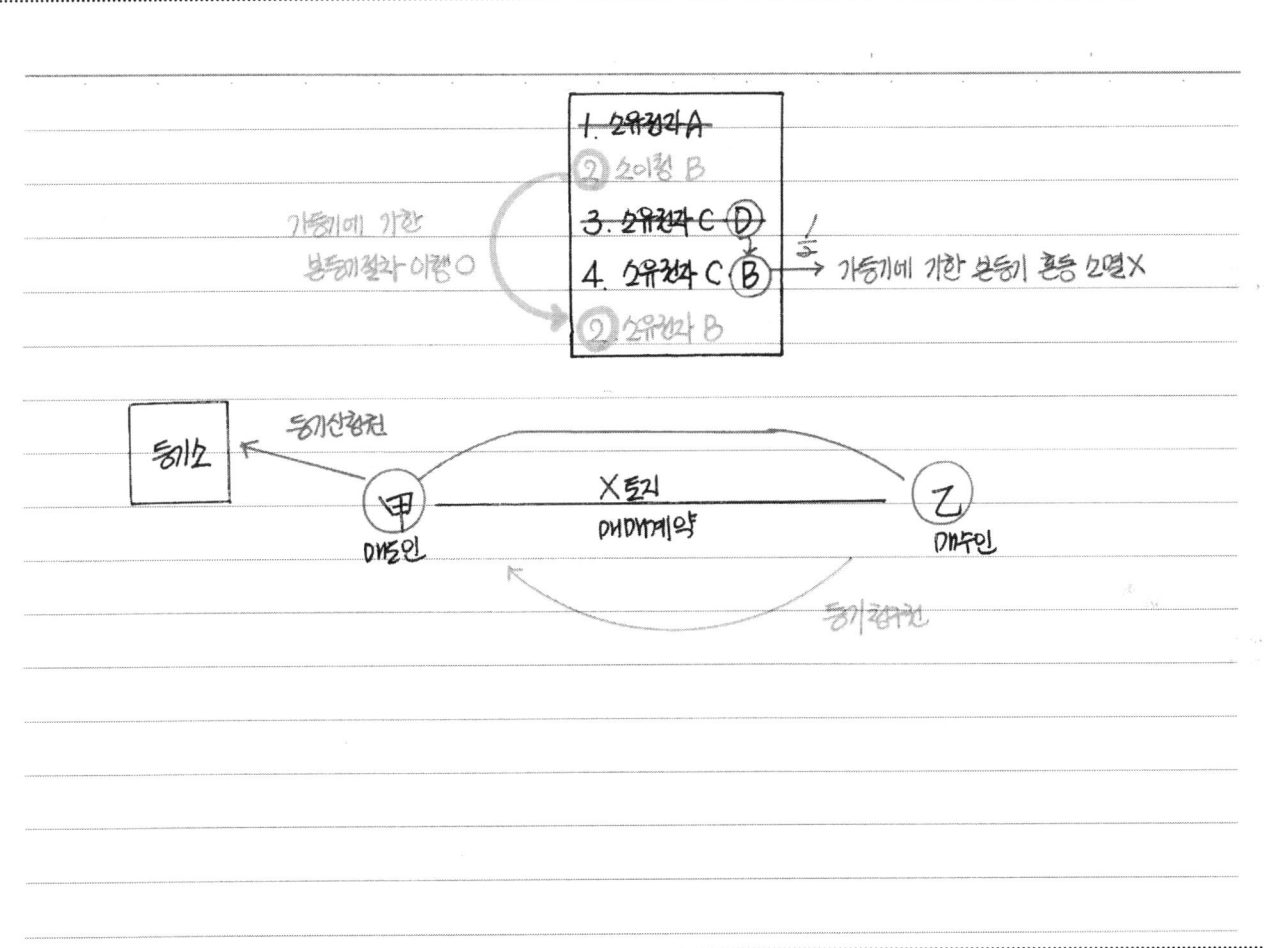

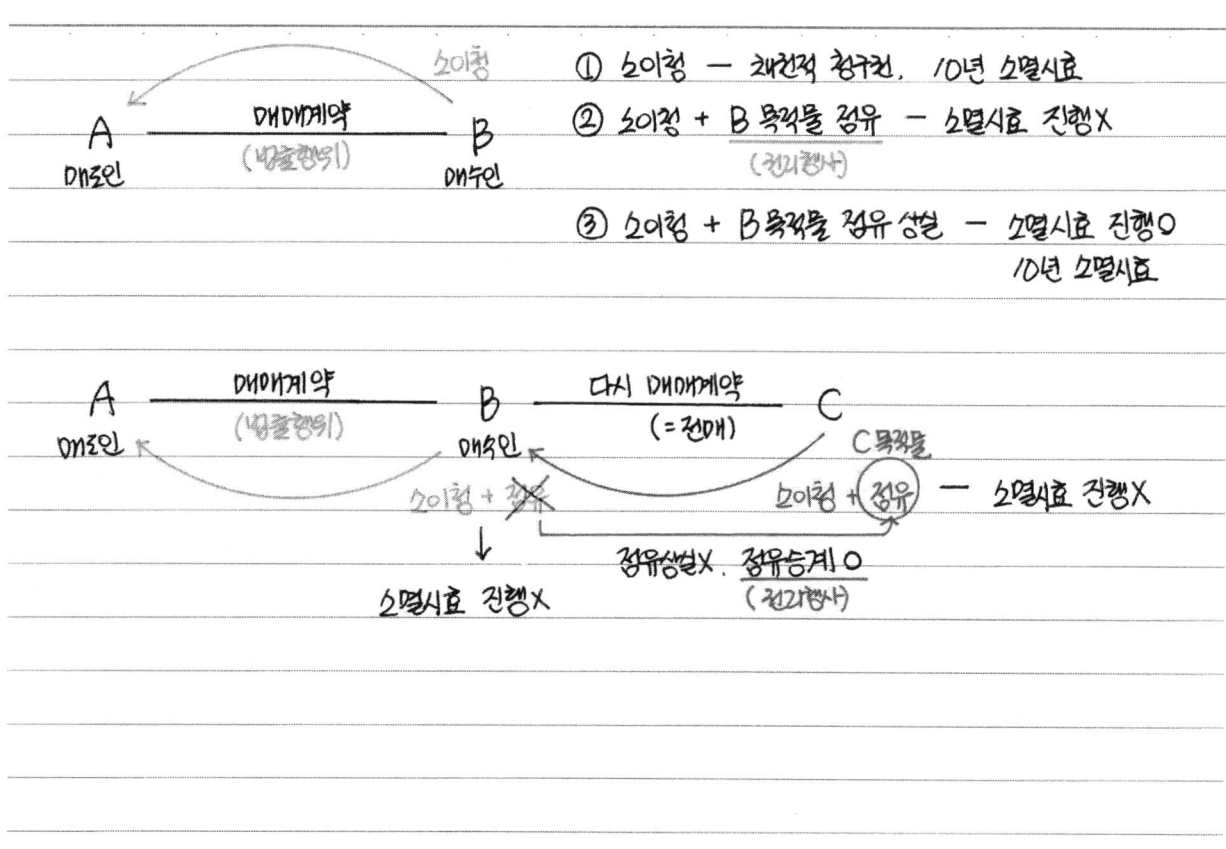

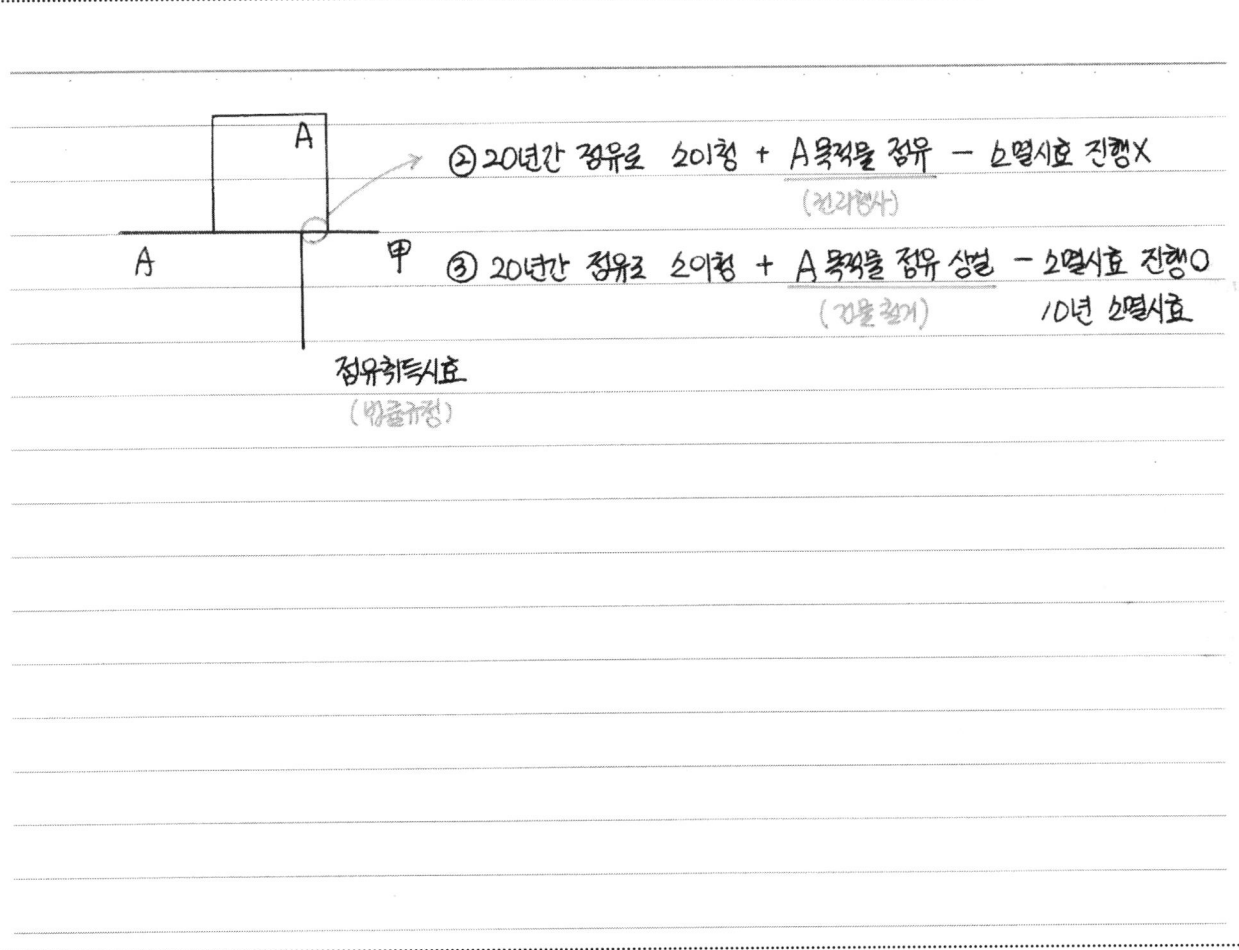

법원에서 작성 - 등기　　　　　　　　　관청서에서 작성 - 지적공부
→ 법률관계 기준　　　　　　　　　　　→ 사실관계 기준

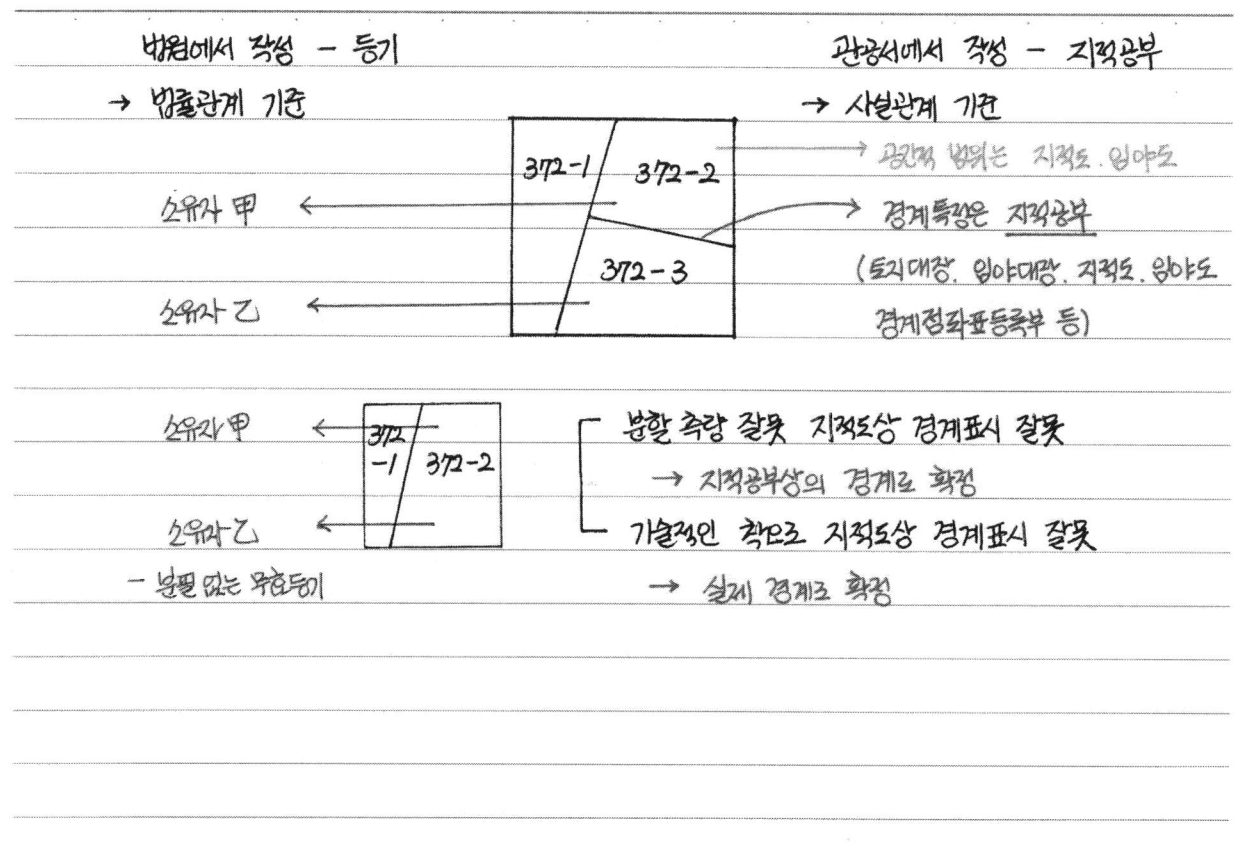

→ 공간적 범위는 지적도, 임야도

소유자 甲 ←　　　　　　　　　　　　→ 경계특정은 지적공부
　　　　　　　　　　　　　　　　　　　(토지대장, 임야대장, 지적도, 임야도
소유자 乙 ←　　　　　　　　　　　　　경계점좌표등록부 등)

소유자 甲 ←　　　　　　┌ 분할 측량 잘못 지적도상 경계표시 잘못
　　　　　　　　　　　　│　→ 지적공부상의 경계로 확정
소유자 乙 ←　　　　　　└ 가설정인 착오로 지적도상 경계표시 잘못
- 분필 없는 무효등기　　　→ 실제 경계로 확정

추정력 ─ 점유의 추정력 - 민법 규정O (예외)
       └ 등기의 추정력 - 민법 규정X, 판례 인정O (원칙)

```
        ┌─┐
        │A│
        └─┘         → 점유의 추정력 A
    ────○────
   A         甲
        │
        │           → 등기의 추정력 甲 → 등기의 추정력이 우선 → 甲이 권리자로 추정
```

노트북 → 점유의 추정력 A → A가 권리자로 추정

전세권 등기	접수	권리자 및 기타사항
	2023. 4. 20.	전세금 금340,000,000원
		범위 건물 5층 전부
		존속기간 (2023. 4. 26 ~ 2025. 4. 25. → 유효 추정
		2023. 4. 10 ~ 2025. 4. ? → 유효 추정

매매 등기	등기원인	권리자 및 기타사항
	2023. 2. 4 매매	1. ~~소유자 A~~ → 적법한 소유자 추정
매매 추정 ←		2. 공유자 지분 2분의1 B → 전소유자로부터 취득한 것으로 추정
		3. 공유자 지분 3분의2 C → 공유지분 비율 추정 X
		+ 위임장 ─────→ 대리인 존재 추정

저당권 등기	등기원인	청구과 및 기타 사항
근저당권 등기	2023. 2. 4. 설정계약	채권최고액 금 600,000,000원 → 피담보채권 존재 추정 채무자 A 근저당권자 丙 → 근저당권 존재 추정

계약 추정 X ←┘

```
┌──────────┐
│ 1. 소유자 A │ ← 불법말소시 소유자로 추정
│ 2. 소유자 B │ ← 불법말소시 가등기권자로 추정
│ 3. 소유자 C │
└──────────┘

┌──────────┐
│ 1. 소유자 A │ ← 불법말소시 소유자로 추정
│ 2. 소유자 B │ — 법률관계의 존재가 추정 X
│ 3. 소유자 C │ ← 등기말소청구 X
└──────────┘
```

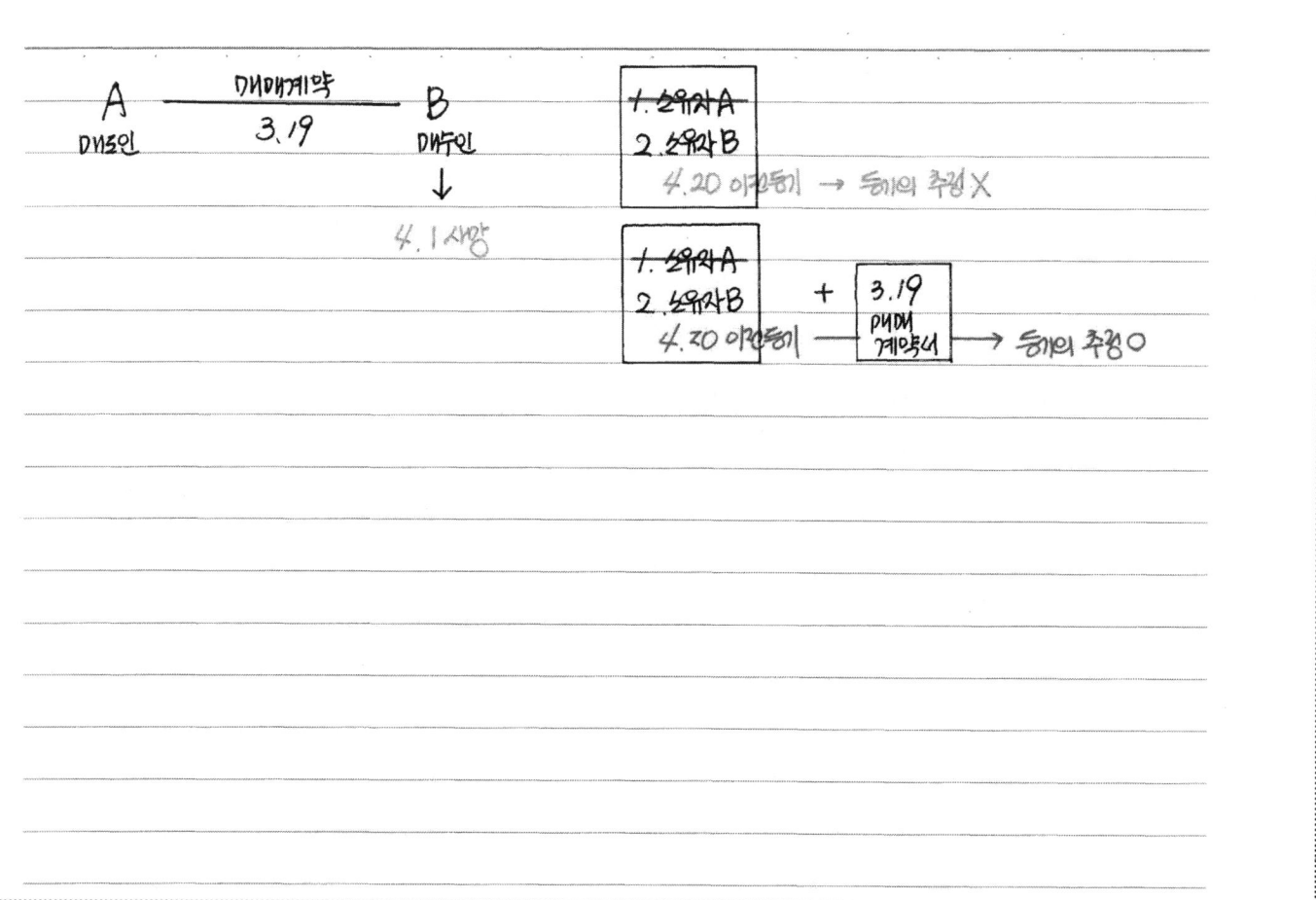

이전등기 좋은 쪽으로 추정 → 깨트리려는 자가 반대사실을 입증·증명 ┌ 입증 성공 : 추정 번복
　　　　　　　　　　　　　　　　　　　　　　　　　　　　　　　　　　　└ 입증 실패 : 추정 유지
　　　　　　　　　　　　　　　　　　　　　　　　　　　　　　　　　　　　 입증 없음

① 유효 등기 추정 ○　　　　　← 무효 등기
② 등기 원인·절차 적법 추정 ○　← 등기 원인·절차 불법
　　　　　　　　　　　　　　　　↳ 계약서가 진정하지 않음　　┌ 입증 성공 : 추정 번복
③ 등기전자 적법 권리자 추정 ○　← 등기전자가 불법 권리자　　└ 입증 실패 : 추정 유지
　　　　　　　　　　　　　　　　↳ 허무인으로부터 받은 등기　　 입증 없음
④ 대리권 존재 추정 ○　　　　← 대리권 없음

보존등기 — 입증 없이 반대 사실만 주장하거나 인정해도 추정력 깨어짐

특별법 — 입증에 성공해도 추정력 깨어지지 않음

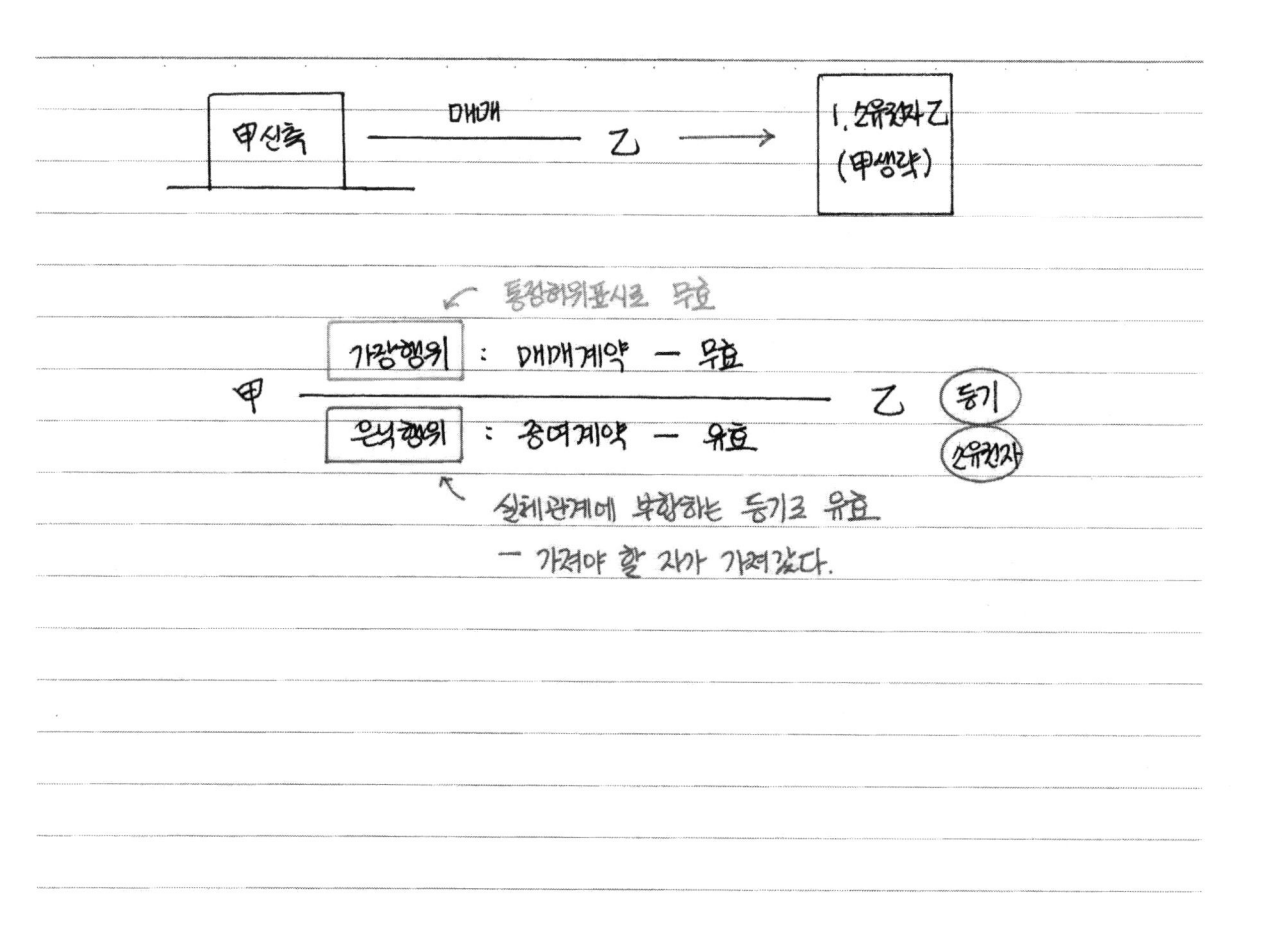

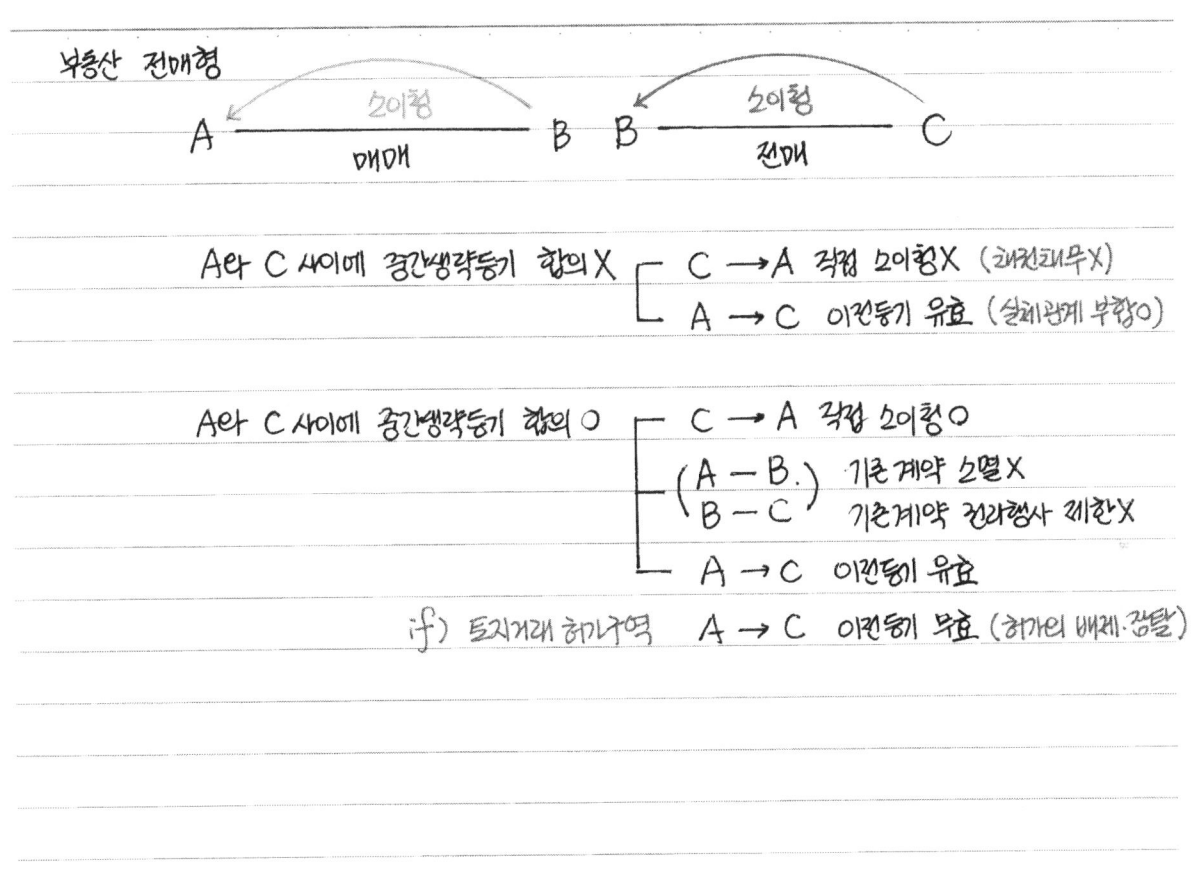

2이중 양도형

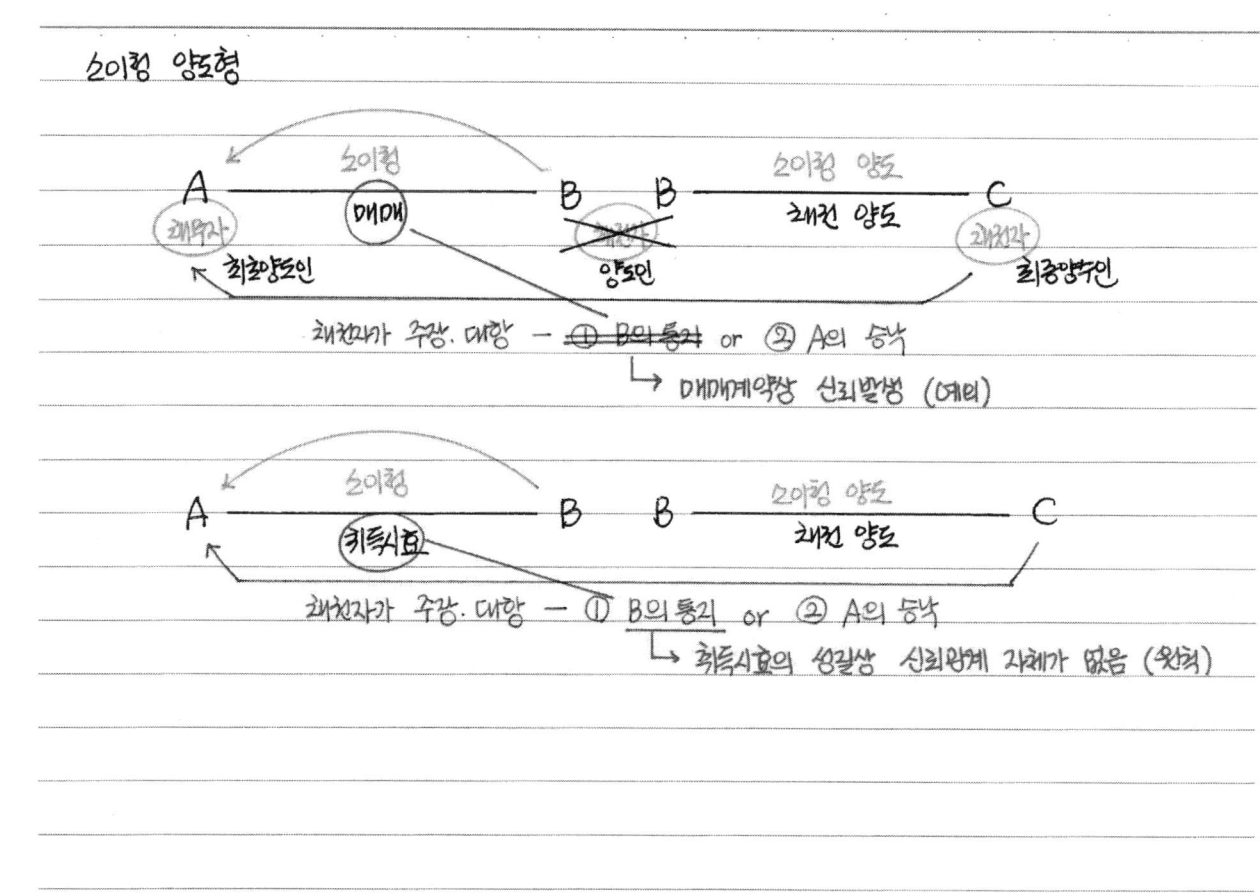

- 표제부 : 무효등기의 유용 X
- 갑구·을구 : 무효등기의 유용 O

1. 저당권자 C	① 2000.4.1. C 저당권 설정
	② 2001.4.1 C에게 변제
	→ C 저당권 등기 무효
	③ 2002.4.1 C에게 돈을 빌리고 2000.4.1 저당권 등기를 다시 사용
	→ 무효등기의 유용 O

1. 저당권자 C	① 2000.4.1. C 저당권 설정
2. 저당권자 D	② 2000.8.1 D 저당권 설정
	→ 이해관계 있는 제3자
	③ 2001.4.1. C에게 변제
	→ C 저당권 등기 무효
	④ 2002.4.1 C에게 돈을 빌리고 2000.4.1 저당권 등기를 다시 사용
	→ 무효등기의 유용 X

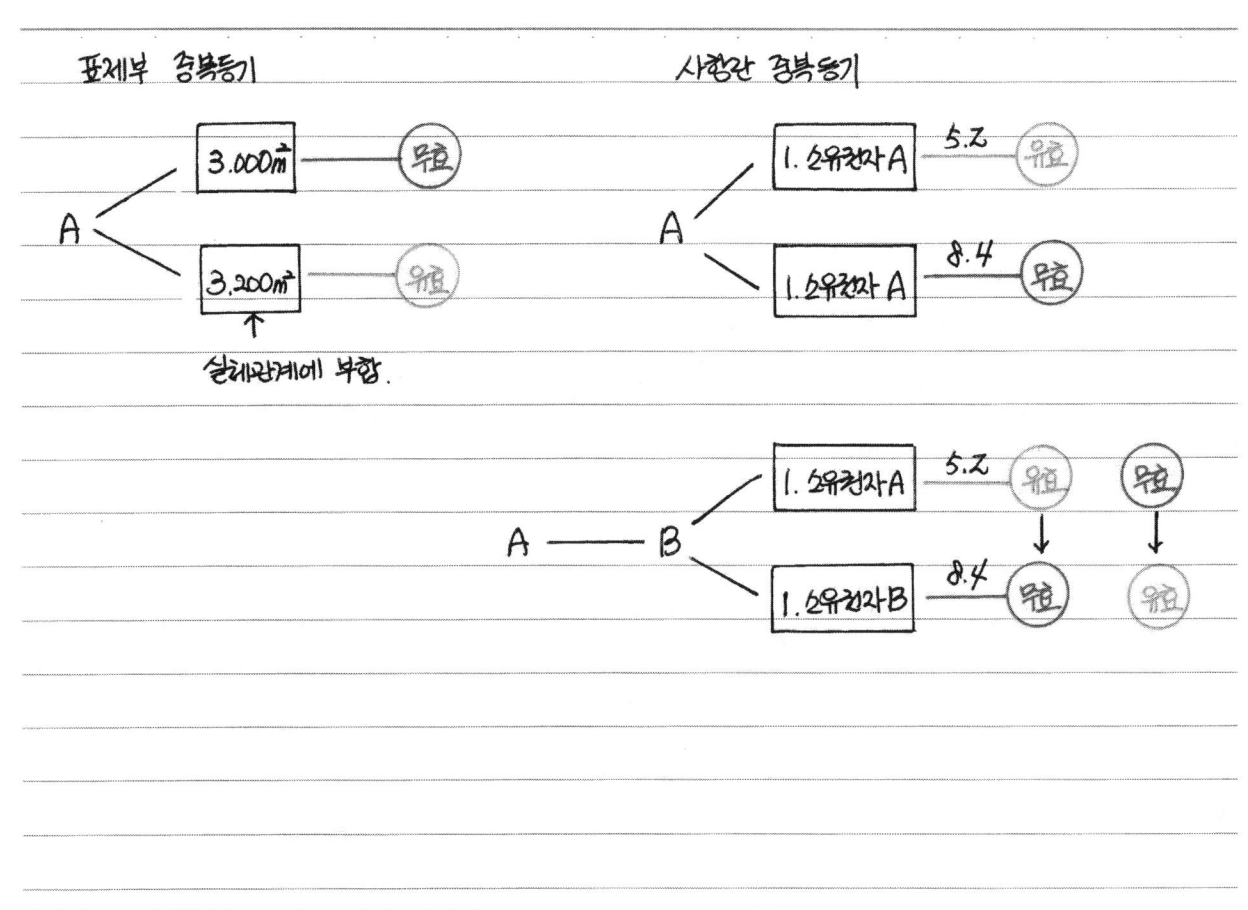

부동산 ┌ 법률행위 (의사표시 O) : 제186조 — 등기를 해야 물권의 득실변경의 효력
       └ 법률규정 (의사표시 X) : 제187조 — 등기 없어도 물권의 득실변경의 효력
                                   단, 등기하지 아니하면 처분(법률행위) 하지 못한다.

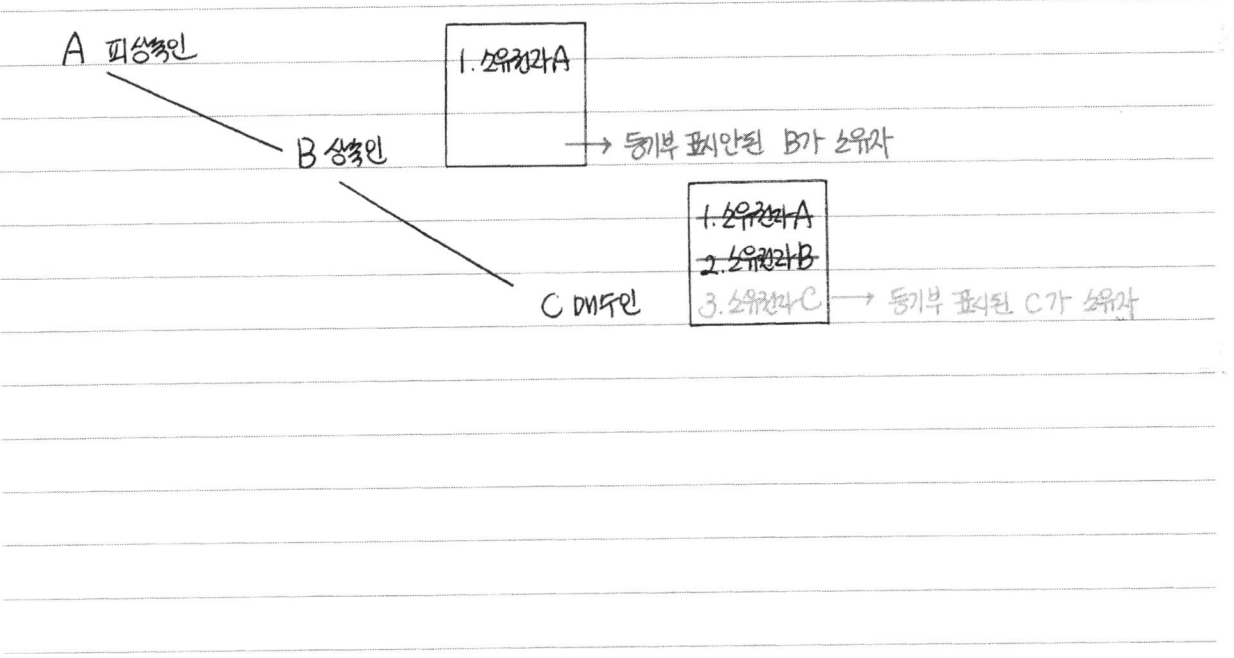

이행판결 — 소유권이전등기 절차를 이행하라는 판결 — 등기 필요

확인판결 — 소유권 확인 판결 — 등기 필요

형성판결

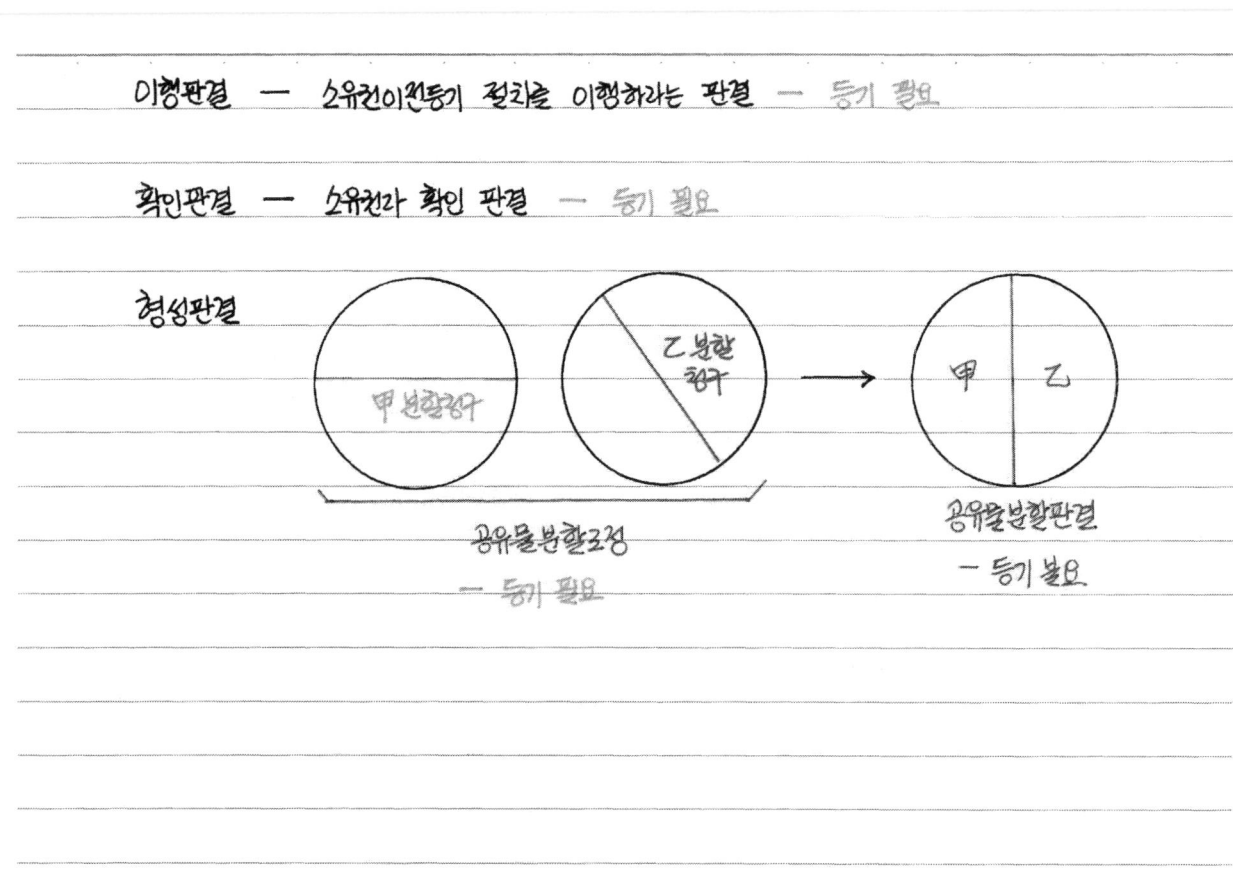

공유물분할조정
— 등기 필요

공유물분할판결
— 등기 불요

본권에 기한 물권적 청구권   점유권에 기한 물권적 청구권
        ↘ (공통요소) ↙
           → 물권적 청구권 ←

1. 공통유형
   - 침해 O ────── 반환청구, 방해제거·배제청구
   - 침해 X (침해 염려) ── 방해예방청구

2. 공통요건
   - 귀책사유 X ──── 고의·과실 X   )◀▶(불법행위 손해배상
   - 손해 X   ─ 고.위.손

```
                         소유권 (완전물권)
                ─ 소유권에 기한 물권적 청구권 : 반. 방. 예
       (준용)                              (준용)
    용익물권 (제한물권)                    담보물권 (제한물권)
  ① 지상권 ─ 지상권에 기한 물권적 청구권   ① 유치권 ─ ~~유치권에 기한 물권적 청구권~~
      : 반. 방. 예                            → 점유권에 기한 물권적 청구권
         ↳ 점유권에 기한 물권적 청구권        → 점유회복시 유치권 부활

  ② 지역권 ─ 지역권에 기한 물권적 청구권   ② 질권 ─ ~~질권에 기한 물권적 청구권~~
      : 반. 방. 예                            → 점유권에 기한 물권적 청구권
         ↳ ~~점유권에 기한~~                  → 점유회복시 질권 부활

  ③ 전세권 ─ 전세권에 기한 물권적 청구권   ③ 저당권 ─ 저당권에 기한 물권적 청구권
      : 반. 방. 예                            : ~~반~~. 방. 예
         ↳ 점유권에 기한 물권적 청구권        ↳ ~~점유권에 기한~~
```

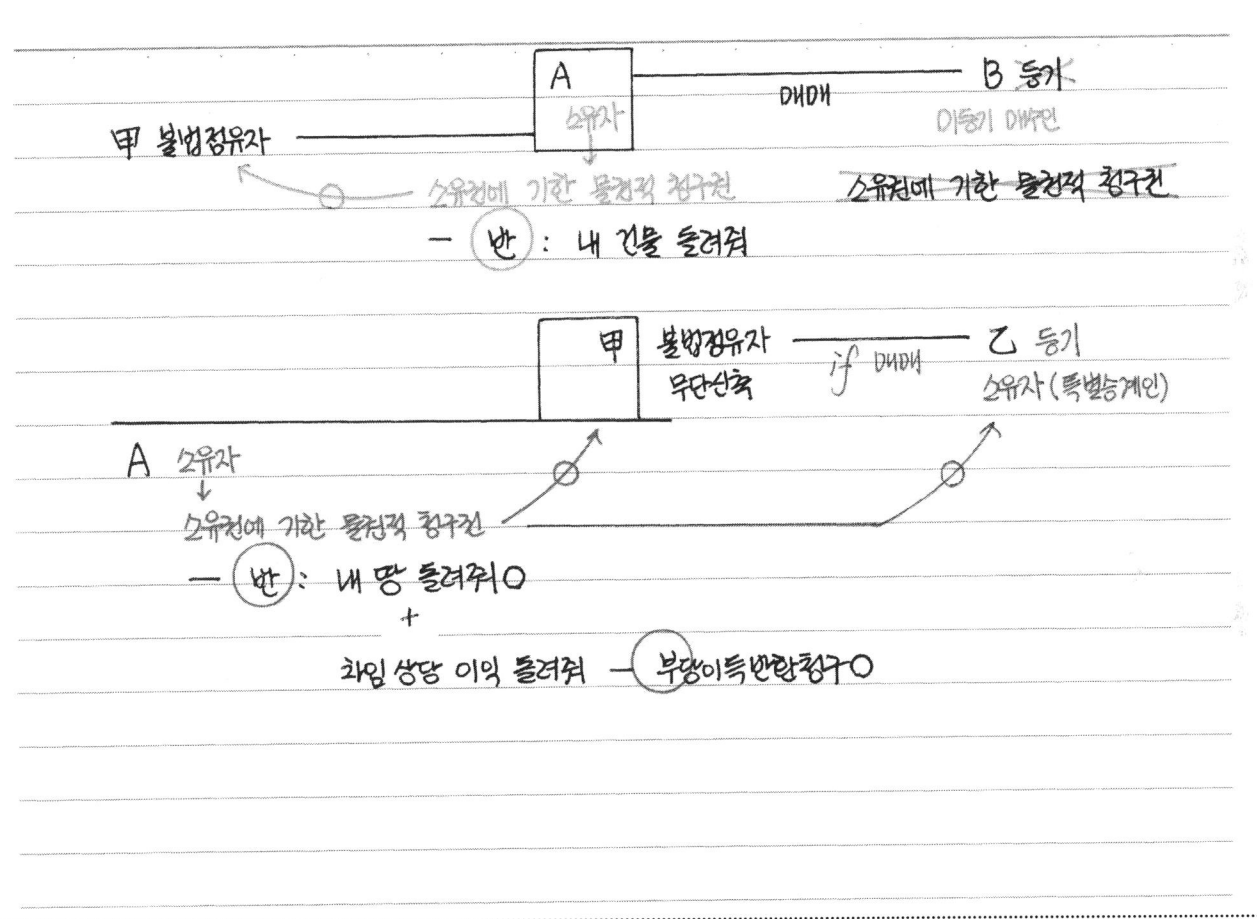

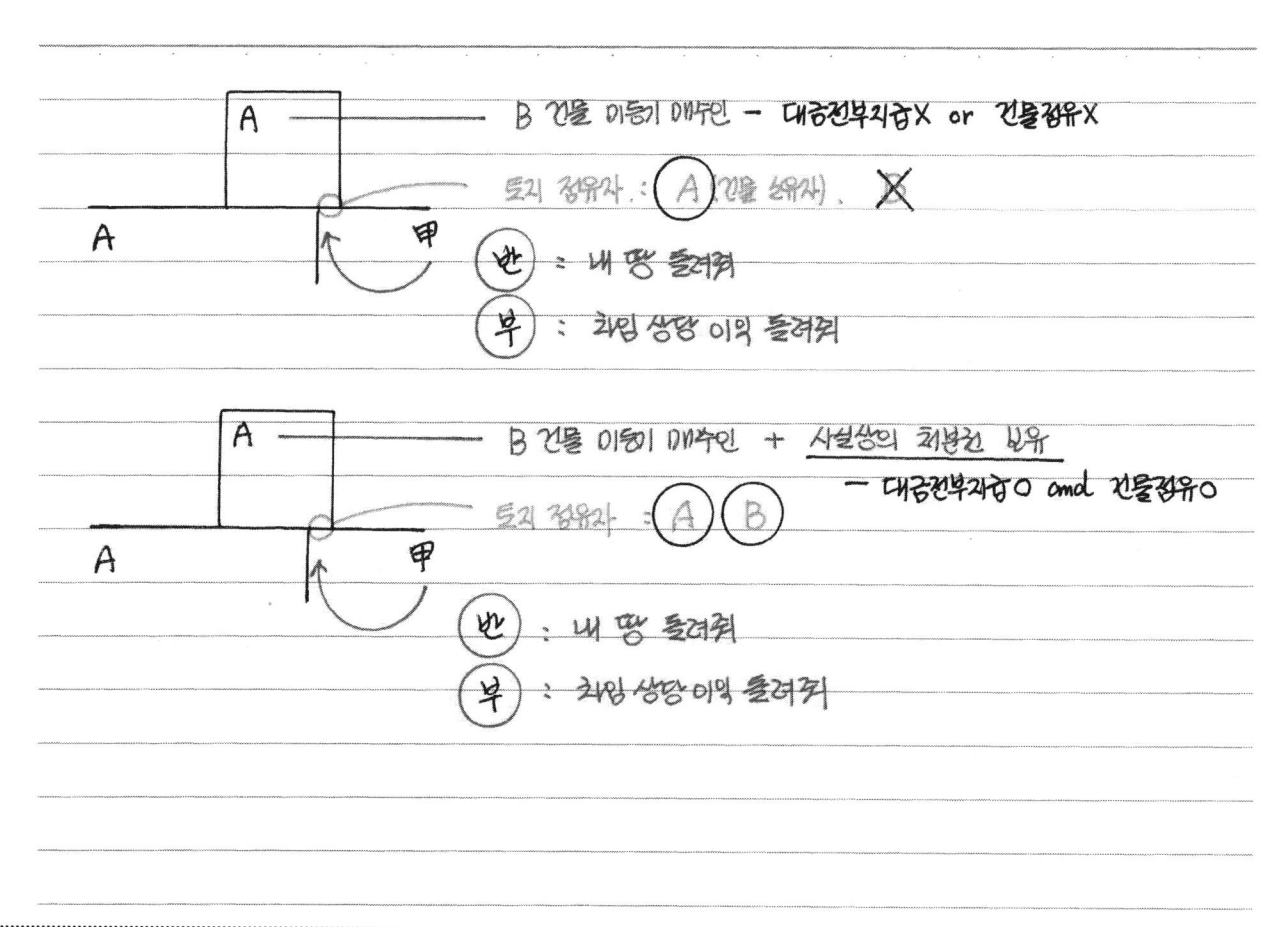

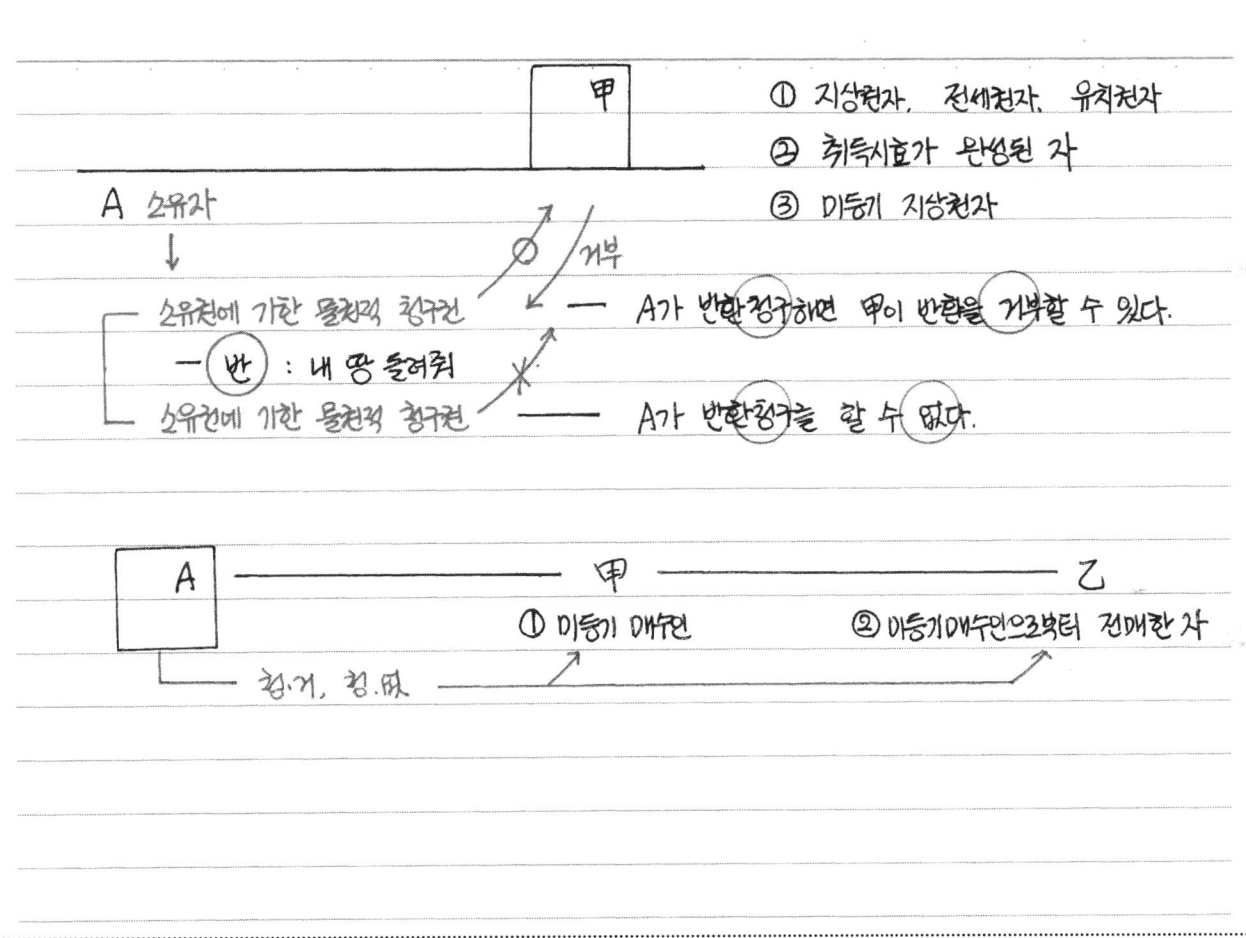

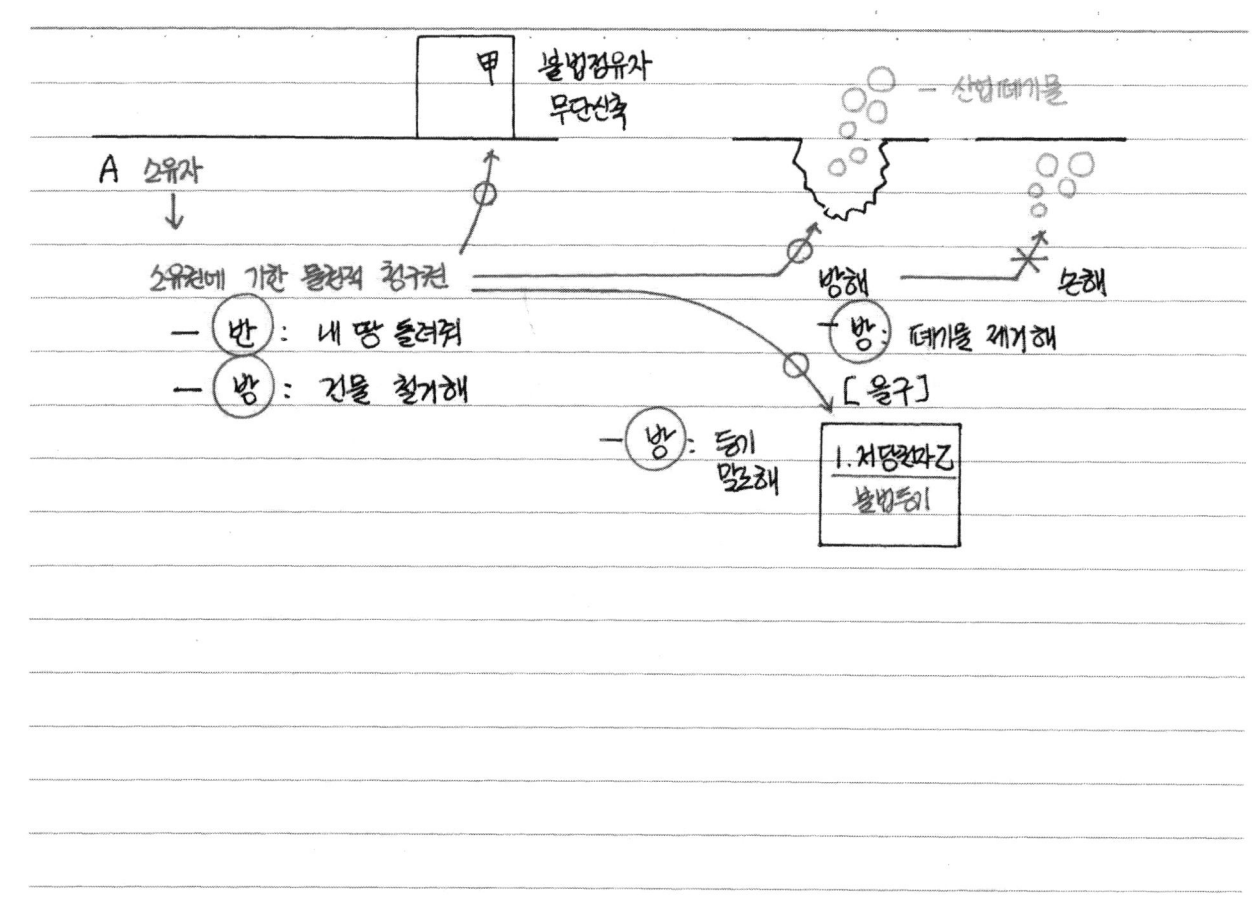

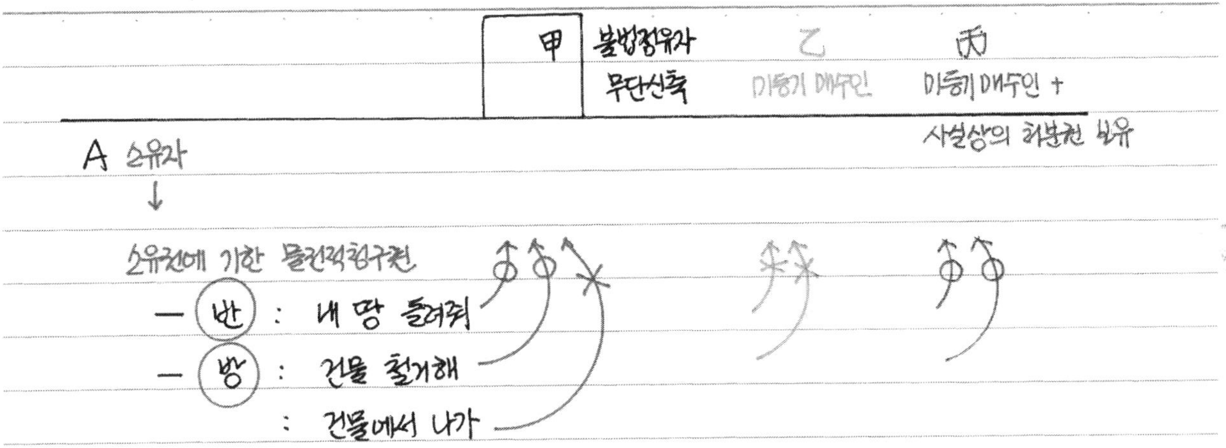

甲	불법점유자	乙	丙
	무단신축	미등기 매수인	미등기 매수인 +
			사실상의 처분권 보유

A 소유자
↓

소유권에 기한 물권적청구권
- (반) : 내 땅 돌려줘
- (방) : 건물 철거해
  : 건물에서 나가

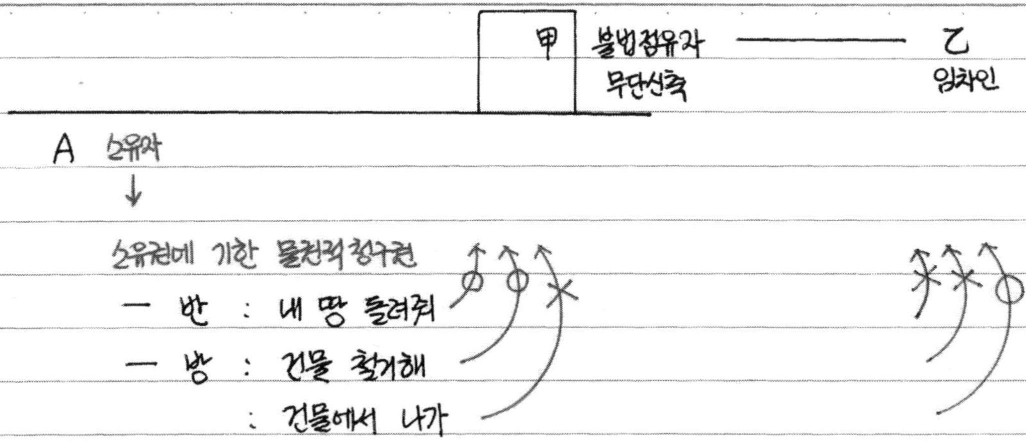

甲 불법점유자 ──── 乙
　　무단신축　　　　임차인

A 소유자
↓
소유권에 기한 물권적 청구권
　— 반 : 내 땅 들려줘
　— 방 : 건물 철거해
　　　 : 건물에서 나가

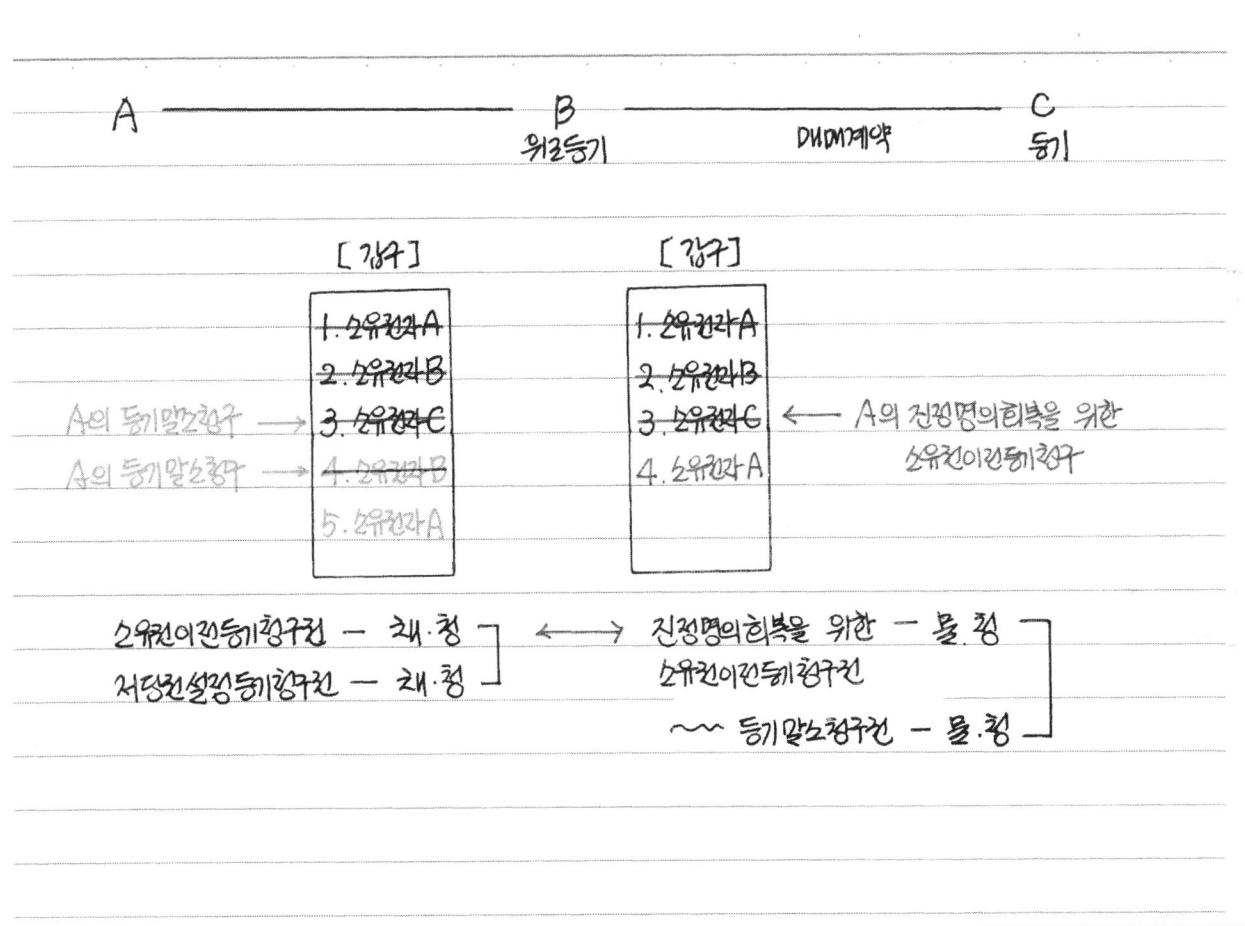

```
A ─── 자동차 수리 ─── B ─── C가 절도 ─── C
                      수리업자
```

- (본권) 소유권자   유치권자 → 유치권에 기한 물권적 청구권 X
- (점유권) 간접점유자   직접점유자 → 점유권에 기한 물권적 청구권 O

소유권에 기한 반환청구권   점유권에 기한 반환청구권

① 소유자 ──사유불문──→ 점유자 (점유보조자 X)   ① 점유자 ──침탈당한──→ 침탈한 점유자 (점유보조자 X)
                                              (절도, 강도)

② (법률상 권원)   ② (사실상 지배)

 ─ 행사기간 제한 X   ─ 행사기간 제한 O (1년 내)
 ─ 재판상 O, 재판 외 O   ─ 재판상 O (= 출소기간), 재판 외 X
 ─ 특별승계인에게도 행사 O   ─ 악의의 특별승계인에게만 행사 O

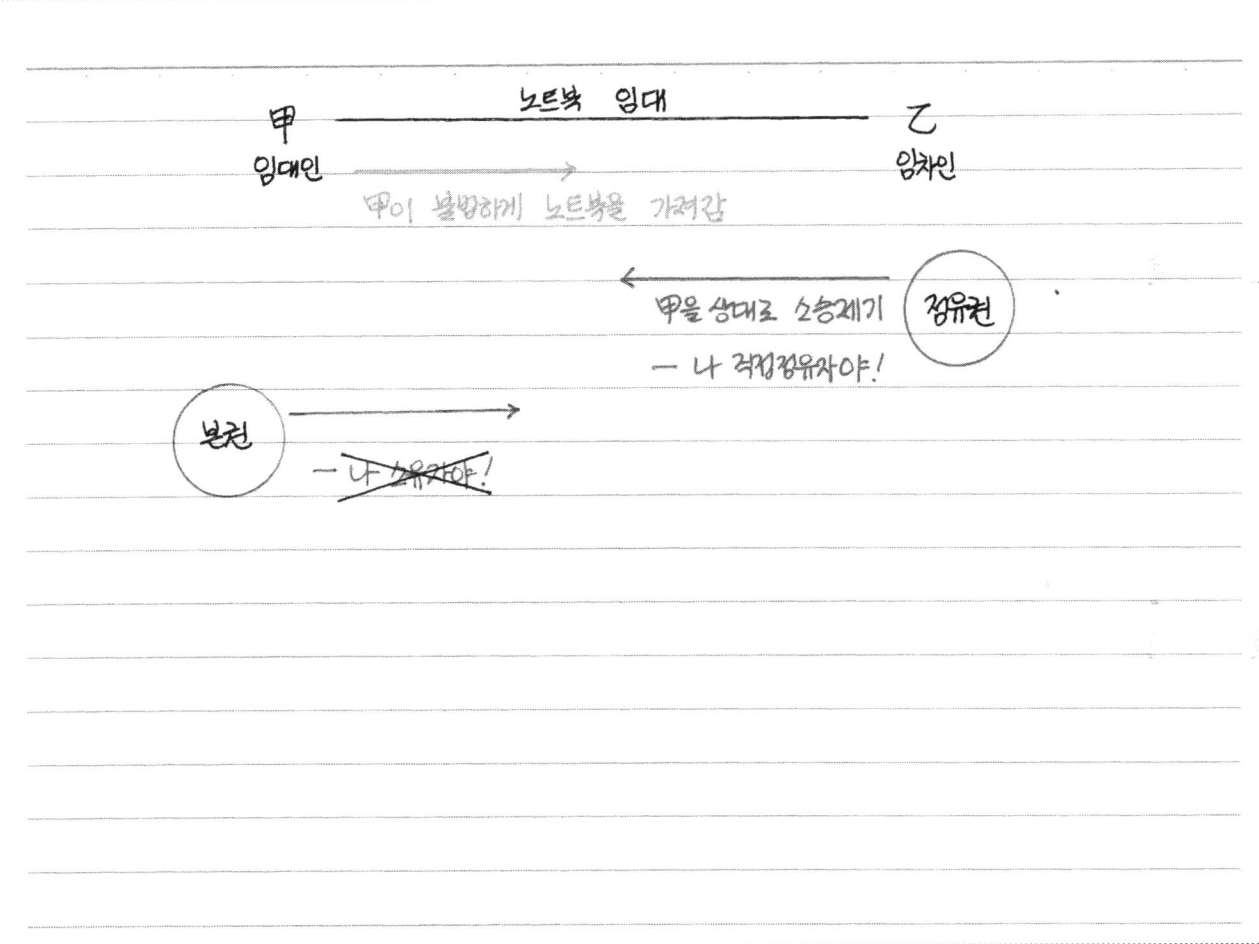

```
         甲 ——————전세권 계약—————— 乙
      전세권설정자                          전세권자


      ┌─ 2주점유자 ——————계약○—————— 전세점자  ← 해당 법규정이나 법리에 따라 해결
      │              민법 제201조 ~ 제203조 적용                사용수익하는 전세점자 乙이
      │                                                              과실을 취득
      │
      └─ 회복자 ——————계약X—————— 점유자  ← 선의의 점유자가 과실을 취득
                     민법 제201조 ~ 제203조 적용○
```

甲의 개 ——계약X—— 乙이 자신의 개로 오인하고 1년 키움
회복자   점유자

└→ 개 돌려줘   └→ 개 돌려줄게. 그런데 강아지는?

과실 → 천연과실, 법정과실, 사용이익은 과실에 준해서

┌ 선의 : 乙 과실취득 O. 과실반환 X
└ 악의 : 乙 과실취득 X. 과실반환 O or 과실대가 보상 O.
   └→ 판단기준 — 법률행위시 X. 원물로부터 분리시 O

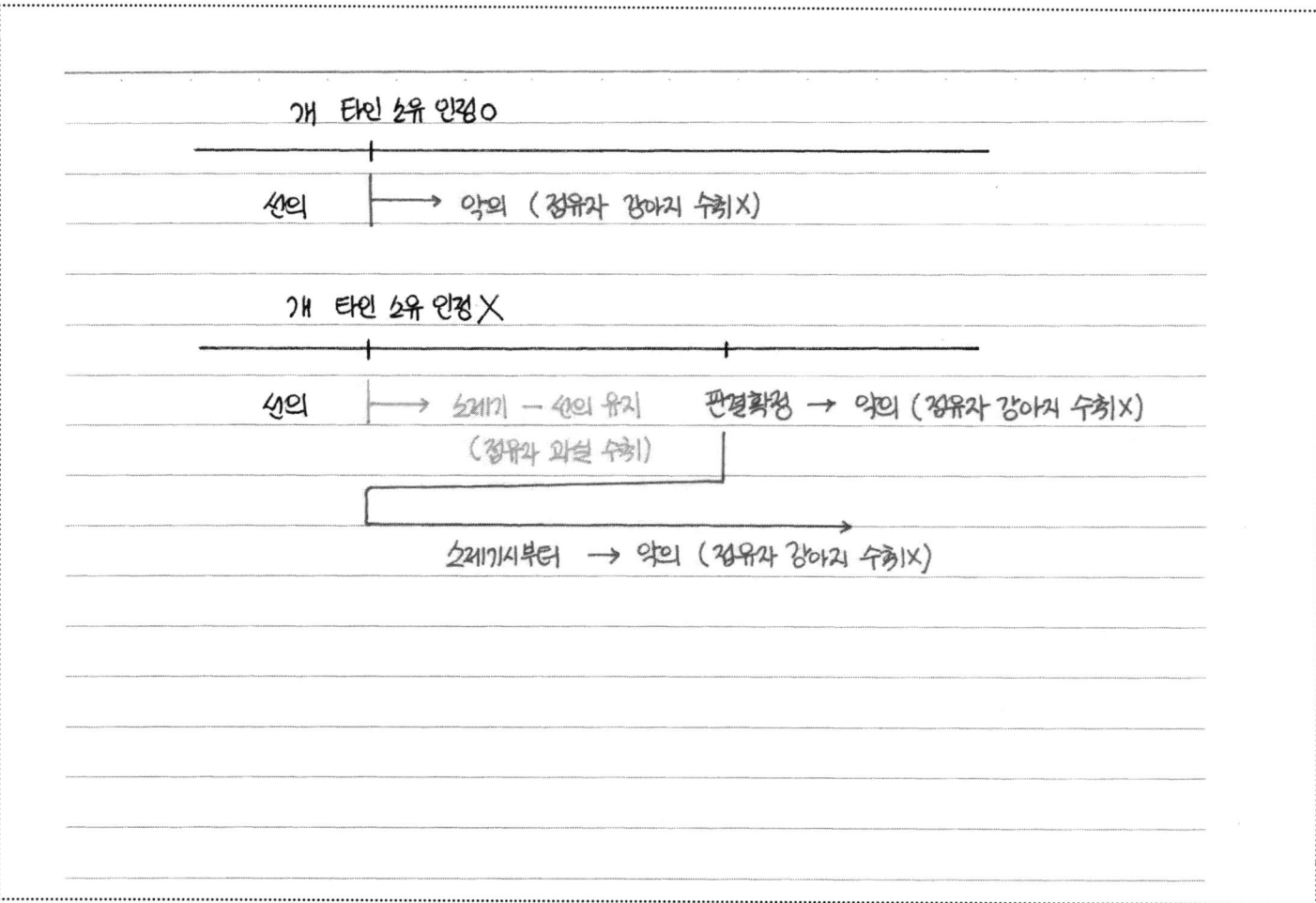

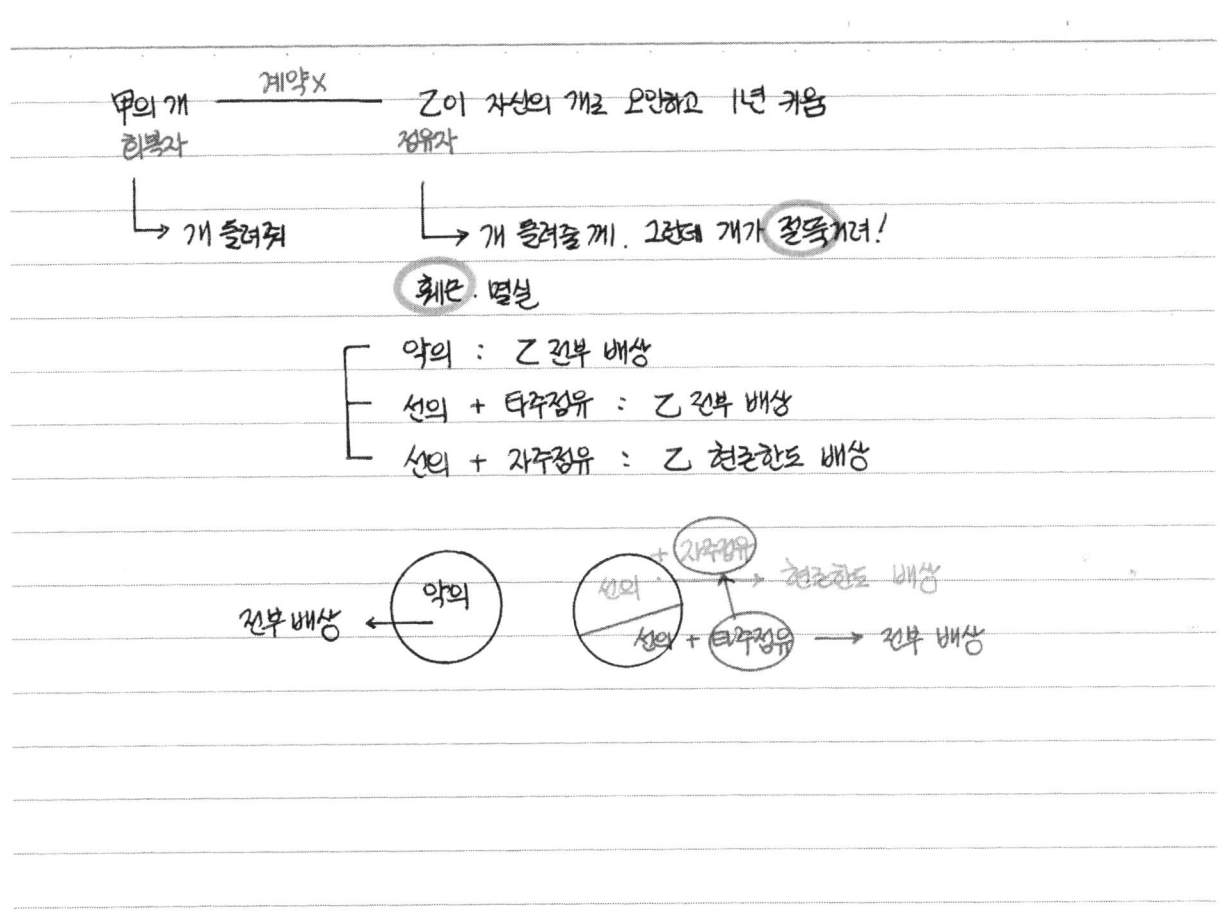

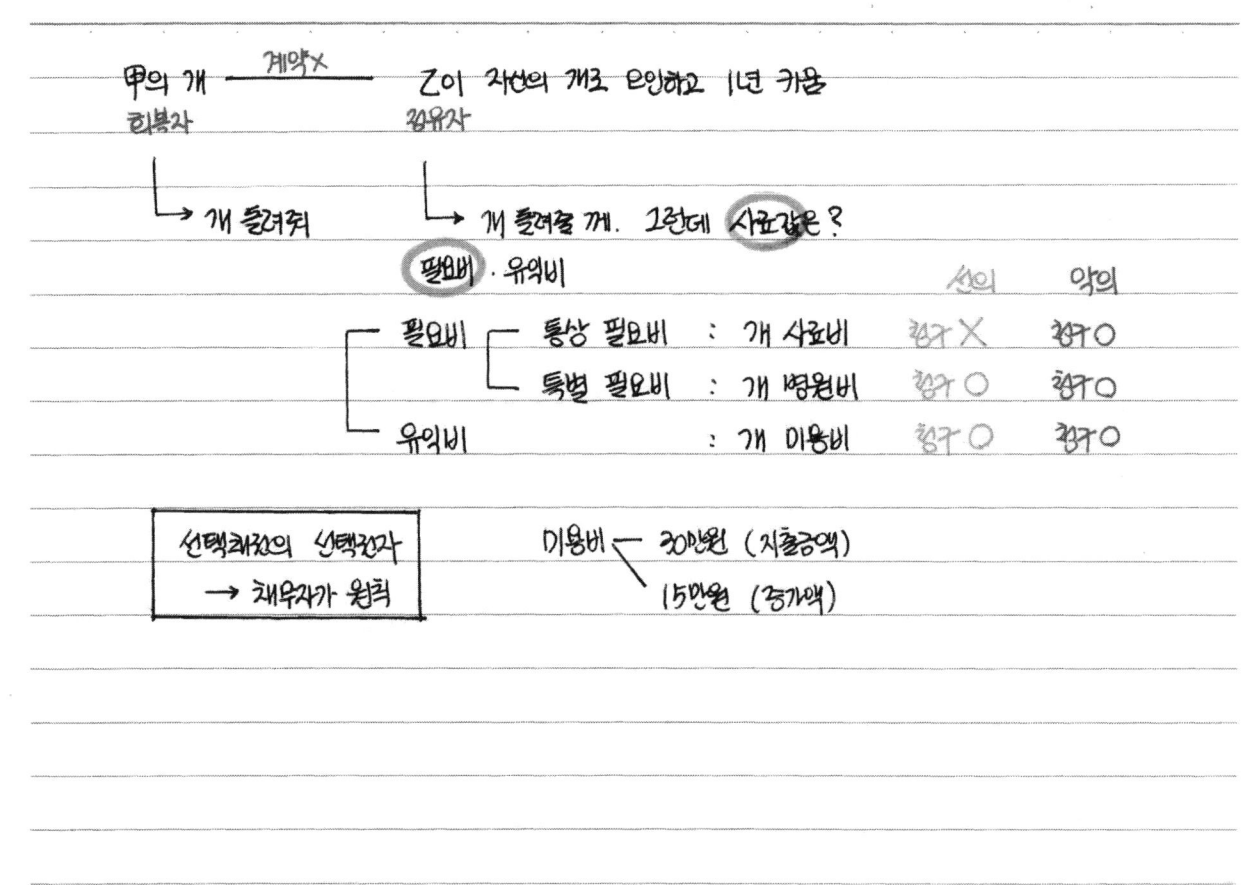

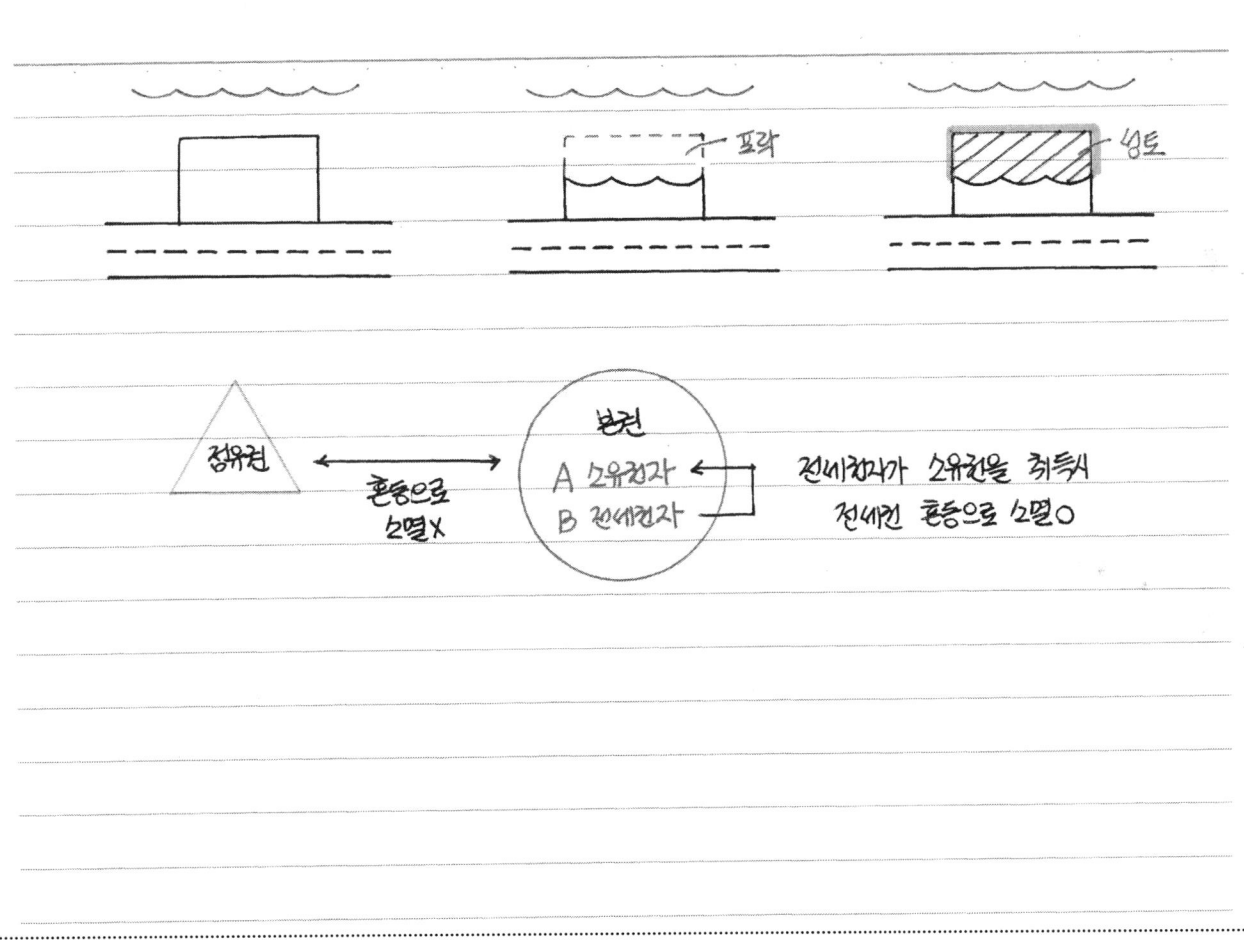

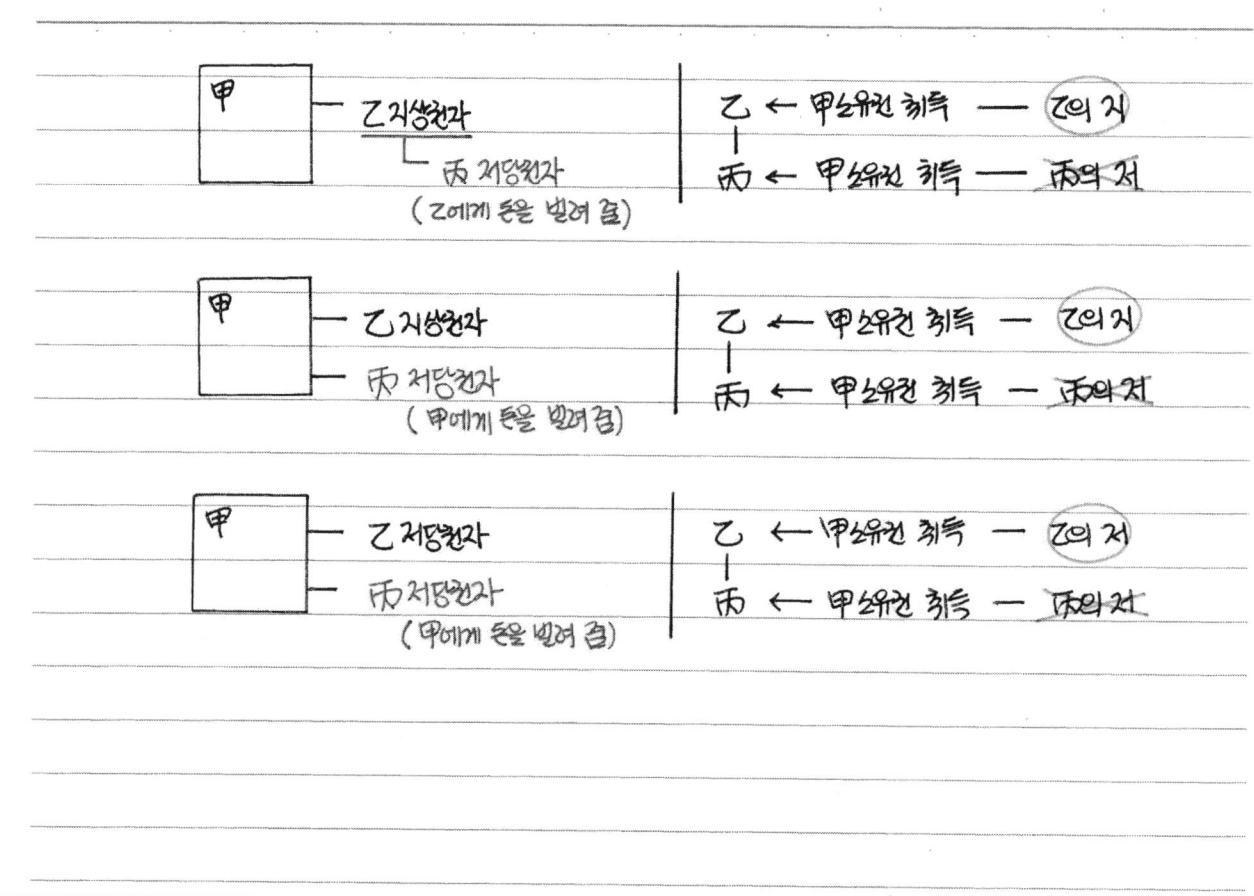

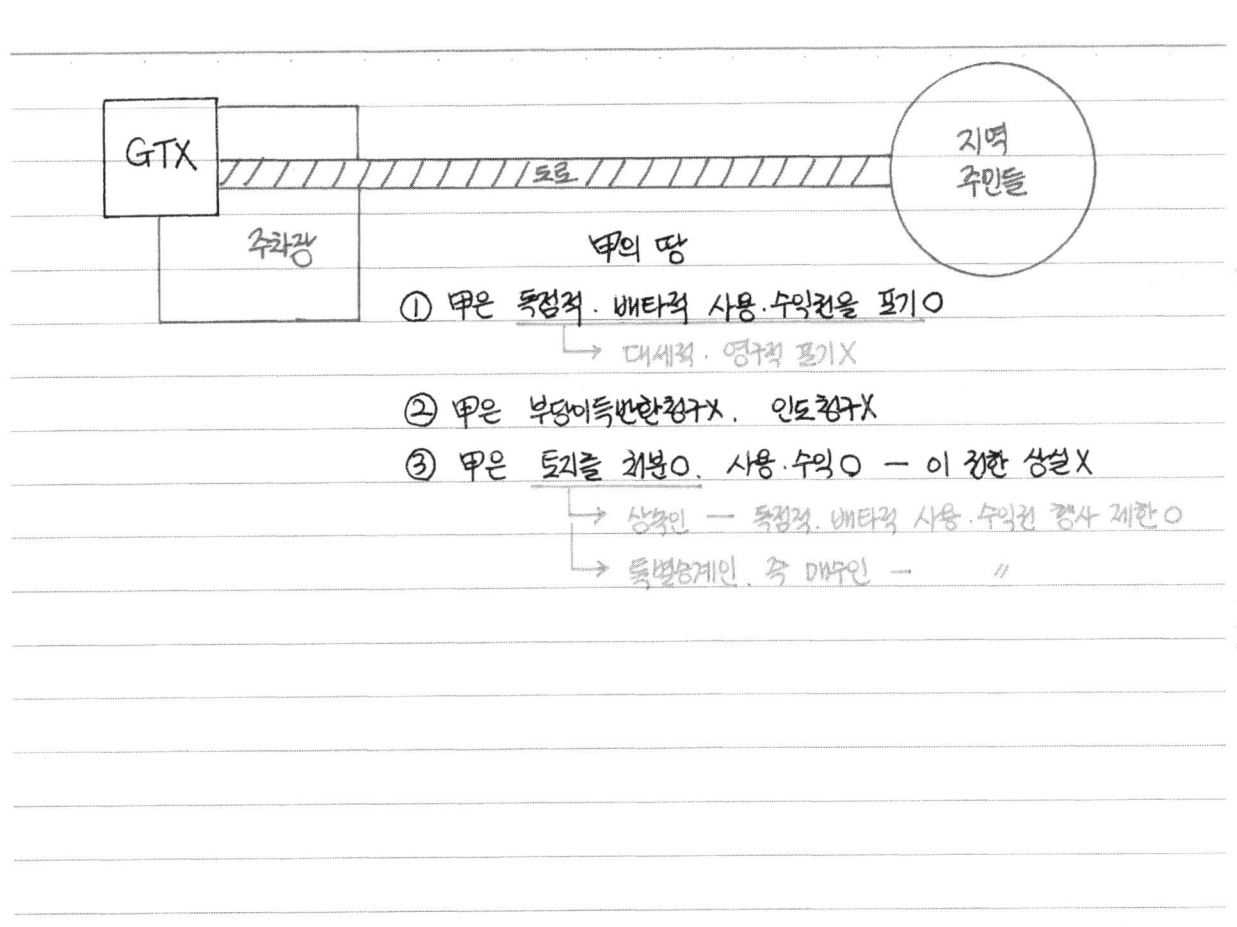

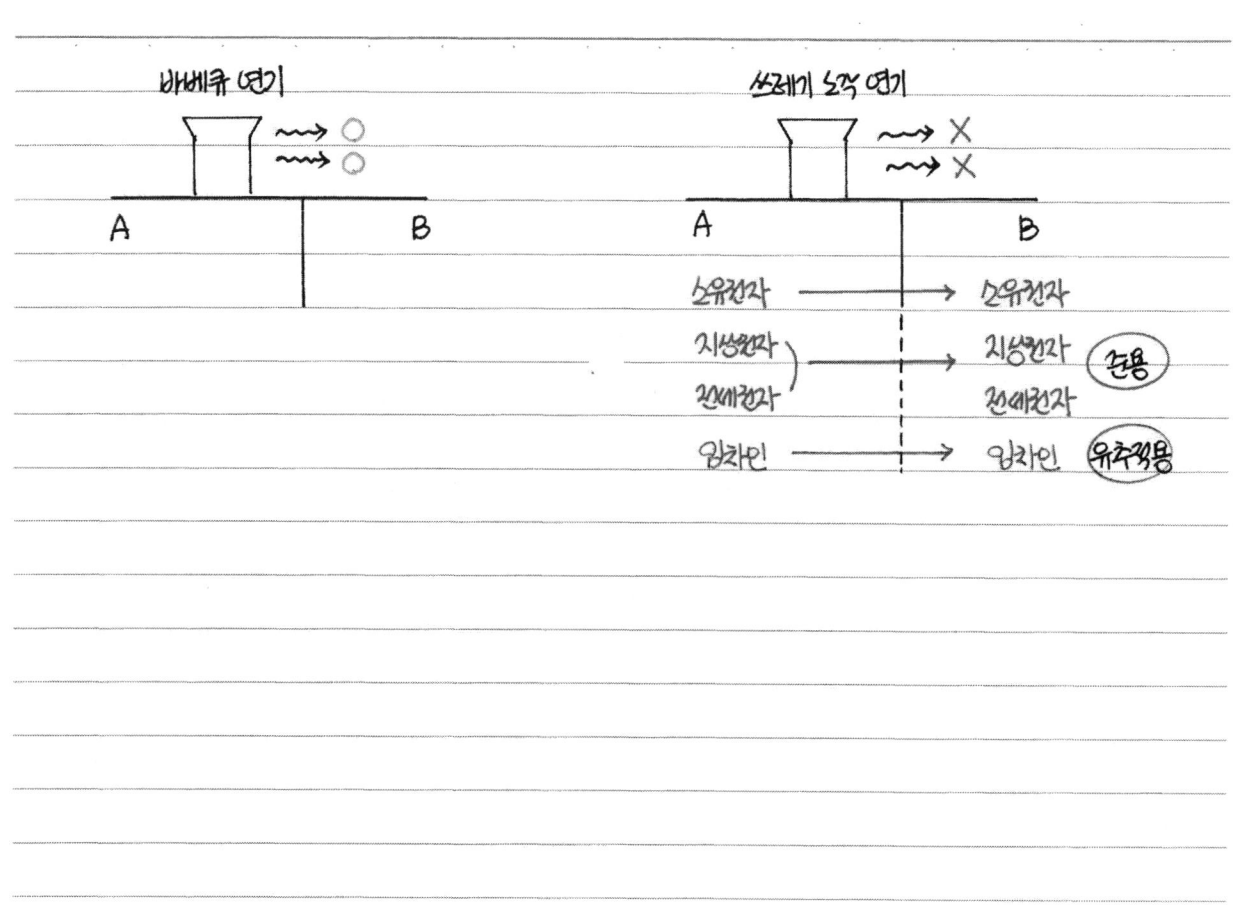

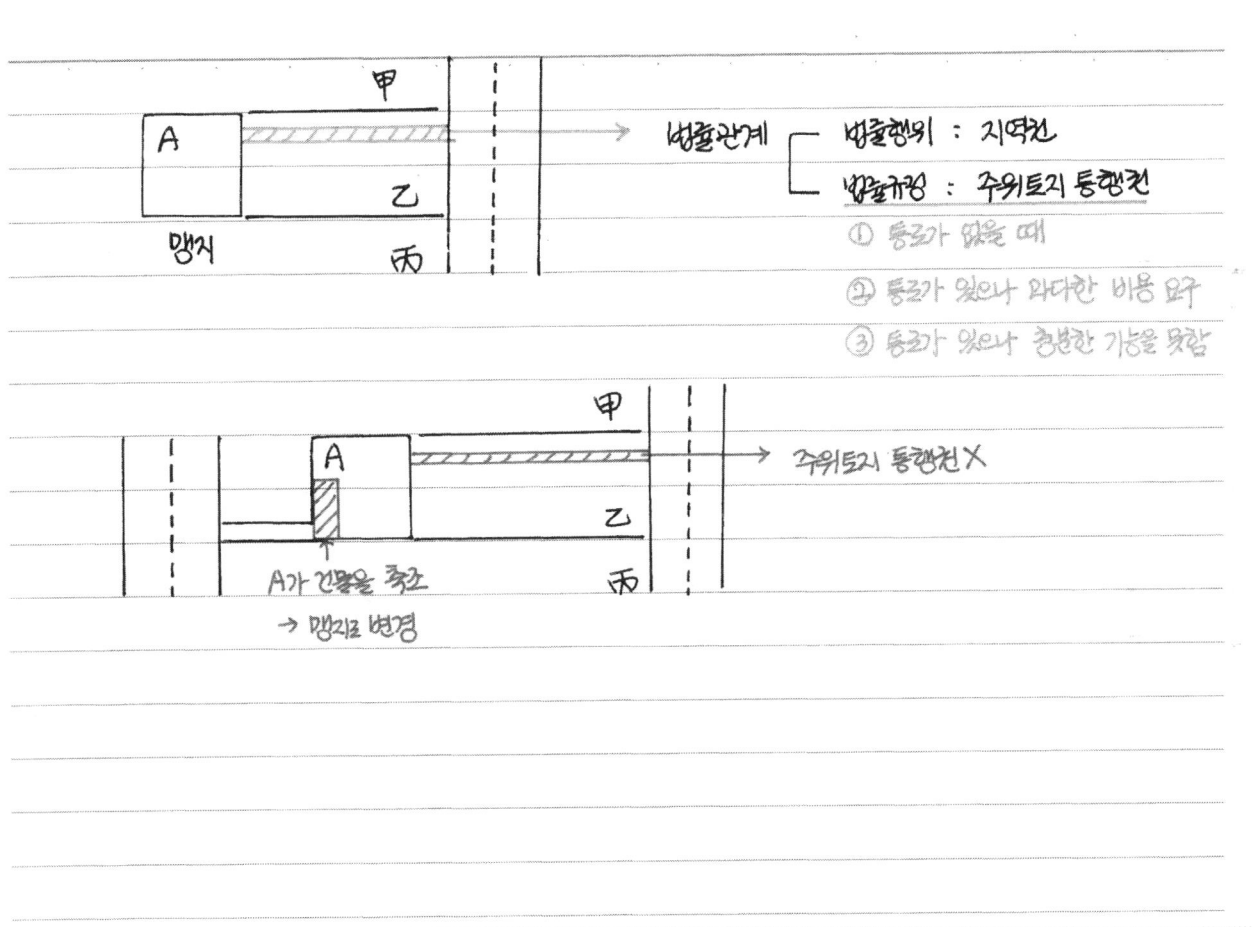

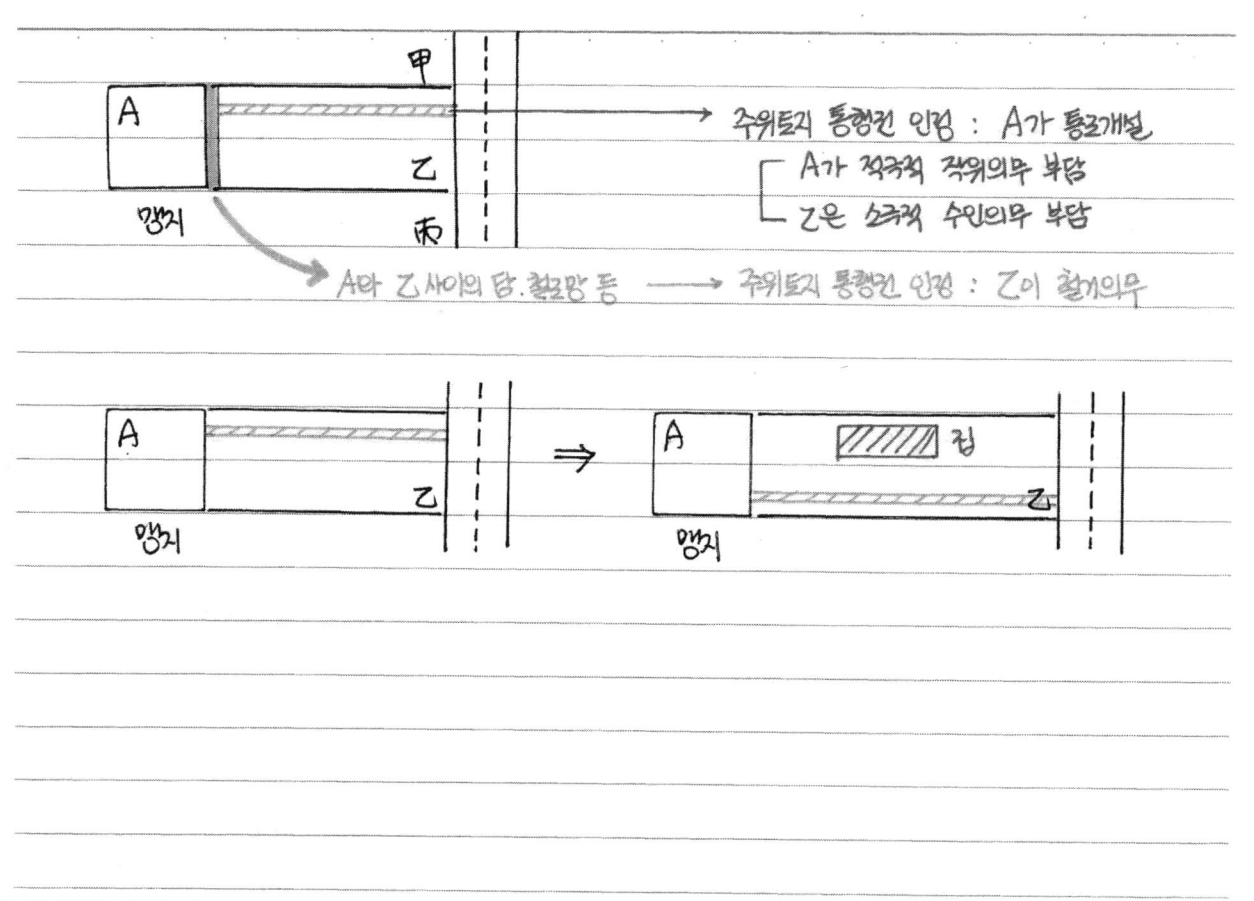

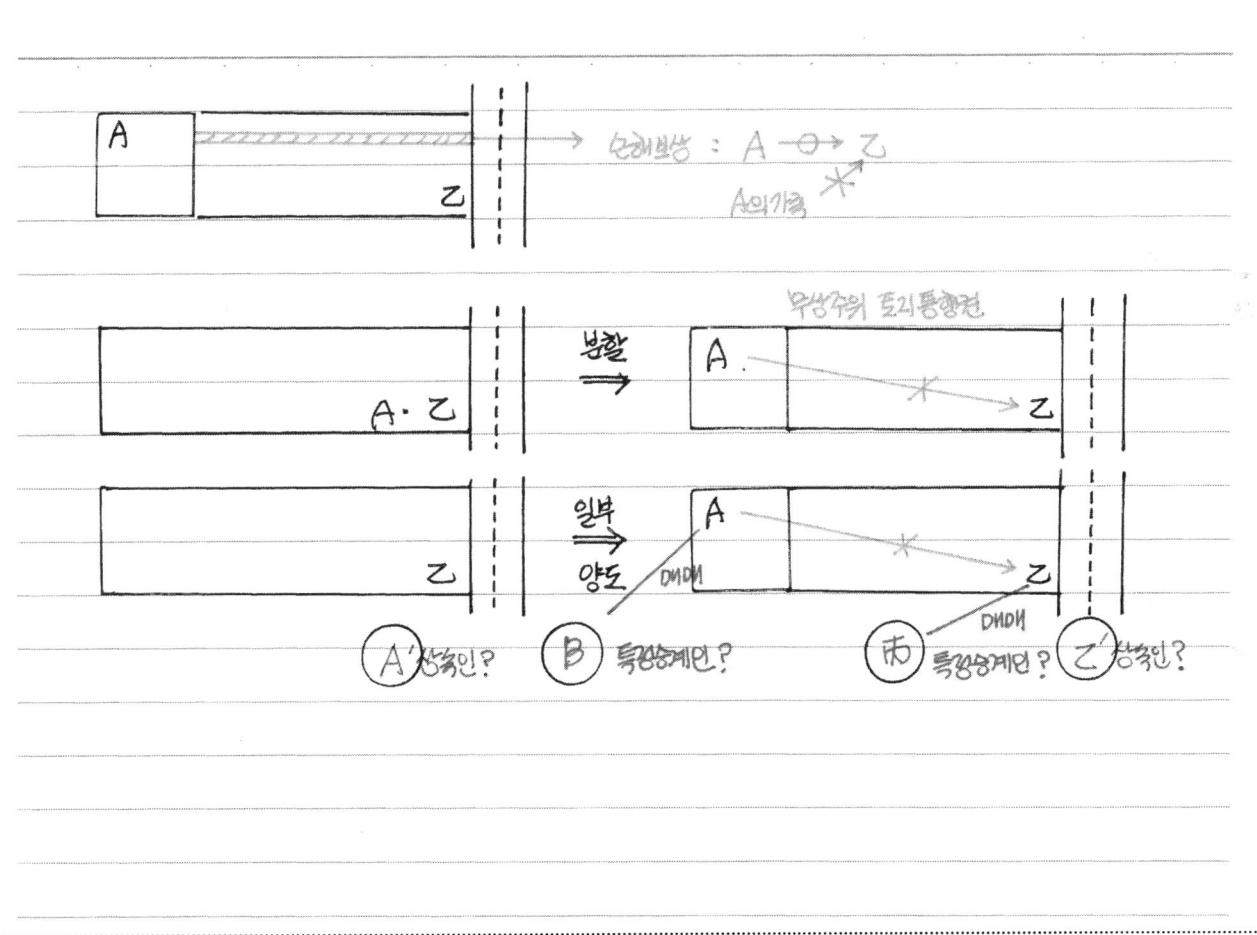

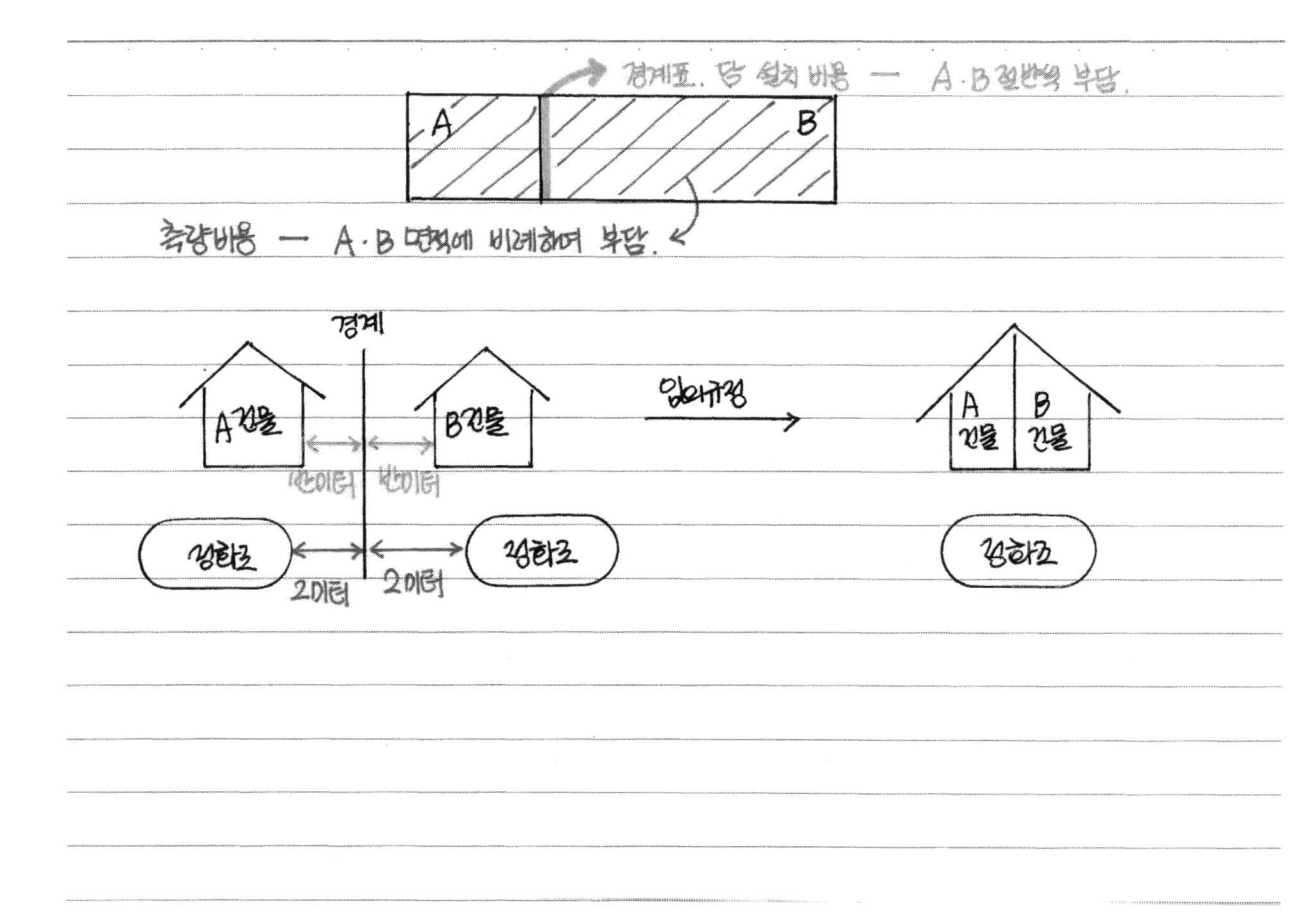

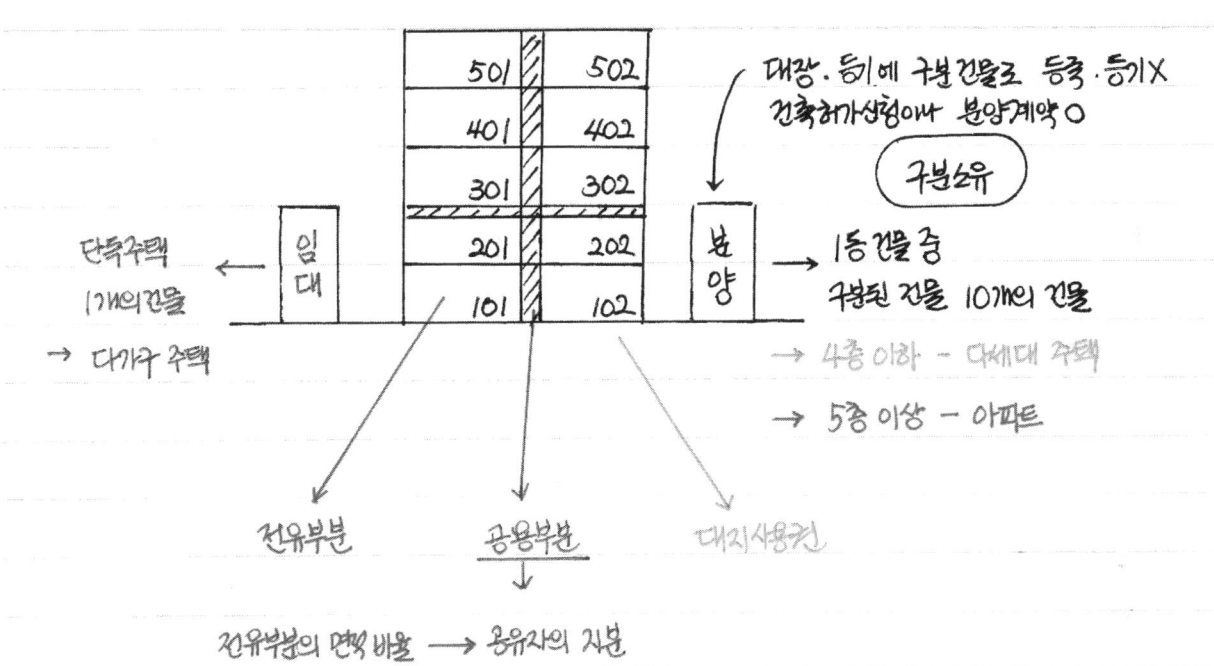

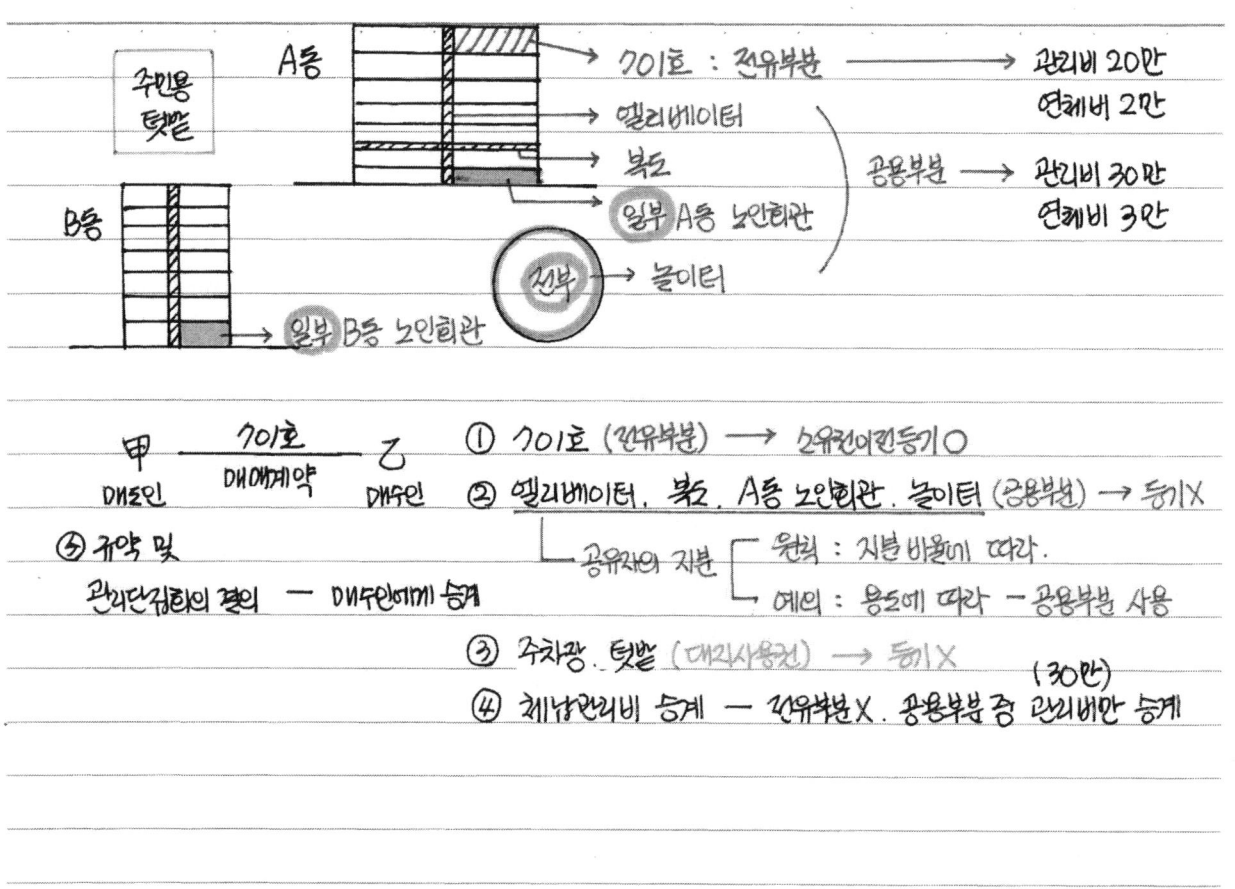

　　　　　　　　　　A : 1천만원　　지분 $\frac{1}{3}$　　　　　　　10일
　　　[자동차 그림]　B : 1천만원　　지분 $\frac{1}{3}$　　→ 자동차 전체　10일
　　　　　　　　　　C : 1천만원　　지분 $\frac{1}{3}$　　　　　　　10일

　　　　　　　　　　　　　지분의 비율에 따른 의무,　지분의 비율에 따라 사용

　　　　　　　　　A : 365세대　지분 $\frac{1}{365}$
　　(놀이터)　　　B : 면적이　　지분 $\frac{1}{365}$　→ 놀이터 전체　~~1일~~
　　　　　　　　　C : 동일　　　지분 $\frac{1}{365}$　　　　　　　~~1일~~
　　　　　　　　　　　　　　　　　　　　　　　　　　　　　　　 ~~1일~~

　　　　　　　　　　　　　지분의 비율에 따른 의무,　~~지분의 비율에 따라 사용~~

　　　　　A :　　　　　　　　　　　　　　　　　　365일
　　　　　B :　　〃　　　　〃　　　　〃　　　　　365일
　　　　　C :　　　　　　　　　　　　　　　　　　365일

　　　　　　　　　　　　　　　　　　　용도에 따라 사용

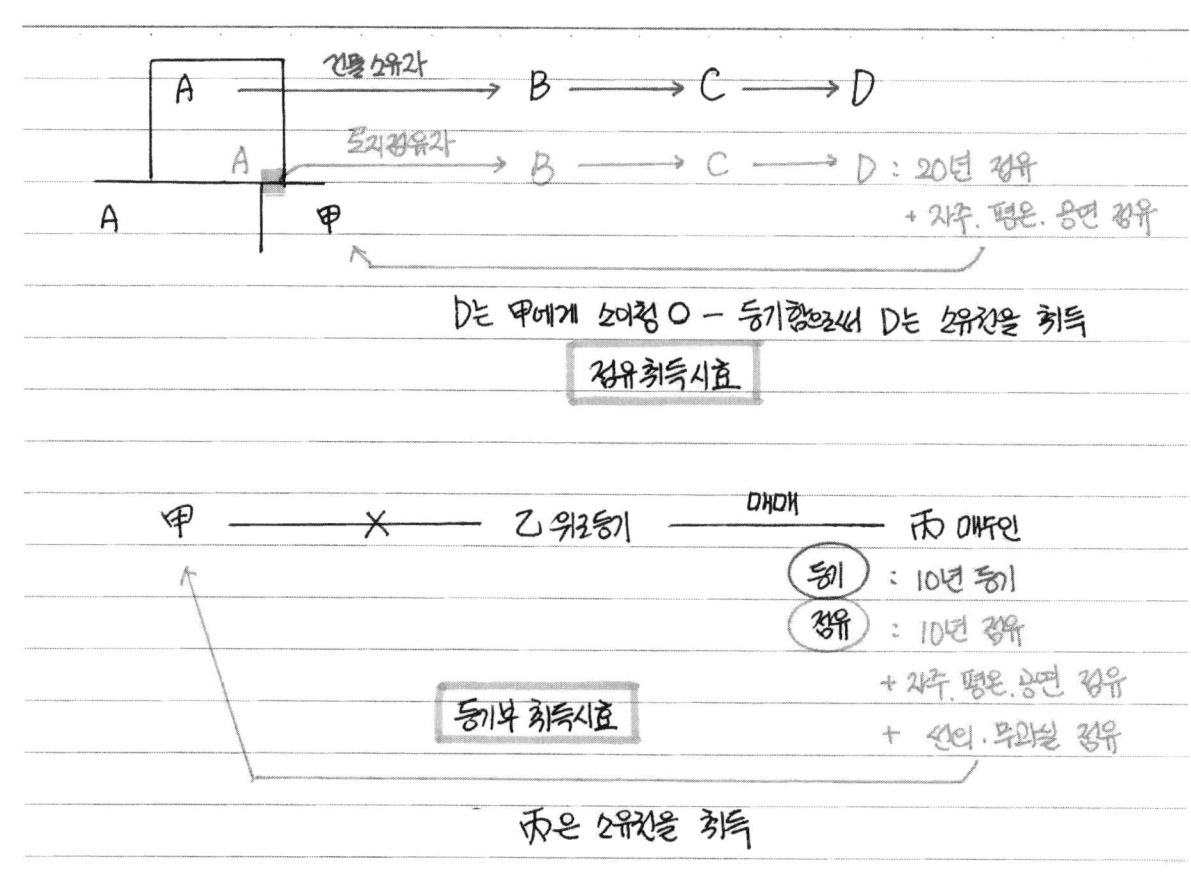

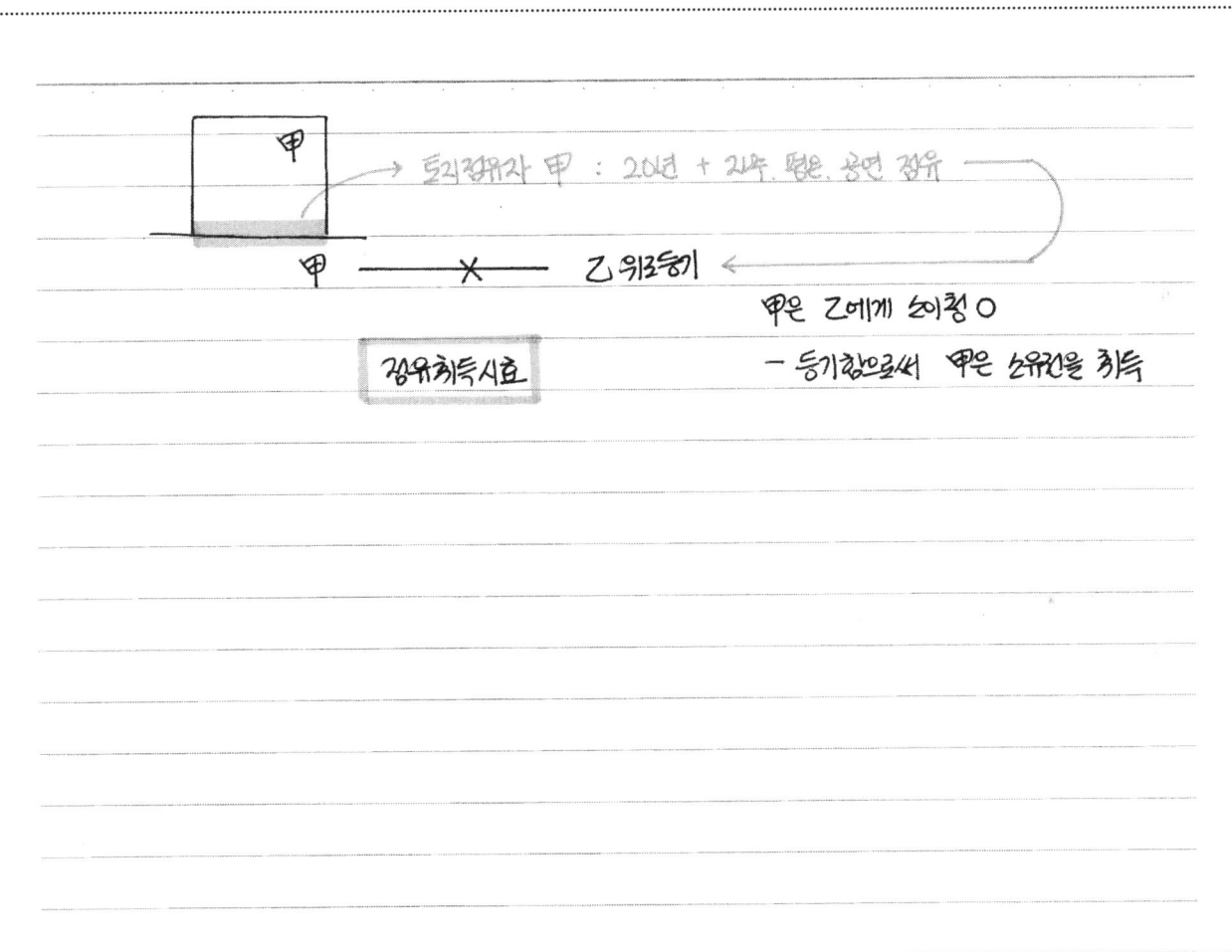

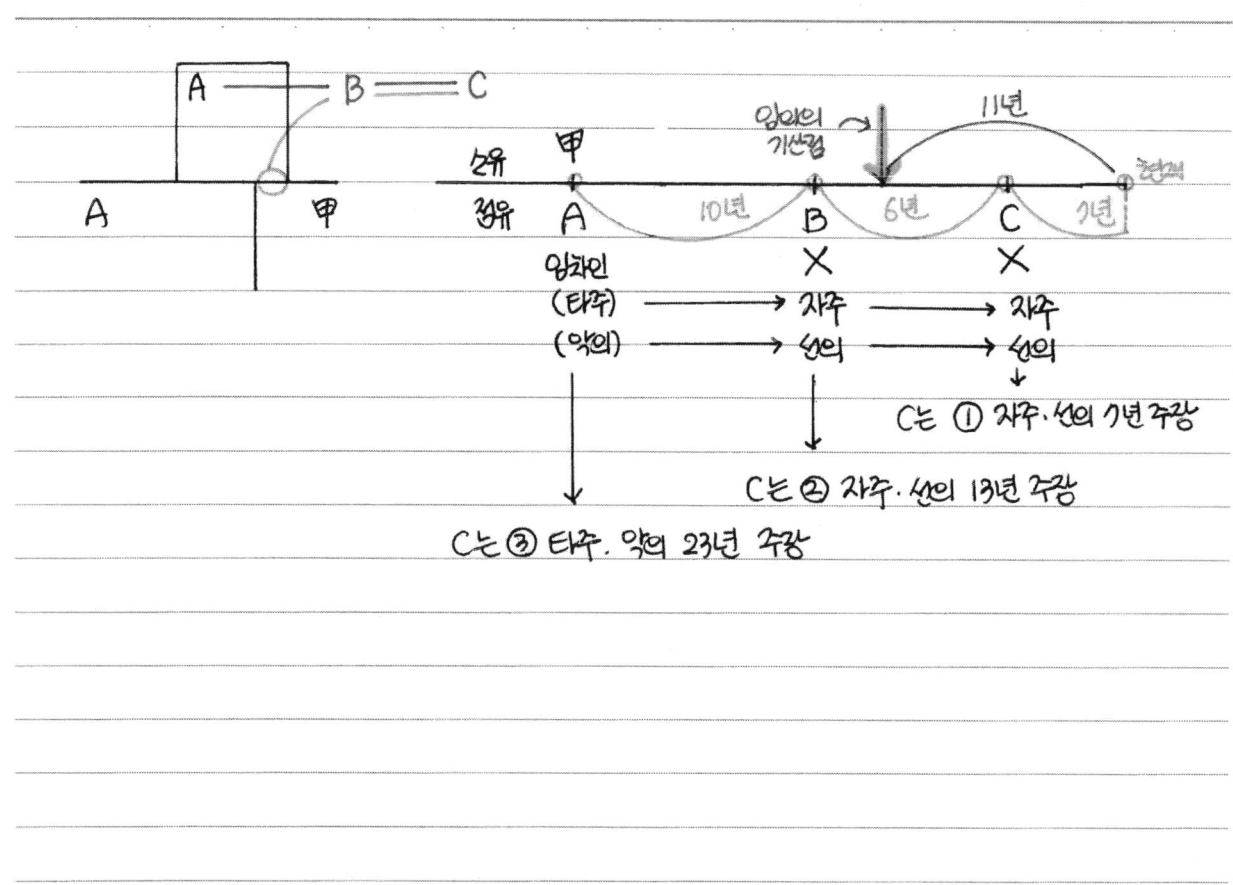

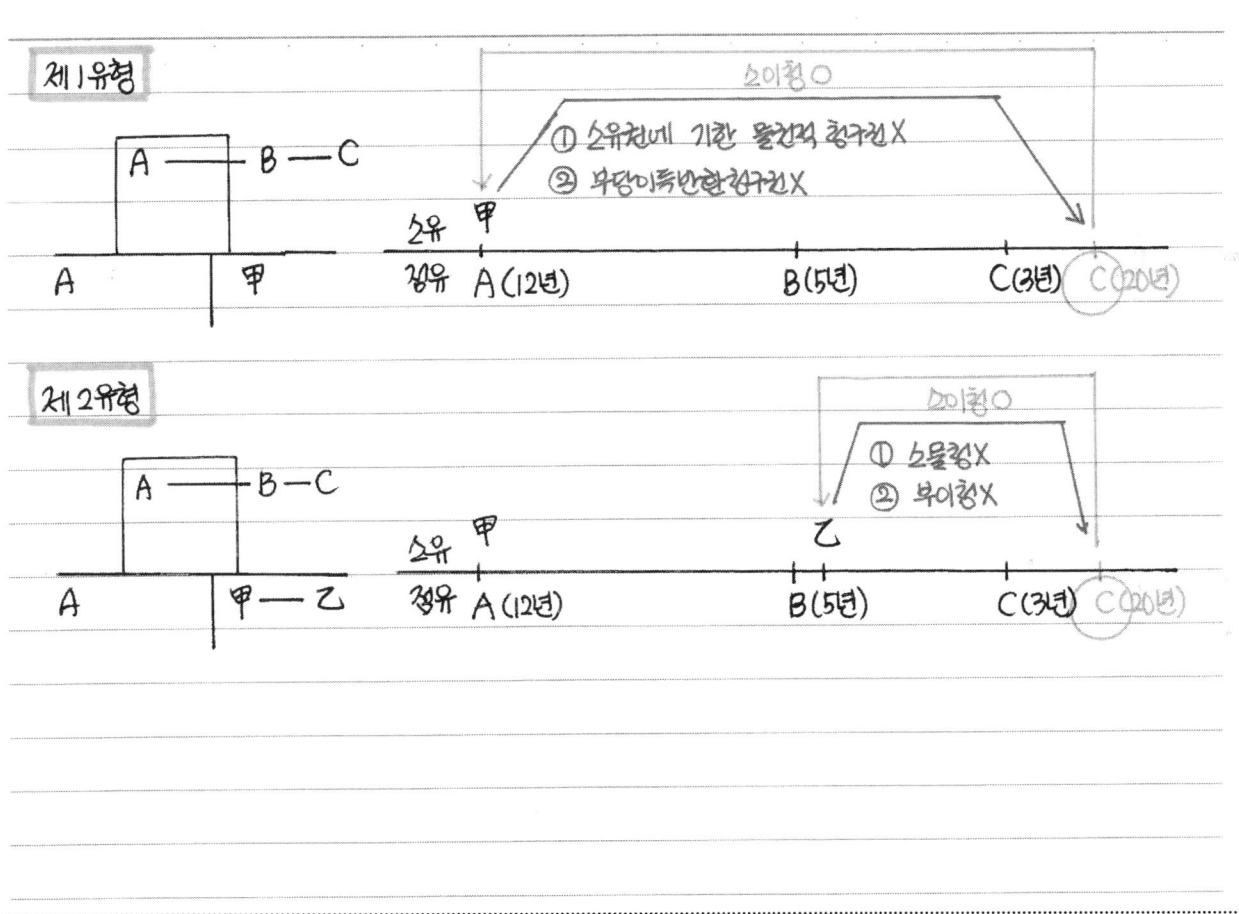

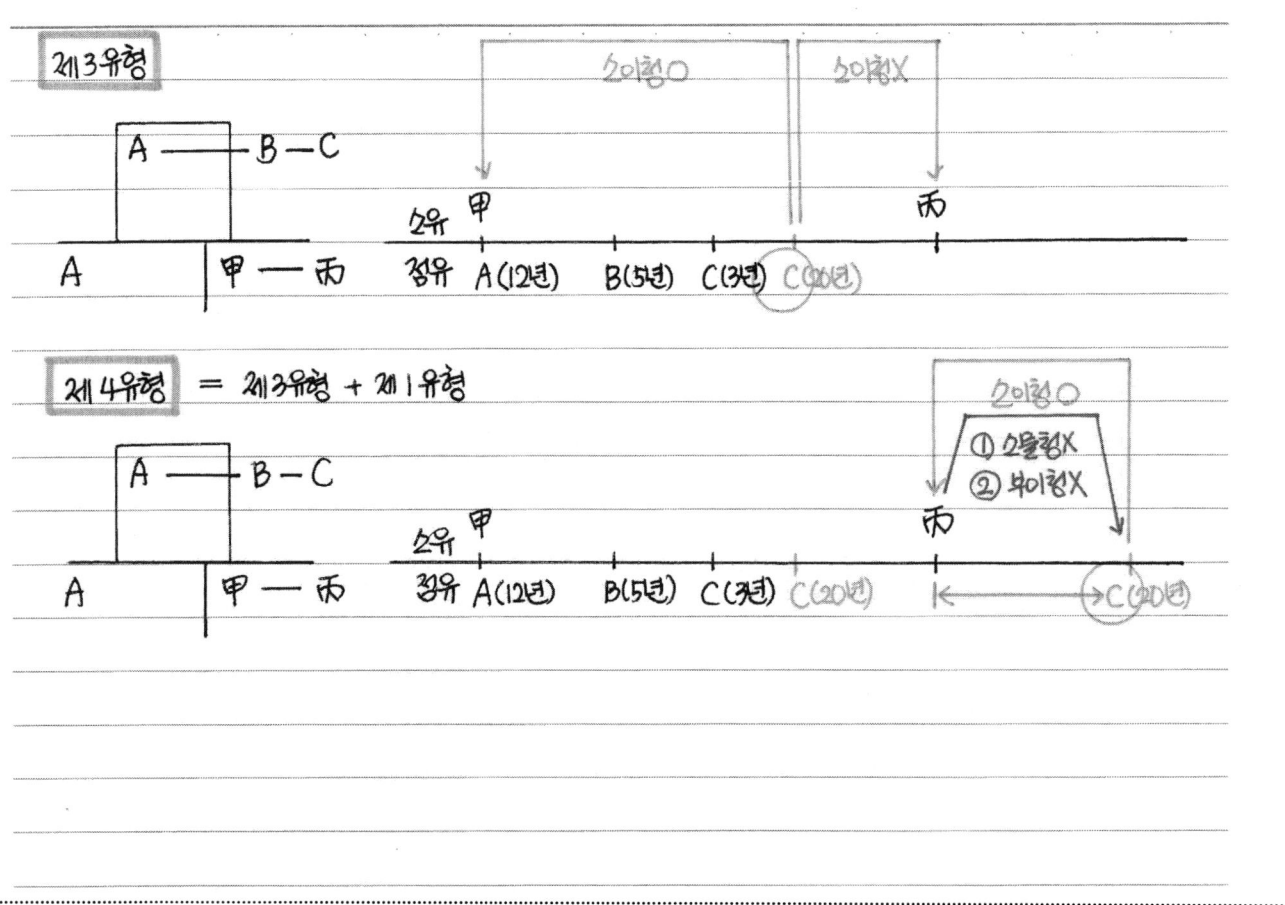

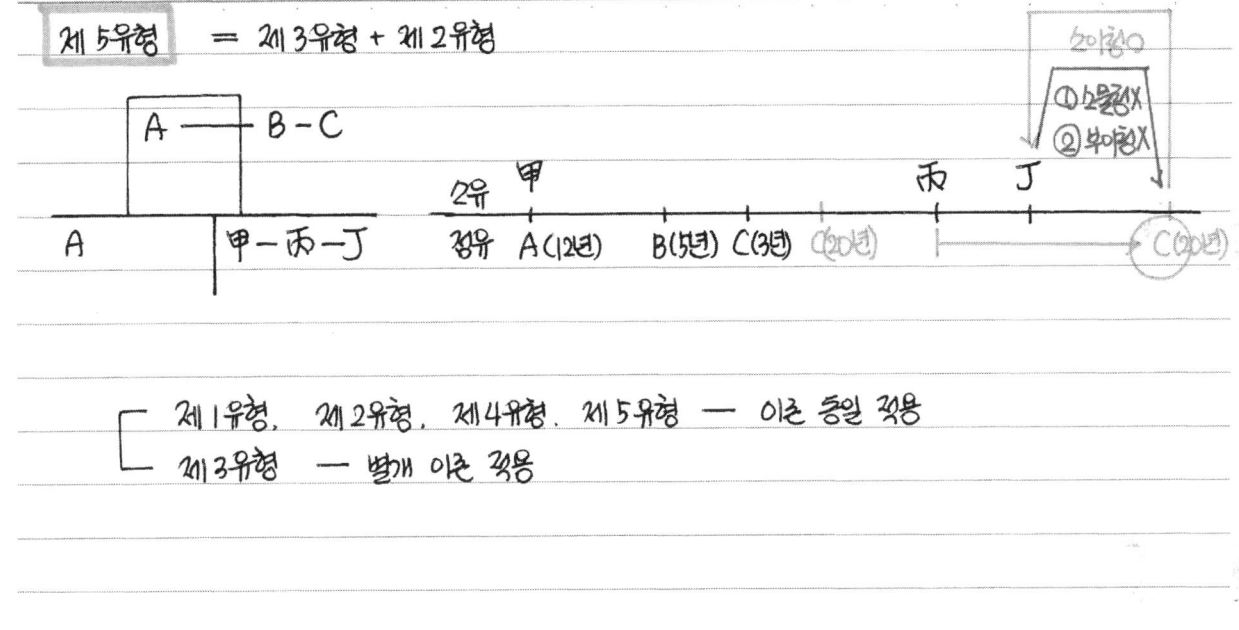

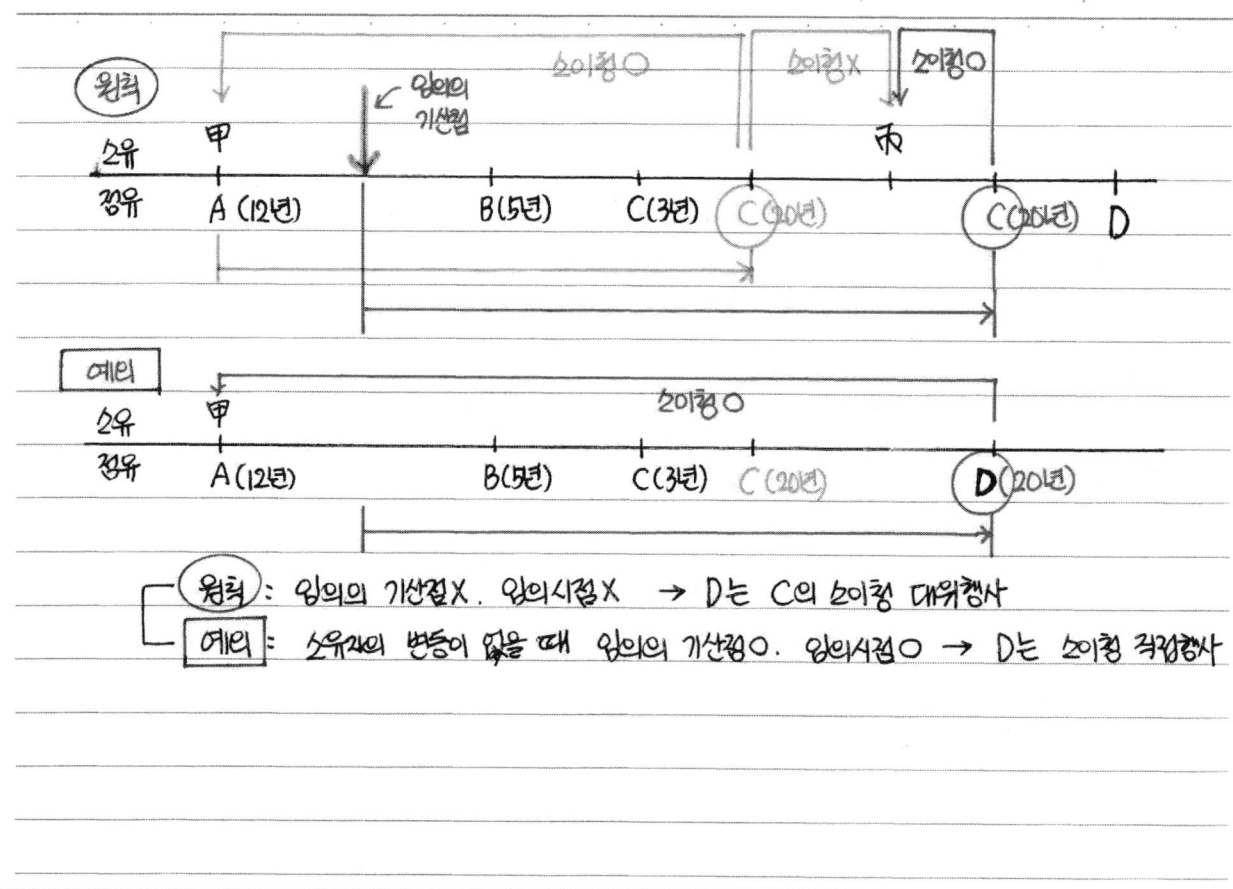

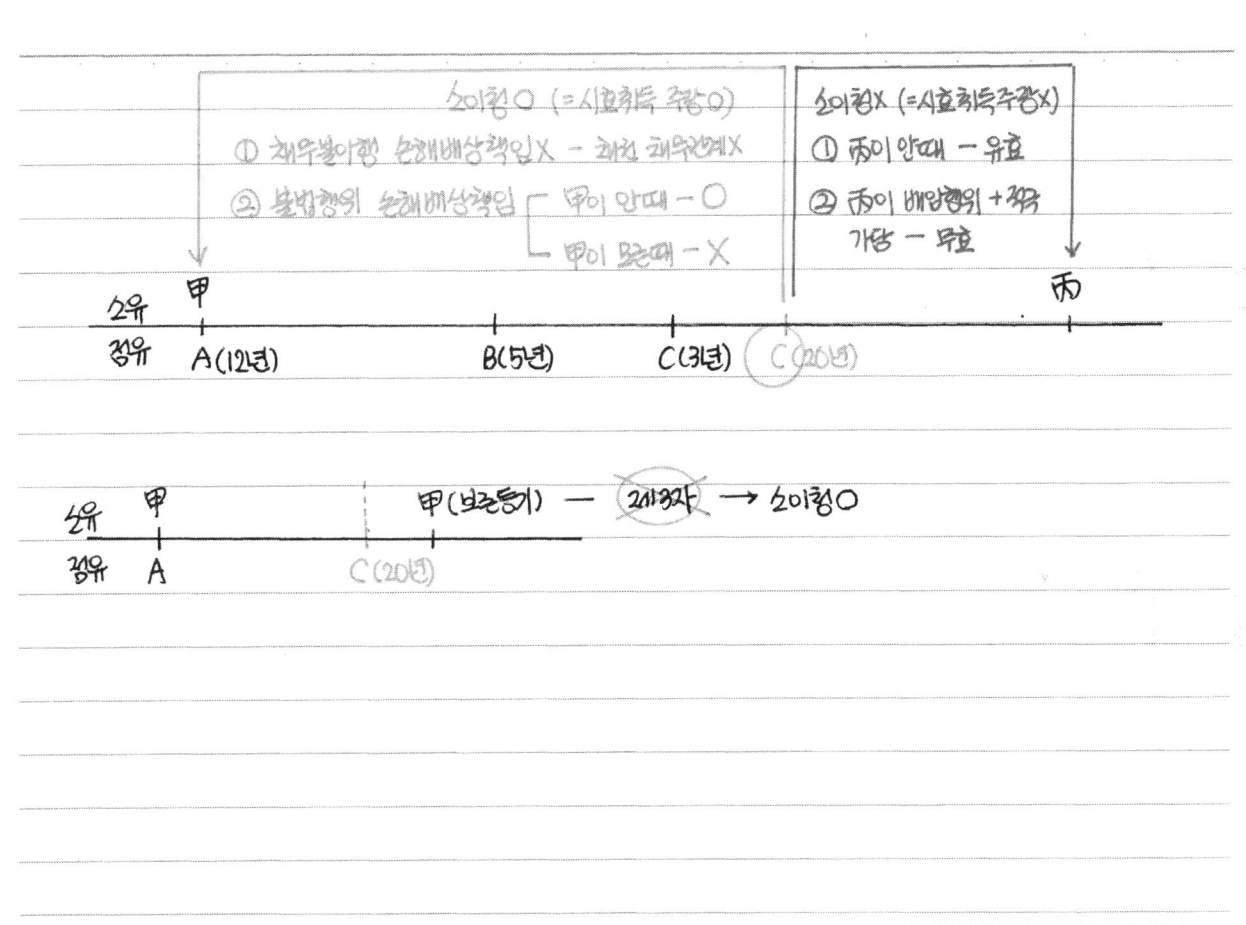

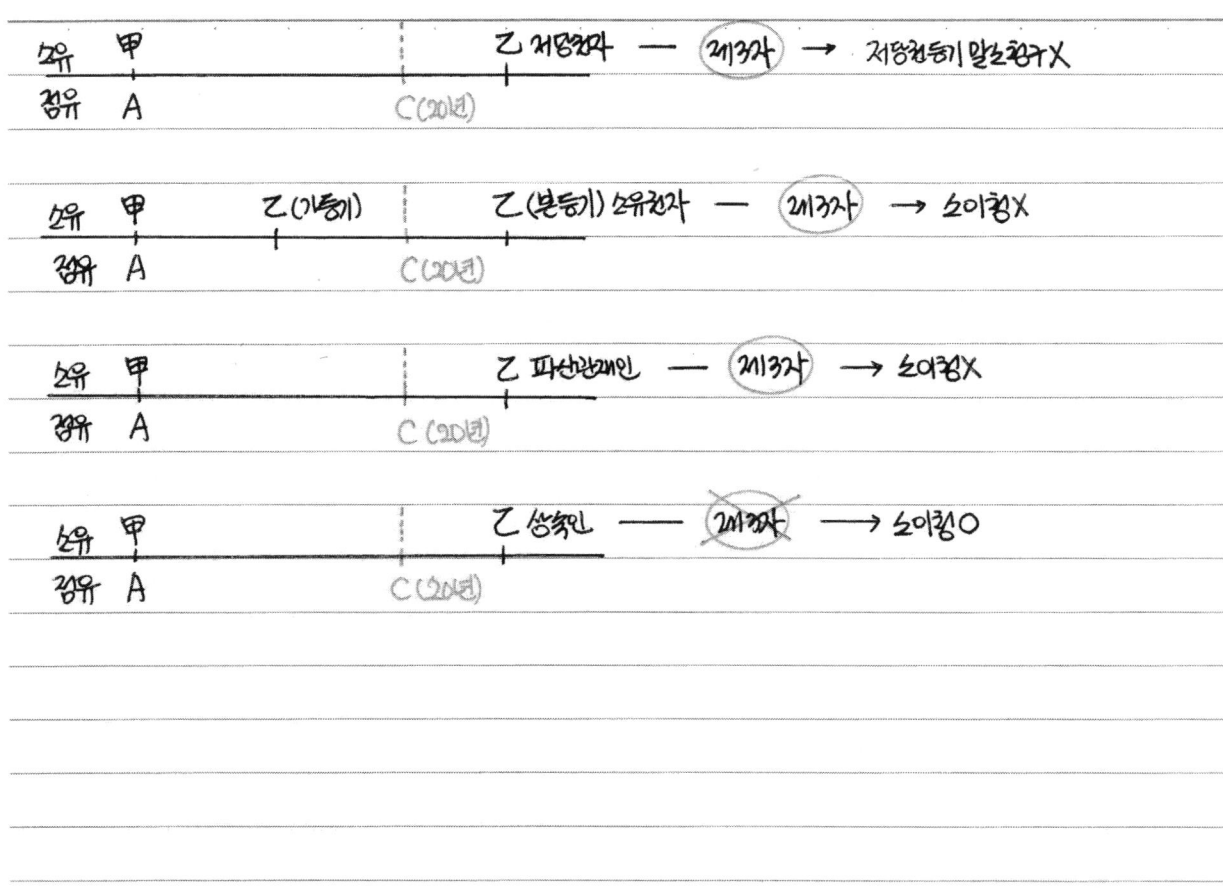

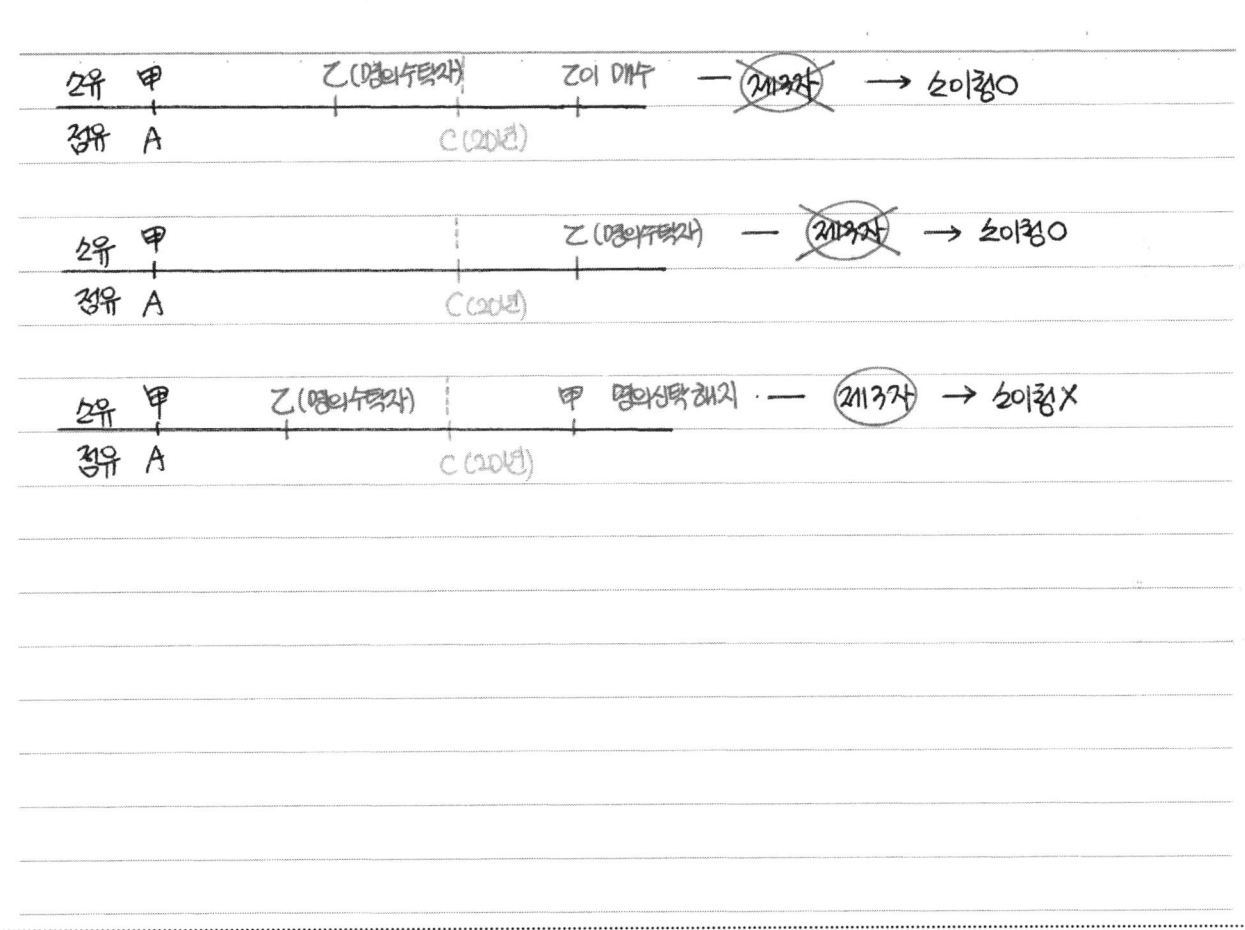

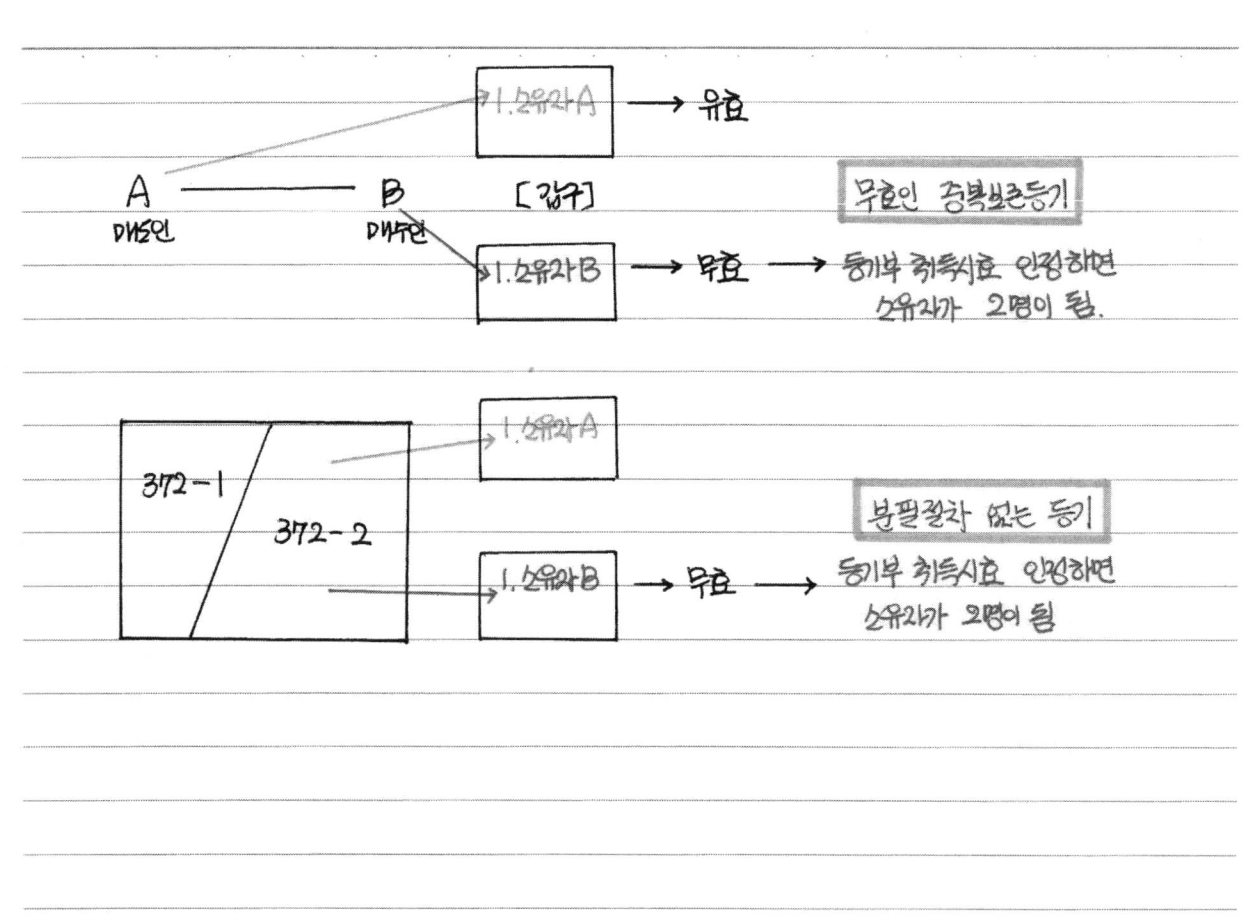

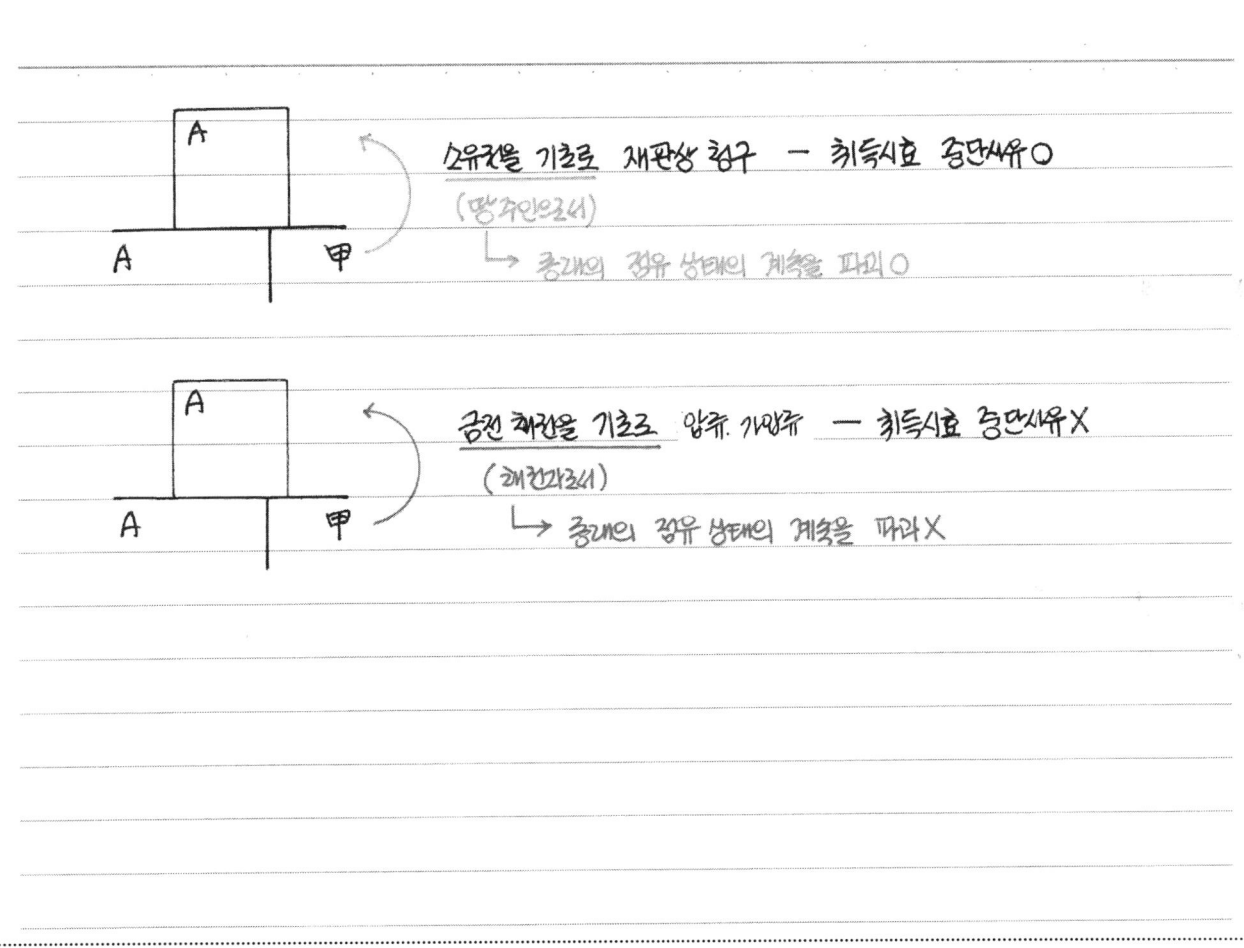

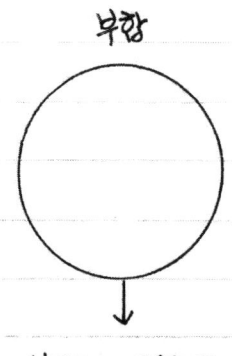 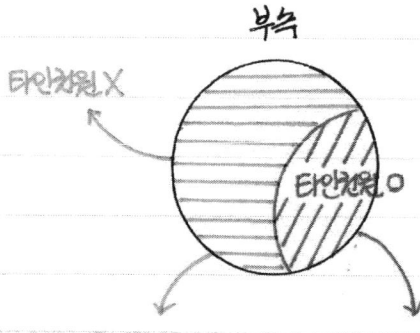

부합   부속

타인처원 X   타인것 O

부동산에 부합 O   부동산에 부합 O   부동산에 부합 X

- 부동산 소유자가 부합한 물건의 소유권을 취득
- 부동산 소유자가 부속한 물건의 소유권을 취득
- 타인이 소유자

제 256조 (부동산에의 부합) ┌ 부합 : 독립성 X . 구성부분 O
                                        └ 부속 : 독립성 O . 구성부분 X

제256조 부동산에의 부합

- 부동산에 부합된 물건 → 부동산 소유자가 취득
- 부동산에 부속된 물건
  - 타인의 권원 X → 부동산 소유자가 취득
  - 타인의 권원 O → 타인이 소유자

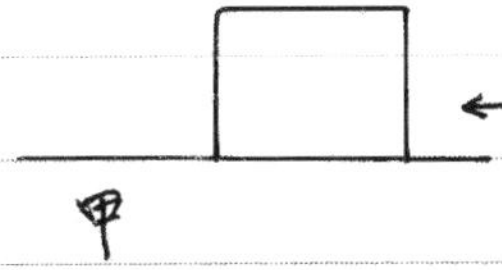

← 건물을 乙이 무단신축 : 乙소유 (토지에 부합X, 甲소유X)
　　　　　　　　　　　　　→ 토지 저당권의 효력이 건물에 미침 X

甲

← 농작물을 乙이 무단식재 : 명인방법 없이도 乙소유
　　　　　　　　　　　　　(토지에 부합X, 甲소유X)
　　　　　　　　　　　　　→ 토지 저당권의 효력이 농작물에 미침 X

甲

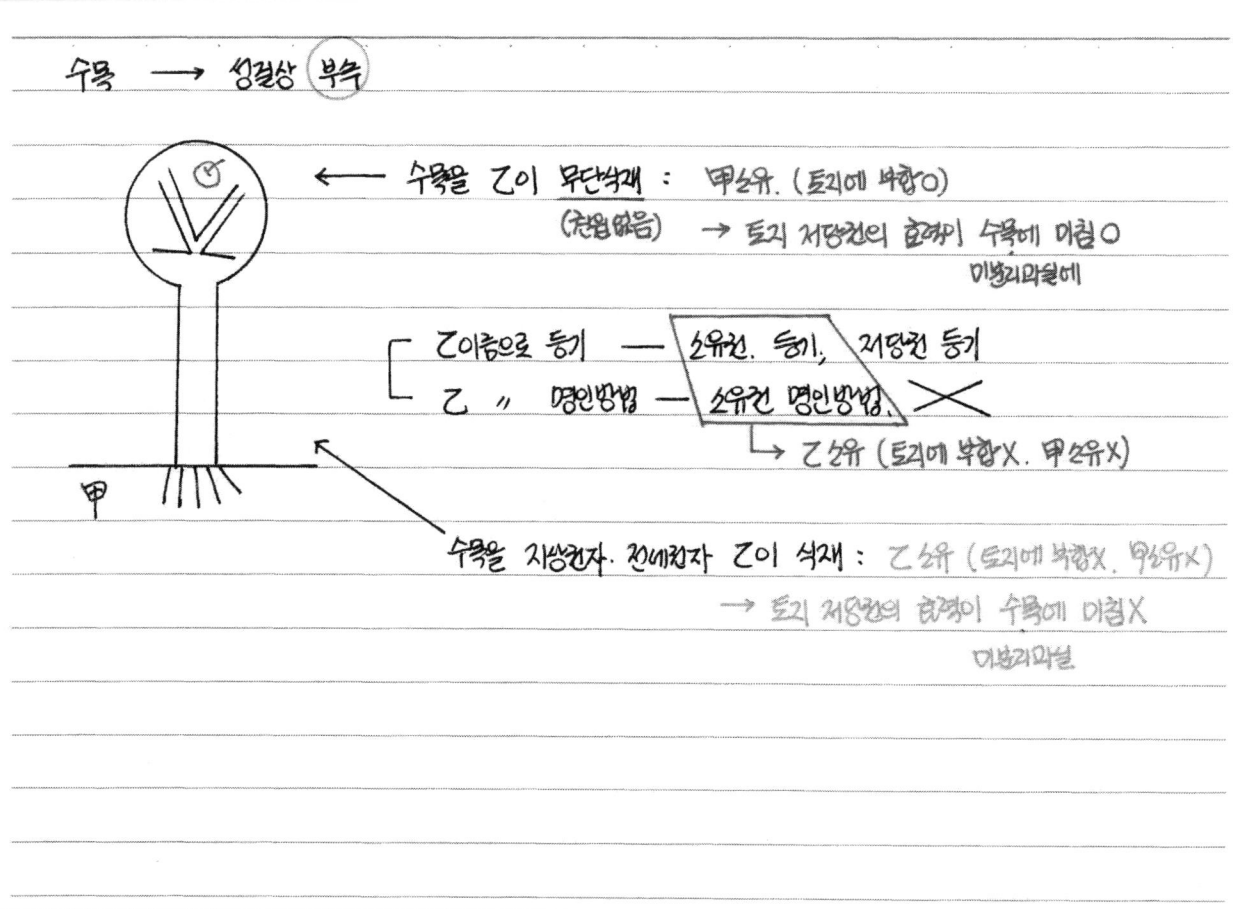

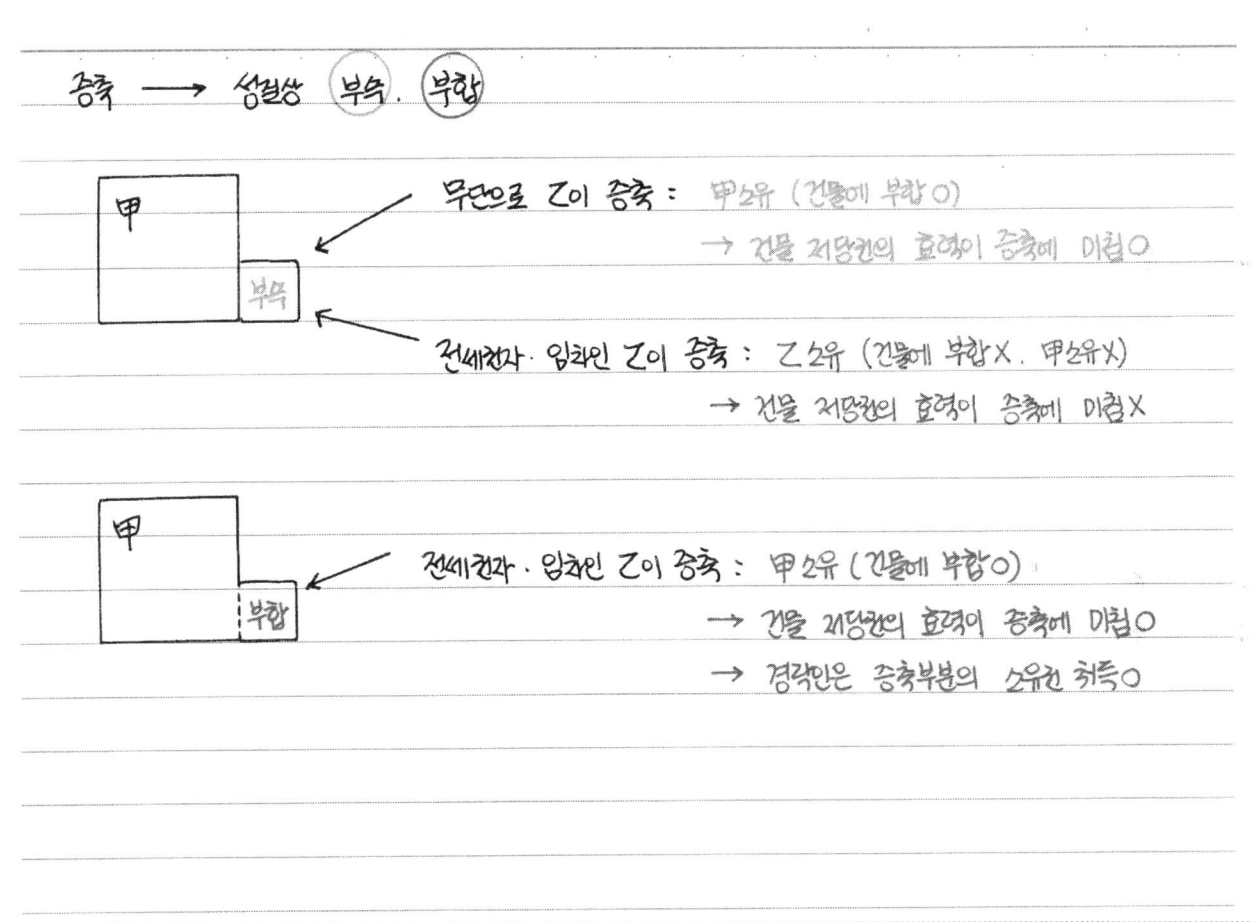

- 부속 : 부착시켰다가 분리시 본래 성질을 유지 O → 독립성
- 부합 :   "   "   "   " X → 구성요소

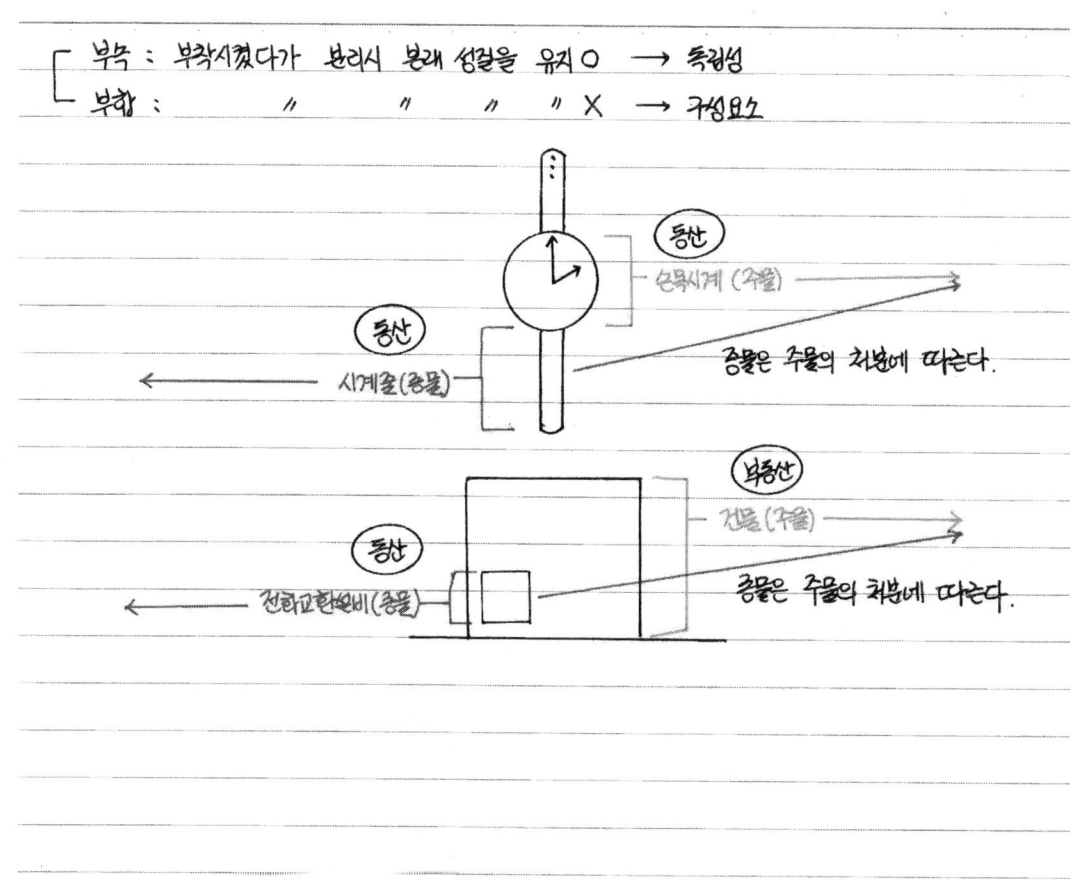

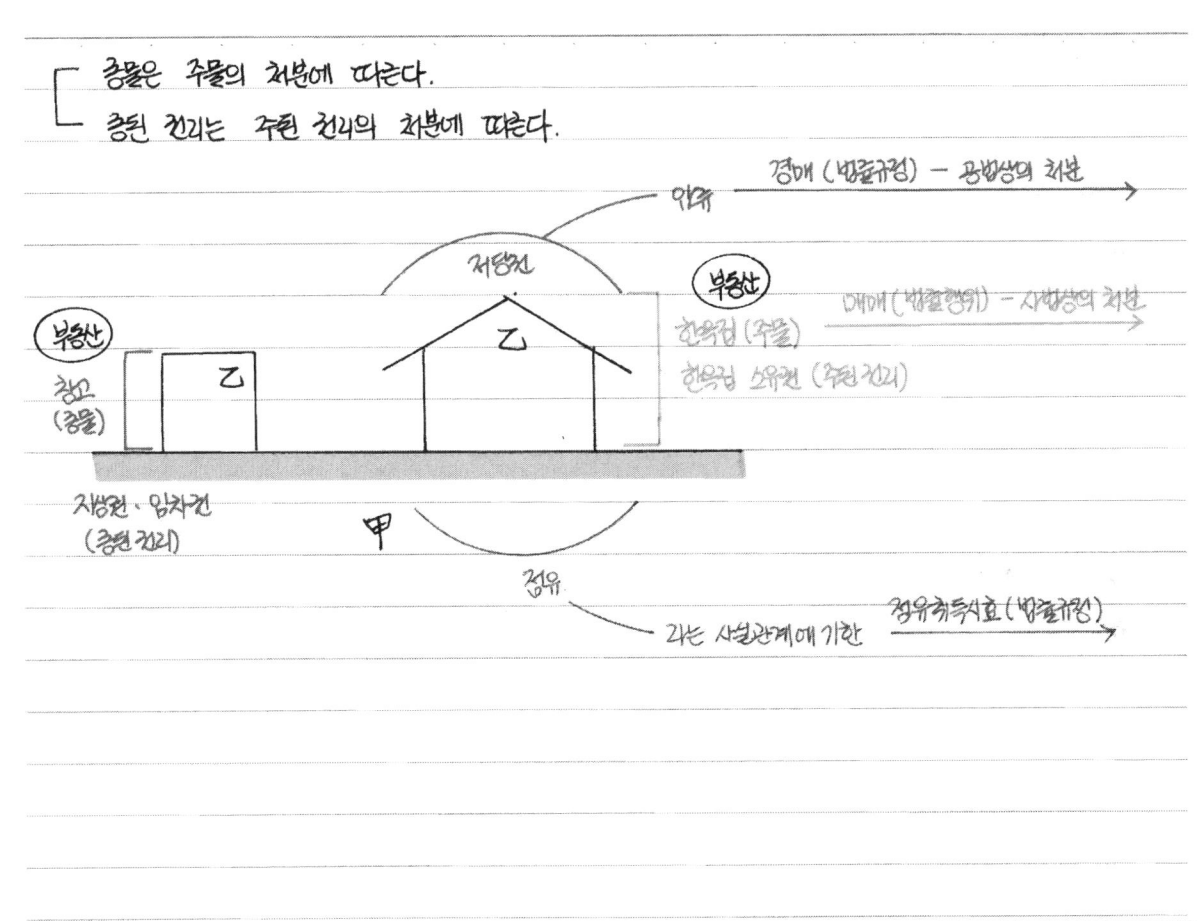

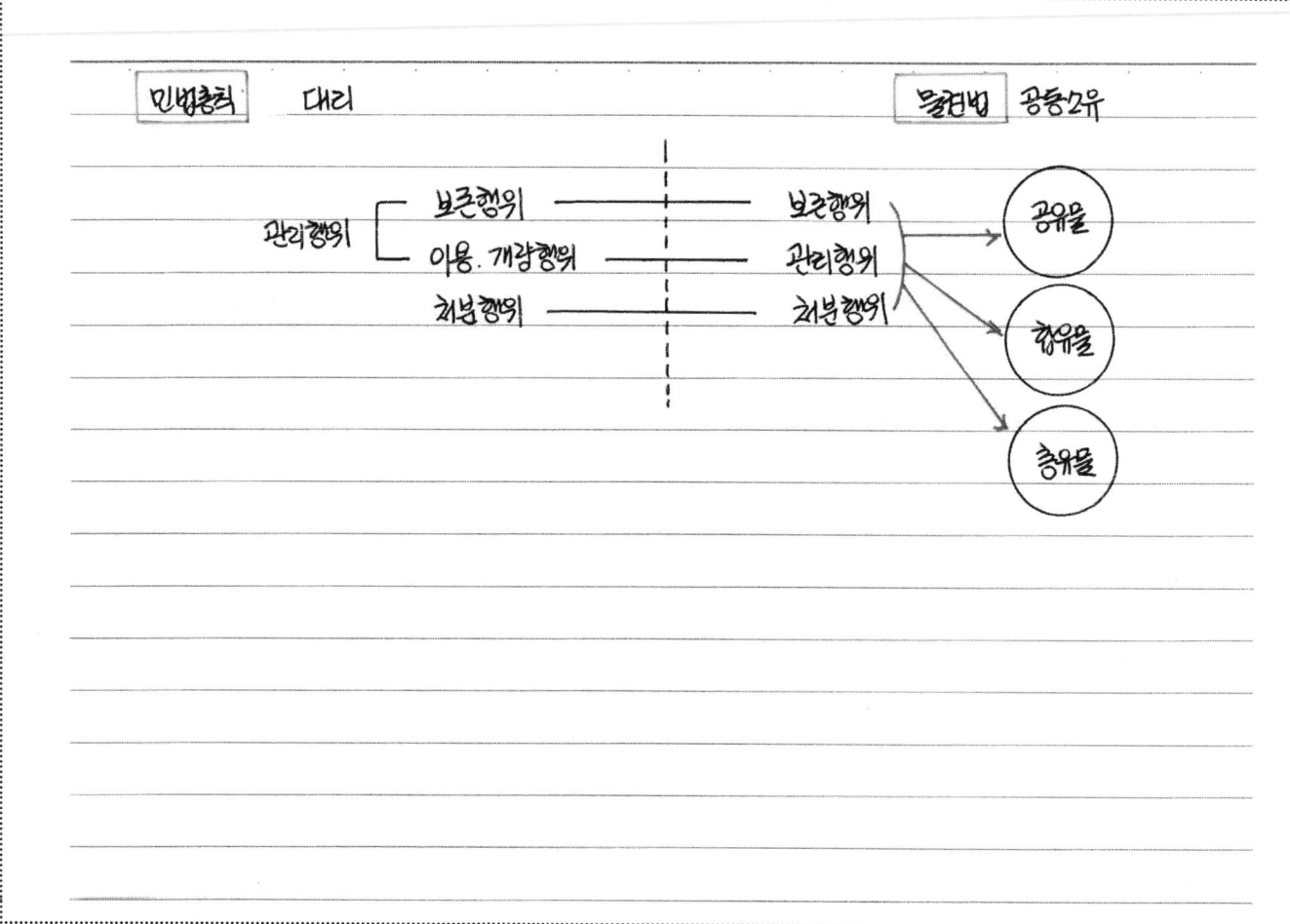

공동소유 ─┬─ 지분X = 물X ── 총유 : 권리능력 없는 사단·교회
         │
         └─ 지분O = 물O ─┬─ 합유 : 사단체
                         └─ 공유 : 합유 외

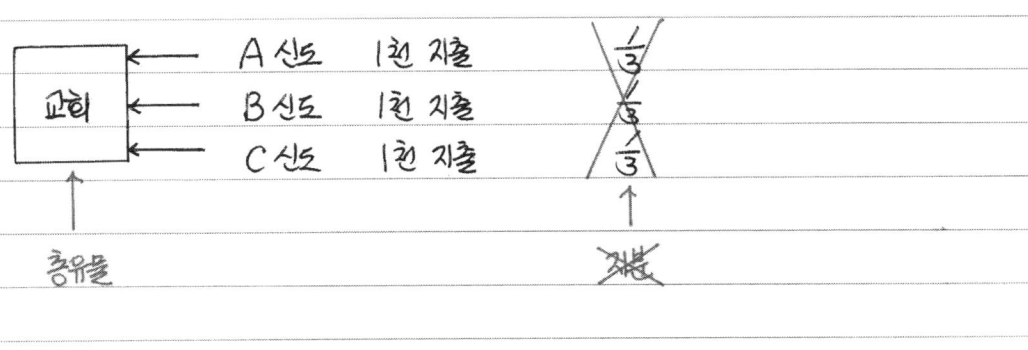

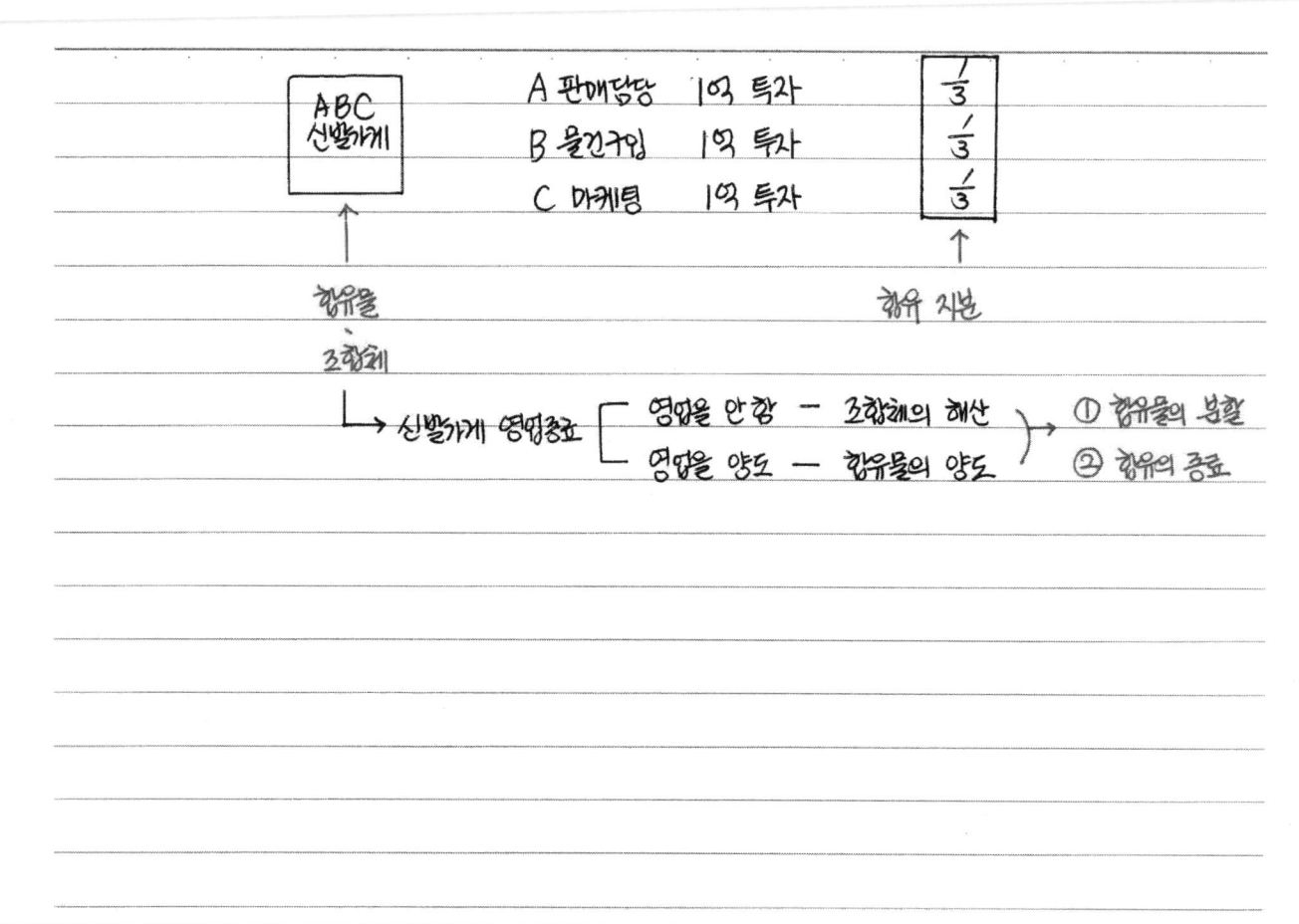

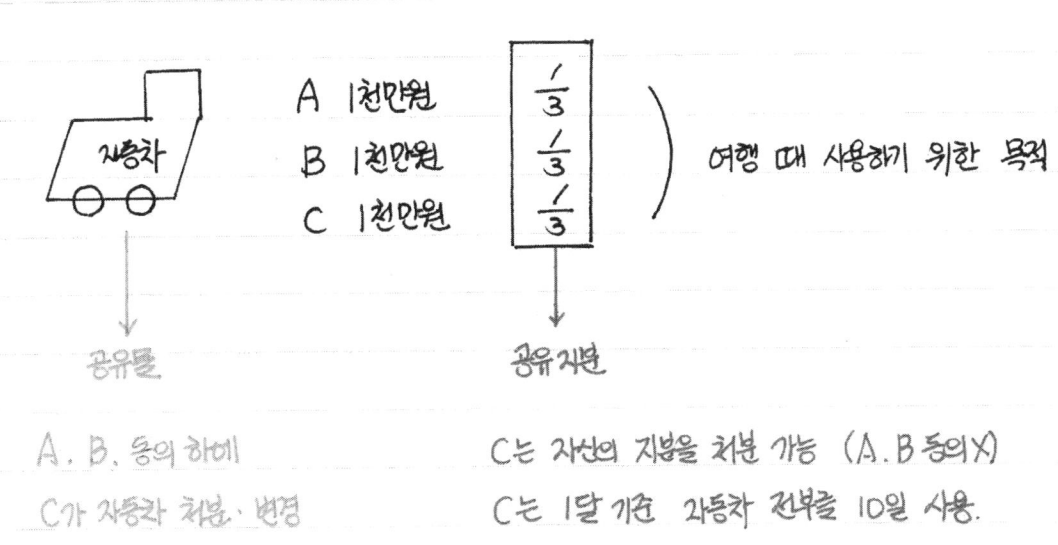

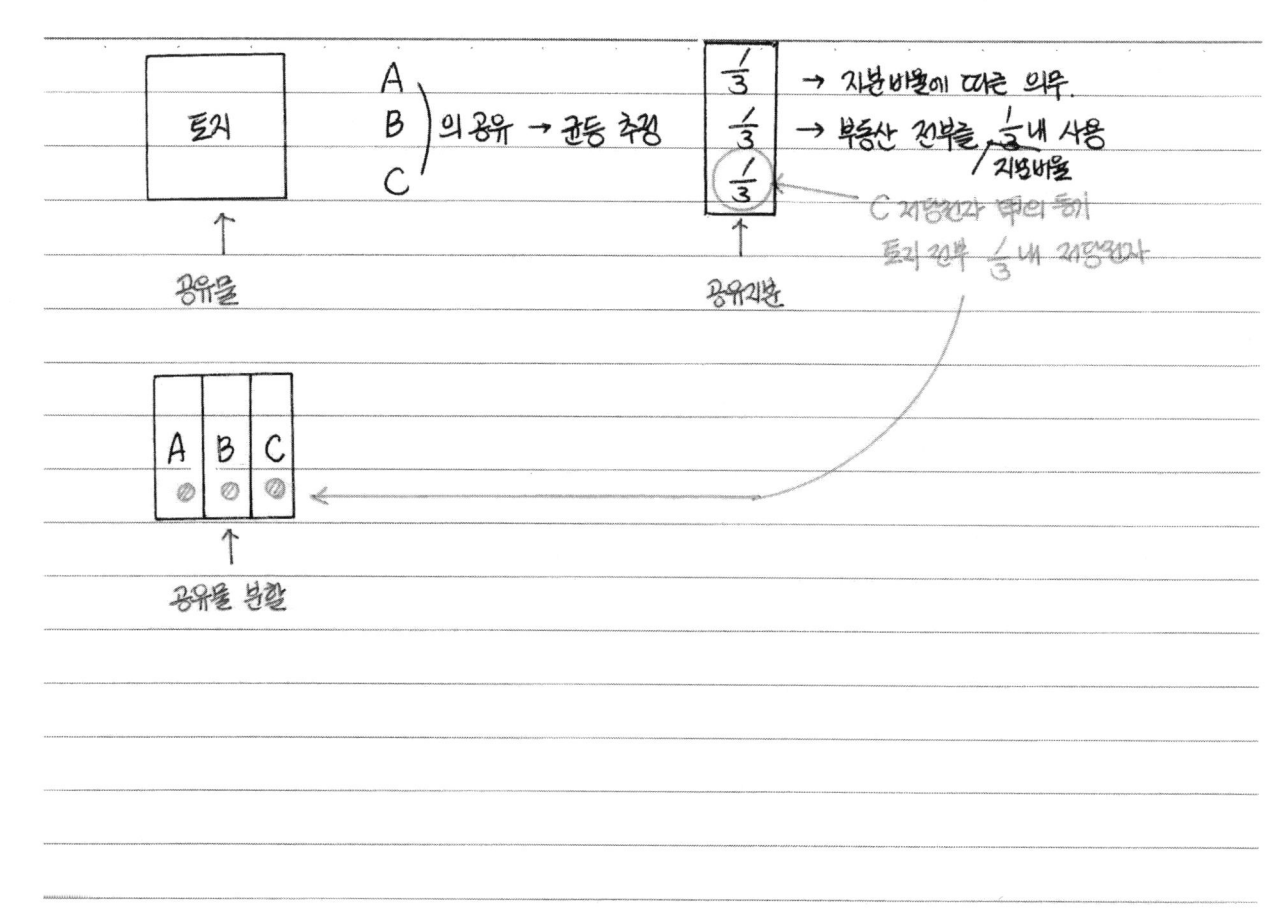

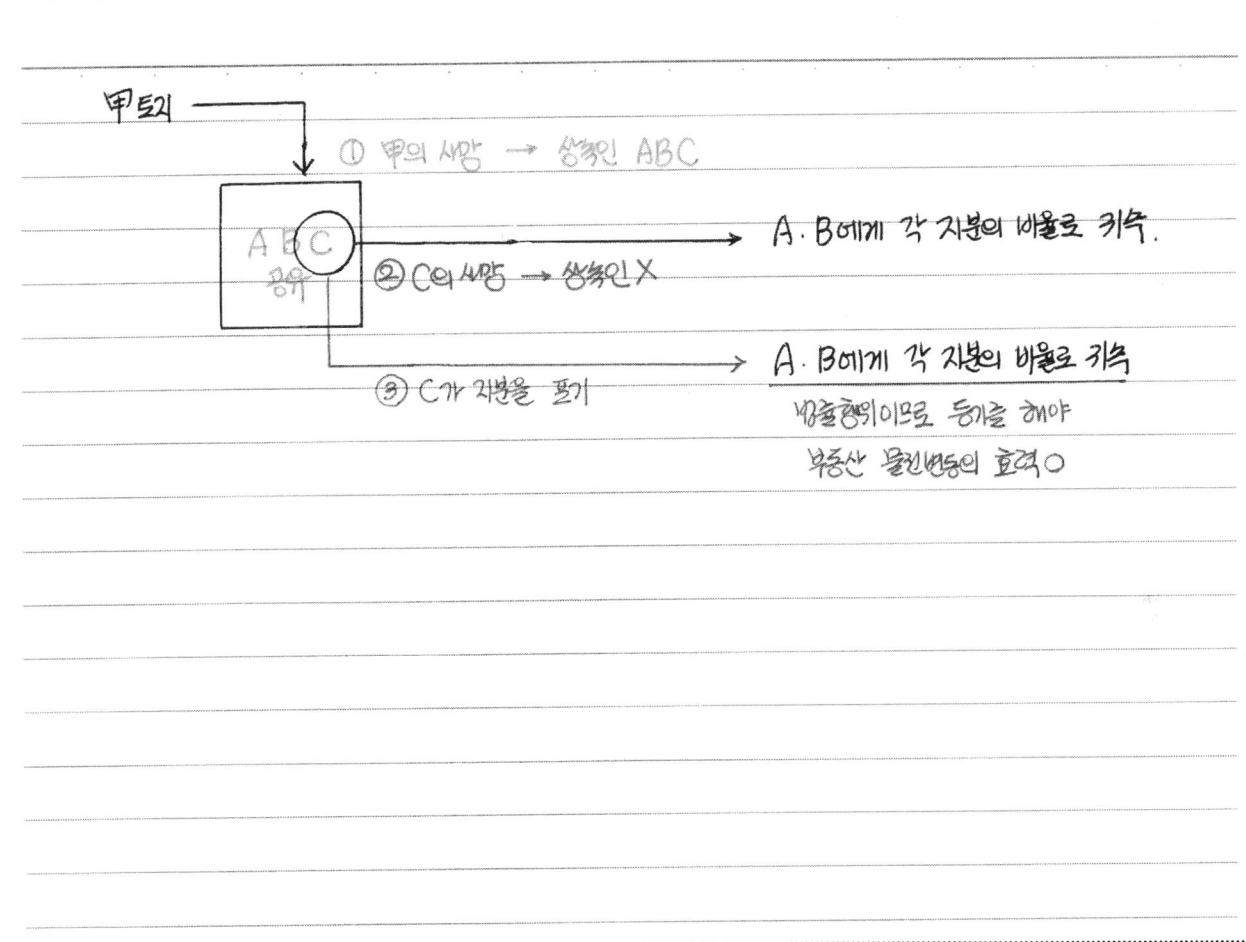

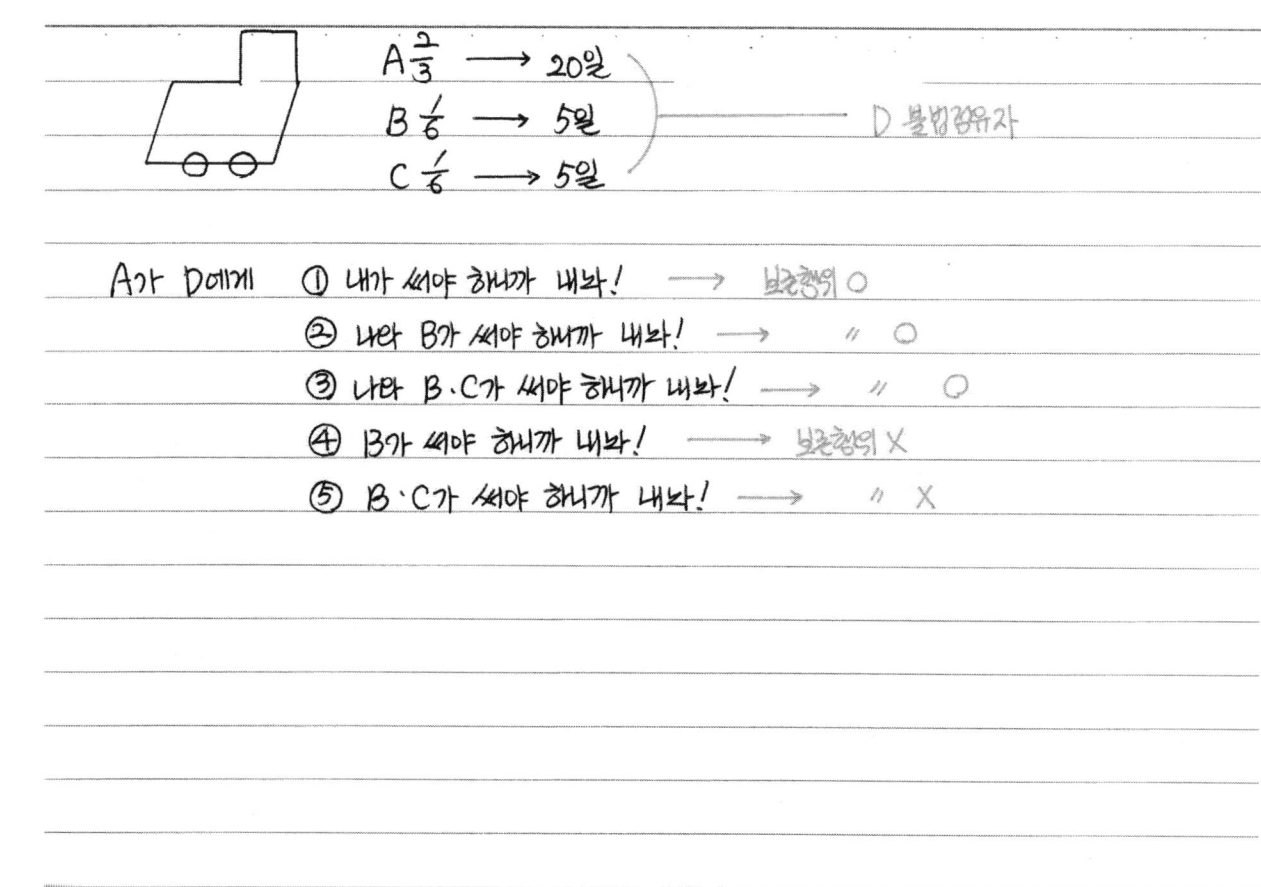

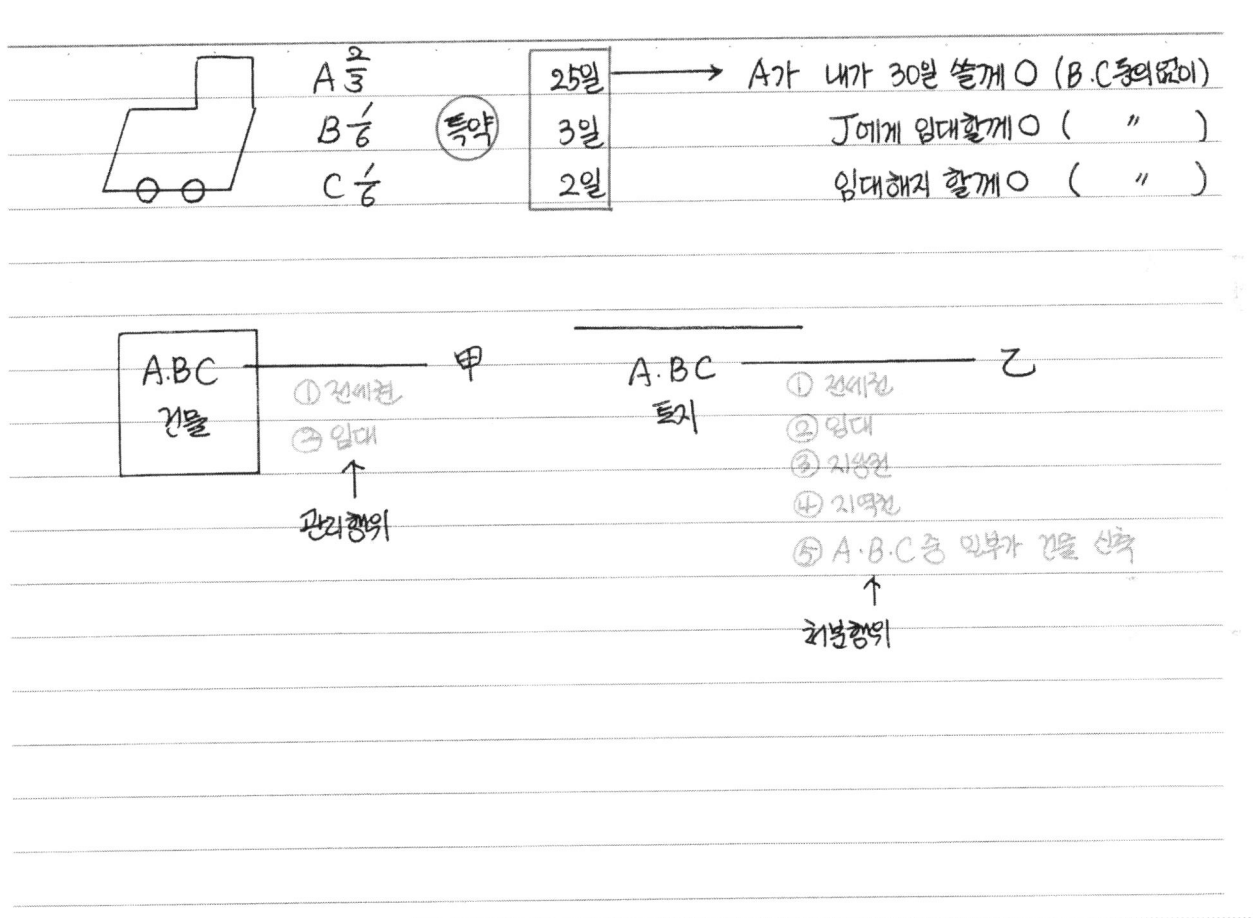

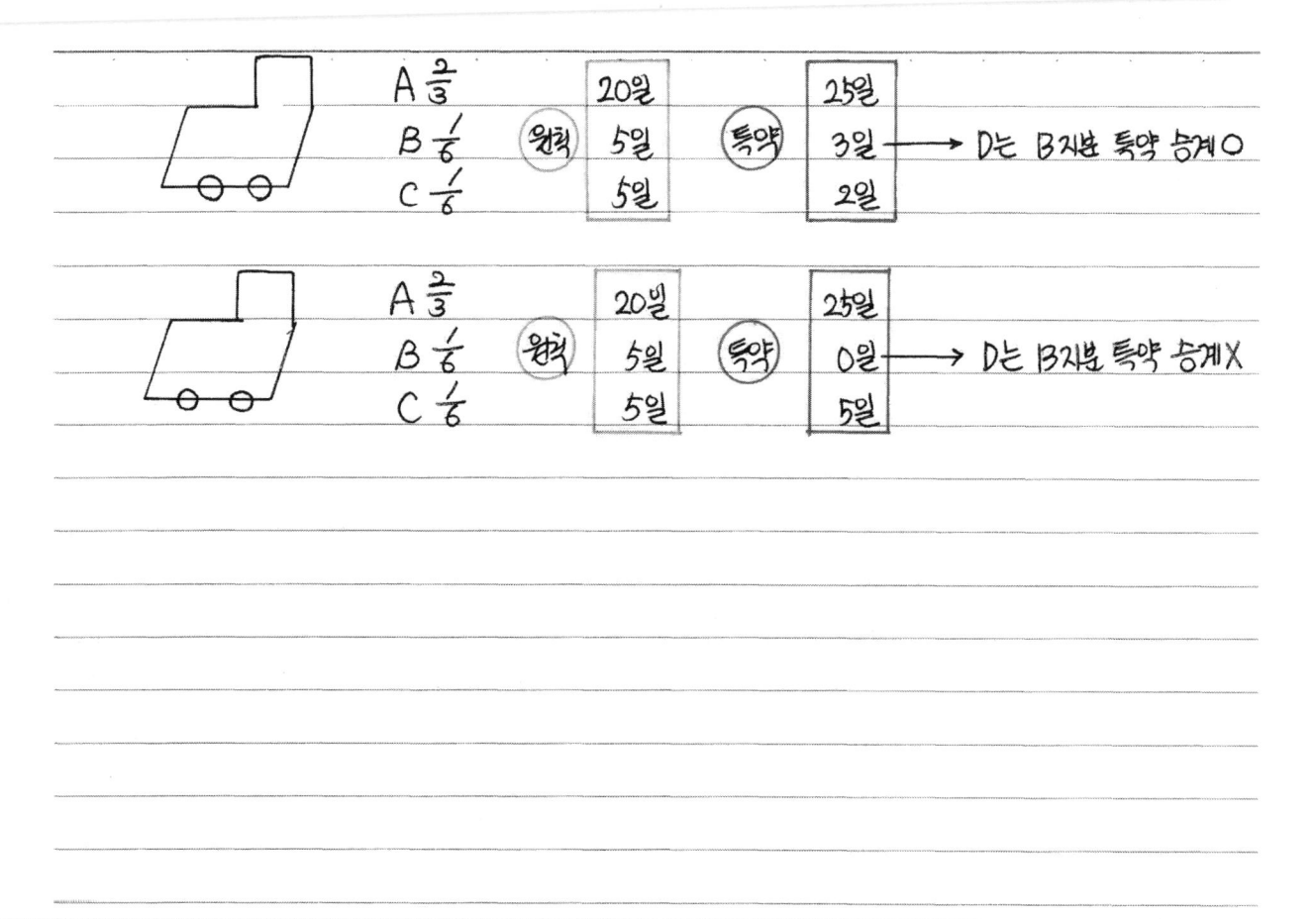

| 건물 | $A\frac{2}{3}$ → 배타적으로 사용·수익 결정
| | $B\frac{1}{6}$
| | $C\frac{1}{6}$ ⟶ ① 불법행위 손해배상청구 X (지분 O)

② 부당이득반환청구 O
    ┌ A가 사용 — A에게 청구 (지분)
    └ D에게 임대 — A에게 청구 (지분) (D에게 청구 X)

            < 보증금 X
               차임 O

③ 공유물반환청구 X, 방해배제청구 X

[건물] A ⅓ → 배타적으로 사용·수익 결정
       B ⅓
       C ⅓ ⟶ ① 불법행위 손해배상청구 O (위법 O) (지분)
              ② 부당이득반환청구 O
                 ┌ A가 사용 — A에게 청구 (지분)
                 └ D에게 임대 — A에게 청구, D에게 청구 (지분)
                                < 보증금 X
                                  차임 O
              ③ 공유물반환청구 X, 방해배제청구 O

| 토지 | A $\frac{2}{3}$ → 일방적으로 D에게 처분 후 이전등기 → A지분등기 유효
| | B $\frac{1}{6}$ ⎫
| | C $\frac{1}{6}$ ⎬ → B,C지분등기 무효

B가 D에게 ① 내 등기 $\frac{1}{6}$ 말소청구! ⟶ 보존행위 ○
           ② 내 등기 $\frac{1}{6}$ + C등기 $\frac{1}{6}$ 말소청구! ⟶ 보존행위 ○
           ③ C 등기 $\frac{1}{6}$ 말소청구! ⟶ 보존행위 X

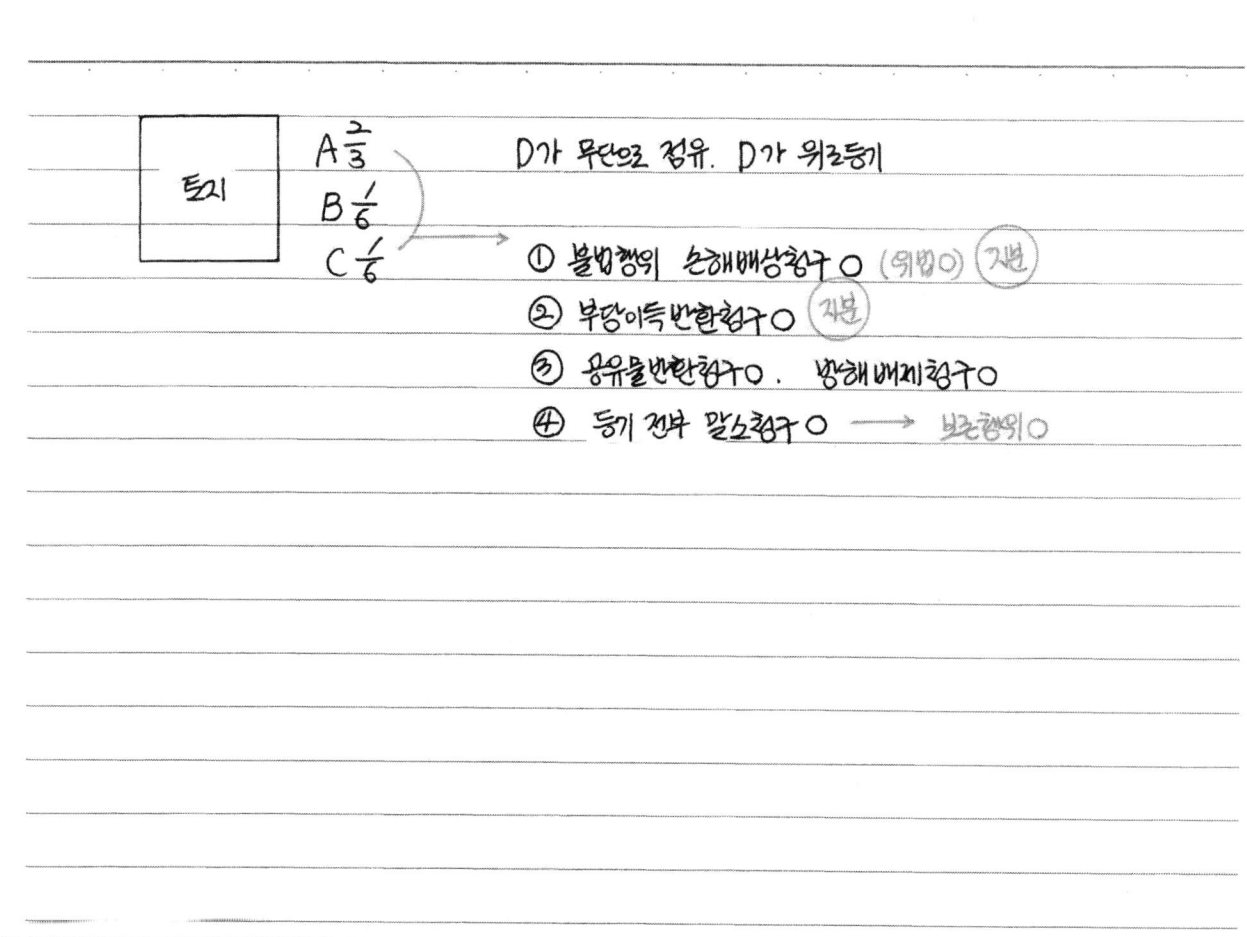

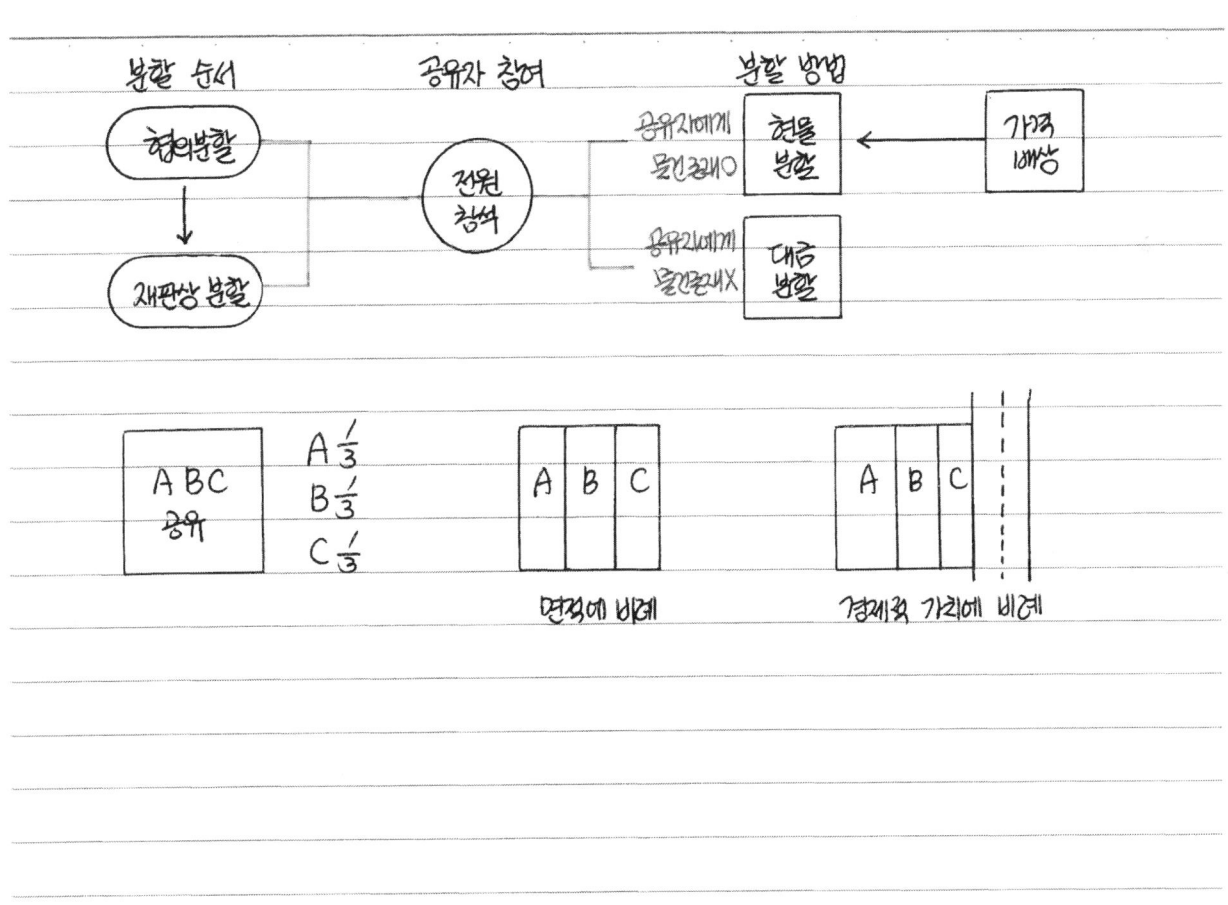

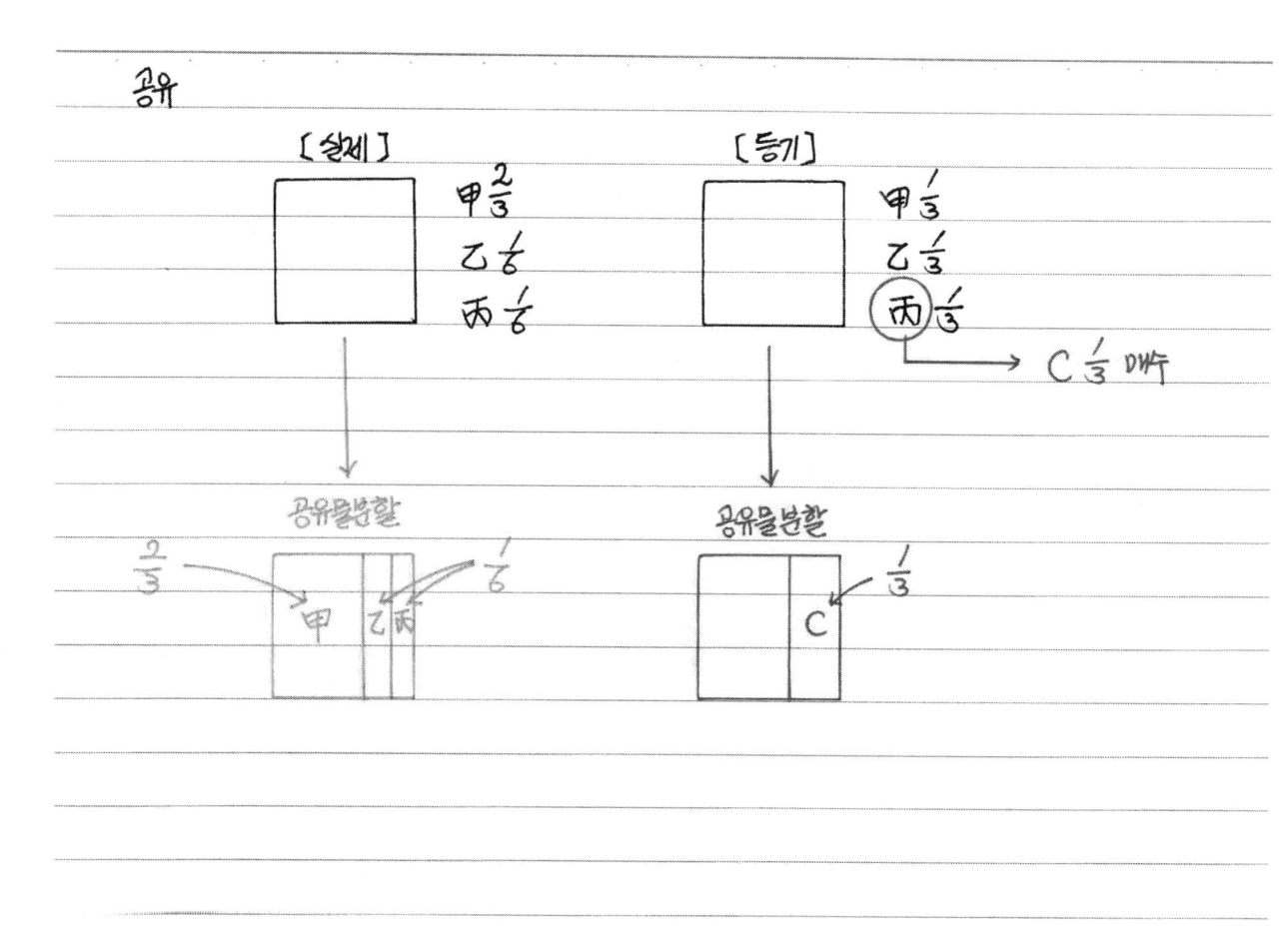

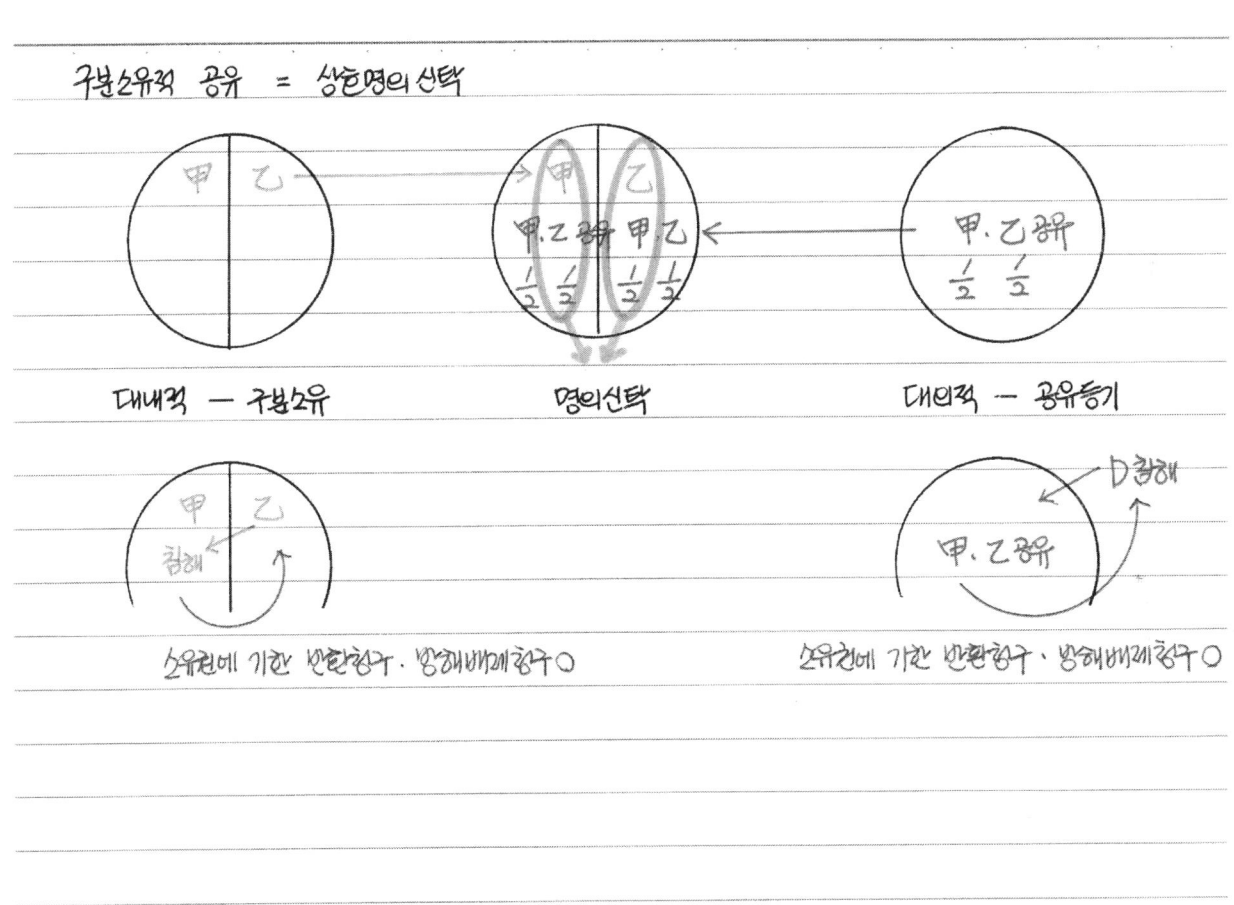

양자간 명의신탁

甲 ——————————————— 乙
신탁자　　　　　　　　　　　수탁자
~~소유권자~~　→　소유권자
~~지상권자~~　→　지상권자
~~전세권자~~　→　전세권자

3자간 명의신탁
(= 중간생략형 명의신탁)

A ——————— 甲 ——————— 乙
　　　　　　　신탁자　　　　(수탁자)
소유권자　매매계약　~~소유권자~~　→　소유권자
　　　　　지상권계약　~~지상권자~~　→　지상권자
　　　　　전세권계약　~~전세권자~~　→　전세권자

계약 명의신탁

A ——————— 乙 ——————— 甲
└→ 선의·악의　(수탁자)　　　신탁자

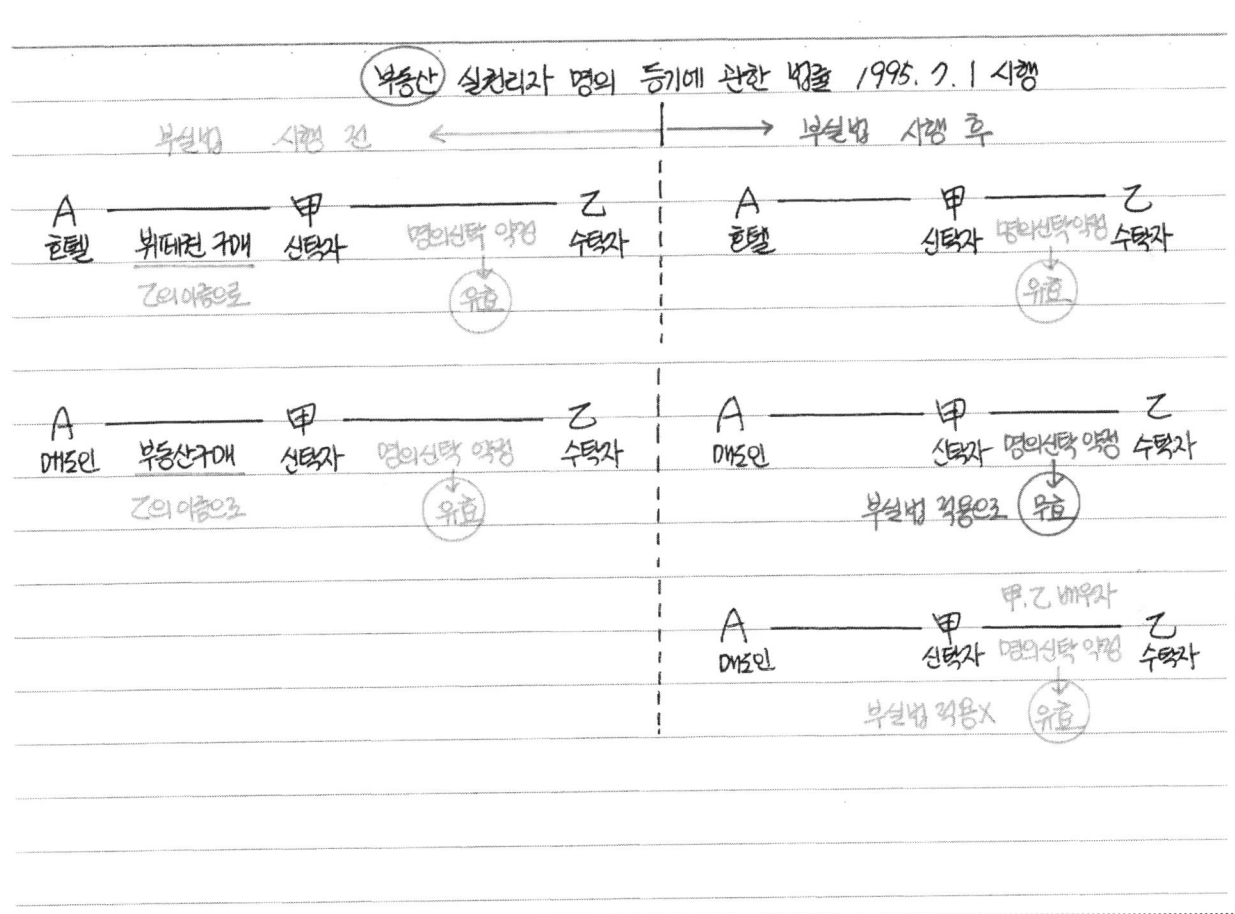

→ 부실법 시행 후

甲 ――― 명의신탁 약정 ――― 乙
신탁자   2000. 4. 20   수탁자

어떤 경우 든
부실법 적용 X
→ 명의신탁 유효

⎡ 탈.탈.피 O - 부실법 적용 O → 명의신탁 무효
⎣ 탈.탈.피 X - 부실법 적용 X → 명의신탁 유효

항상
부실법 적용 O
→ 명의신탁 무효

① 가등기담보. 양도담보
② 구분소유적 공유
③ 신탁법상 신탁

① 종교단체 명의신탁 - 乙 산하조직
② 배우자 명의신탁
③ 종중 명의신탁

① 가등기 명의신탁
② 사실혼 배우자 명의신탁
③ 친구간 명의신탁

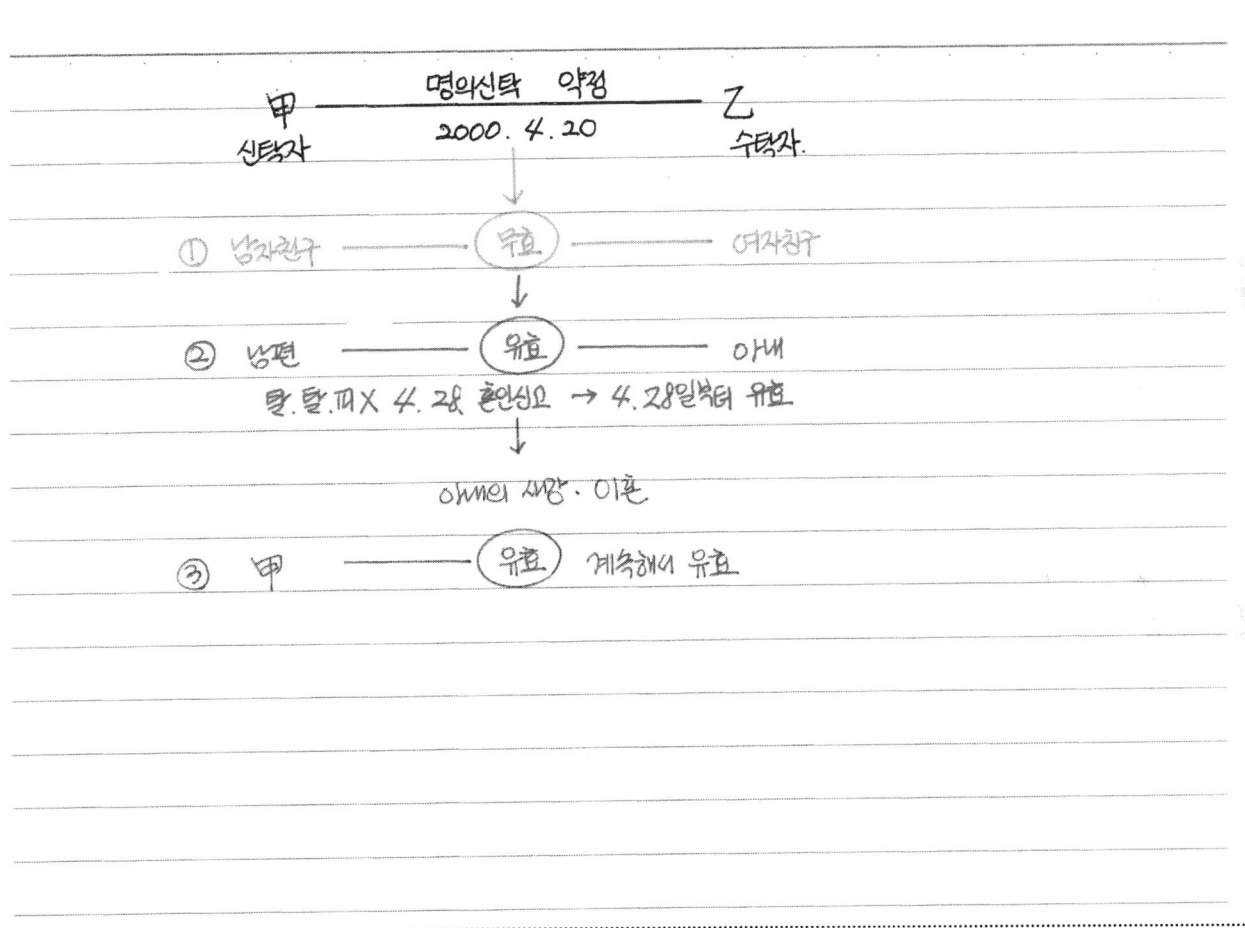

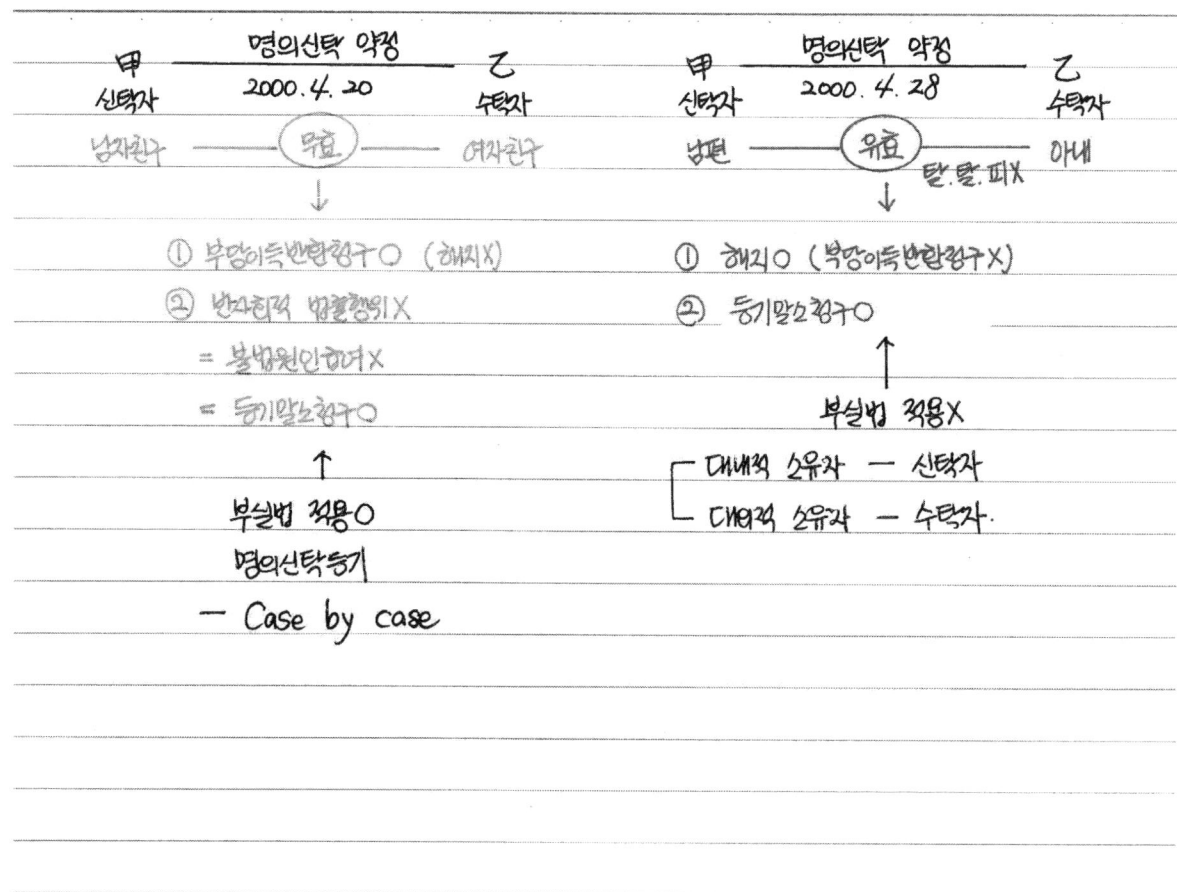

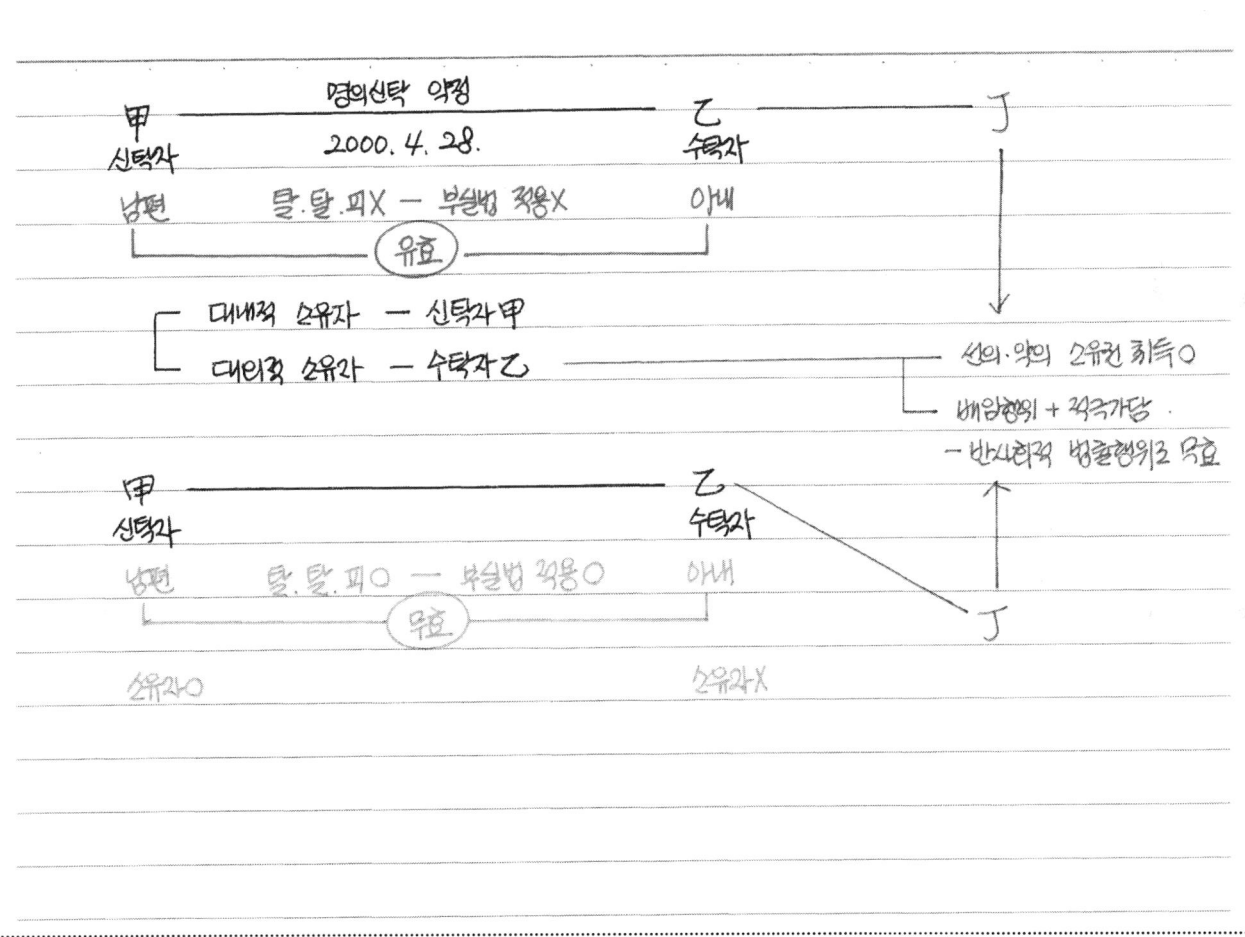

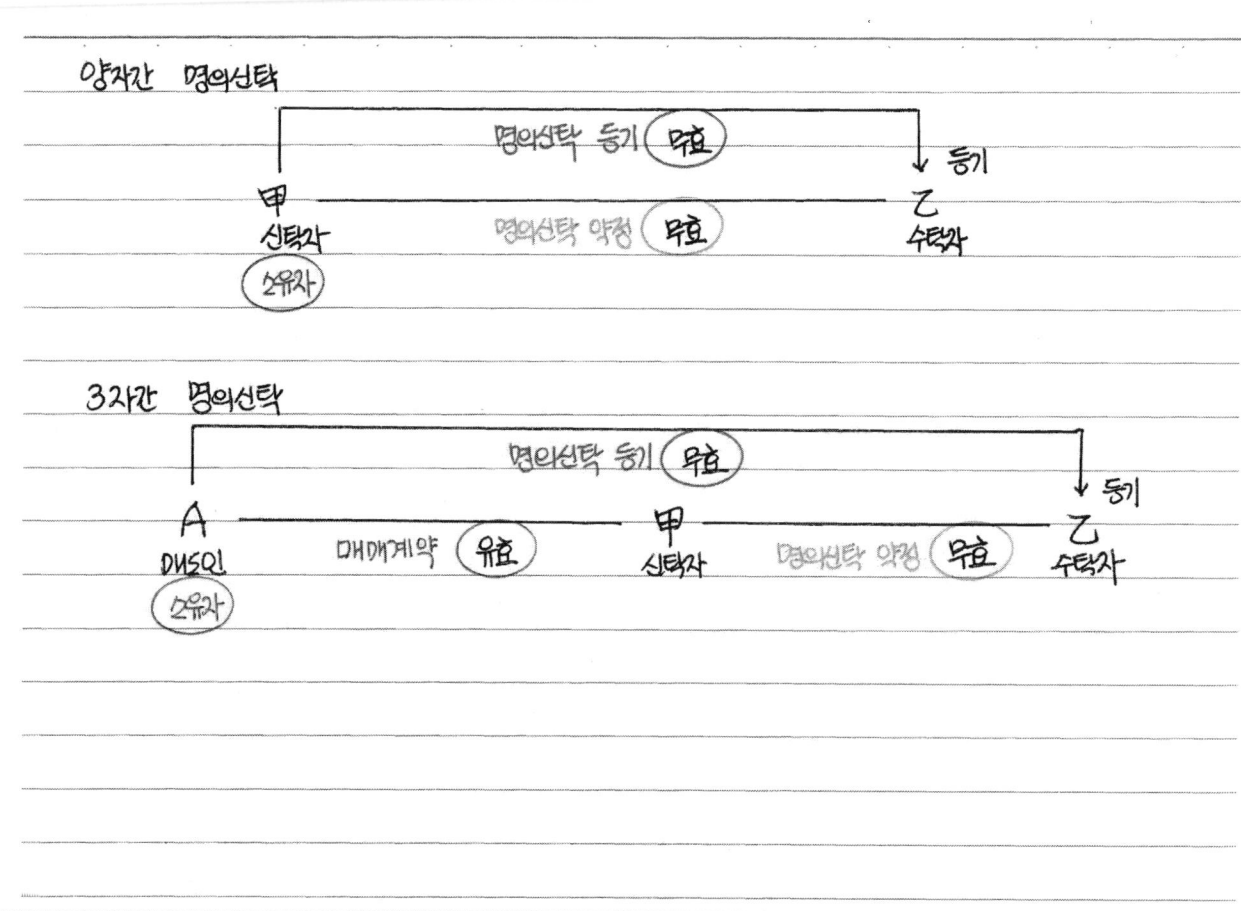

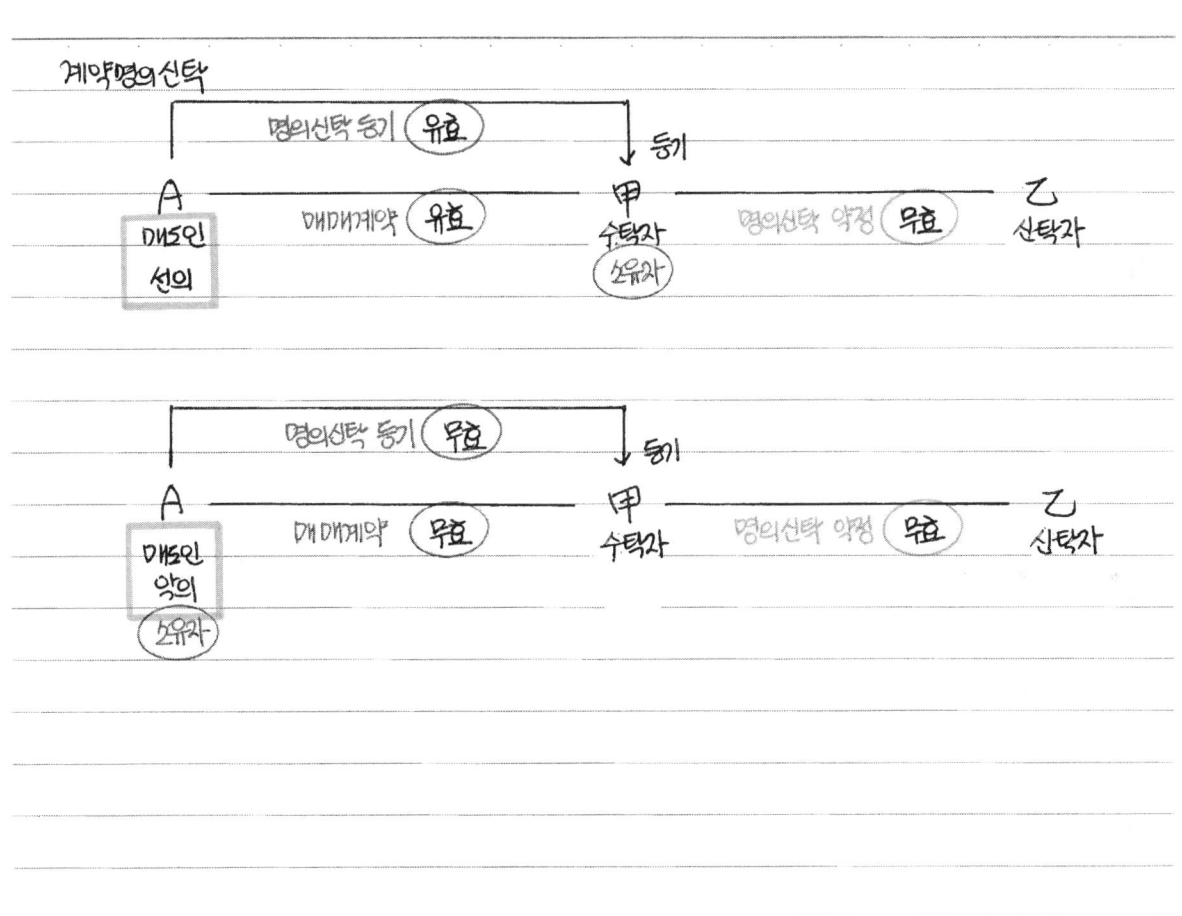

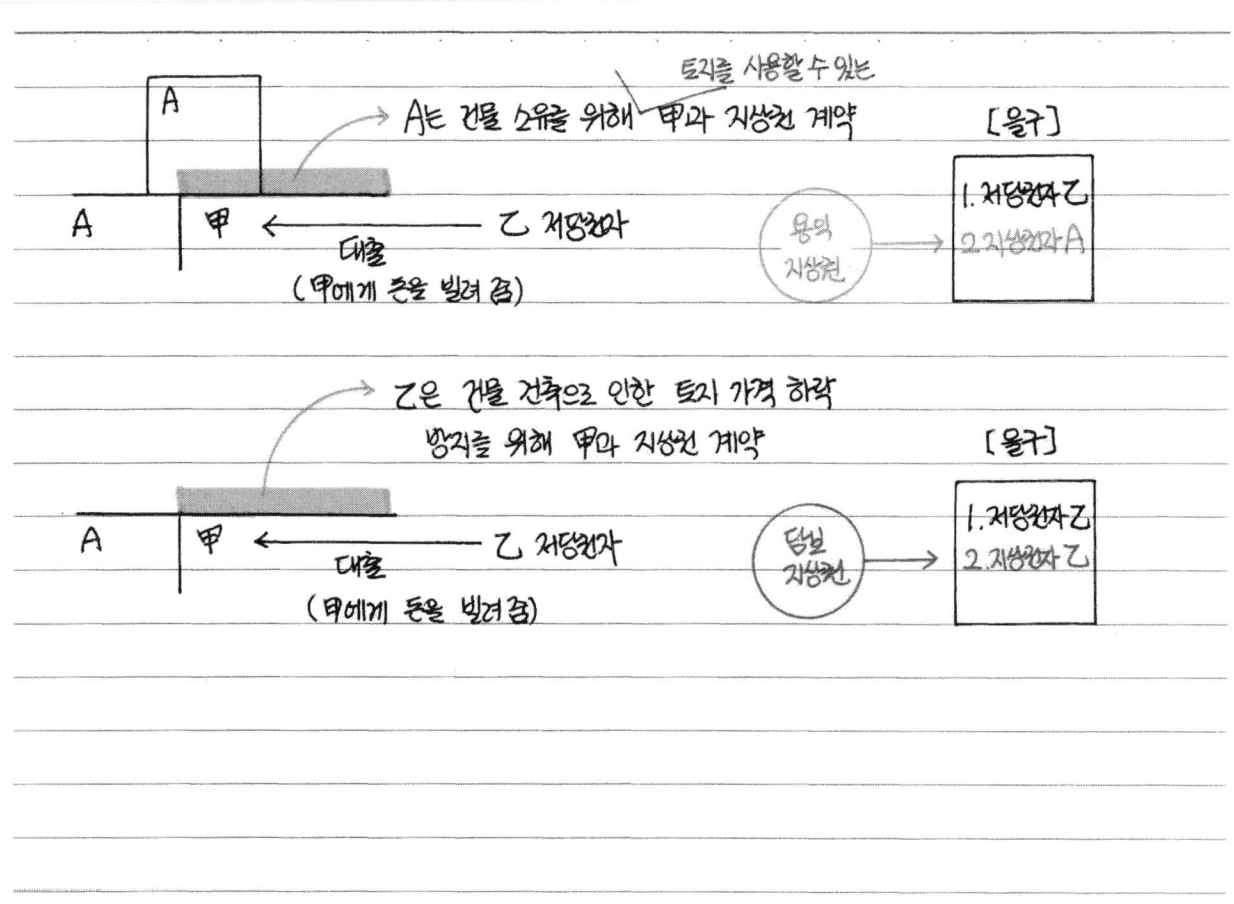

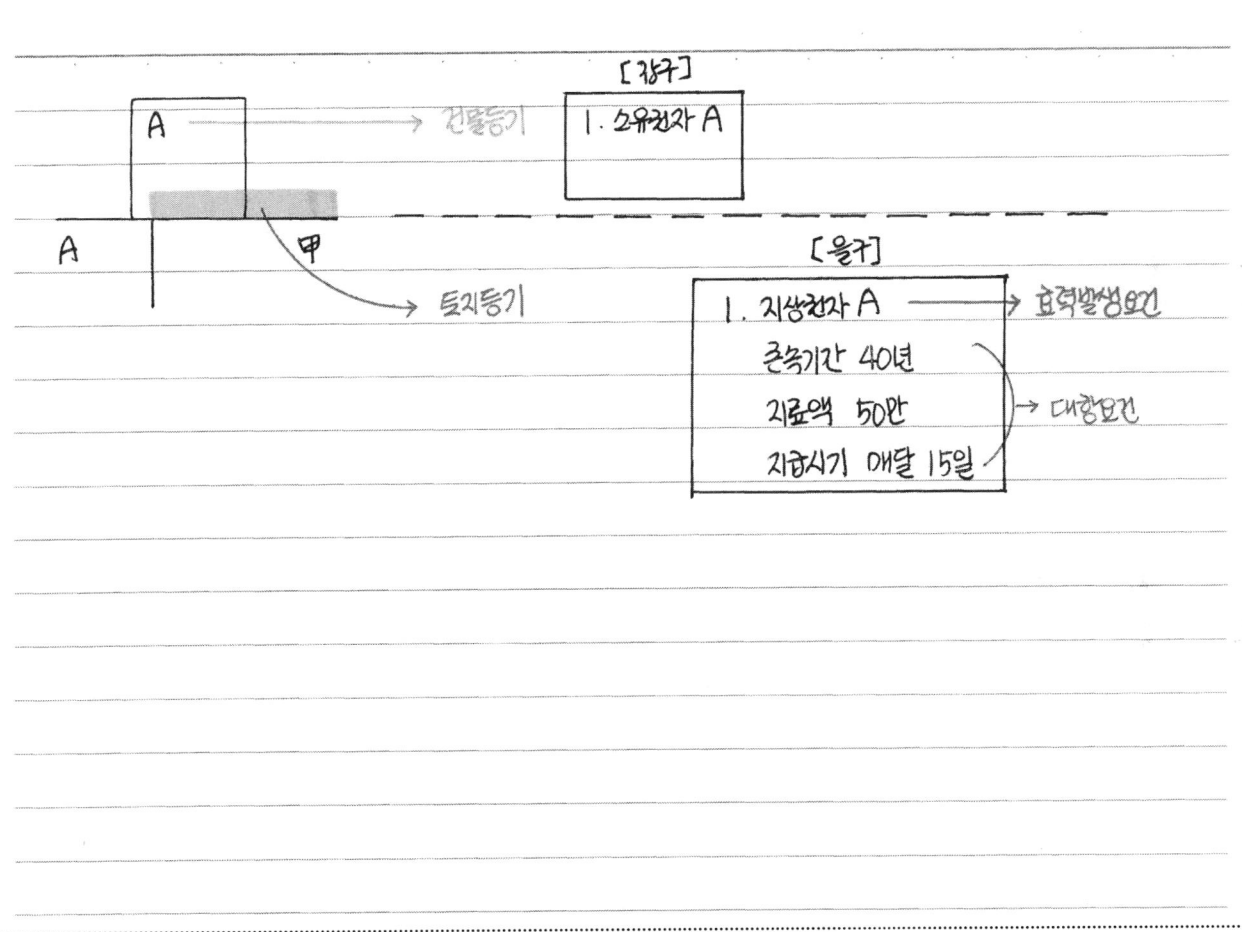

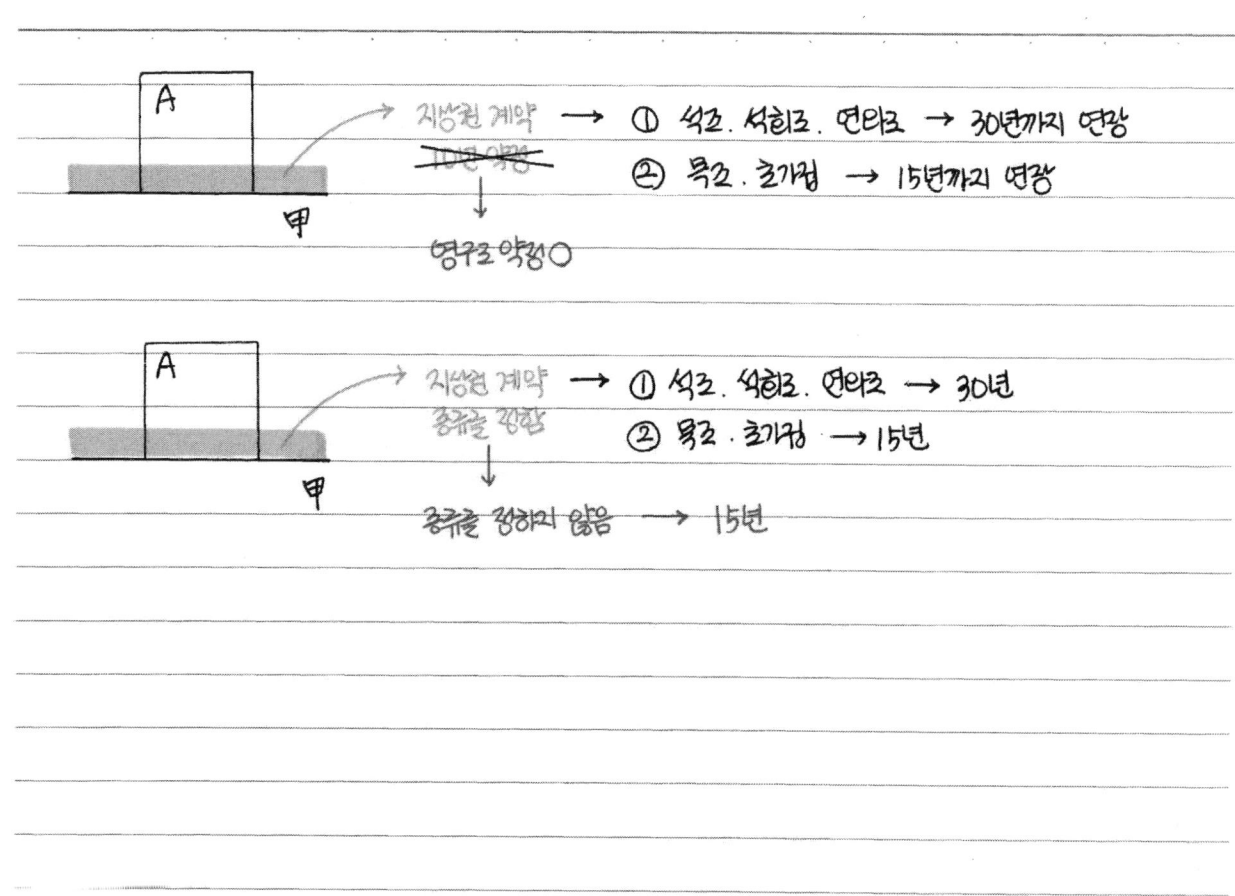

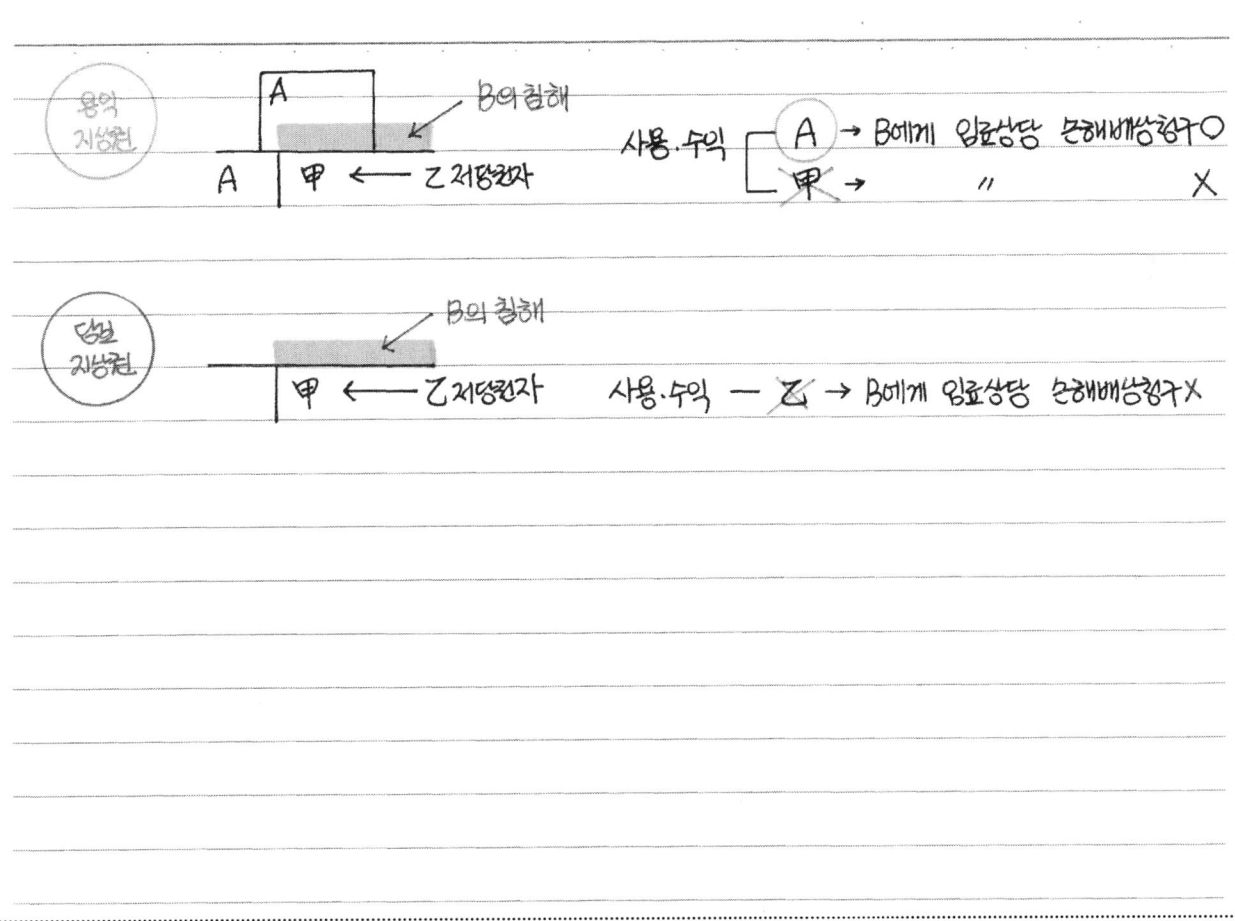

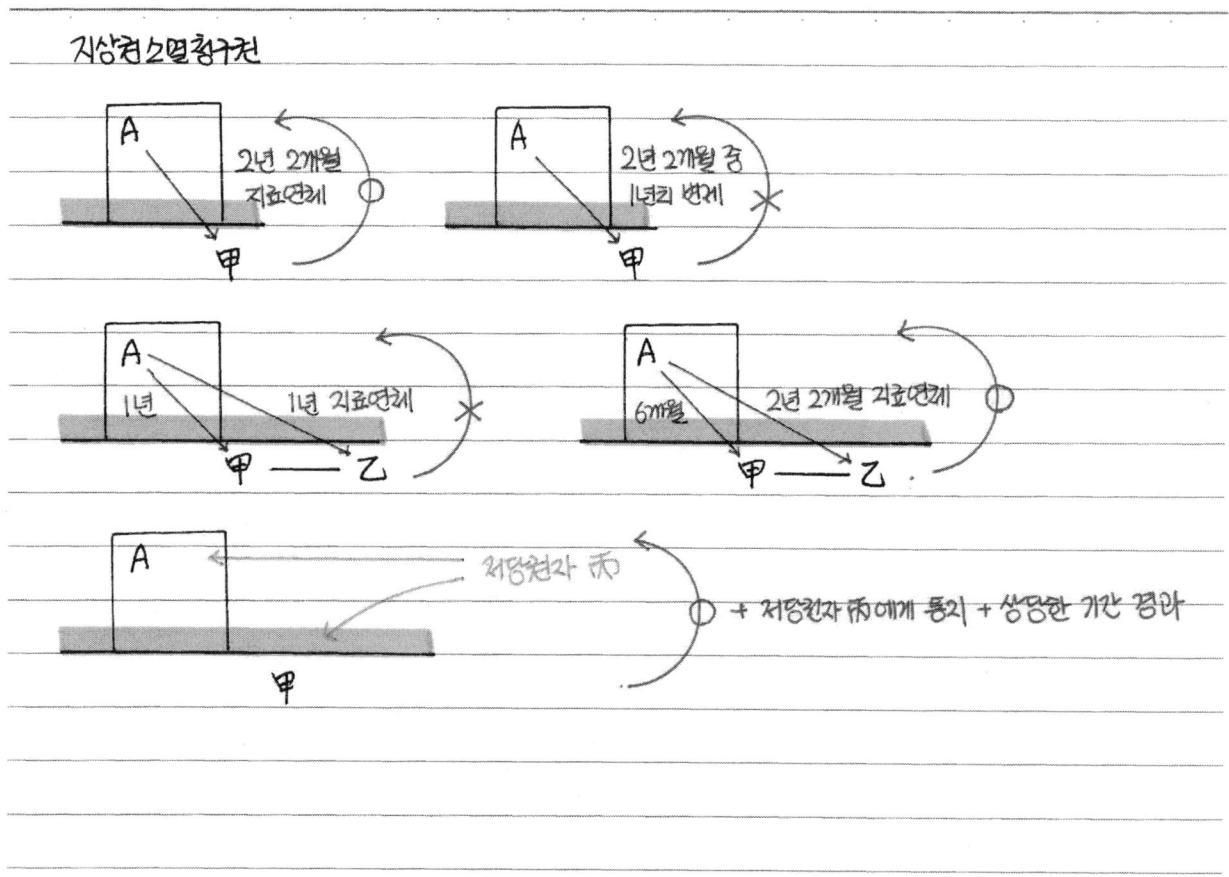

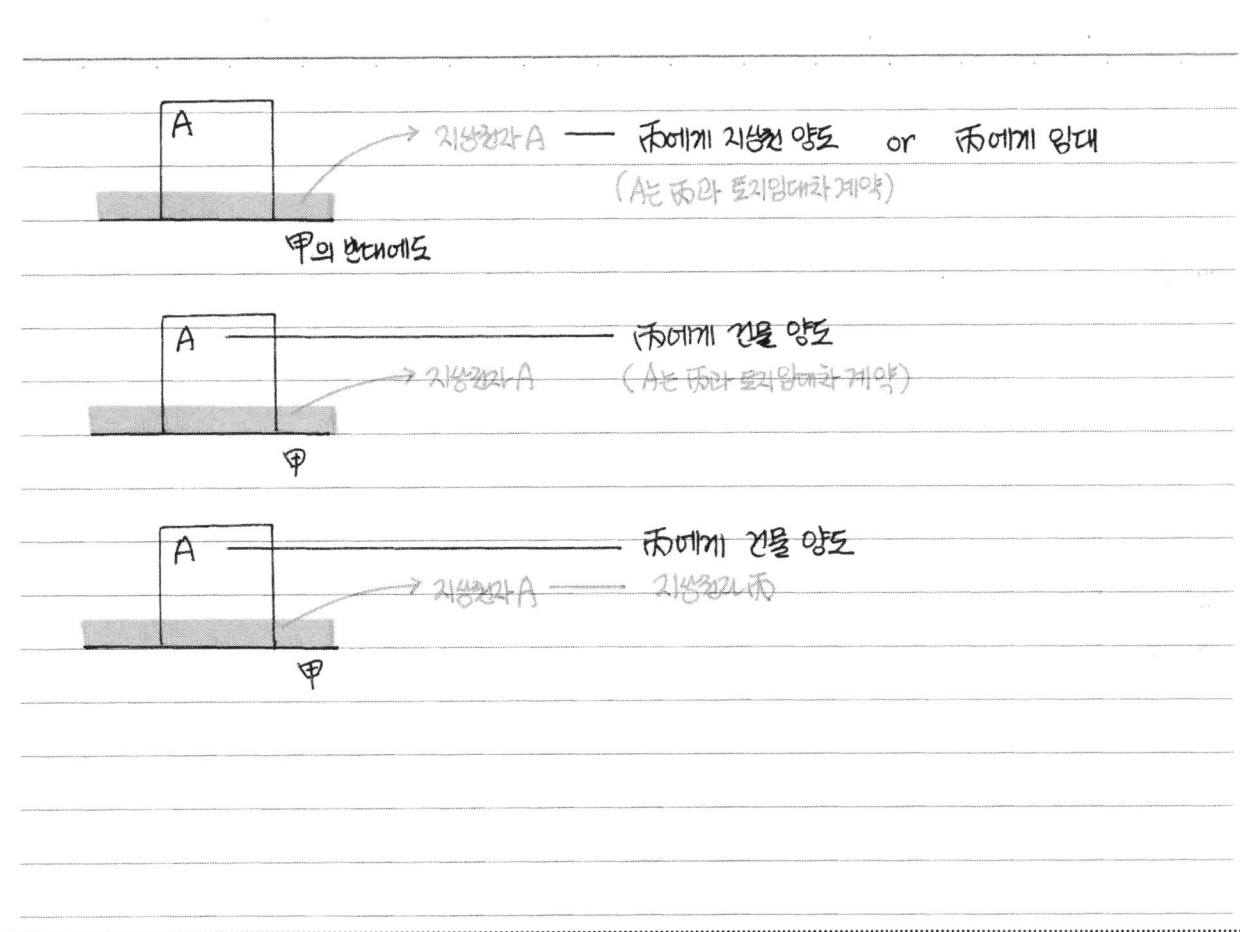

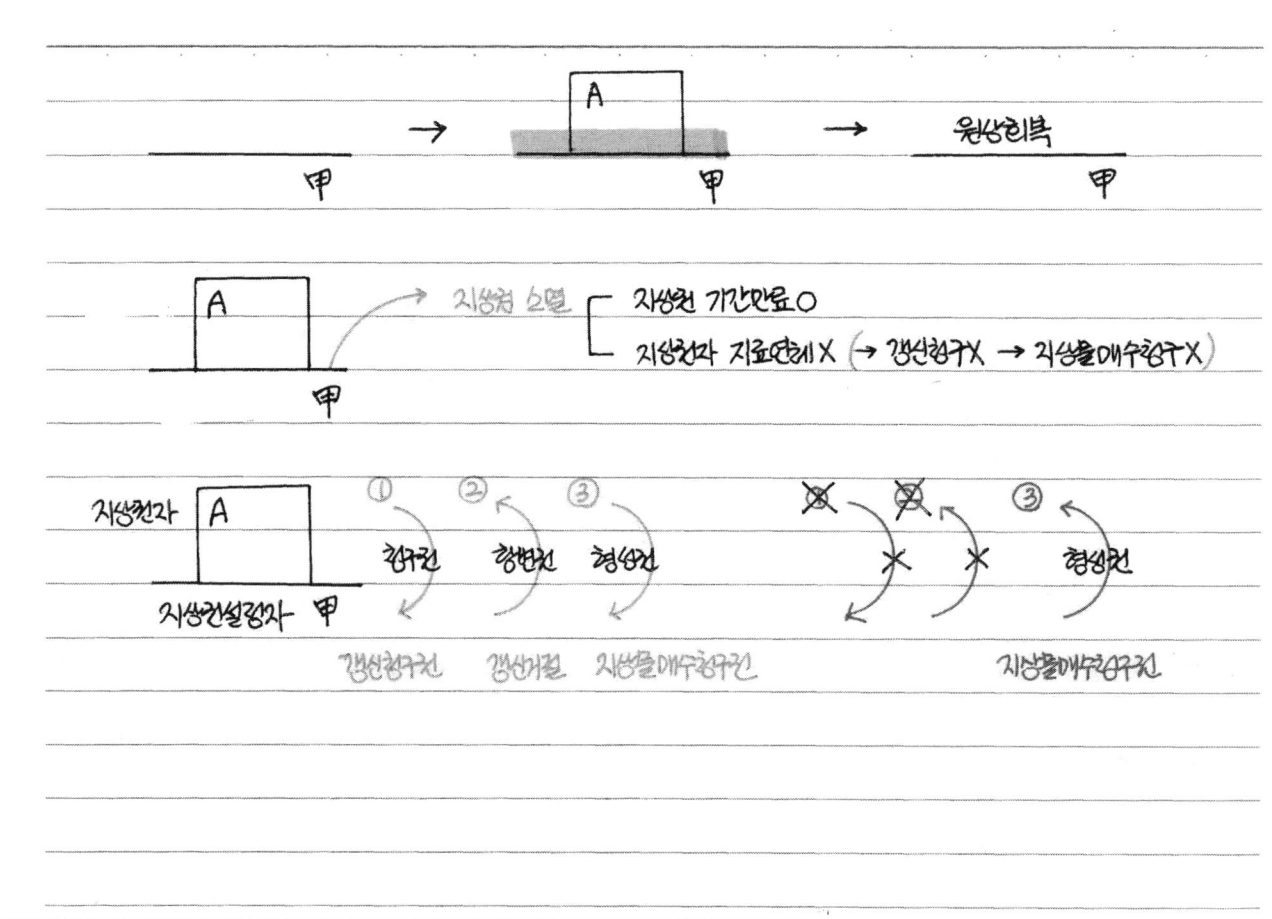

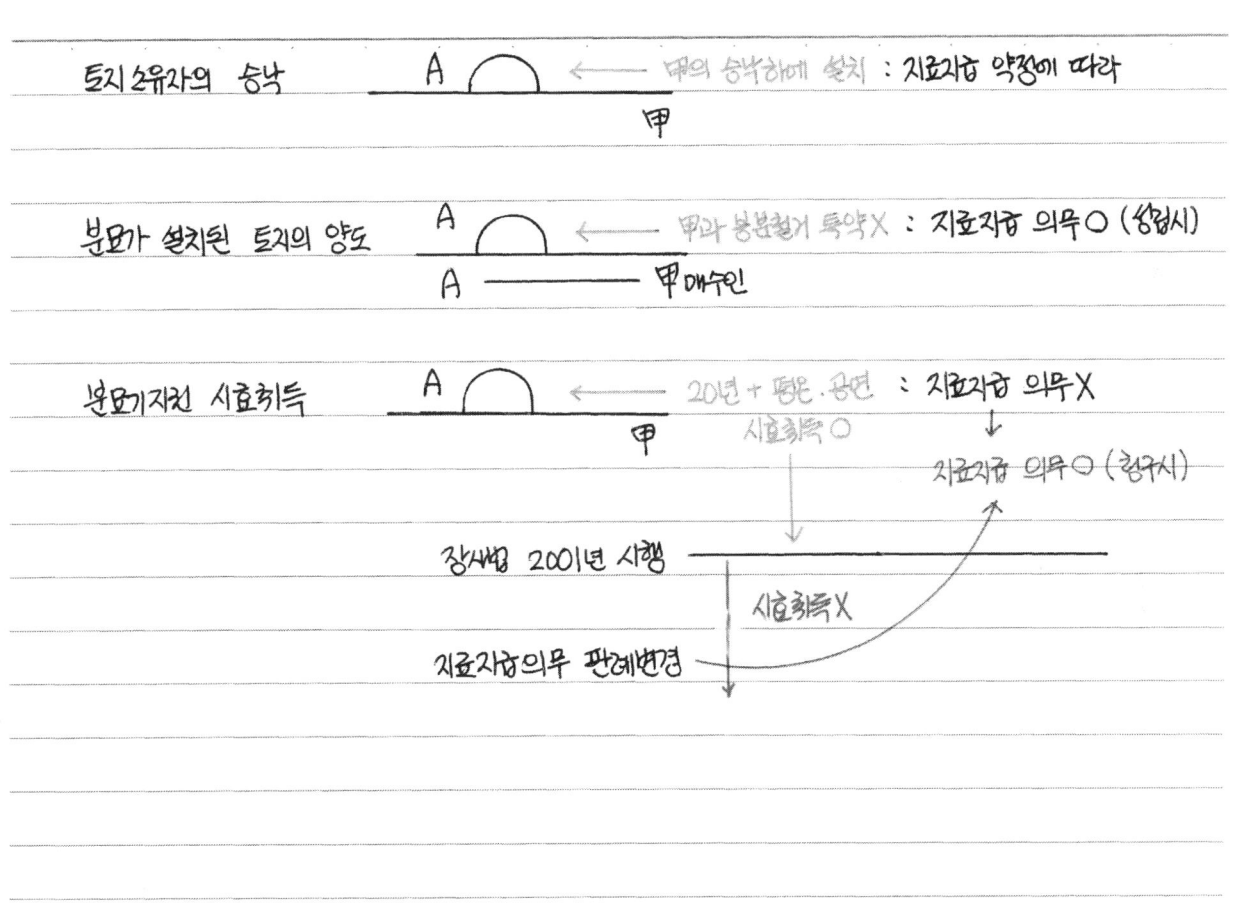

규정 — 저당물의 경매로 토지와 지상건물이 다른 소유자에게 속함 — 건물 소유자에게 법정지상권

요건 ┌ 저당권설정당시 — 토지 위에 건물이 존재
     └ 저당권설정당시 — 토지와 건물이 동일인 소유

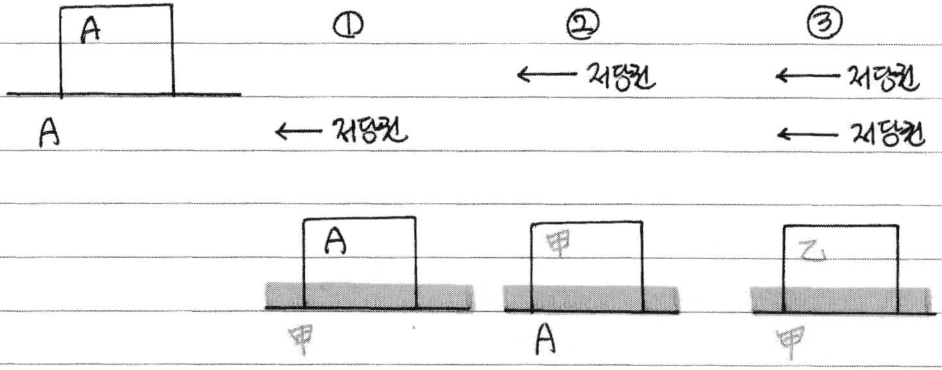

① ← 저당권

② ← 저당권
   ← 저당권

③ ← 저당권
   ← 저당권

甲 / A   A / 甲   乙 / 甲

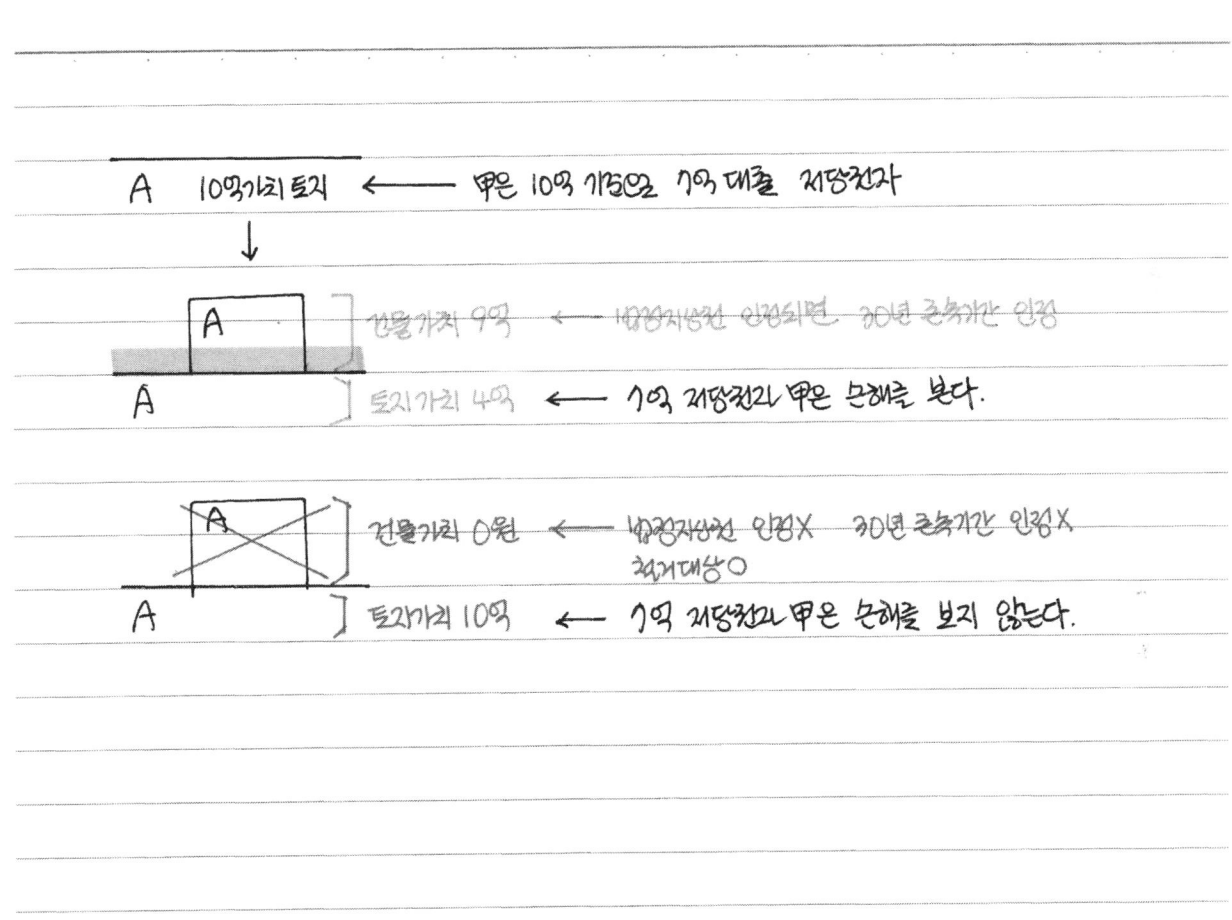

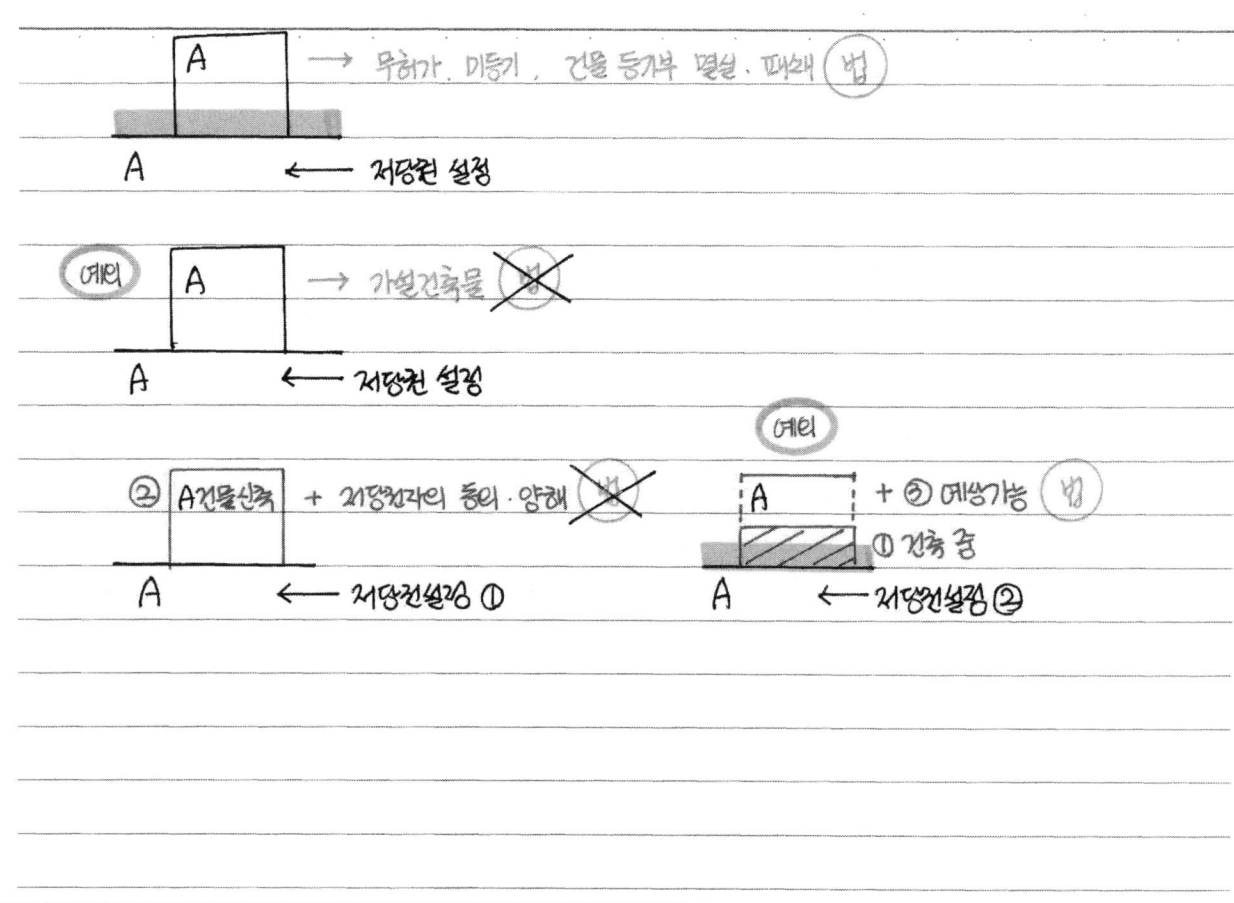

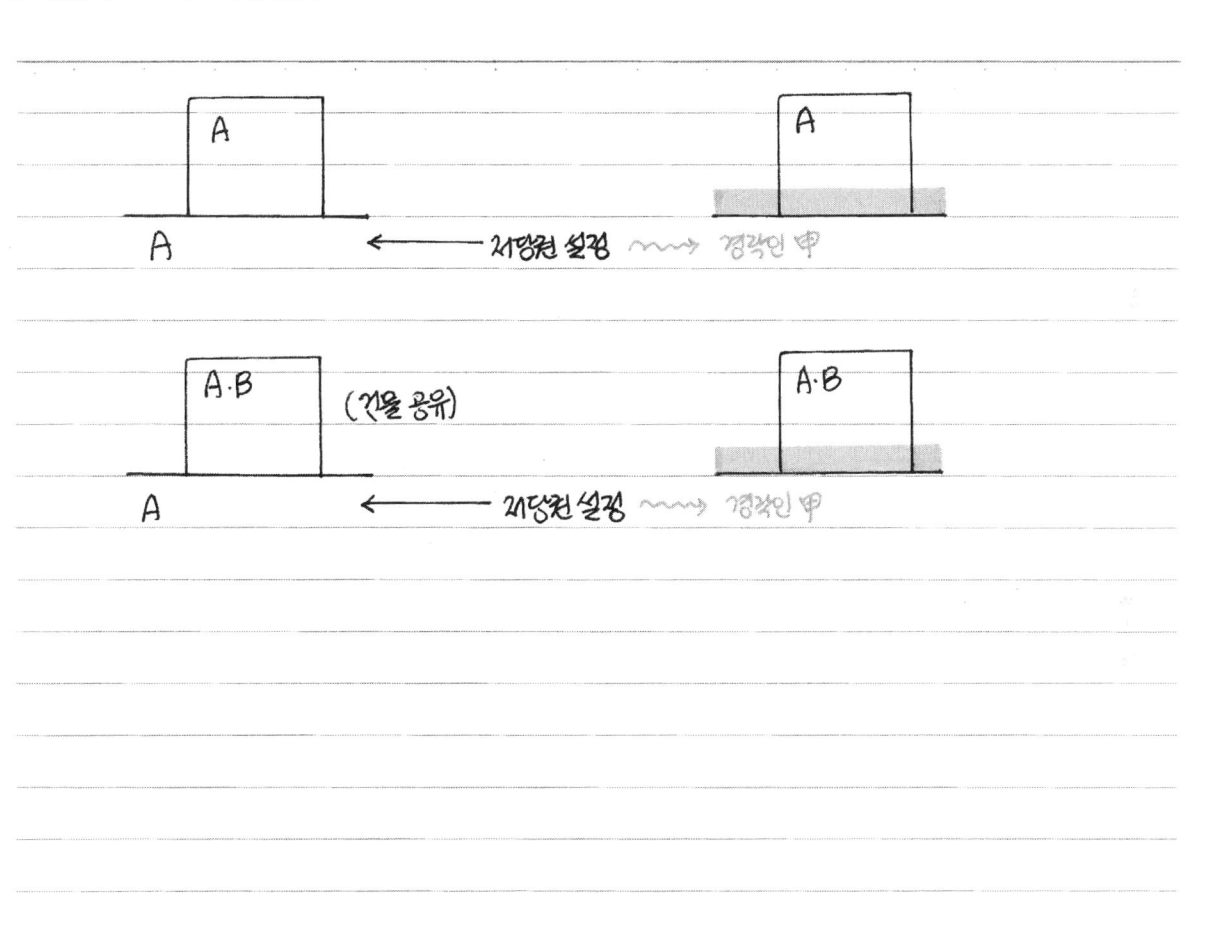

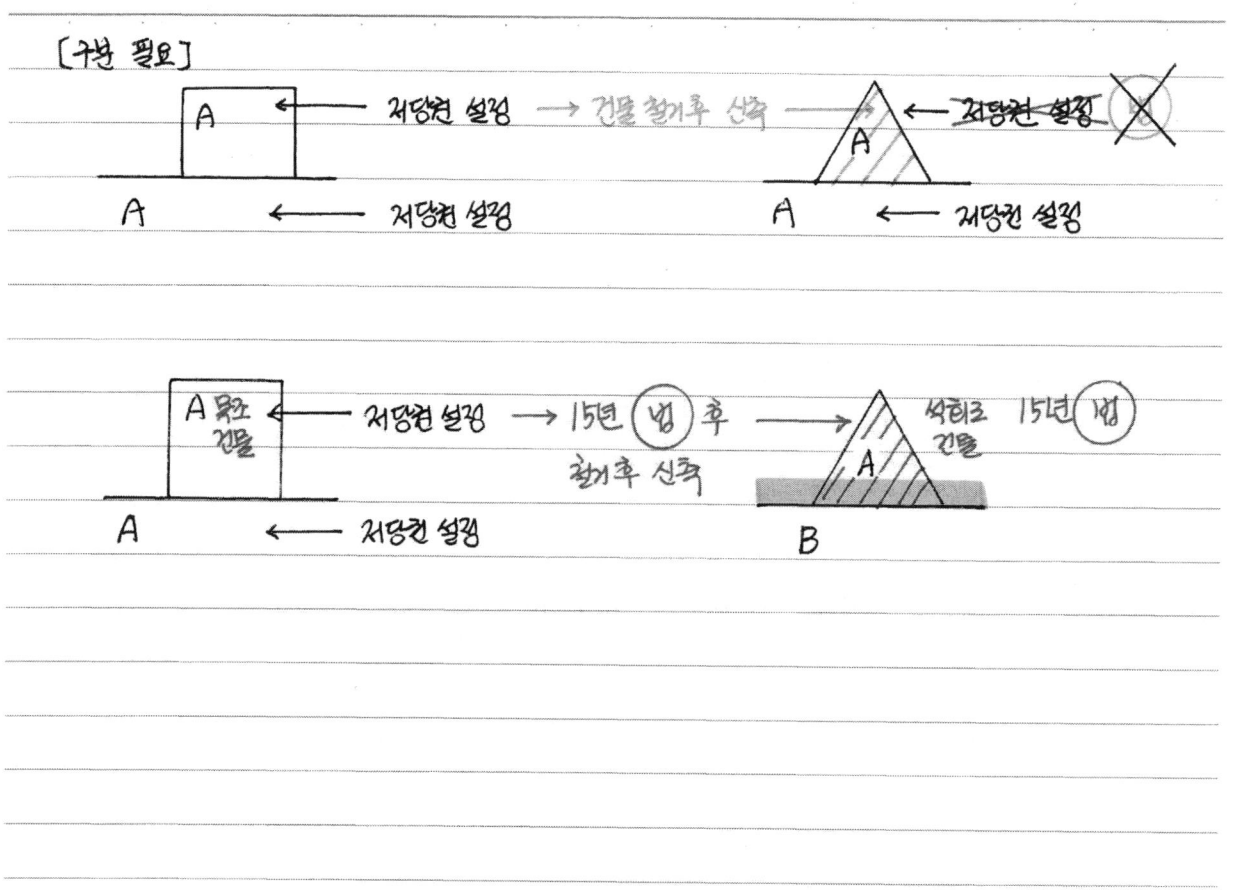

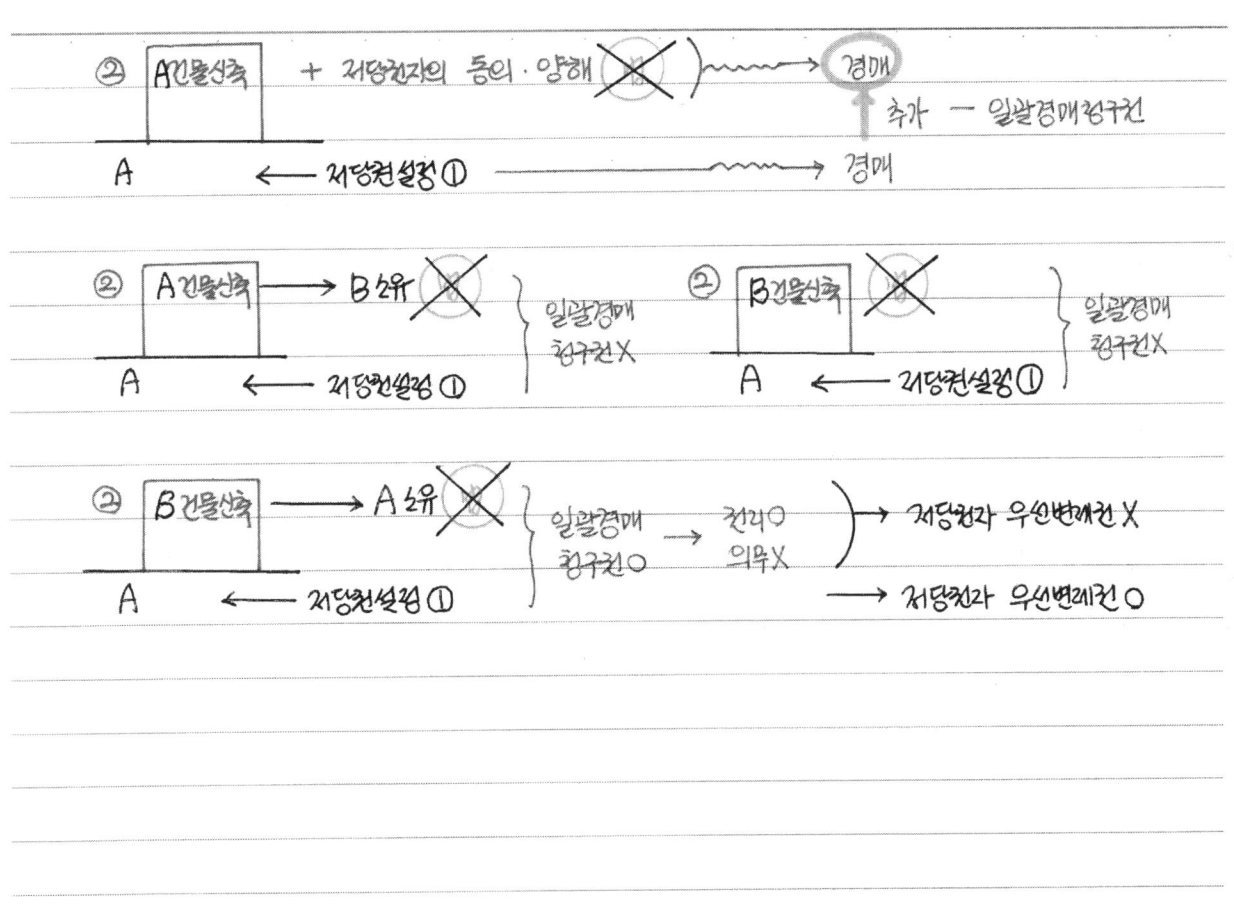

규정 ─ 대지와 건물이 동일한 소유자에게 속한 경우 ─ 전세권 설정자에게 법정지상권
       + 건물에 전세권 설정   (= 건물 소유자)
       + 대지 소유권의 특별승계인

요건 ┌ 처분당시 ─ 토지 위에 건물이 존재
     └ 처분당시 ─ 토지와 건물이 동일인 소유

판례 ─ 대지와 건물이 동일한 소유자에게 속한 경우 ─ 건물 소유자에게 관습법상
       ~~+ 건물에 전세권 설정~~   법정지상권
       + 대지 소유권의 특별승계인

요건 ┌ 처분당시 ─ 토지 위에 건물이 존재
     └ 처분당시 ─ 토지와 건물이 동일인 소유

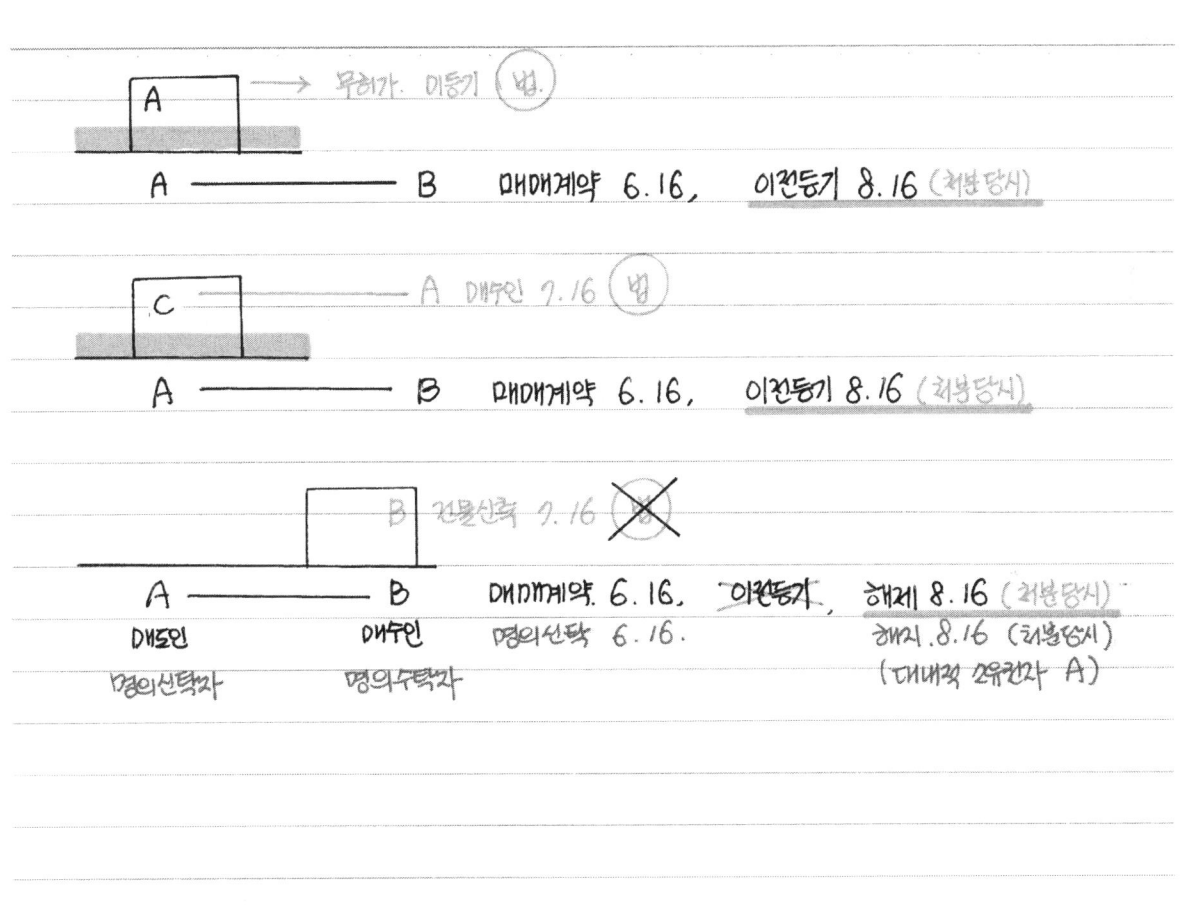

구분소유적 공유

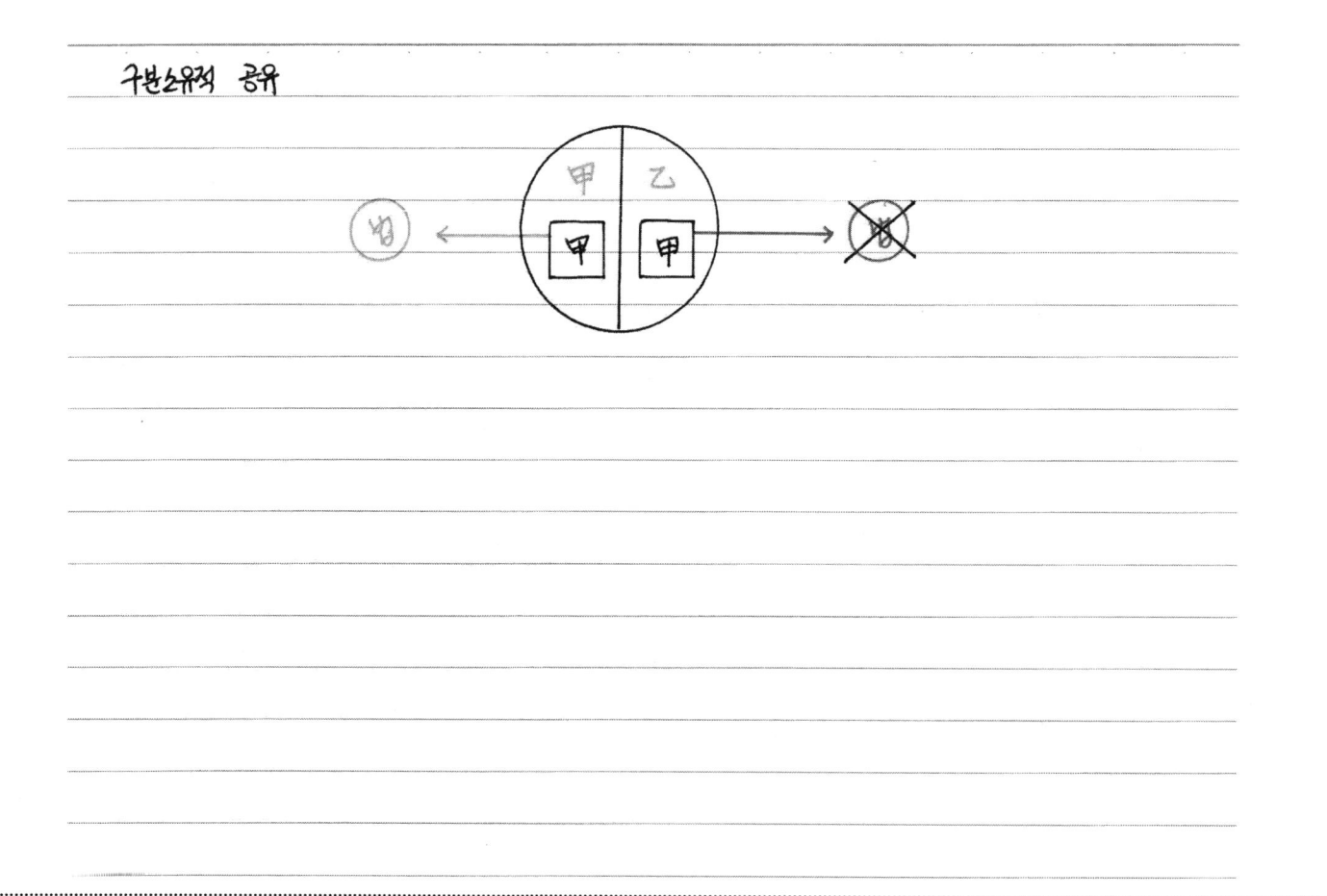

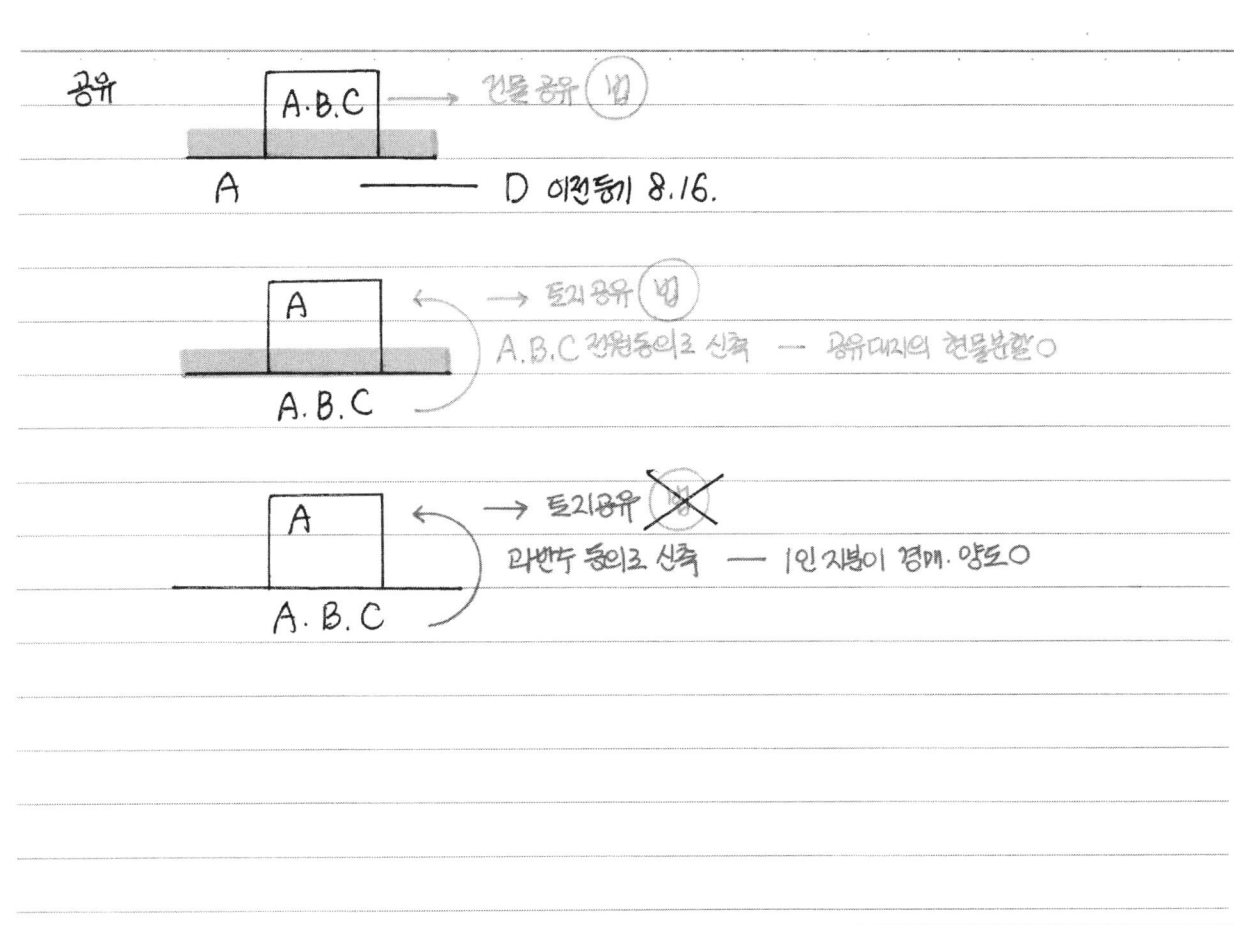

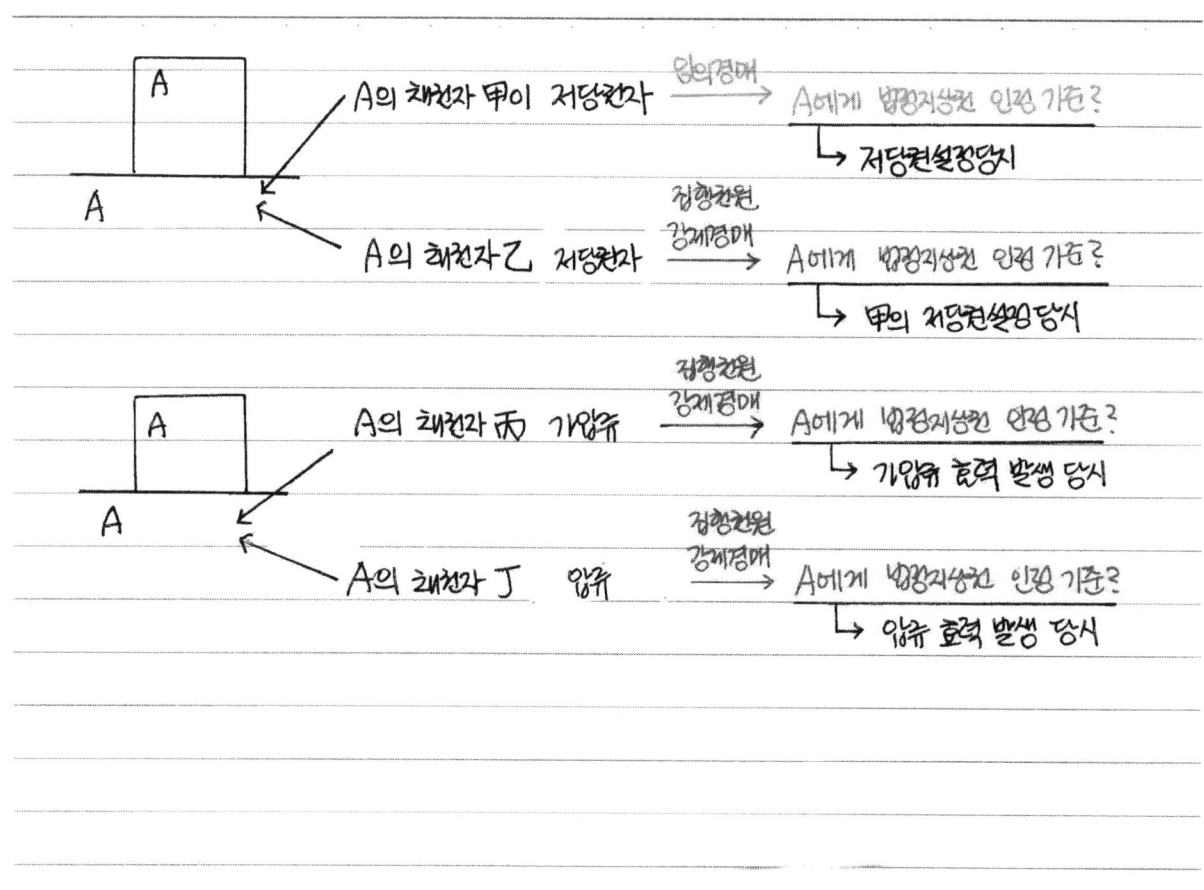

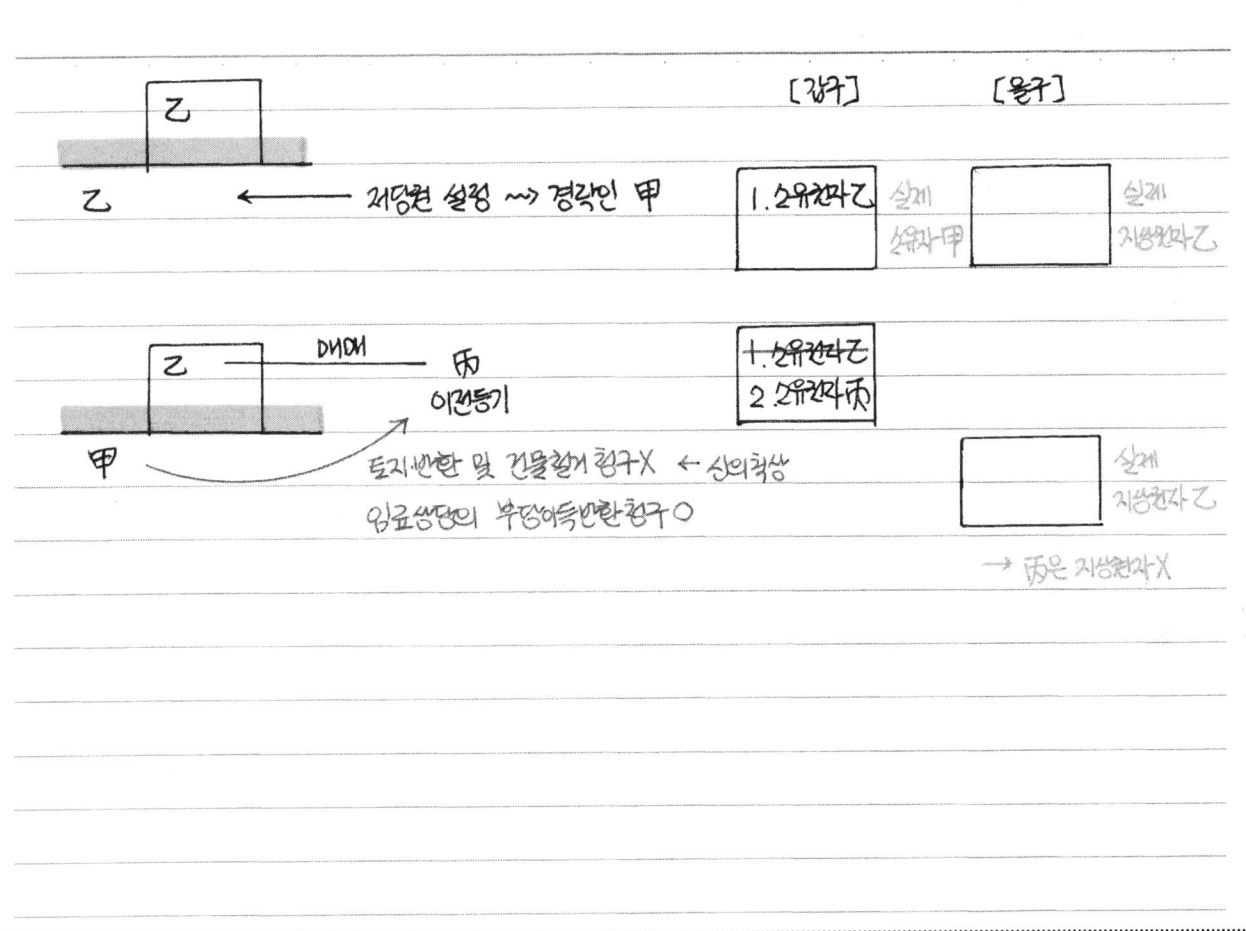

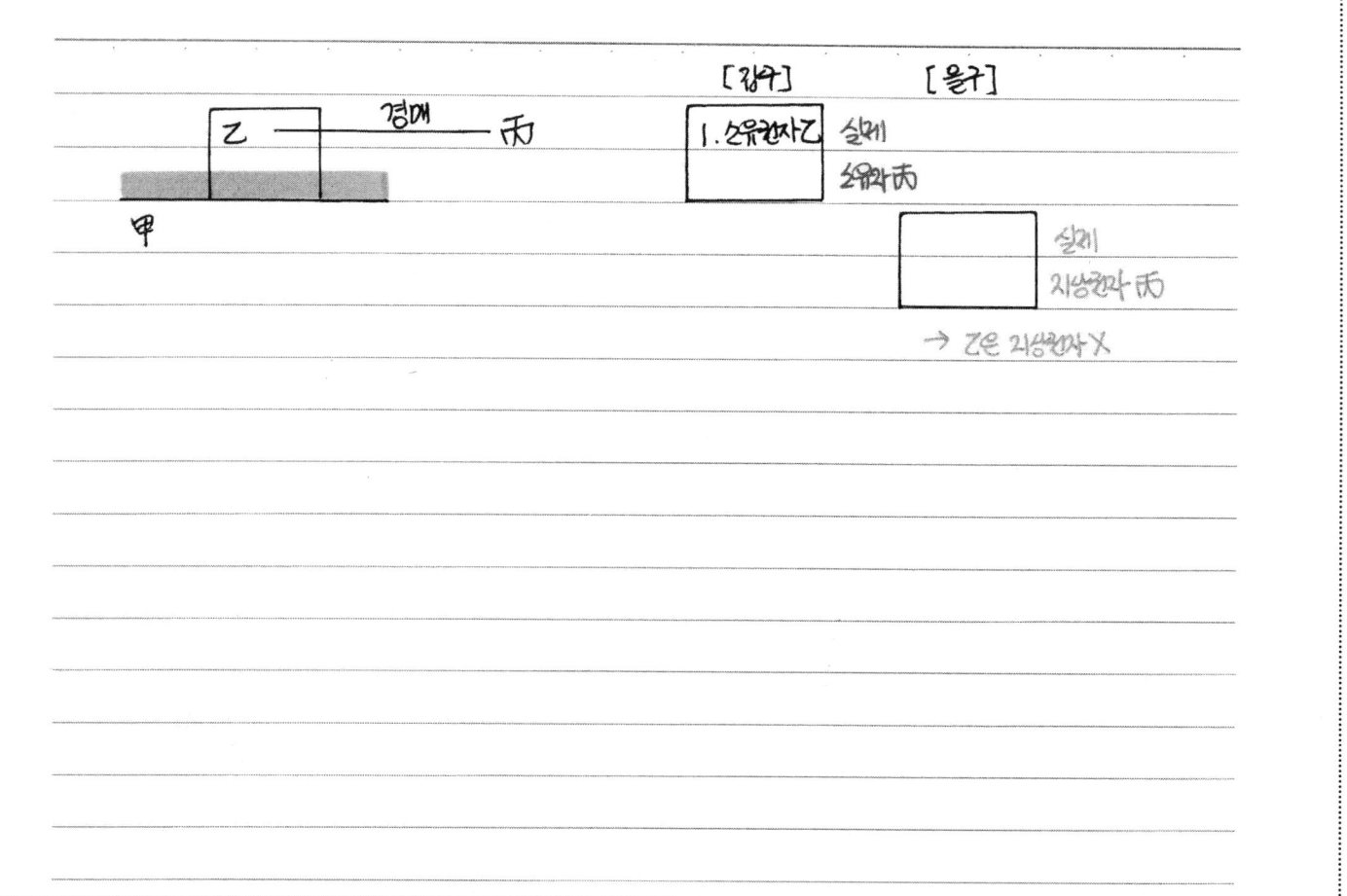

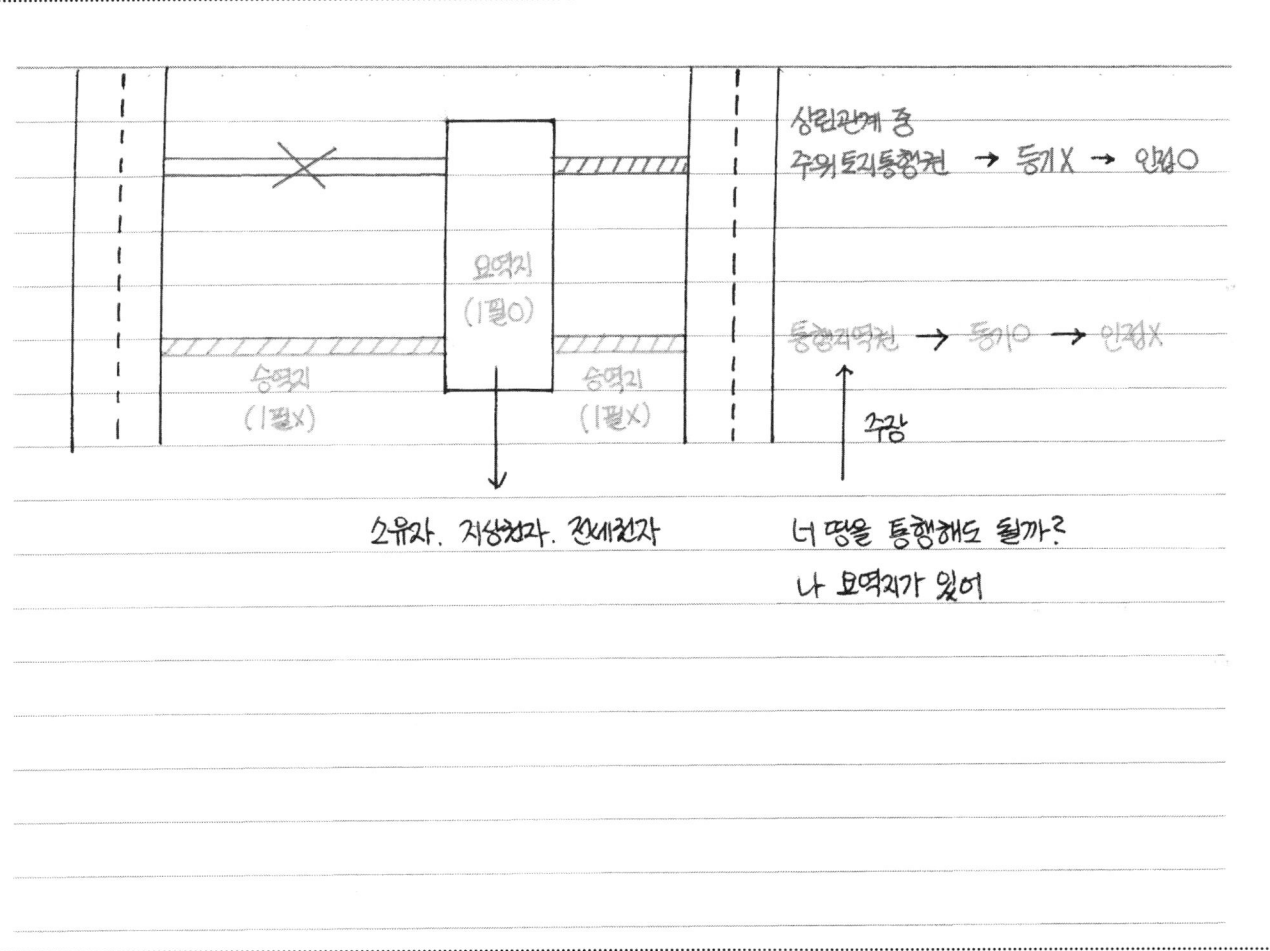

- B역지 (1필ㅇ) → 지역권설정계약 + 등기
  (법률행위 — 지료지급X)

- 20년째 항시사용 → 지역권 시효취득X

- 20년 통행 + 항시사용(계속) + 통로개설(표현) → 점유취득시효 준용
  (법률규정 — 손해보상의무O)

┌ 지상권 : 최단 존속기간 규정, 존속기간 영구 약정 O
└ 지역권 :   X   , 존속기간 영구 약정 O

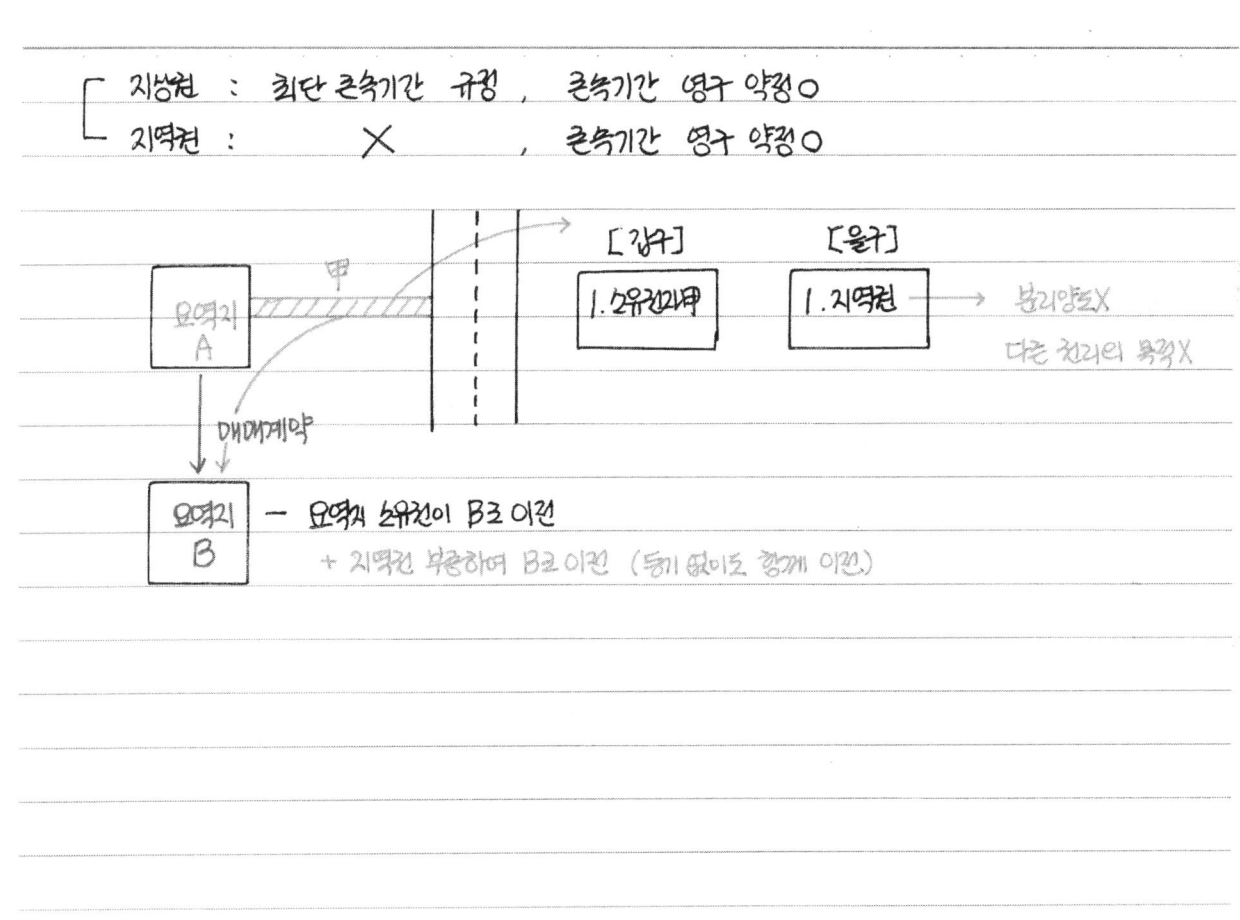

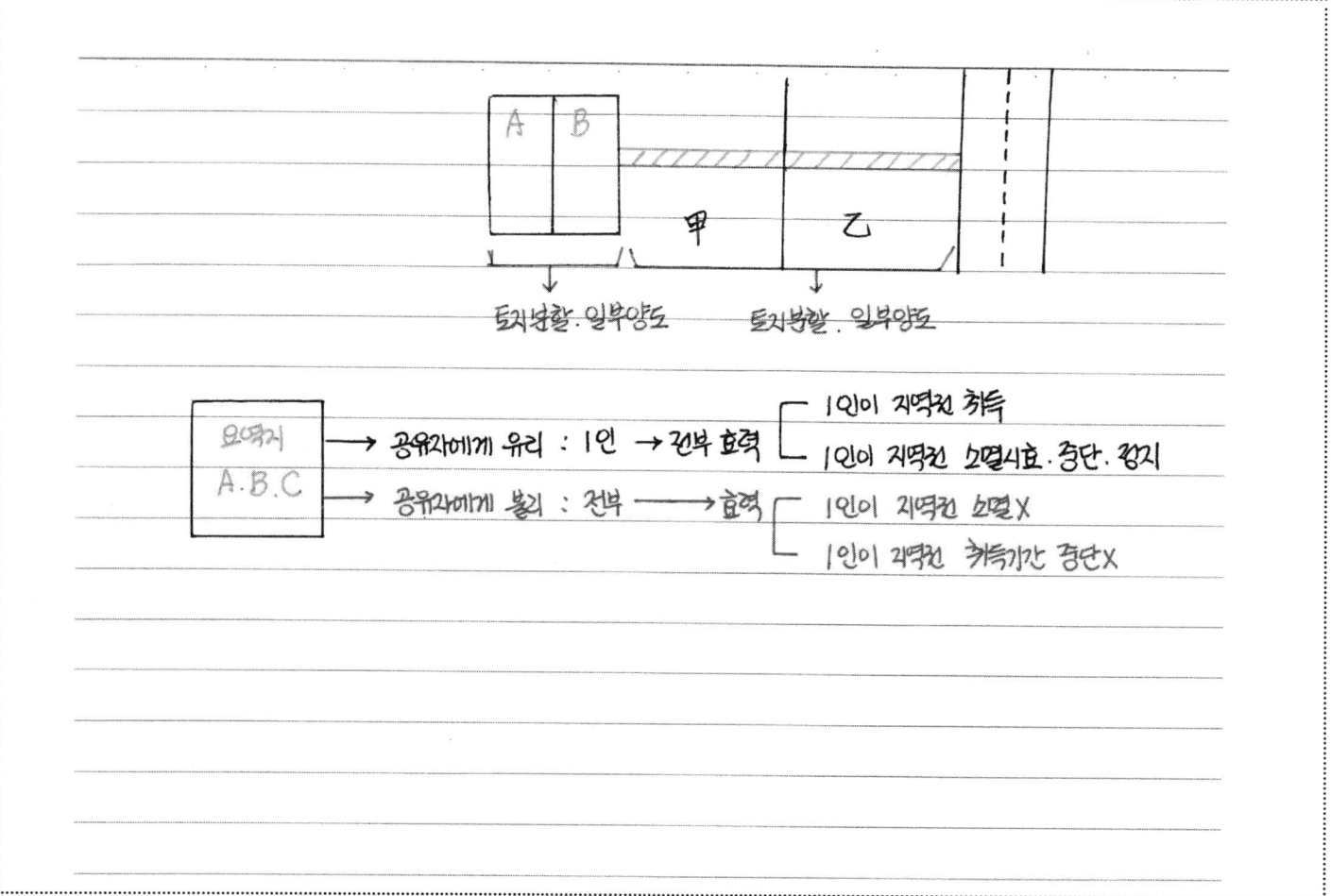

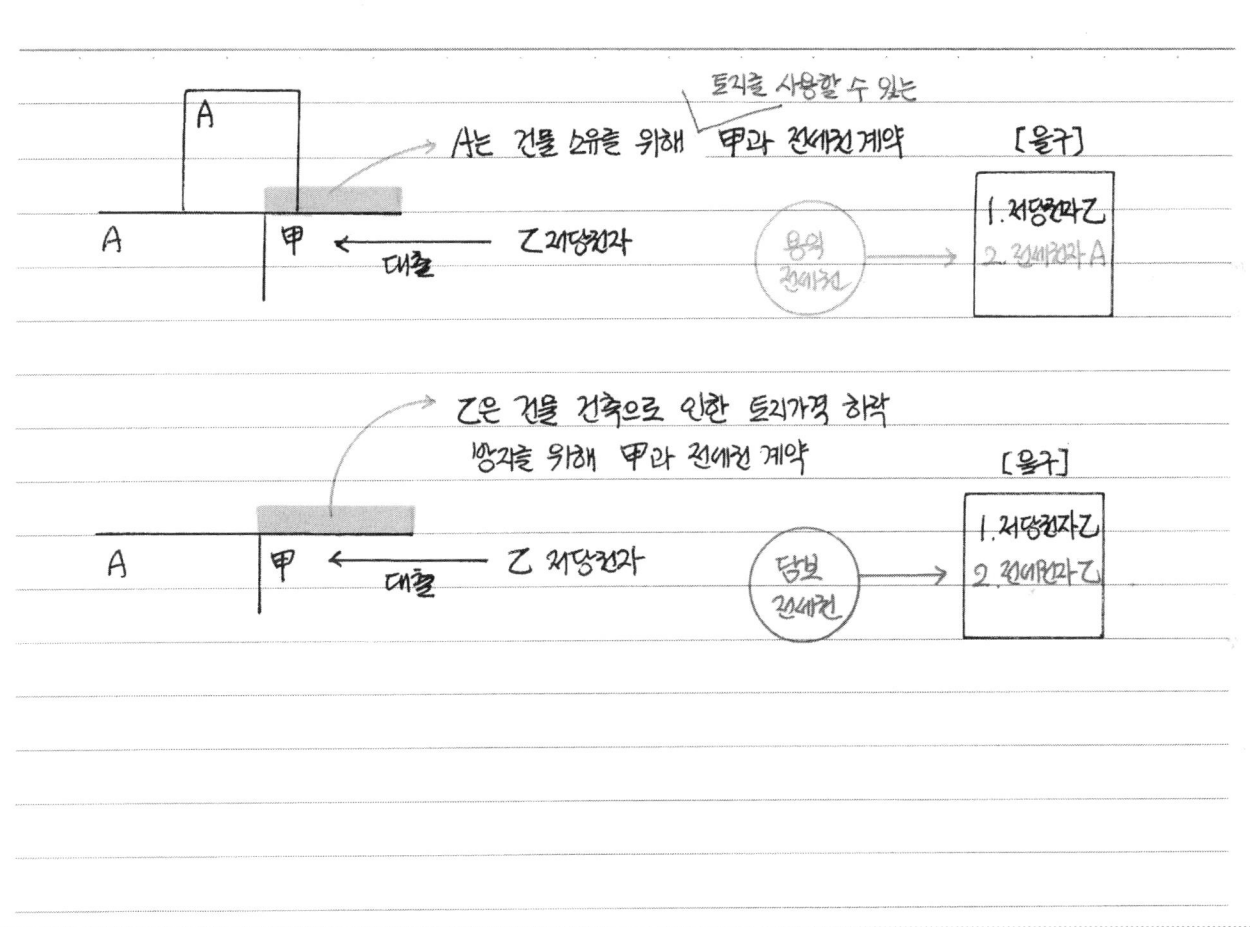

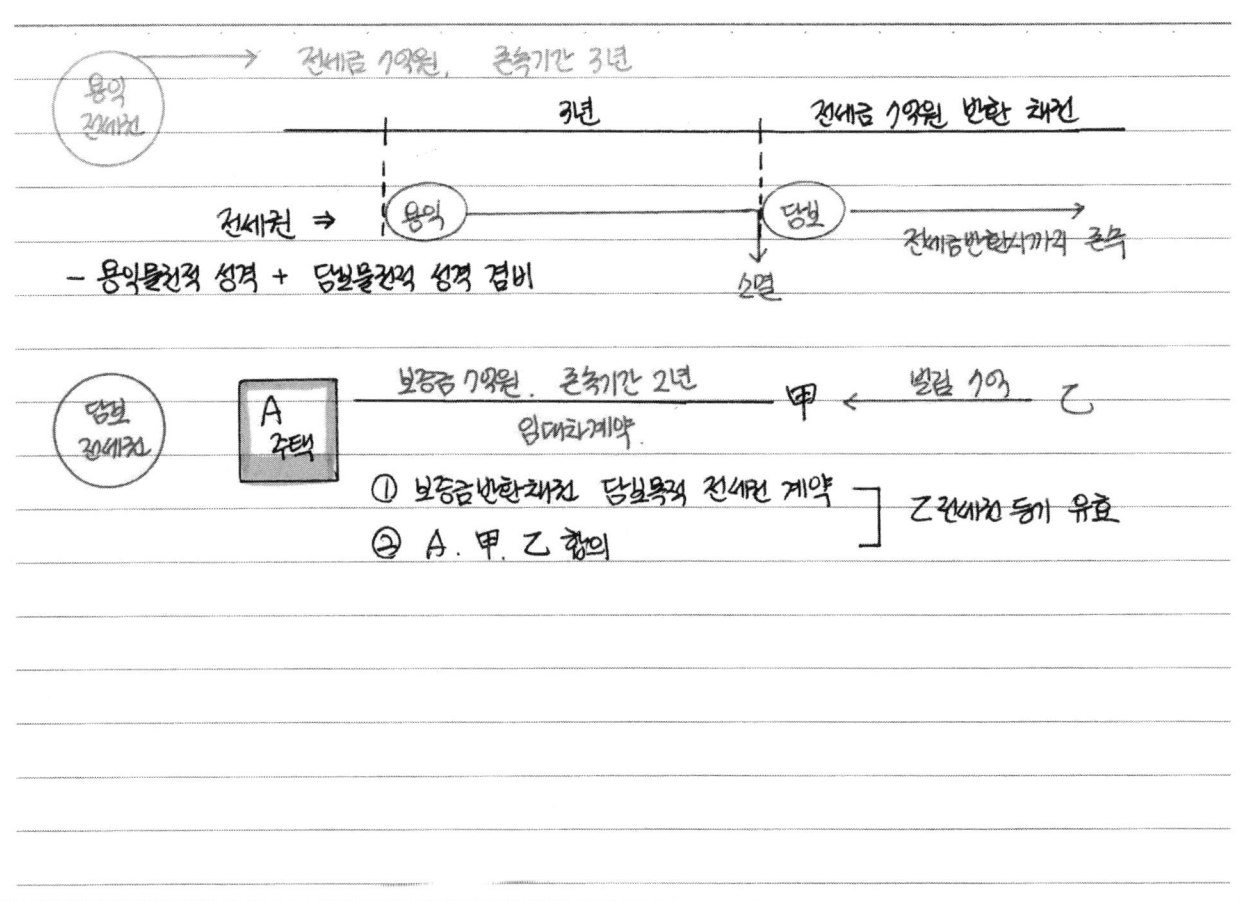

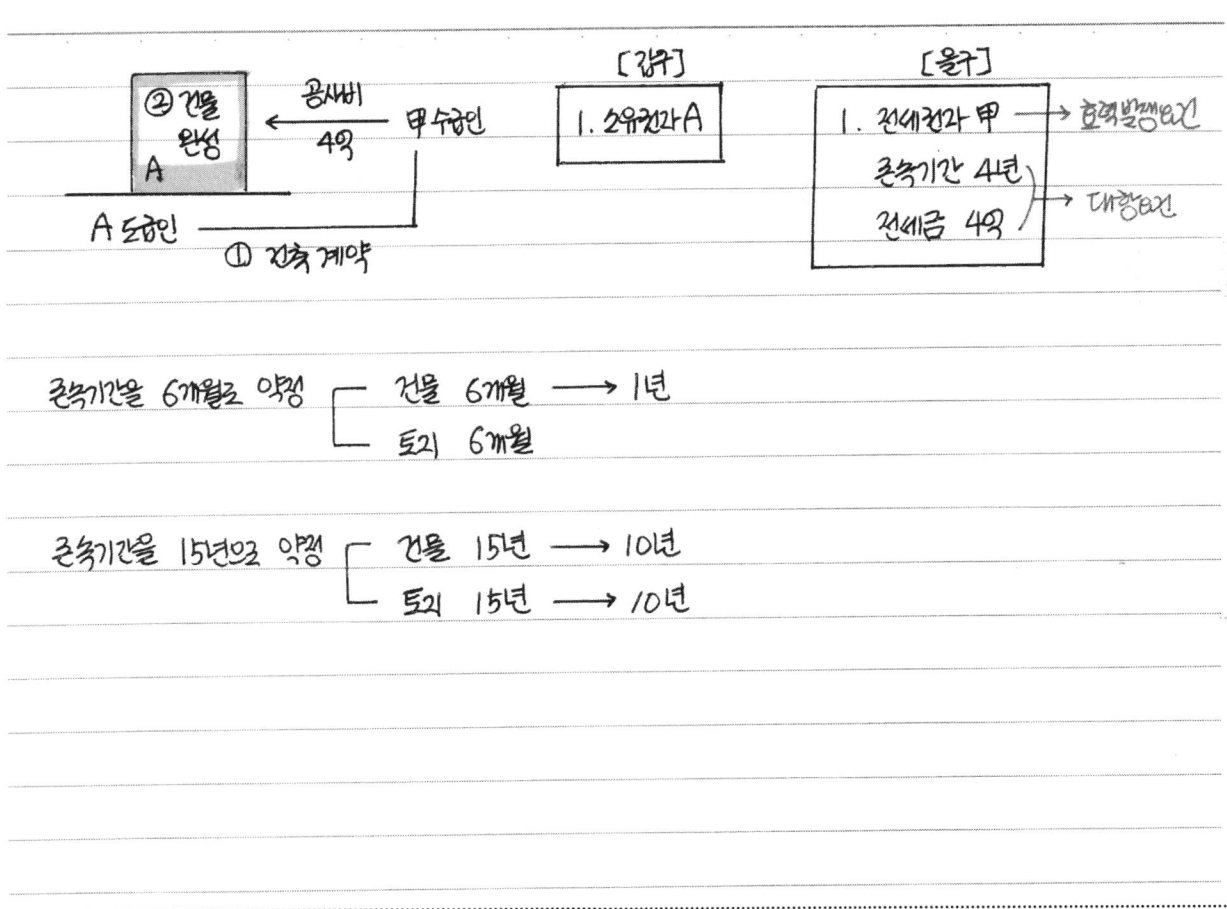

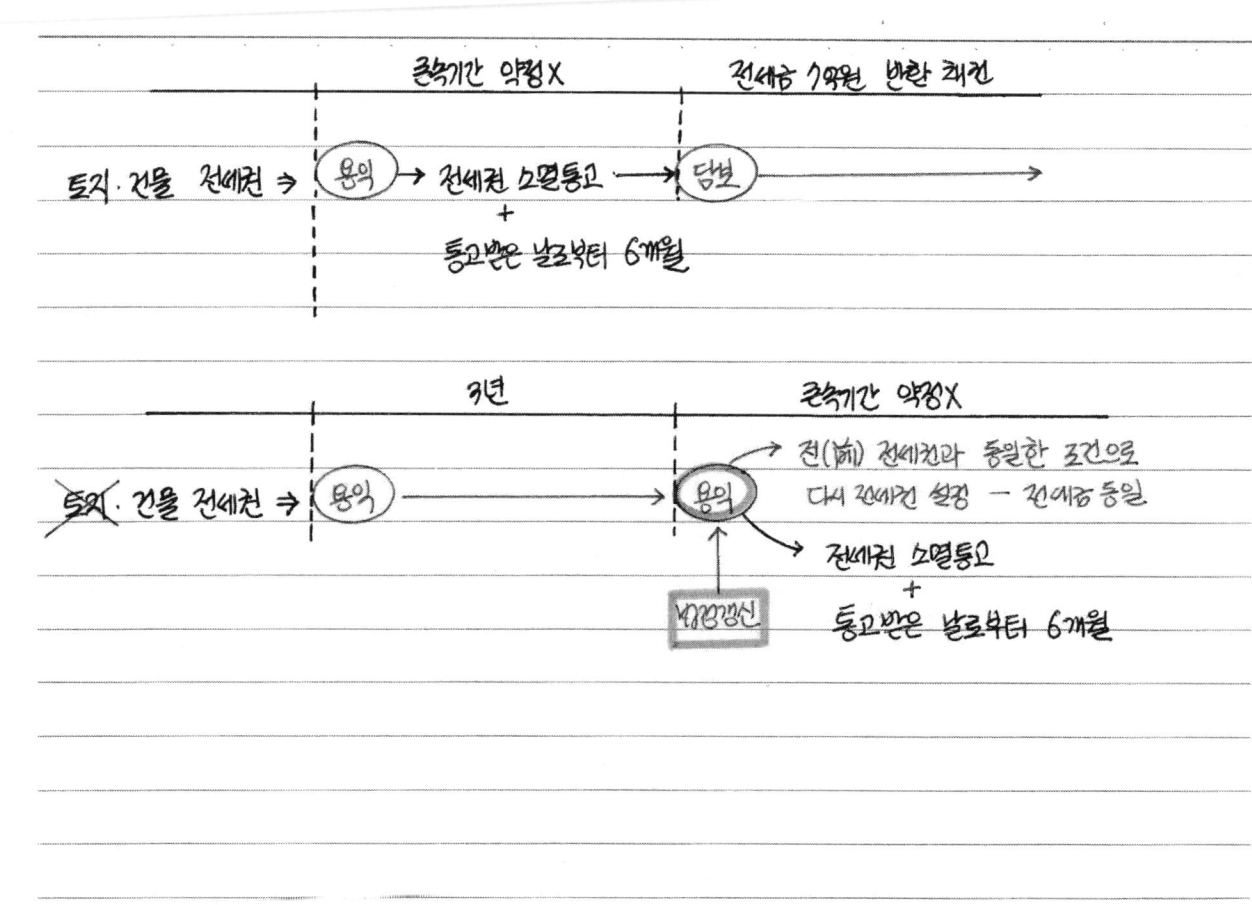

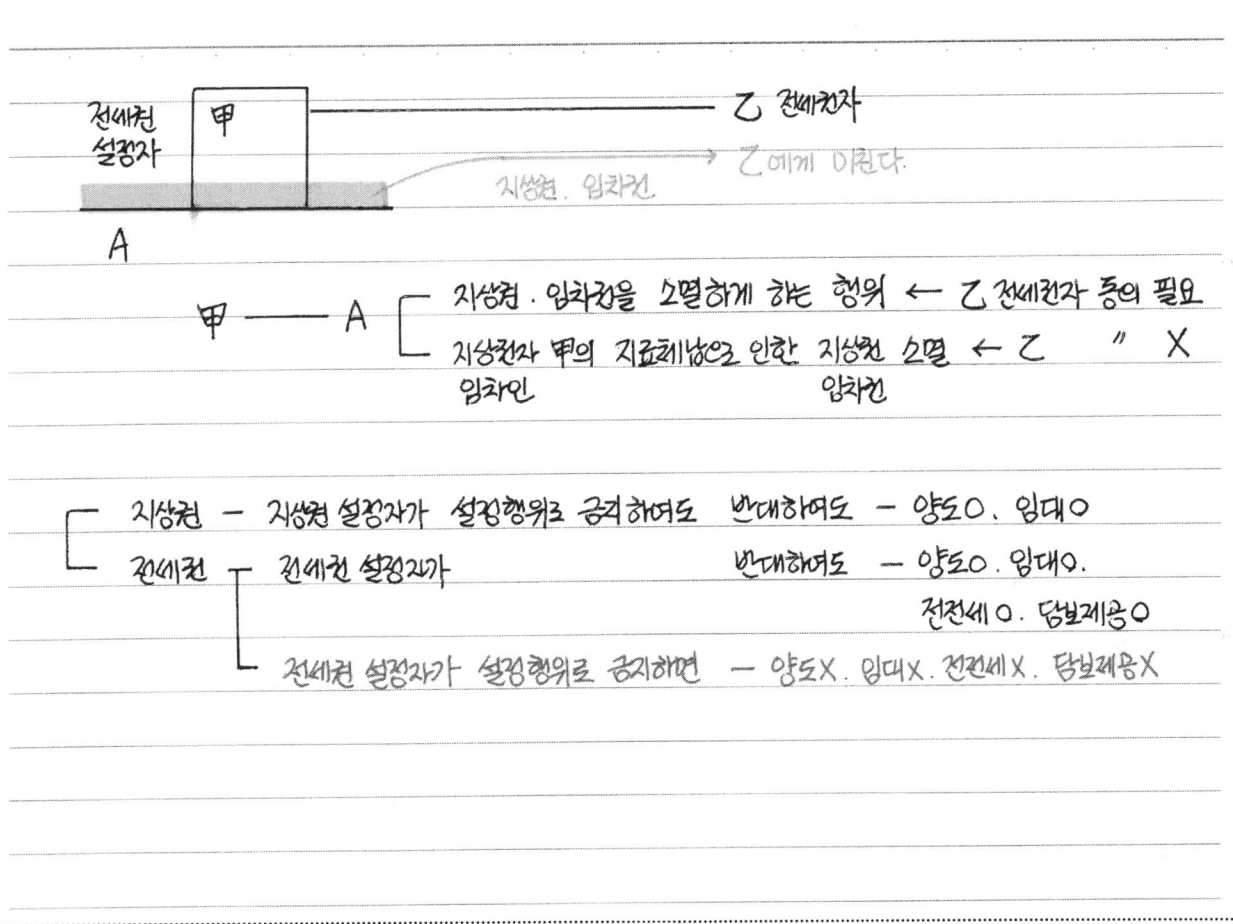

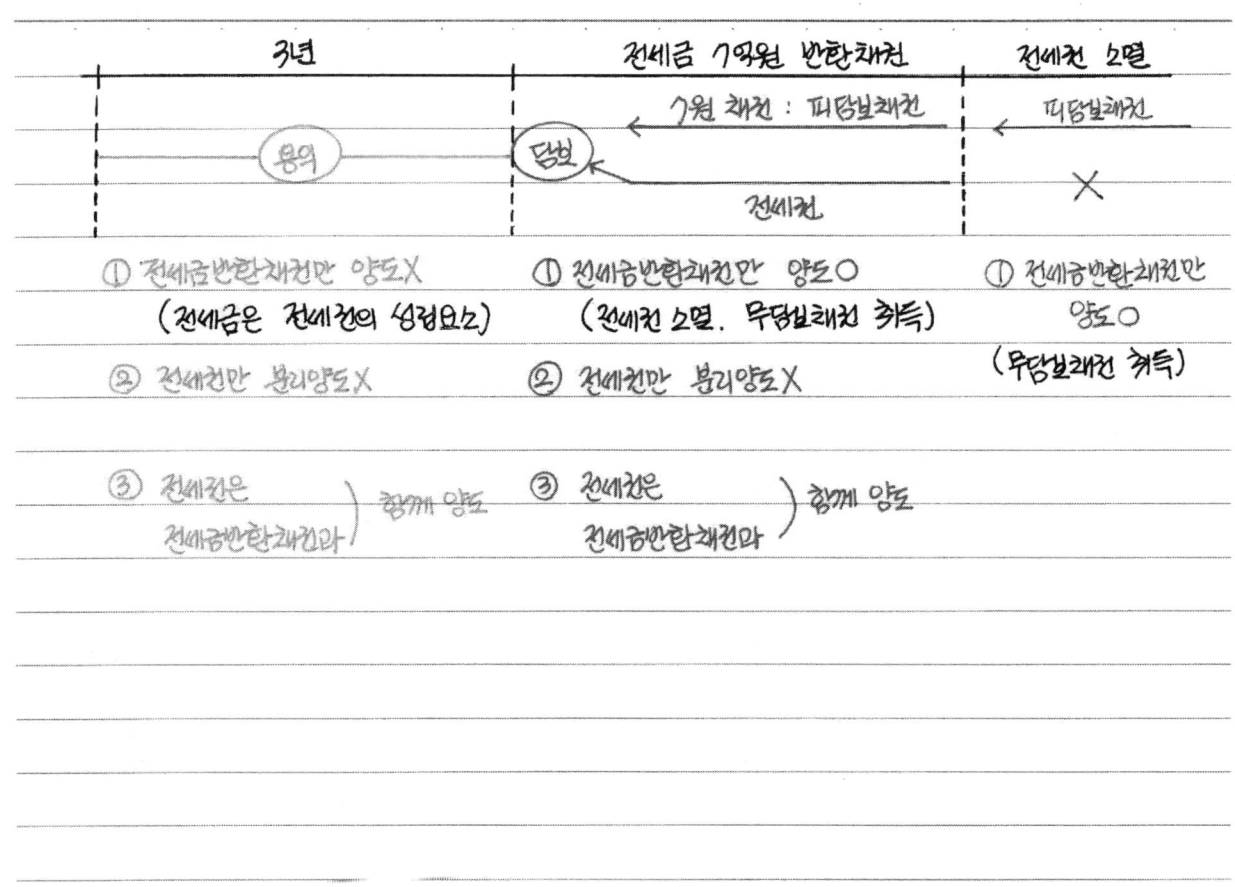

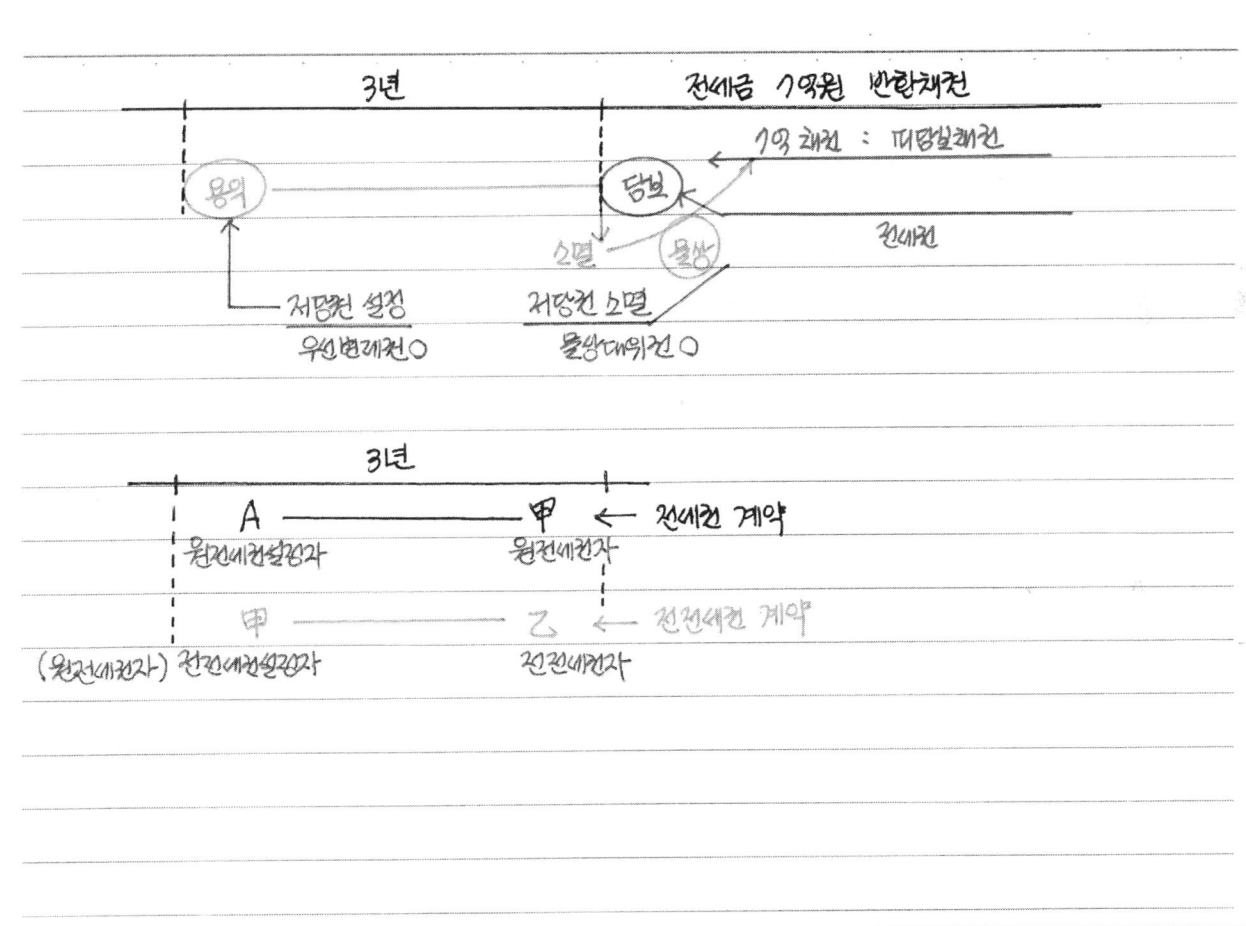

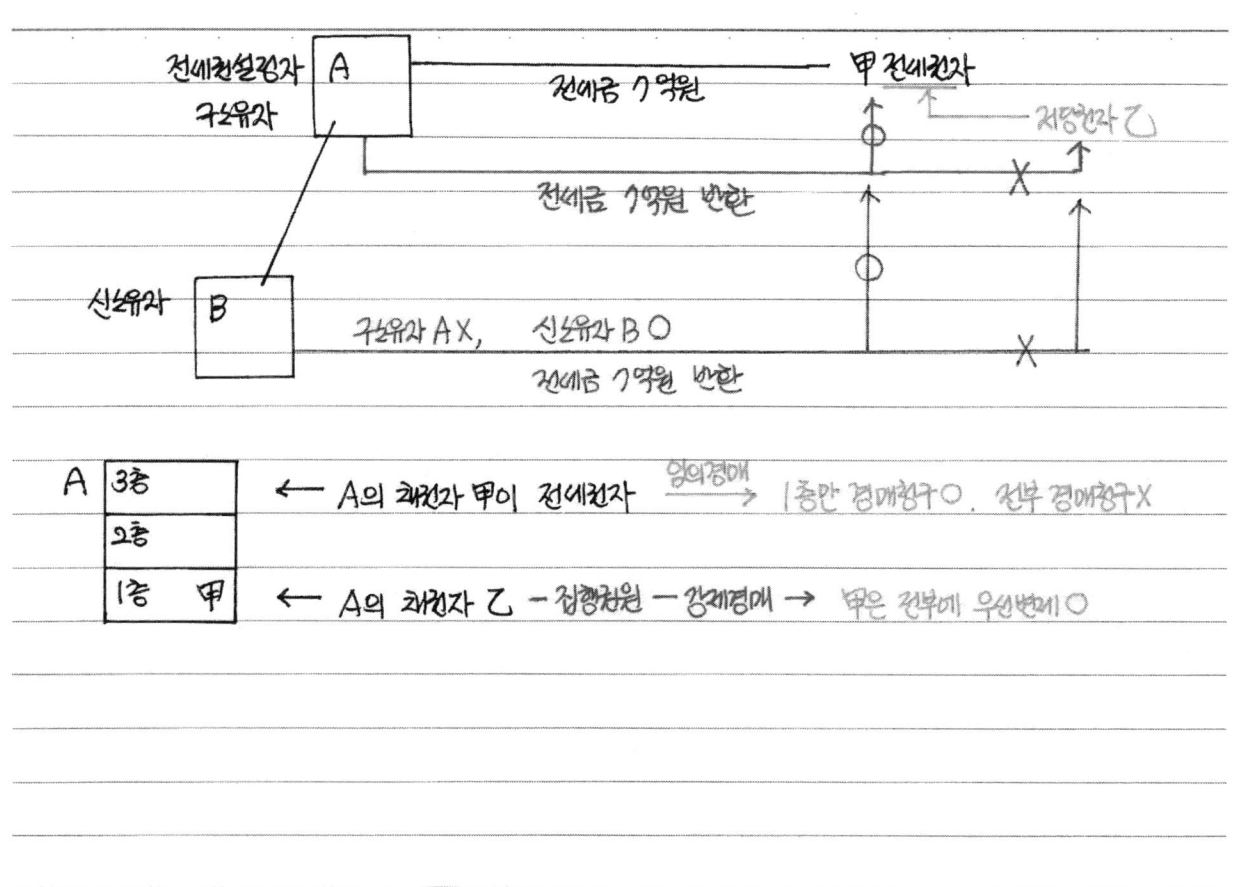

[을구]

┌─────────────────────────┐
│ 1. 지상권자, 전세권자 A   │
│ 2. 저당권자 甲   │
└─────────────────────────┘ ～→ 경락인 乙 : 지상권자·전세권자 A가 있는 목적물 취득
　　　　　　　　　　　　　　　　　　　　　（경매로 저당권은 당연히 소멸）

┌─────────────────────────┐
│ 1. 저당권자 甲   │
│ 2. 지상권자, 전세권자 A   │
└─────────────────────────┘ ～→ 경락인 乙 : 〃　 A 없는 목적물 취득
　　　　　　　　　　　　　　　　　　　（경매로 저당권은 당연히 소멸）

┌─────────────────────────┐
│ 1. 저당권자 甲   │
│ 2. 지상권자, 전세권자 A   │ + 유치권자 B
│ 3. 저당권자 丙   │
└─────────────────────────┘ ～→ 경락인 乙

① 지상권자·전세권자 A 없는 목적물 취득
② 유치권자 B는 여전히 존속
③ 경매로 甲·丙 저당권은 당연히 소멸

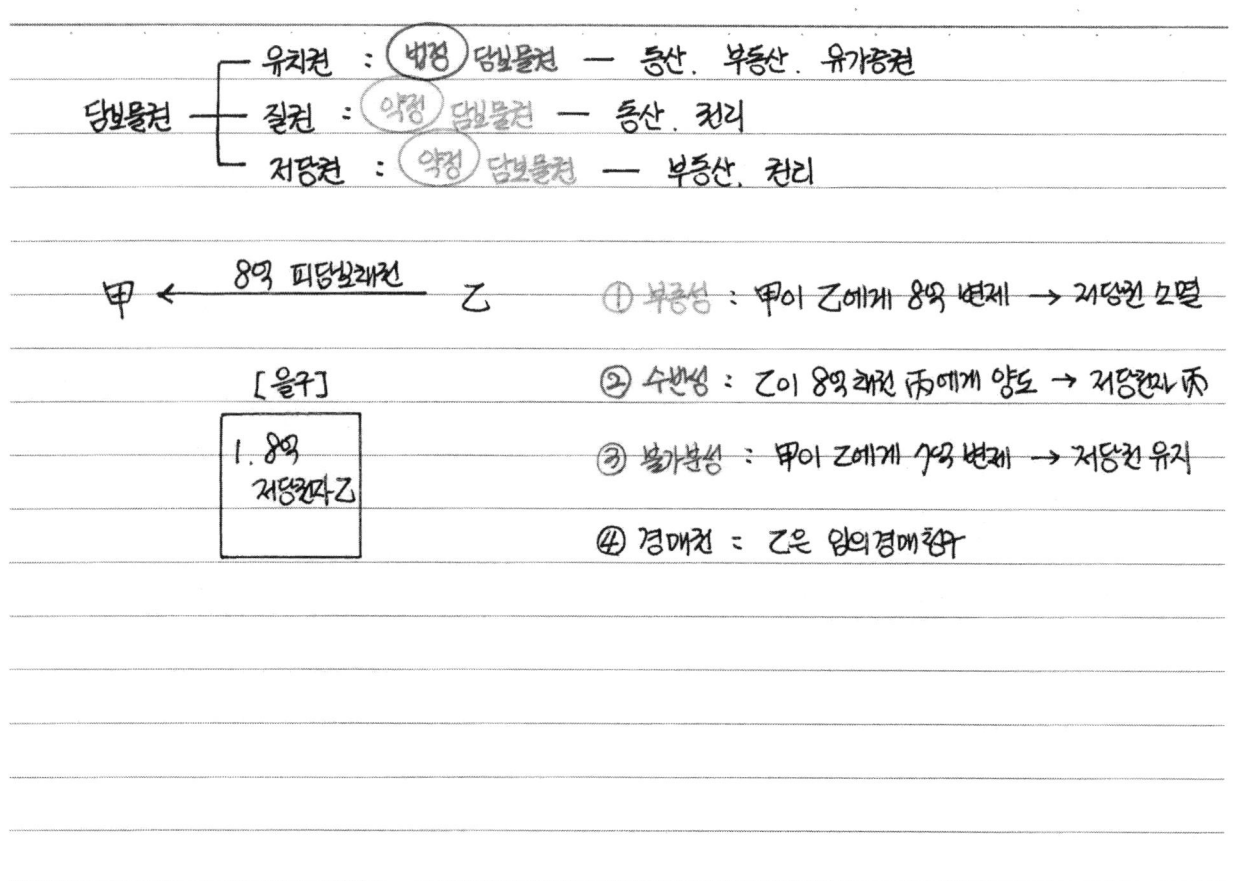

```
甲 ——————— 3억원   피담보채권 ——————— 乙
                        ↑                    □ 유치권자
                   유치권의 범위
```

① 원금 : 3억원 — 물건이나 유가증권에 관하여 생긴 채권 ┌ 목적물에 들인 비용
                                              └ 목적물로 입은 손해배상

② 채권에 대한 채무불이행 손해배상 : 3백만

③ 유치물 보존 비용 : 6백만 (점유하기 때문)

```
甲 —공사대금— 乙 —건축자재 대금— 丙      (A) —A폭행 손해배상— B
  유치권    공사업자   유치권   자재업자         유치권
                      ✗                        ✗
                                         개 물림        유치권
                                         손해배상
```

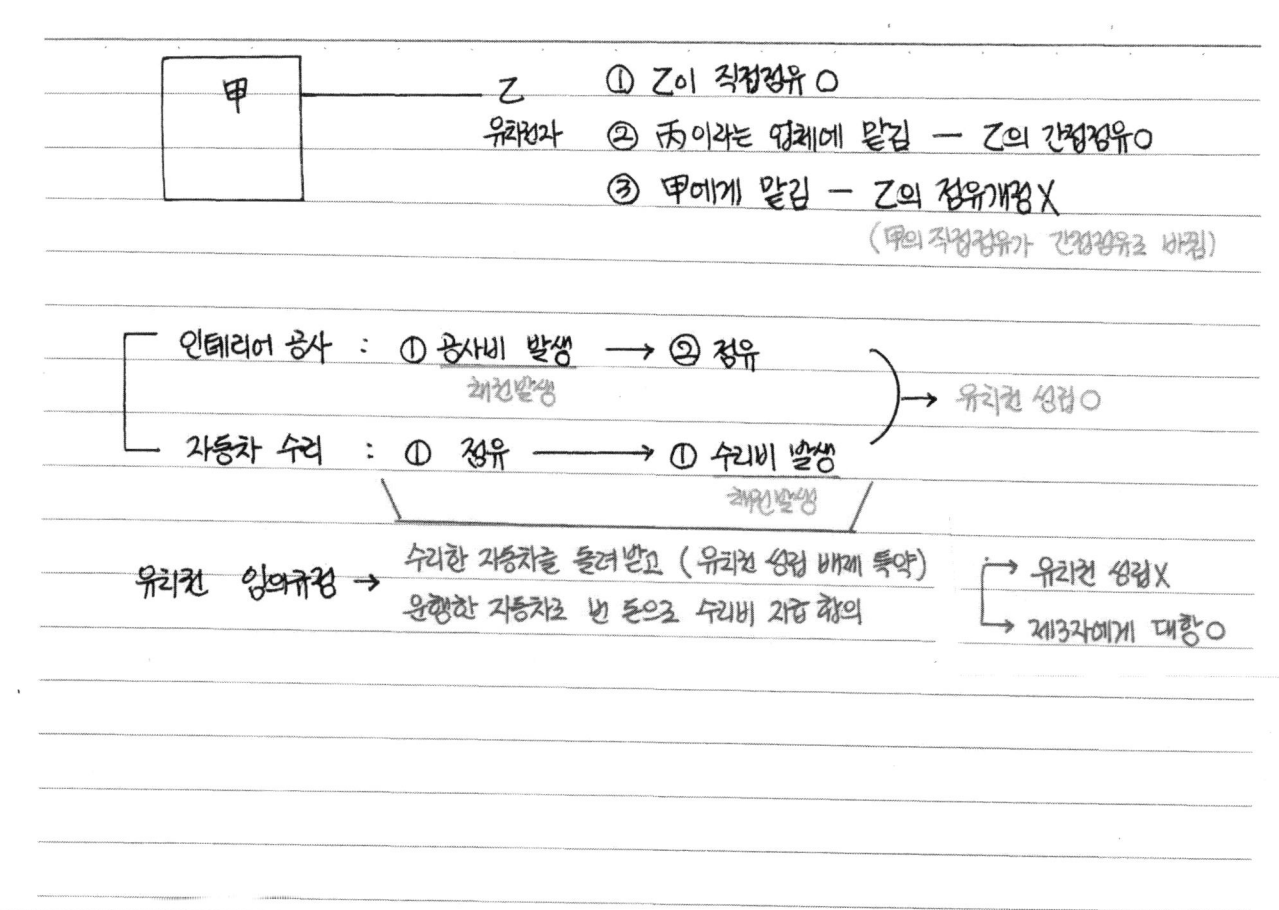

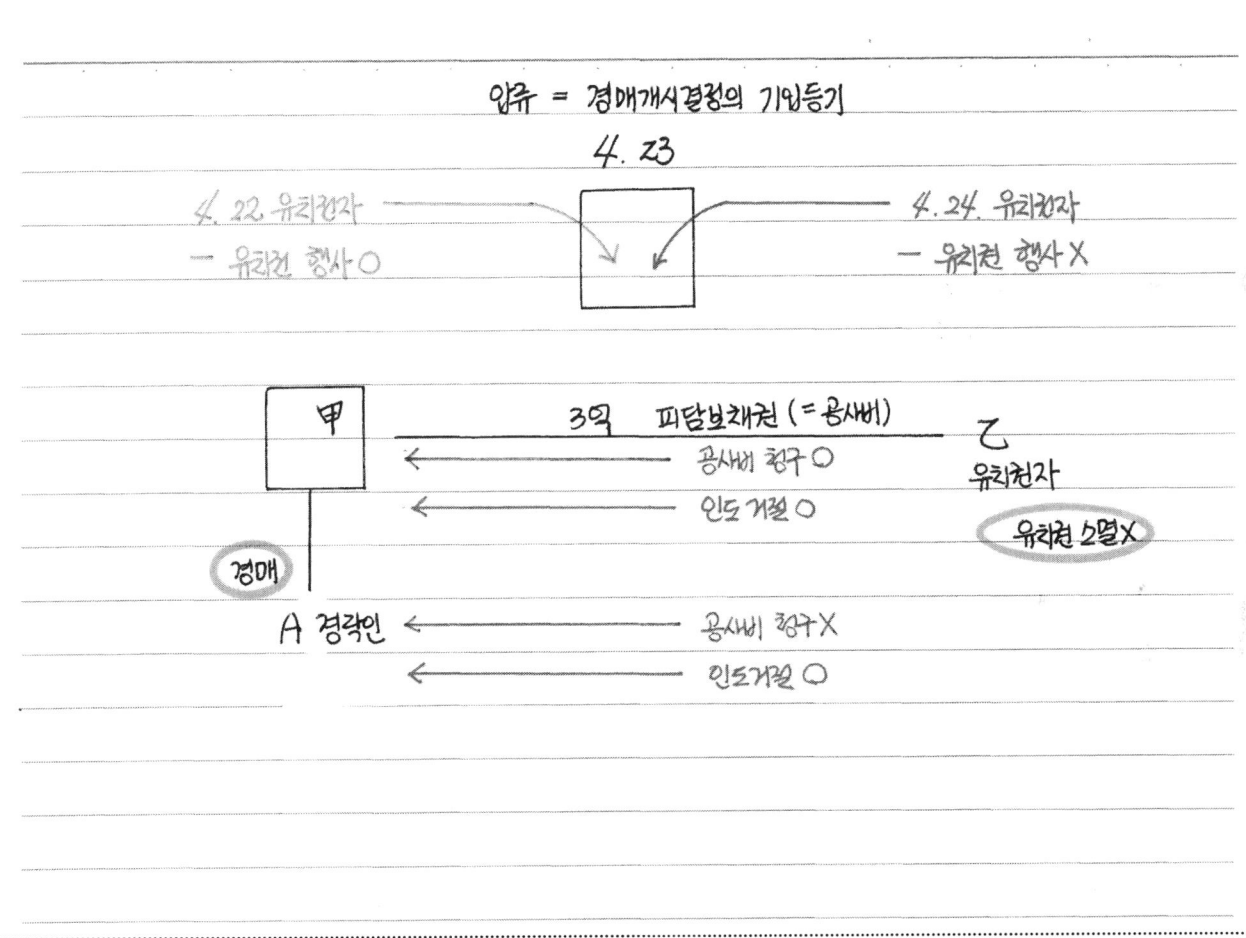

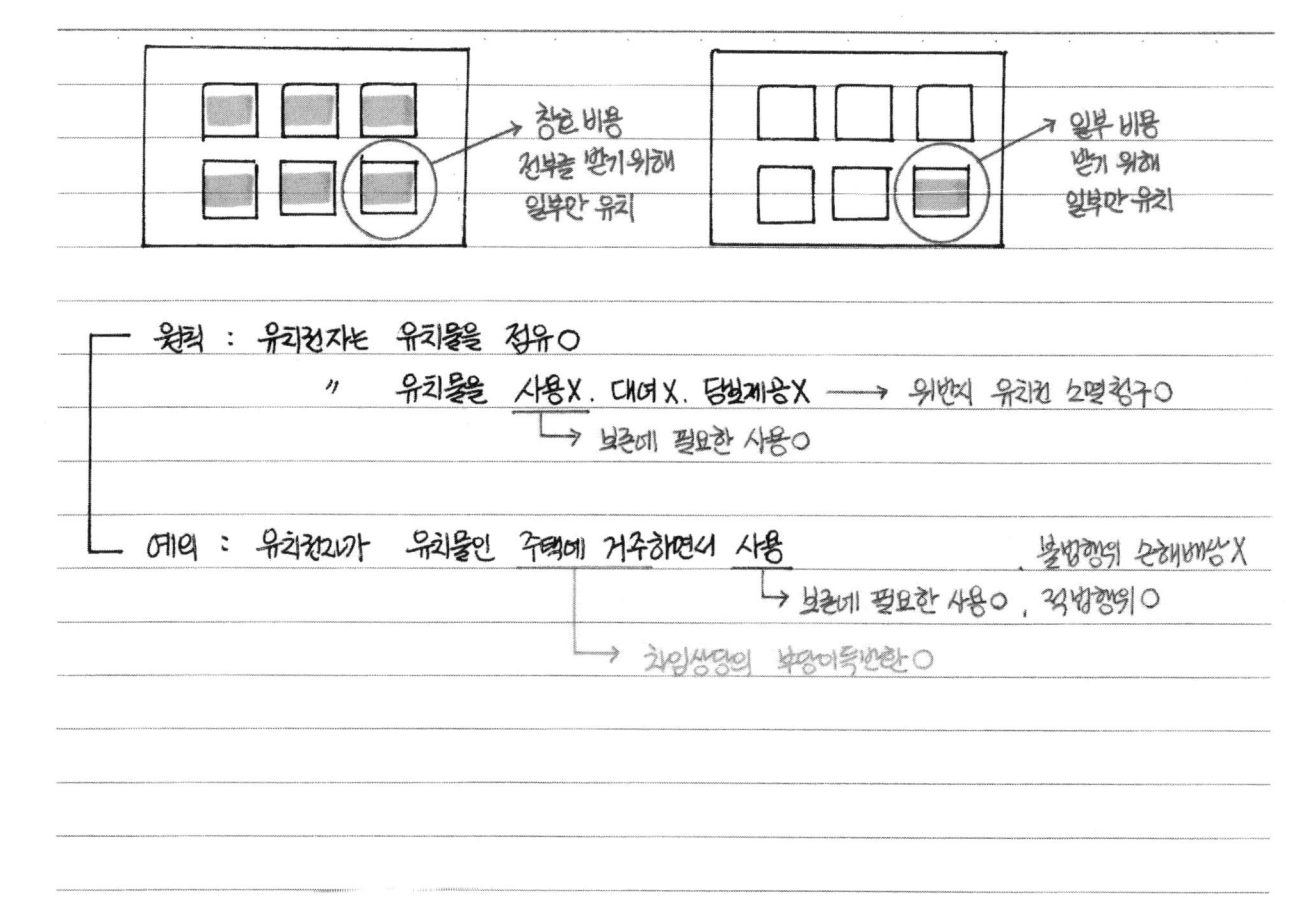

- 원칙 : 유치권자는 유치물을 점유 O
  - 〃 유치물을 사용 X, 대여 X, 담보제공 X → 위반시 유치권 소멸청구 O
    - → 보존에 필요한 사용 O

- 예외 : 유치권자가 유치물인 주택에 거주하면서 사용   불법행위 손해배상 X
    - → 보존에 필요한 사용 O, 적법행위 O
    - → 차임상당의 부당이득반환 O

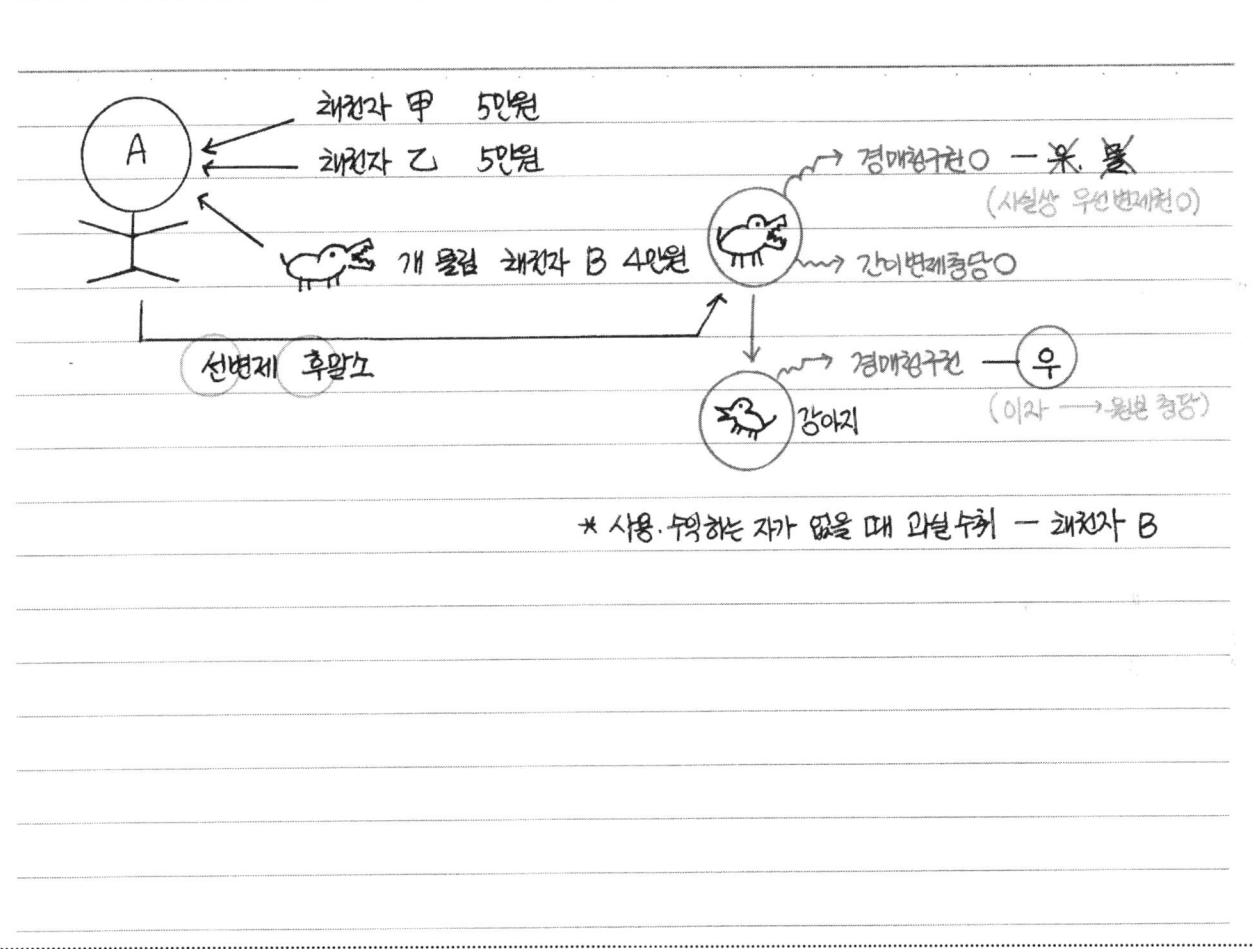

```
A ─────────────── 3억원 피담보채권 ─────────────── B
                              ↑                    □ 저당권자
                         저당권의 범위
```

청계특정

① 원금 : 3억원 — 종류에 제한 X

② 이자 : 3천만

③ 위약금 : X

④ 저당권 실행비용 : 3백만

⑤ 채권에 대한 채무불이행 손해배상 : 9백만 (3년치)
　　　　　지연배상
　　　　　　　　　　　　　┌ 이해관계인 X — 9백만 (3년치)
　　　　　　　　　　　　　└ 이해관계인 O — 3백만 (1년치)

⑥ ~~저당물 보존비용~~ (점유하지 않기 때문)

⑦ ~~저당물 하자로 인한 손해배상~~ (점유하지 않기 때문)

```
A ─────────── 3억원  피담보채권 ─────────── B
                                              저당권자
```

┌─────────────┐
│ 1. 저당권자 B │ ~→ ㉠경매로 우선변제 받는 금액 : 이해관계인 X   3억 4천 2백만
│   │   ← 일반채권자 C ──────── 후순위권리자 ○
└─────────────┘

┌─────────────┐
│ 1. 저당권자 B │ ~→ ㉠경매로 우선변제 받는 금액 : 이해관계인 ○   3억 3천 6백만
│ 2. 저당권자 C │   ──────────────── 후순위권리자 ○
└─────────────┘

채무자, 물상보증인 등 저당권 설정자의 ㉮변제 → (이해관계인 여부와 상관없이)
                                              3억 4천 2백만

원칙   A ——————— 3억원 피담보채권 ——————— B
        채무자 (저당권설정자)   채권자 (저당권자)

(예외) A ——————— 3억원 피담보채권 ——————— B
        채무자   채권자 (저당권자)
                        ↖ 구상권 ○   ① 시가 5억
                        - 구상금액: 시가 5억   ② 낙찰 3억 — B채권 충당
                            C
                          물상보증인 (저당권설정자)

(예외) A —— 3억원 피담보채권 —— B ←—— 변제 3억 —— C
        채무자 (저당권설정자)   채권자   (저당권자)
                                ① A.B.C 합의   ┐ C 저당권
                                ② C에게 실질적 귀속 or 불가분적 채권관계 ┘ 등기 유효

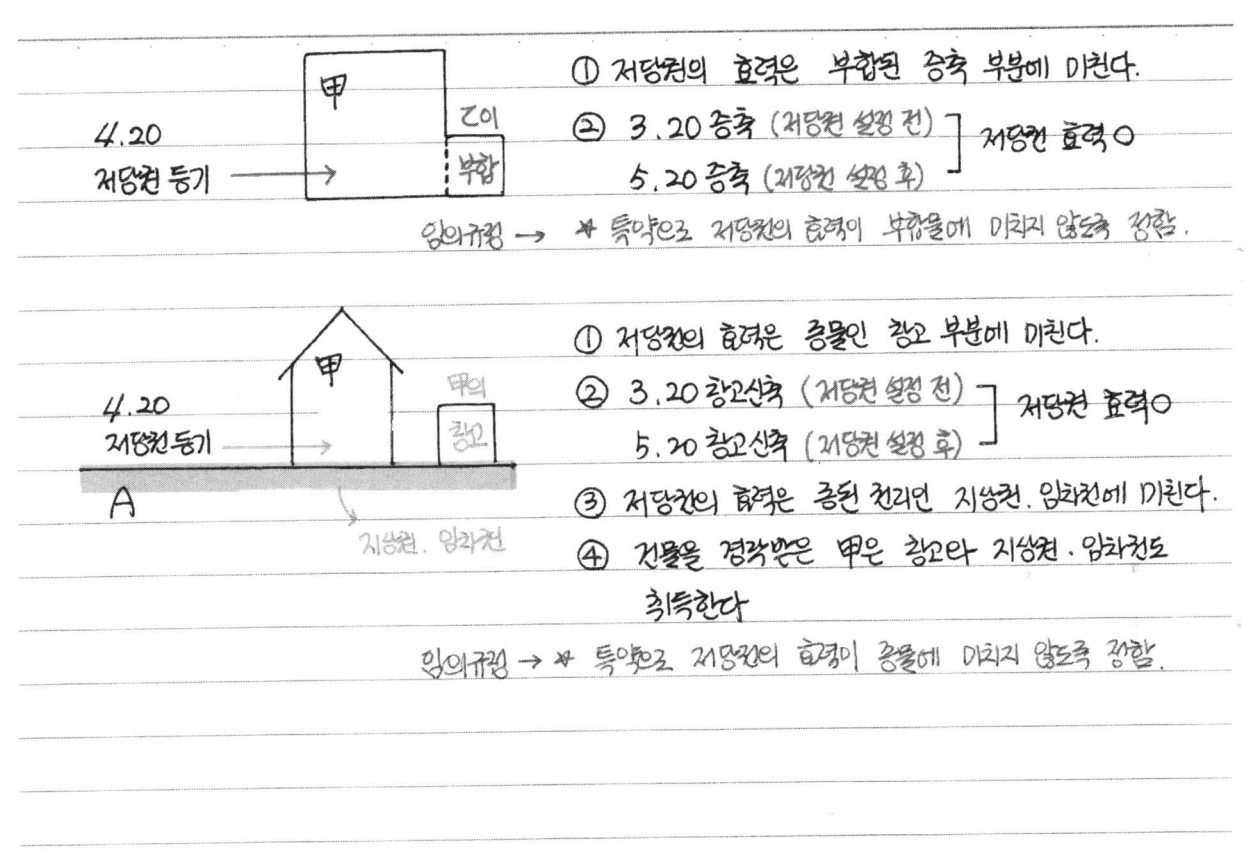

```
A ─────── 3억원 피담보채권 ─────── B ─────────────────── C
채무자                              채권자
저당권설정자        저당권            저당권자              저당권 양도
```

① 피담보채권만 양도 O (저당권 소멸, 무담보채권 취득)

② 저당권만 분리양도 X

③ 저당권은 ⎫
　　피담보채권과 ⎬ 함께 양도
　　　　　　　　　　　　　　　　　　　　B·C의 합의 O
　　　　　　　　　　　　　　　　　　　　(A의 합의 X)

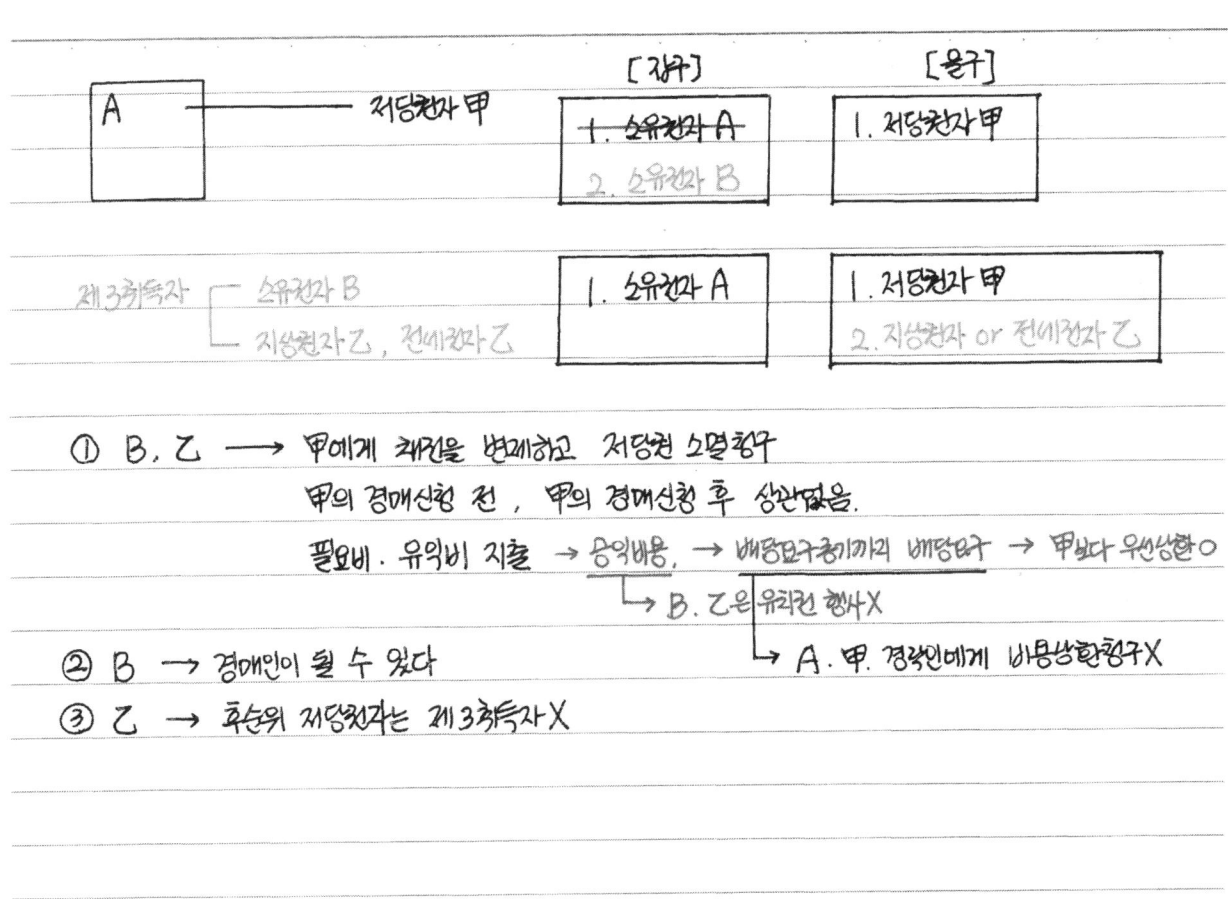

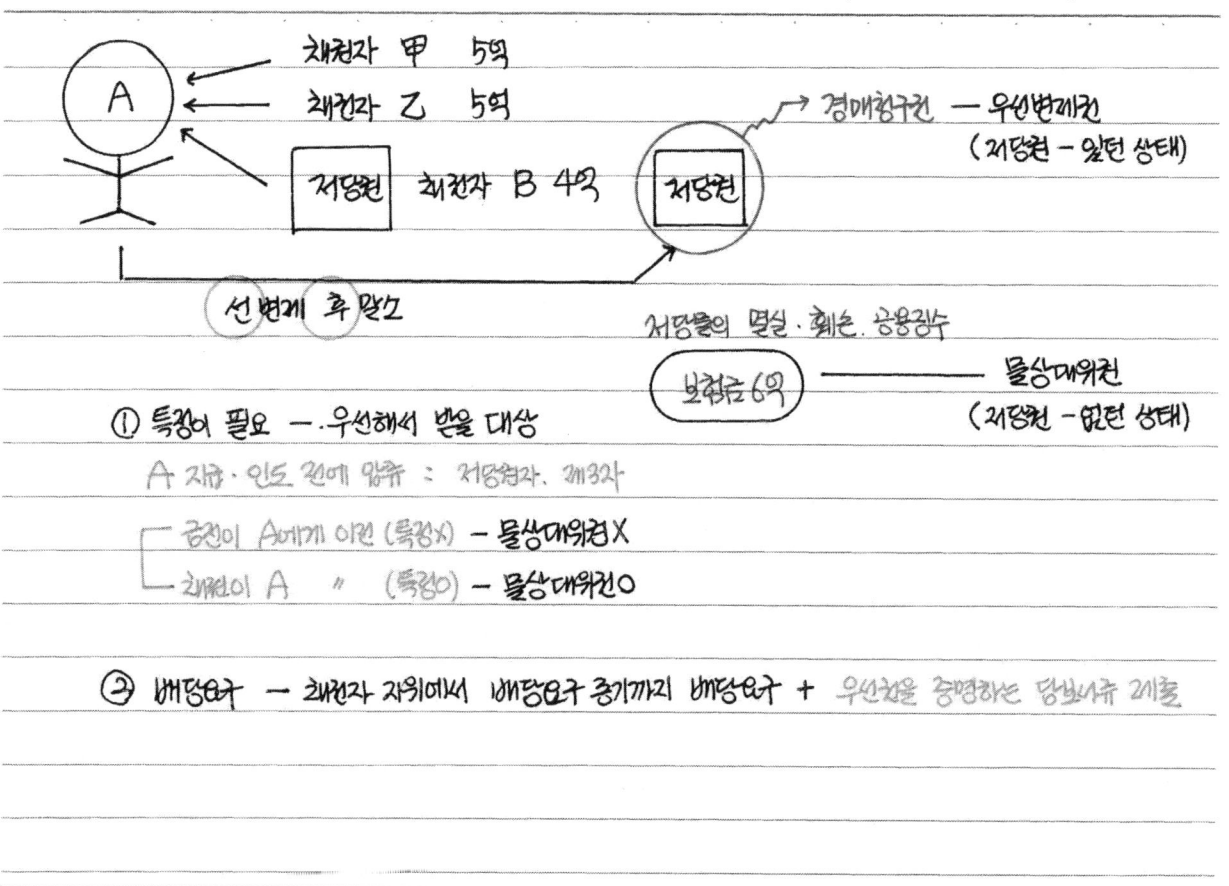

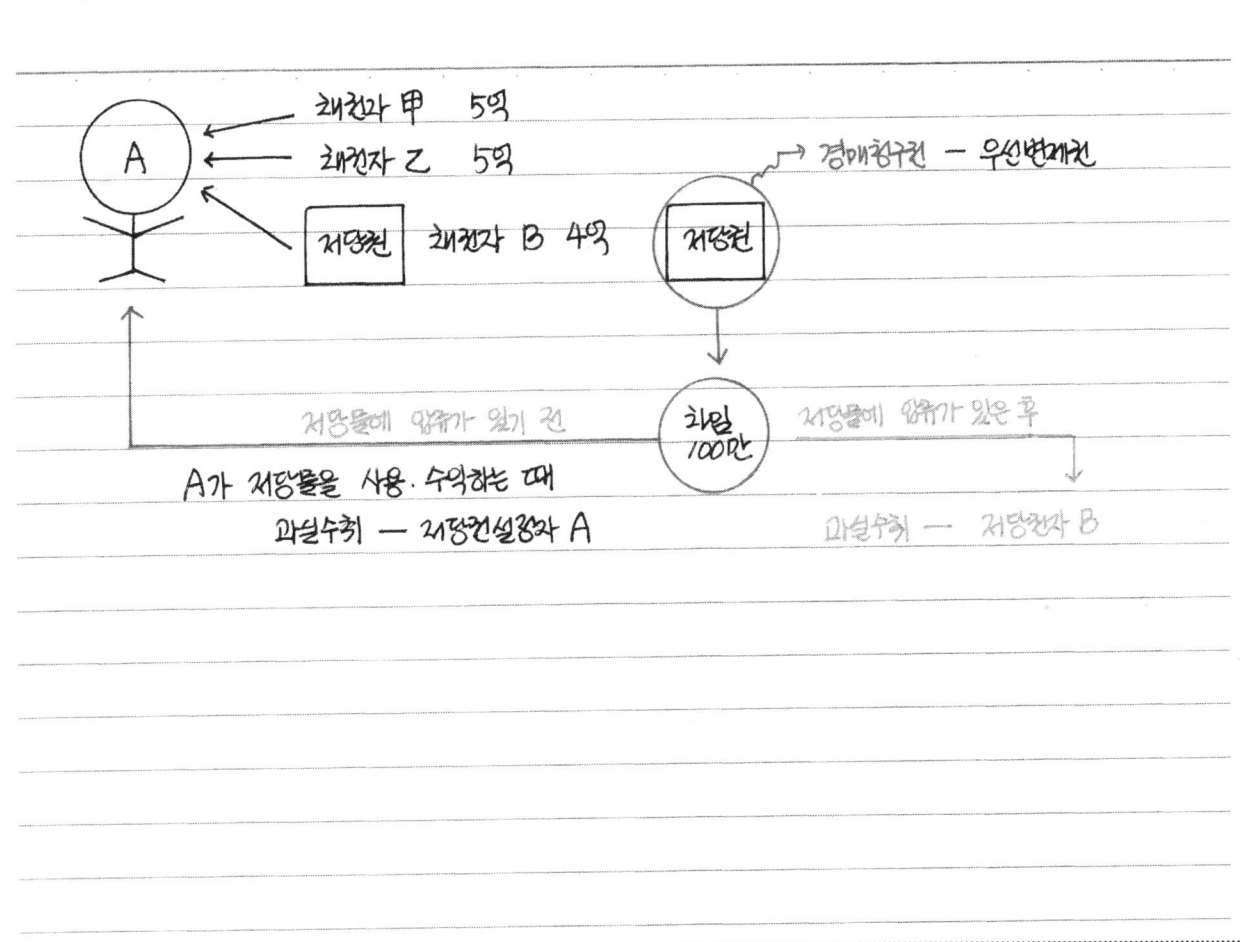

→ 지상권·전세권 甲   甲 ―――3억 빌려줌――― 乙
　　　　　　　　　　　　　　　　↑
A　　　　　　　　　　　　　저당권 등기

A. 甲은 저당권자 乙 동의 없이 지상권·전세권을 소멸 X

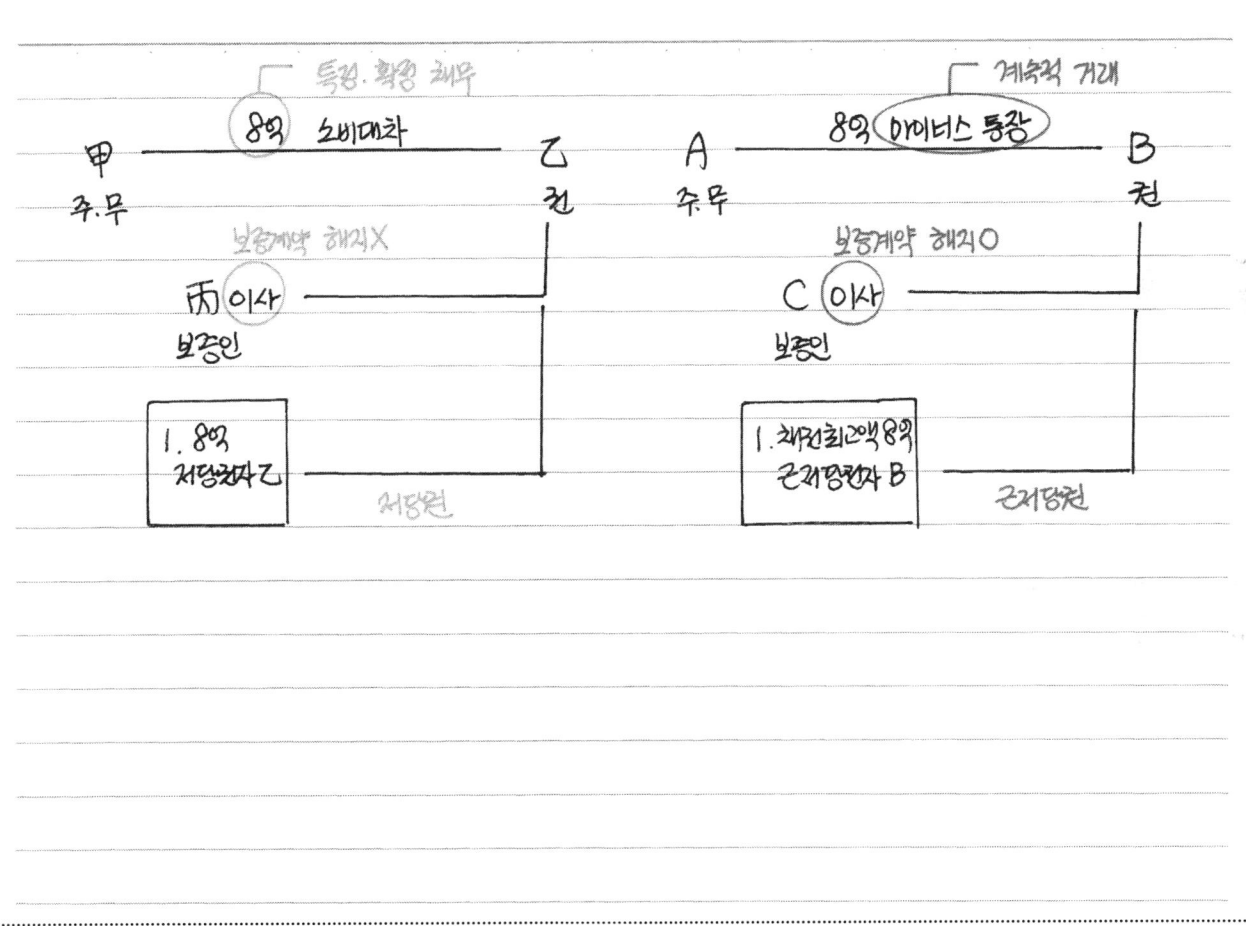

A ─────── 3억원 마이너스 통장   피담보채권 ─────── B 근저당권자
       (= 채무최고액, 채권최고액)   ↑
                                    근저당권의 범위 □

                    장래특정
① 원금 : ? ─ 늘기도 하고, 즐기도 한다. ─ 총규에 제한 X
         └→ 피담보채권의 확정! (1억원)
            확정 전 발생부분 담보책임 ○ ←│→ 확정 후 발생부분 담보책임 X

② 이자 : ? ─ 원금에 따라 늘기도 하고, 즐기도 한다.
         └→ 피담보채권의 확정! (1천만)

③ 위약금 : X

④ ~~근저당권 실행비용~~ (채권최고액이 줄어들 우려 때문)

⑤ 채권에 대한 채무불이행 손해배상 : 3백만 (3년치)
                                   지연배상

| 1. 근저당권자 B | ⤳ 경매로 우선변제 받는 금액 : 이해관계인 O   1억 1천 3백만 |
| 2. 근저당권자 C | |

저당권 등기   근저당권 등기

A ——————————— B   A ——————————— B
      3억원   3억원 마이너스 통장

[을구]
| 300,000,000원 |
| 채무자 A |
| 저당권자 B |

[을구]
| 채권최고액   300,000,000원 |
| 채무자 A |
| 근저당권자 B |

```
A ——————— 3억원  마이너스 통장 ——————————  B 근저당권자
 \———— 2억원  마이너스 통장 ——————            C 근저당권자
```

① A·B 존속기간 3년 도래시 채권액 확정 — 2억 6천
② A의 영업종료로 B와 거래관계 종료 채권액 확정 — 2억 6천
③ A가 B의 통장 해지로 채권액 확정 — 2억 6천
　　↳ 제3취득자는 해지 의사표시를 원용 O

④ B가 경매신청시 B채권액 확정 — 2억 6천 (최하로 확정 효과 번복 X)
⑤ C가 경매신청시 C채권액 확정 — 1억 2천
　 C가 경매신청시 B채권액 경락대금 완납시 확정 → [2억 6천]
　　　　　　　　　　　　　　　　　　　액수 확정시 저당권과 같은 취급

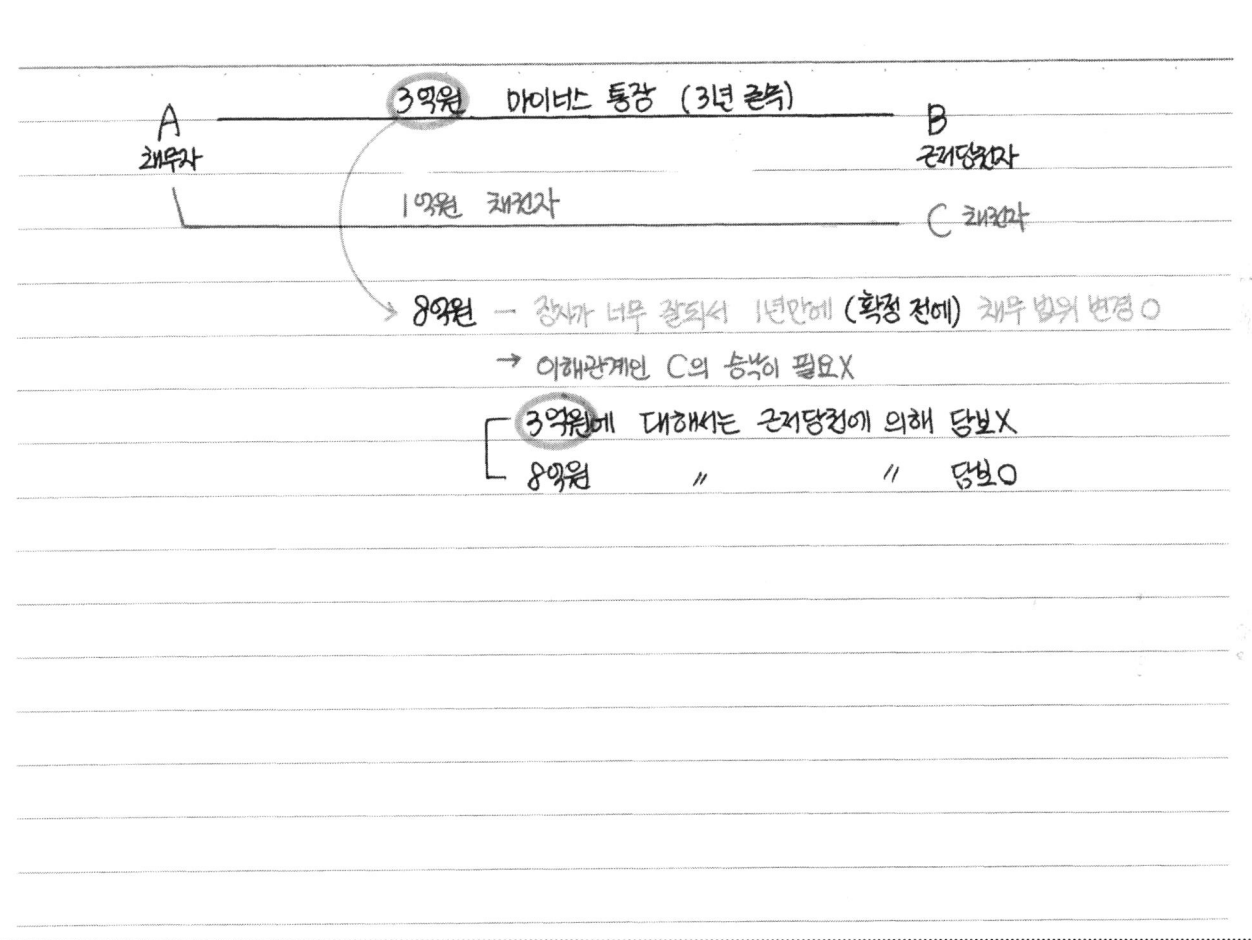

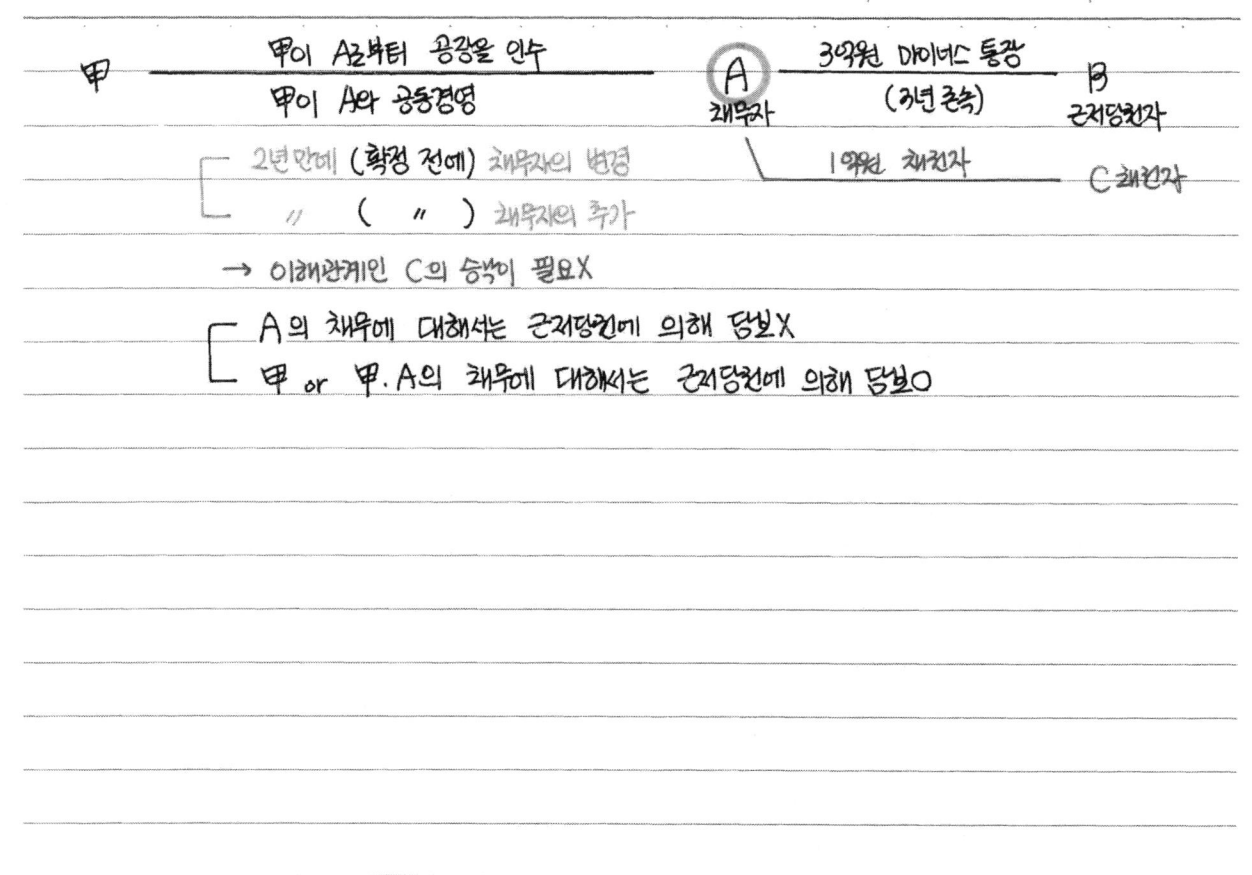

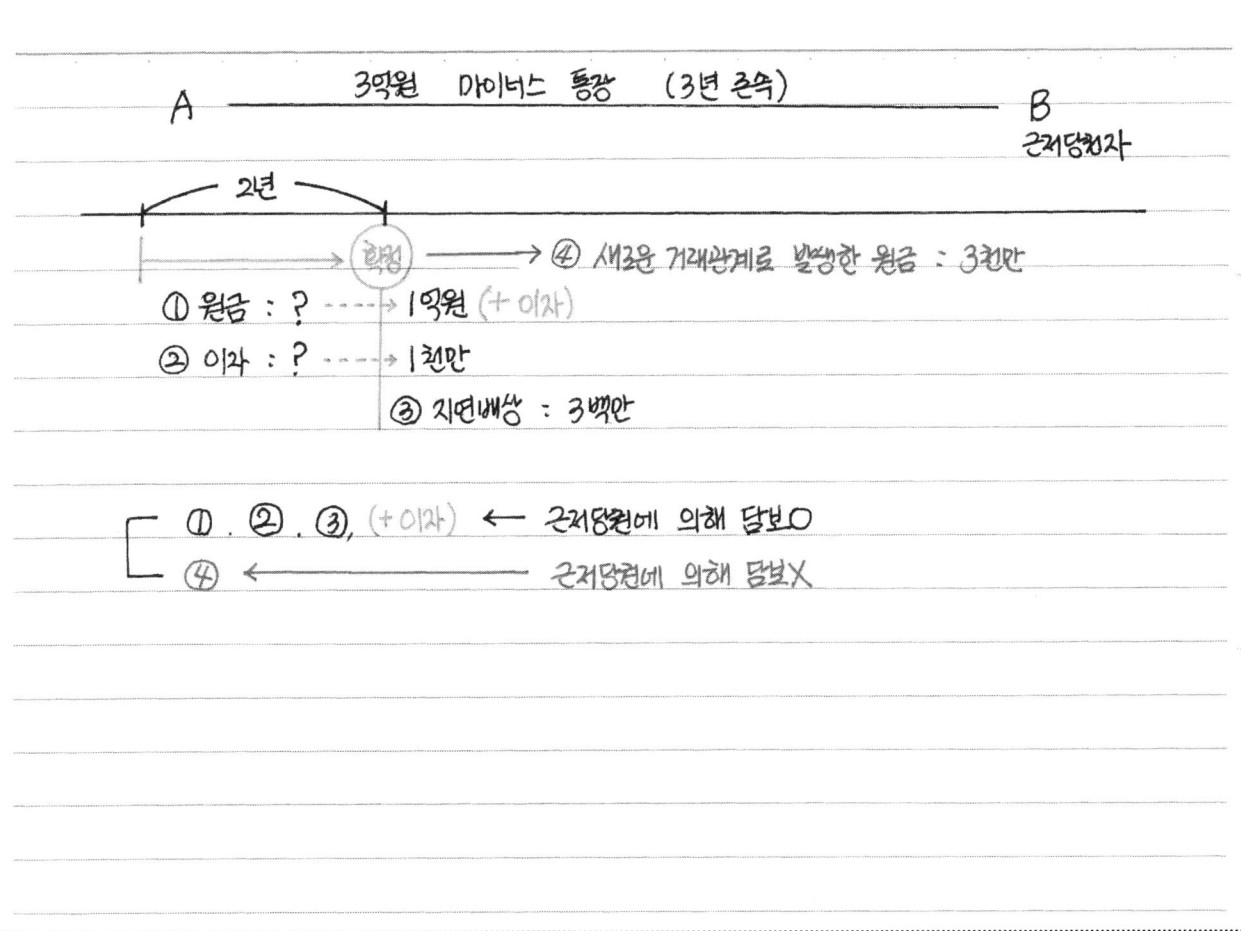

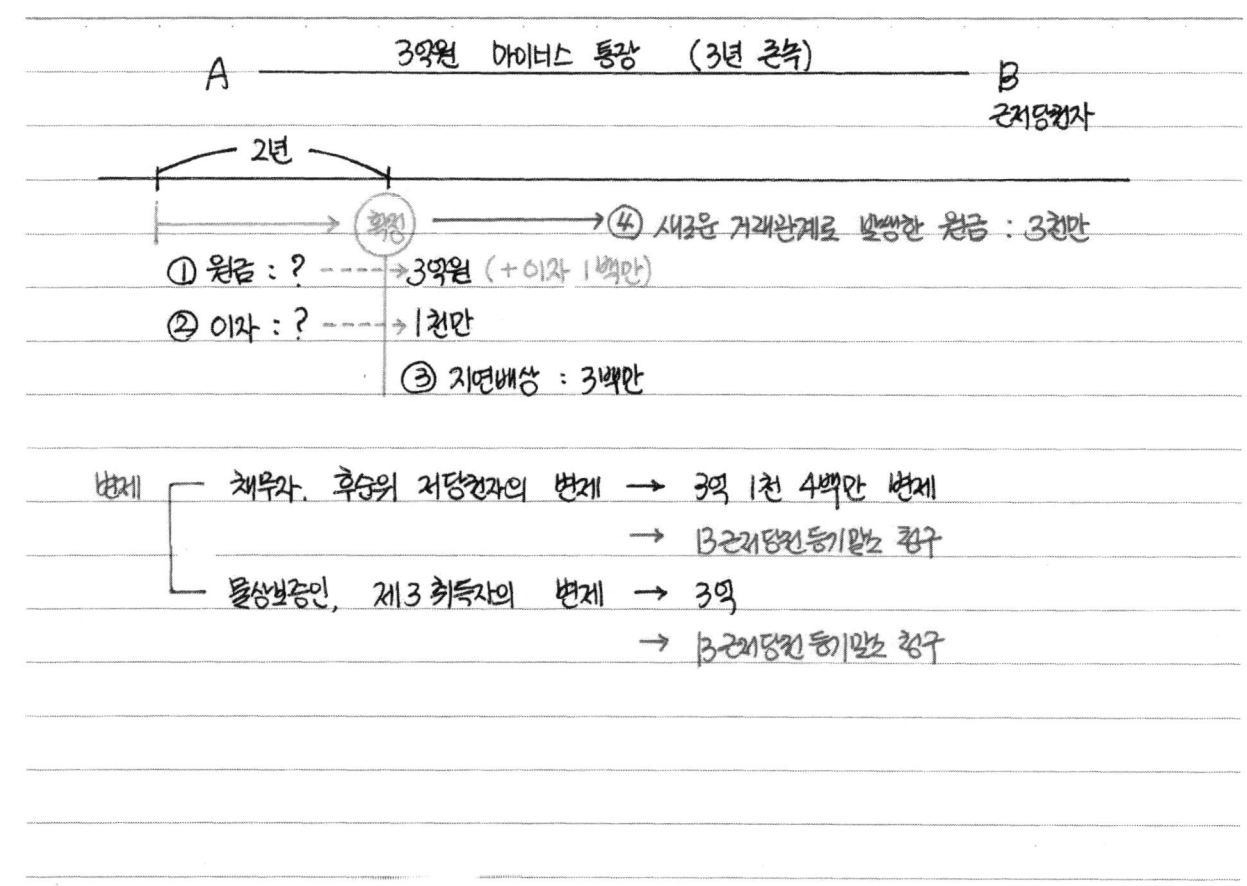

채무자 A의 X토지 → 2,000만	채무자 A의 Y토지 → 1,000만
1. 저당권자 甲 (1,500만)	1. 저당권자 甲 (1,500만)
2. 저당권자 乙 (1,000만)	2. 저당권자 丙 (500만)

동시배당
- 甲 → 1,000만
- 乙 → 1,000만
- 甲 → 500만
- 丙 → 500만

이시배당
- ⓘ 甲 → 1,500만
- 乙 → 500만 ——乙이 甲을 대위 O→ 甲 → X (500만)
- 丙 → 500만

이시배당
- 甲 → 500만 (500만) ←丙이 甲을 대위 O——
- 乙 → 1,000만
- ⓘ 甲 → 1,000만
- 丙 → X

	채무자 A의 X토지 → 2,000만	물상보증인 B의 Y토지 → 1,000만
	1. 저당권자 甲 (1,500만)	1. 저당권자 甲 (1,500만)
	2. 저당권자 乙 (1,000만)	2. 저당권자 丙 (500만)

동시배당
- 甲 → 1,500만
- 乙 → 500만
- 甲 → X
- 丙 → 500만

이시배당
- 甲 → 1,500만
- 乙 → 500만
- 甲 → X
- 丙 → 500만

이시배당
- 甲 → 500만 (500만) ← 丙이 甲을 대위
- 乙 → 500만
- 甲 → 1,000만
- 丙 → X

A ──── 3억원 / 3억원 마이너스 통장   피담보채권 ──── B
            (= 채무최고액, 채권최고액)   가등기담보권자

         현재특정   장래특정
① 원금 : 3억원 / ? 늘기도 하고, 줄기도 한다. ─ 종류에 제한 O
                                    ┌ 소비대차 O, 준소비대차 O
                                    └ 매매대금채권 X, 공사대금채권 X

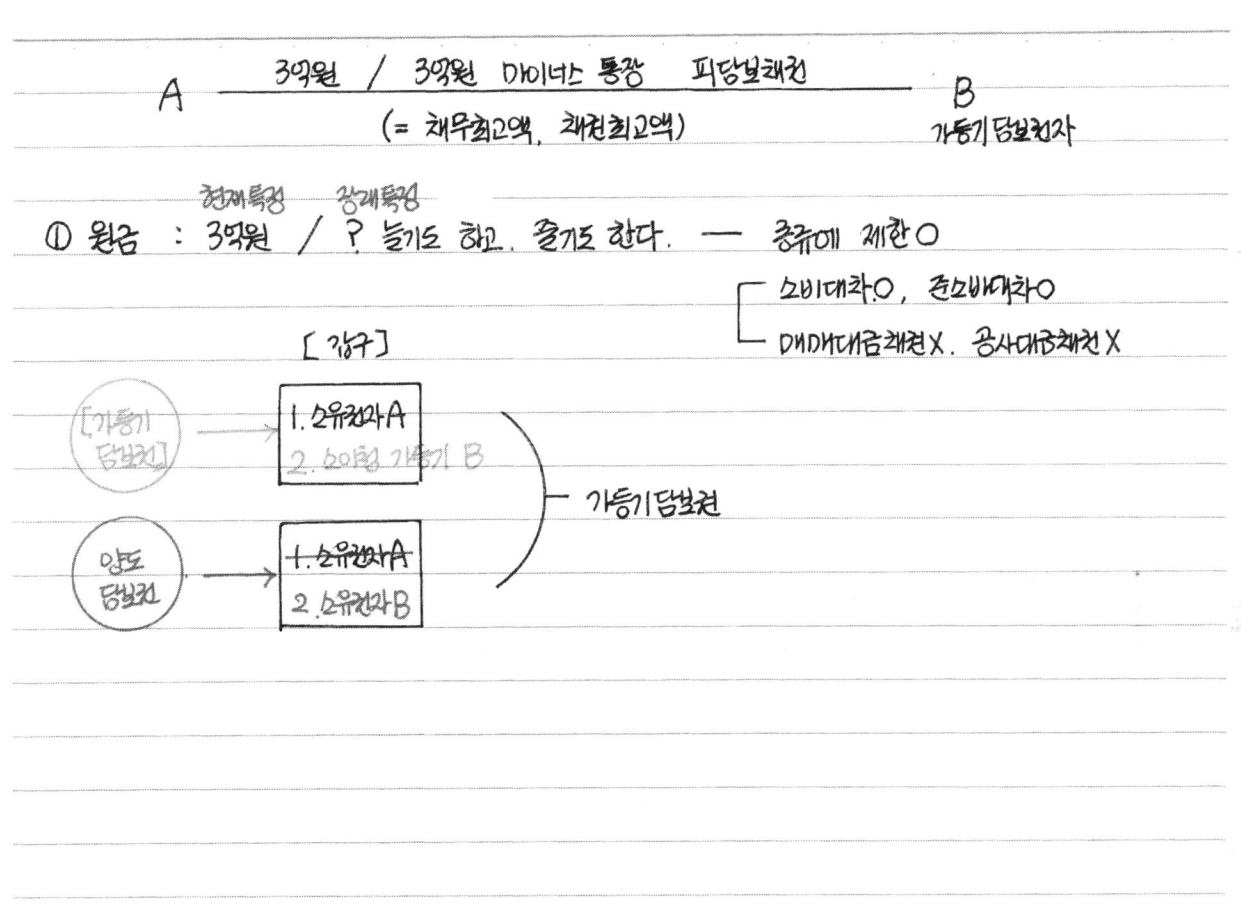

담보물권의 피담보채권의 종류에 제한

① 유치권 — 제한O ┌ 목적물에 들인 비용 ← 공사대금채권O, 매매대금채권X
                  └ 목적물로 인한 손해배상

② 질권 — 제한X

③ 저당권, 근저당권 — 제한X
    [용가]

④ 가등기담보권 — 제한O ┌ 소비대차 ← 공사대금채권X, 매매대금채권X
    [감구]   └ 준소비대차
        └→ 차이점을 구분하는 것이 출제포인트

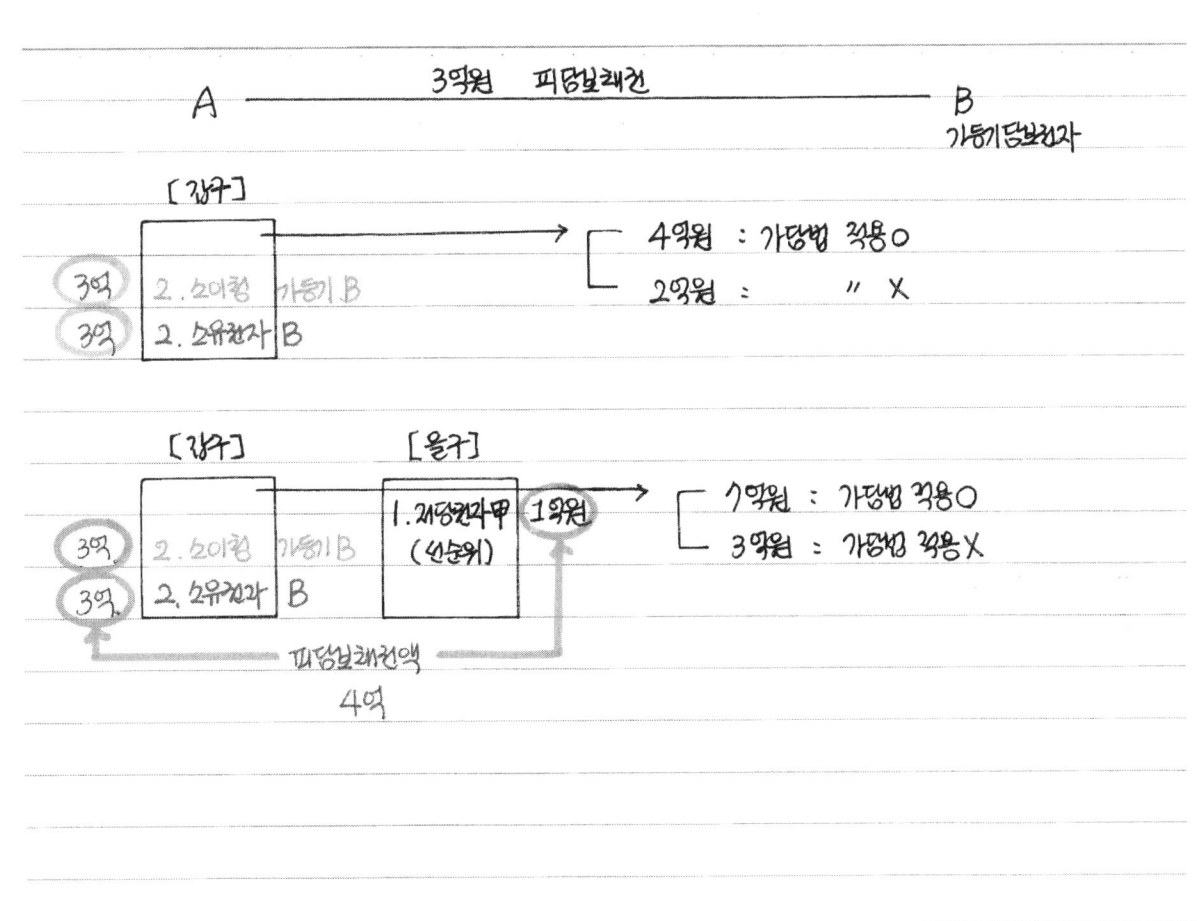

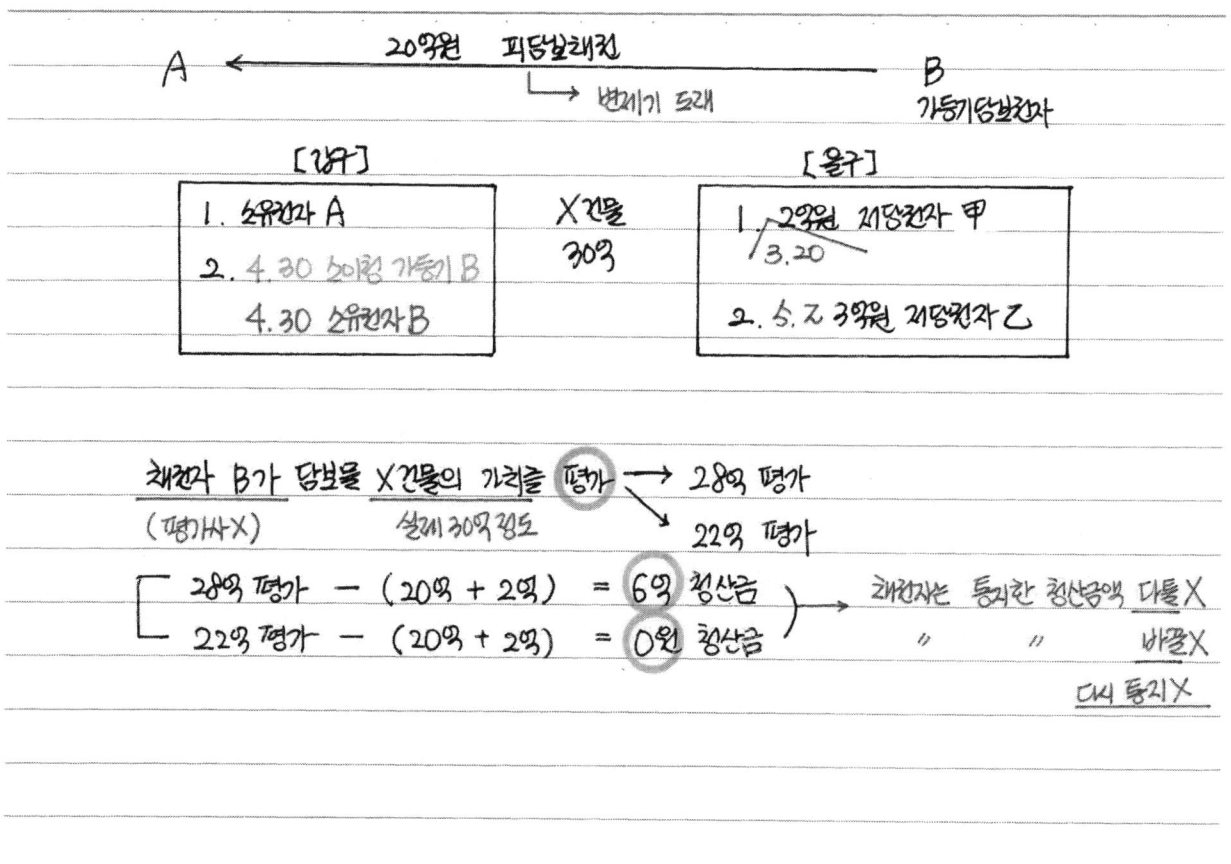

A ←──── 채무자 모두에게 통지 ──── B

┌─ 청산금 6억으로 통지 : A는 긍정적으로 인식 → A는 청산금액을 확정ㅇ
│
└─ 청산금 0원으로 통지 : A는 부정적으로 인식 → A는 청산금액을 다툴 수 ㅇ

⇓ A에게 도달 후

乙 ←──── 후순위 권리자 모두에게 통지 ──── B

┌─ 청산금 6억으로 통지 : 乙은 긍정적으로 인식 → 乙은 B에게 3억원 지급청구 ㅇ
│   B는 乙에게 3억원 지급.
│
└─ 청산금 0원으로 통지 : 乙은 부정적으로 인식 → 乙의 변제기 도래 전이라도
                                              청산기간내 한정하여 X 건물 경매청구 ㅇ

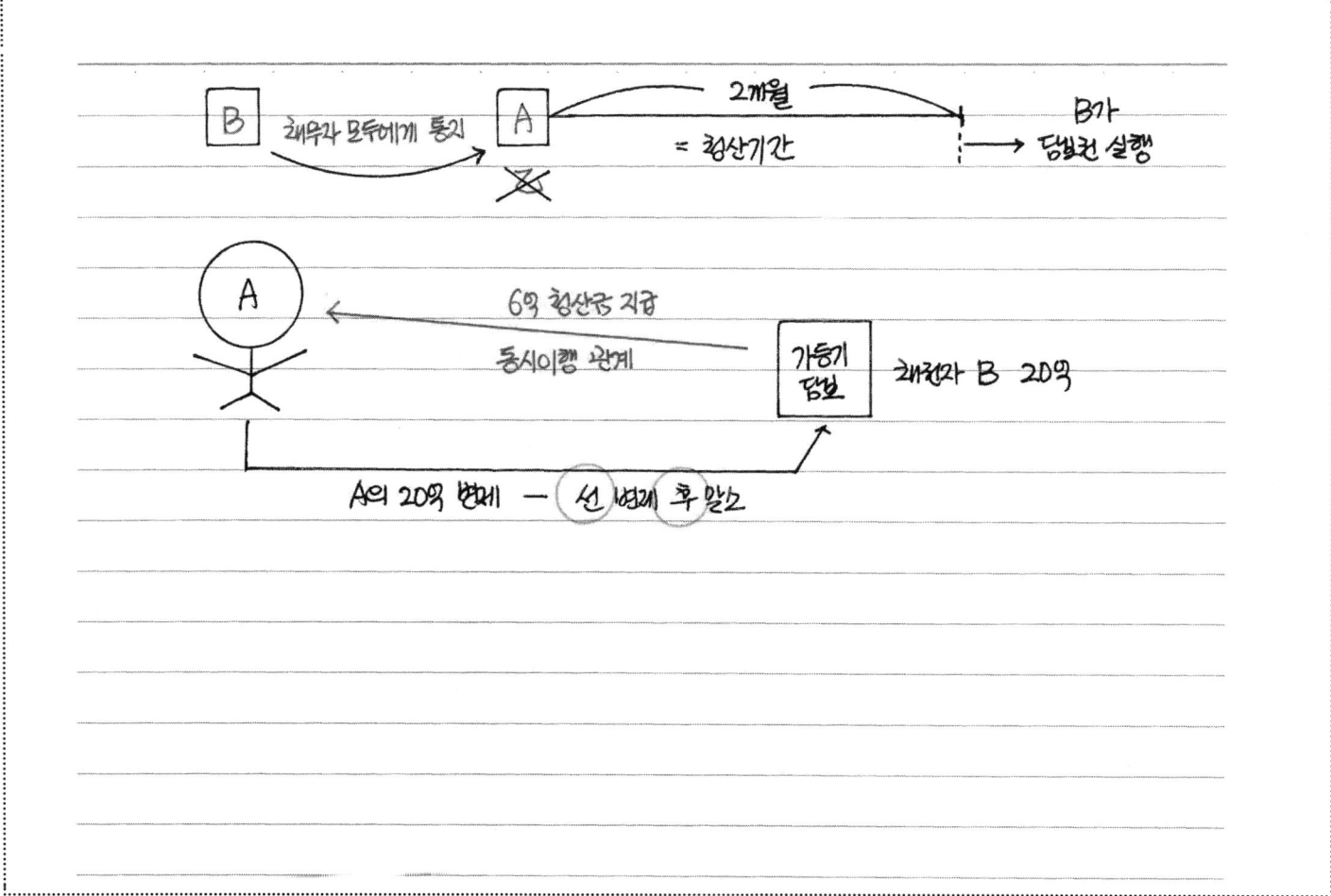

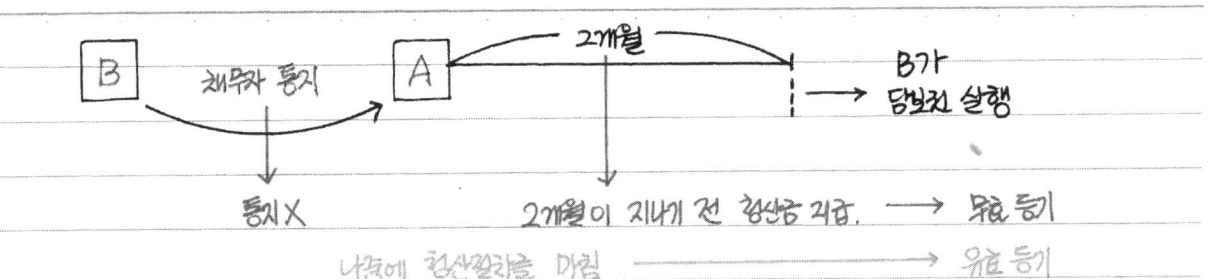

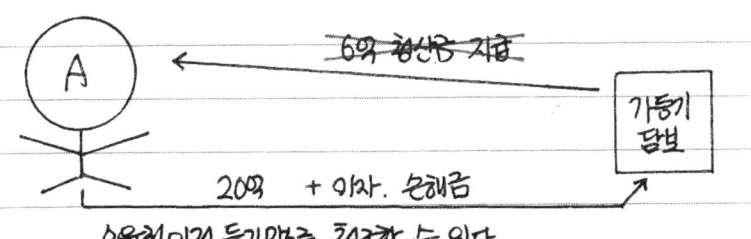

```
    A ────────3억원  피담보채권──────── B
저당권설정자                          저당권자

   ┌──────┐
   │ A가   │ ←──────────────────── [목적]갈애
   │사용·수익│                        저당권 등기
   └──────┘


    A ────────3억원  피담보채권──────── B
가등기담보설정자                       가등기담보권자

   ┌──────┐
   │ A가   │ ←──────────────────── [강제]갈애
   │사용·수익│                        가등기·2억20이전 등기
   └──────┘
```

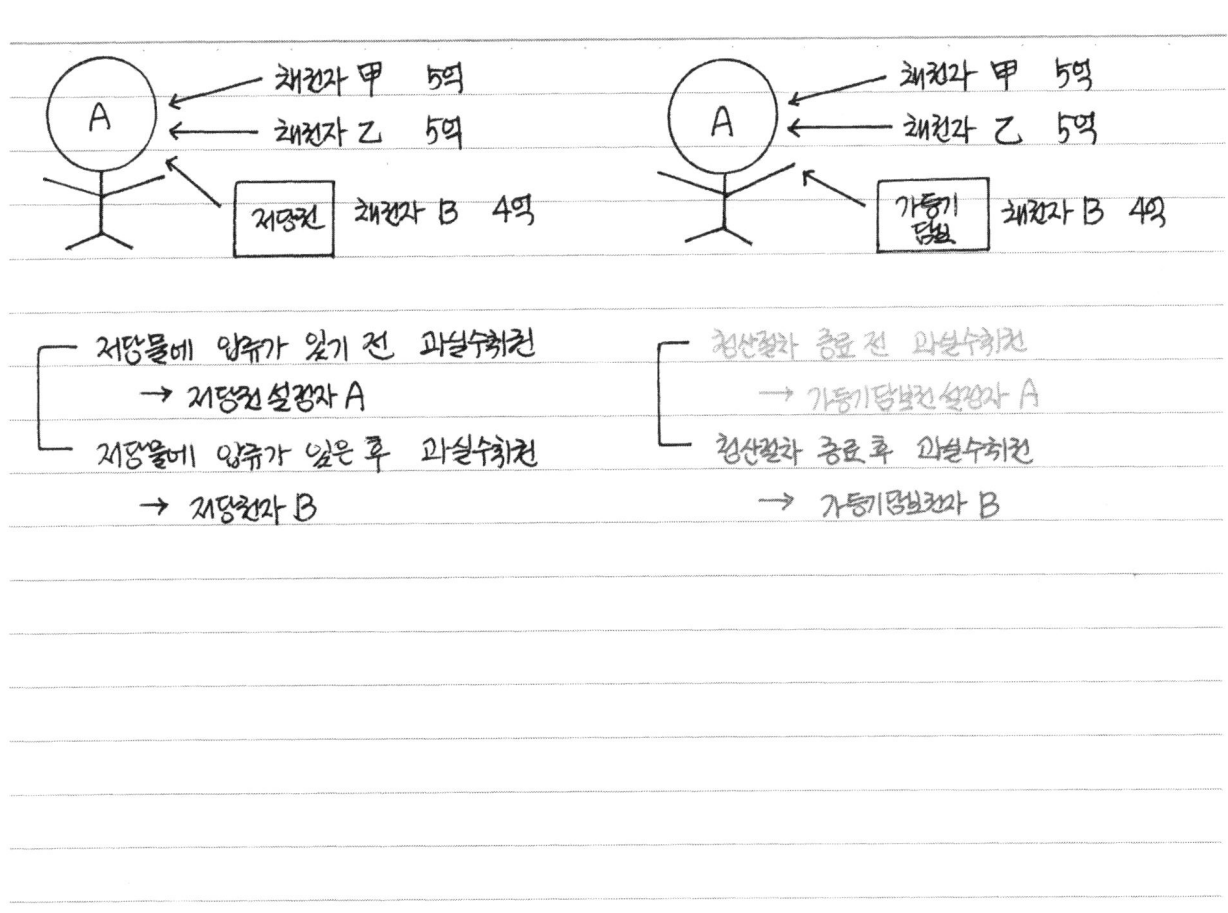

甲 ———————————— 부동산 매매계약 ———————————— 乙
매도인   매수인

① 4. 20. 매매계약서 작성
② 4. 21. 계약금 지급
③ 5. 10. 소유권이전등기 및 매매대금지급

1. 매매계약 성립 — 4. 20. (낙성계약이기 때문)
2. 계약금 계약 성립 — 4. 21. (요물계약이기 때문)
3. 소유권 乙에게 이전 — 5. 10. (부동산 법률행위 등기는 효력발생요건)

* 요물계약 — ⓐ현상광고, ⓑ대물변제, ⓒ계약금, ⓓ보증금

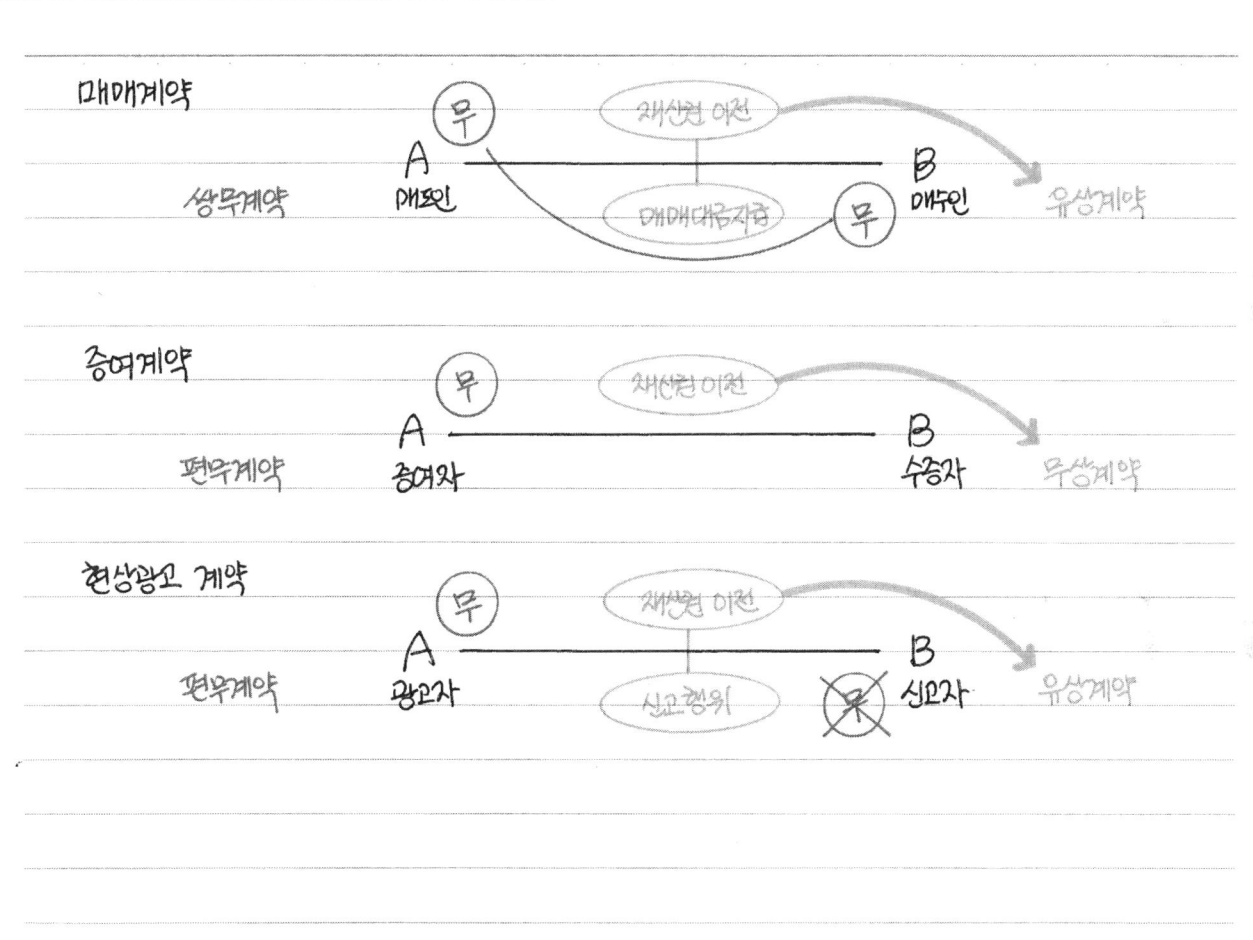

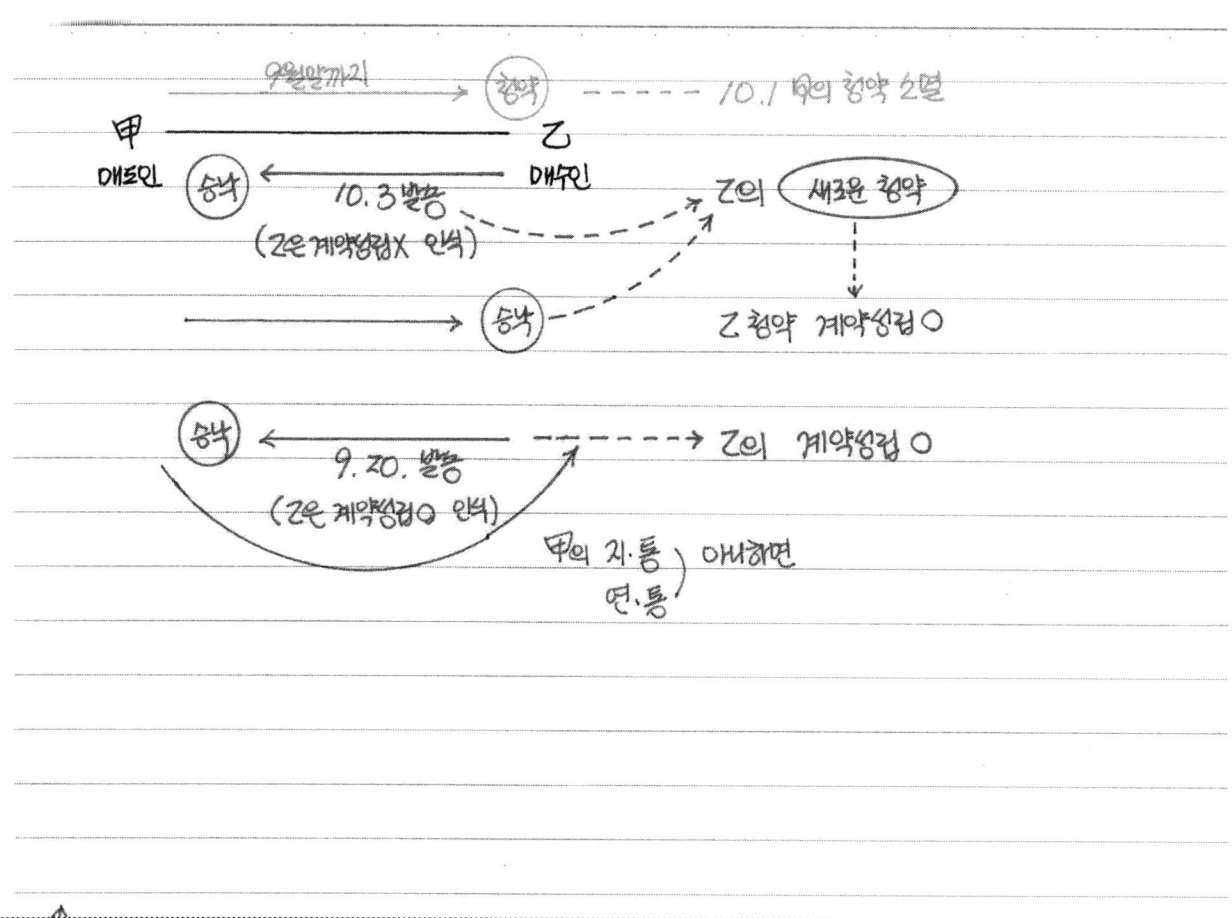

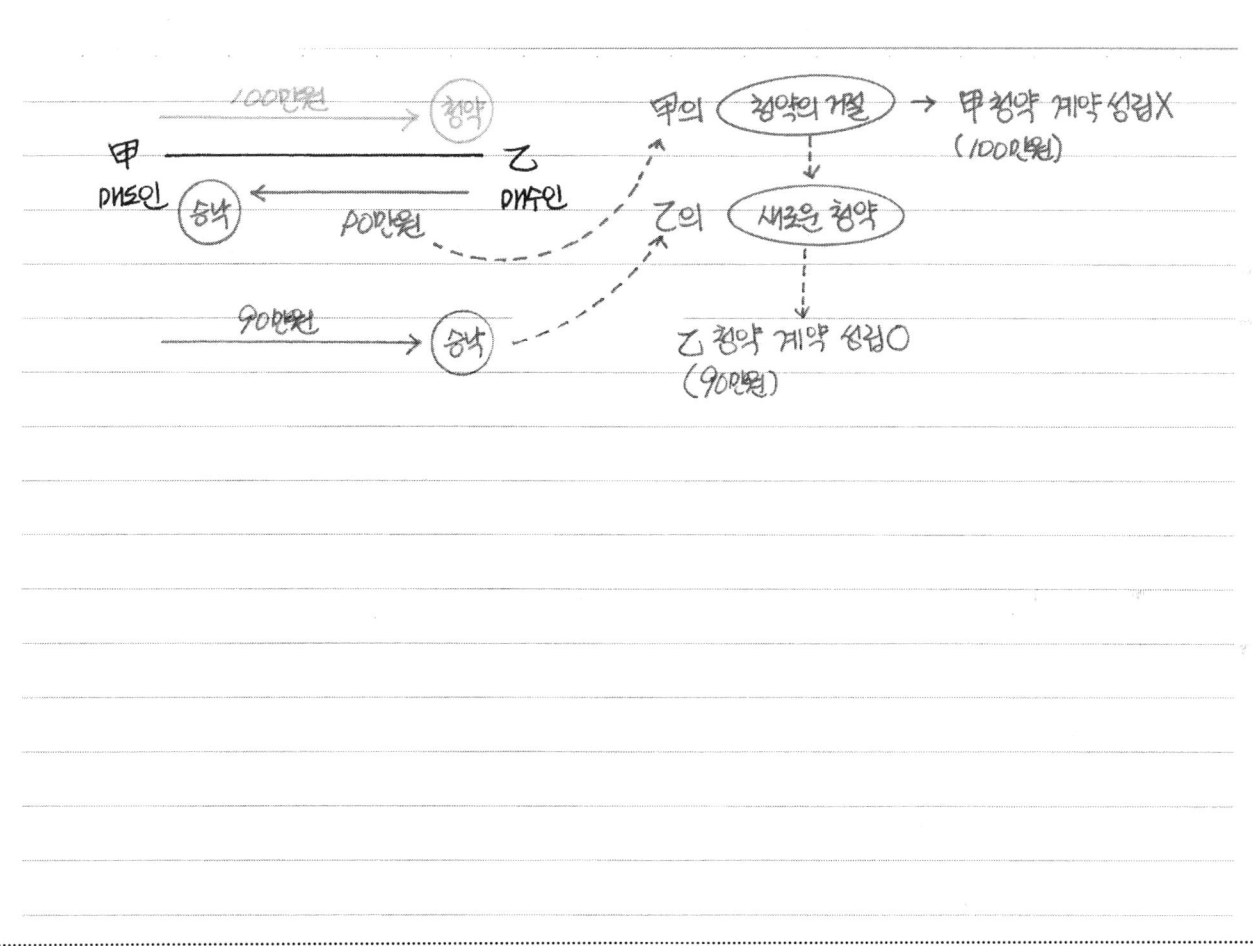

- 대화자 : 청약과 승낙의 의사표시에 시간이 얼마 걸리지 않음
- 격지자 : 〃 상당한 시간이 걸림
  → 편지. 우편

민법 규정 — 격지자간의 계약은 승낙의 통지를 발송한 때 성립한다.

```
              3.15 발송  ——편지——→  (청약) 3.16. 도달
    甲 ─────────────────────────────── 乙
  매도인                                  매수인
       3.19 도달 (승낙) ←——편지—— 3.18 발송
```

- 청약 : 3. 16. 효력발생
- 승낙 : 3. 18. 계약 성립.

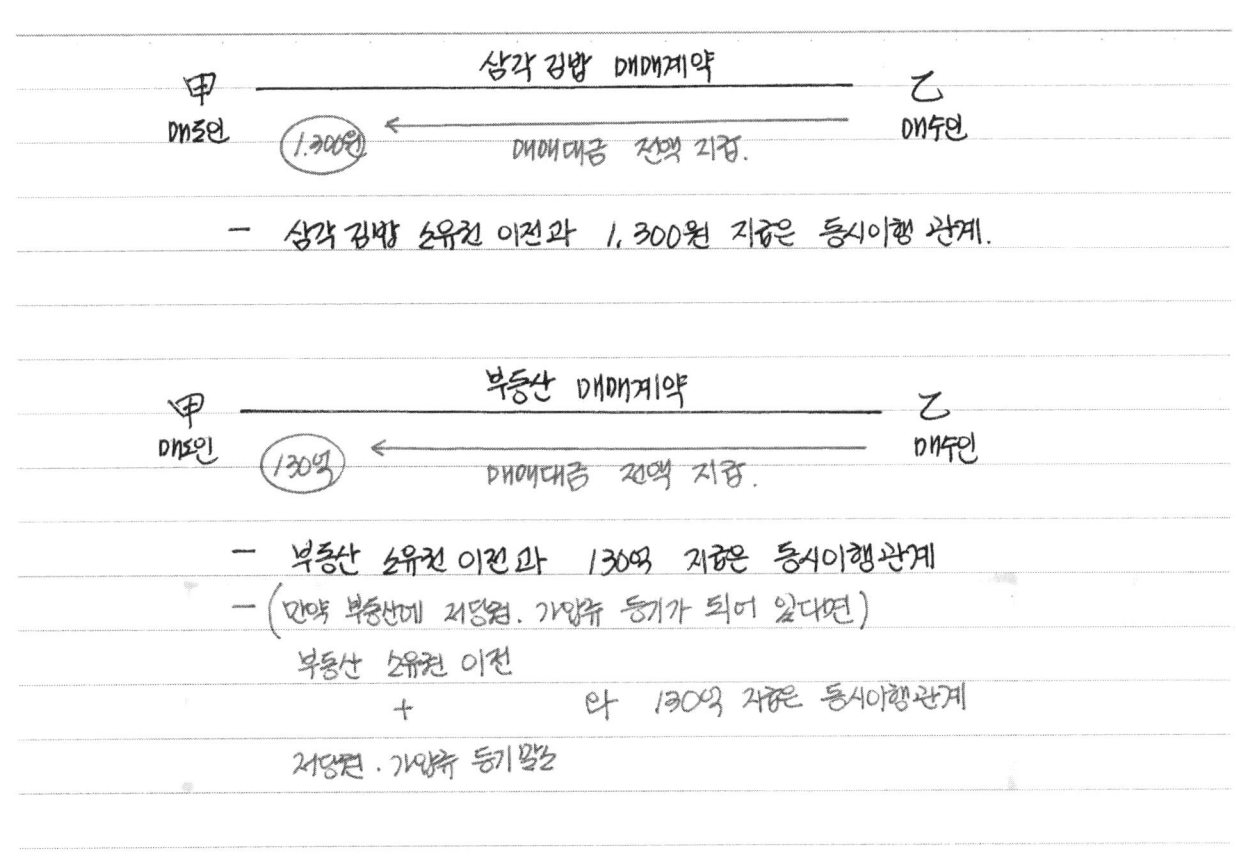

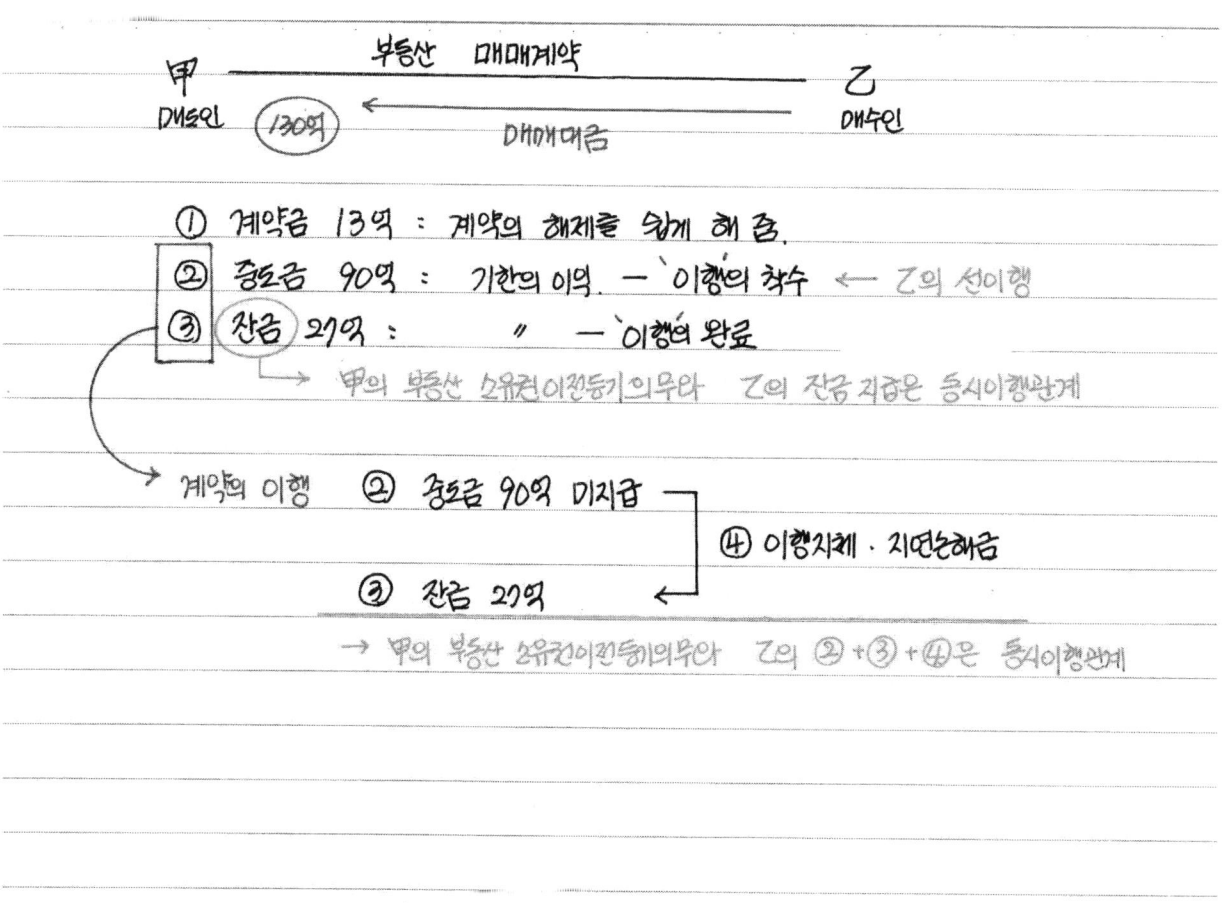

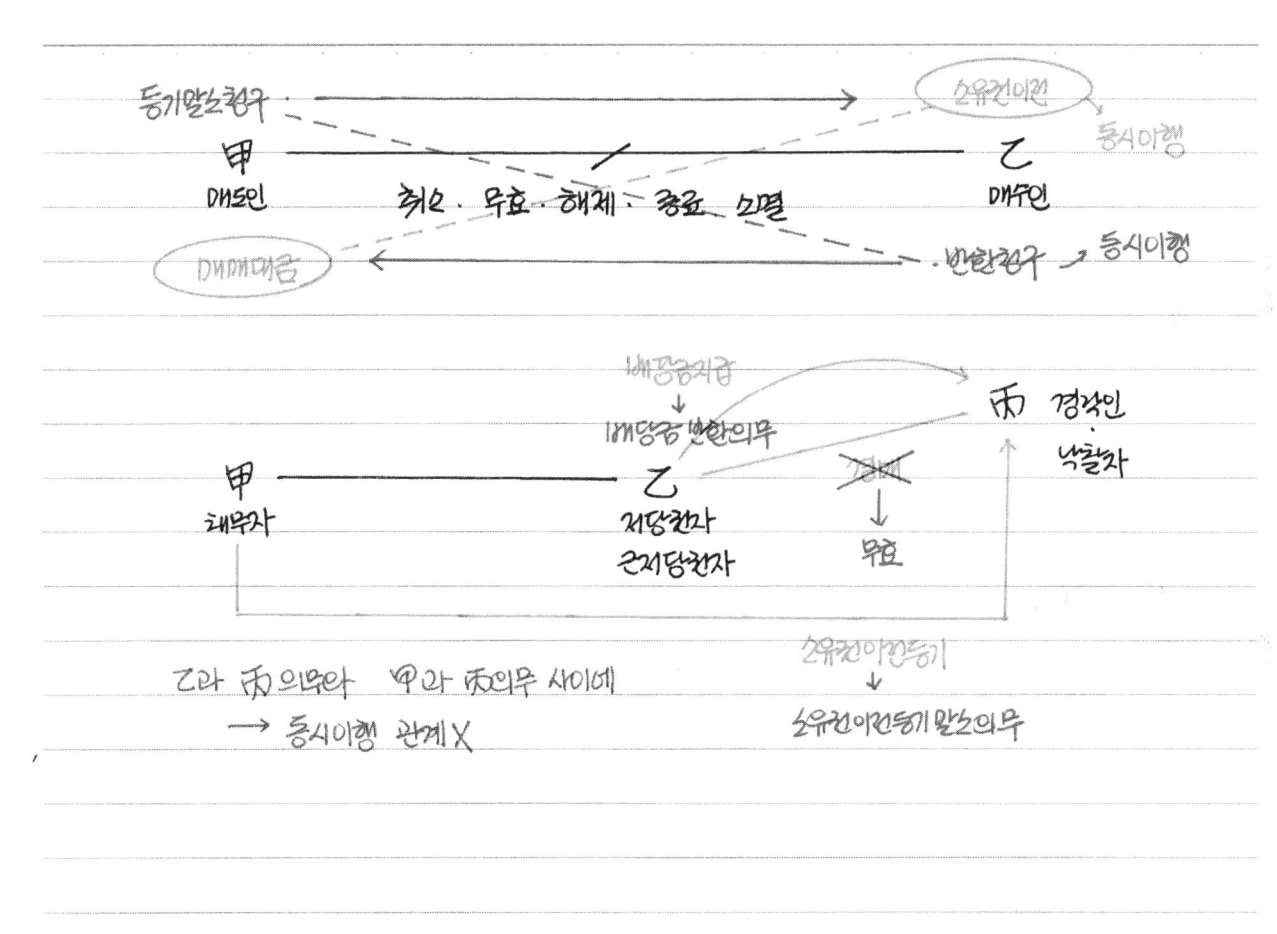

```
                    ──────→  보증금반환의무
      甲  ─────────  임대차 계약 종료  ─────────  乙
      임대인                                    임차인

                    ←──────────────
                        임차물반환의무        ── 동시이행 관계 O

                    ←──────────────
                    원상회복 + 임차물반환의무   ── 동시이행 관계 O

                    ←──────────────
                    철거금지수 + 임차물반환의무  ── 동시이행 관계 X
                        방해

                    ←──────────────
                 임차권등기명령에 따른 등기말소의무 ── 동시이행 관계 X
```

                                    ↙ 乙 or 丙 때문에 멸실
                    ~~부동산~~ 매매계약
        甲 ─────────────────────────── 乙
        매도인 (130억) ←─────────────── 매수인
                        매매대금 전액 지급

    → 甲의 부동산 소유권이전등기와 乙의 매매대금지급은 동시이행관계
    = 甲의 乙 or 丙에 대한
       손해배상청구

```
  甲 ─────────── 4.16  매매계약 ─────────── 乙
 매도인                                      매수인

        ←─────────── 4.30 ───────────
           소유권이전등기 및 잔금지급
```

① 5.1. 甲, 乙 모두 이행제공 X → 이행지체 X (동.항.지체로)

② 5.1   甲, 乙 항변권 주장 X   → 이행지체 X (동.항 지체로)

③ 5.2   乙이 잔금제공 후 甲에게 이행청구 → 甲은 이행지체 O (동.항 X)
         (甲이 수령 X)

④ 5.3   乙이 잔금제공 않고 甲에게 이행청구 → 이행지체 X (동.항 지체로)

    if) 이를 소송으로 진행하게 되면
         동시이행 항변권을 주장해야 법원이 심리

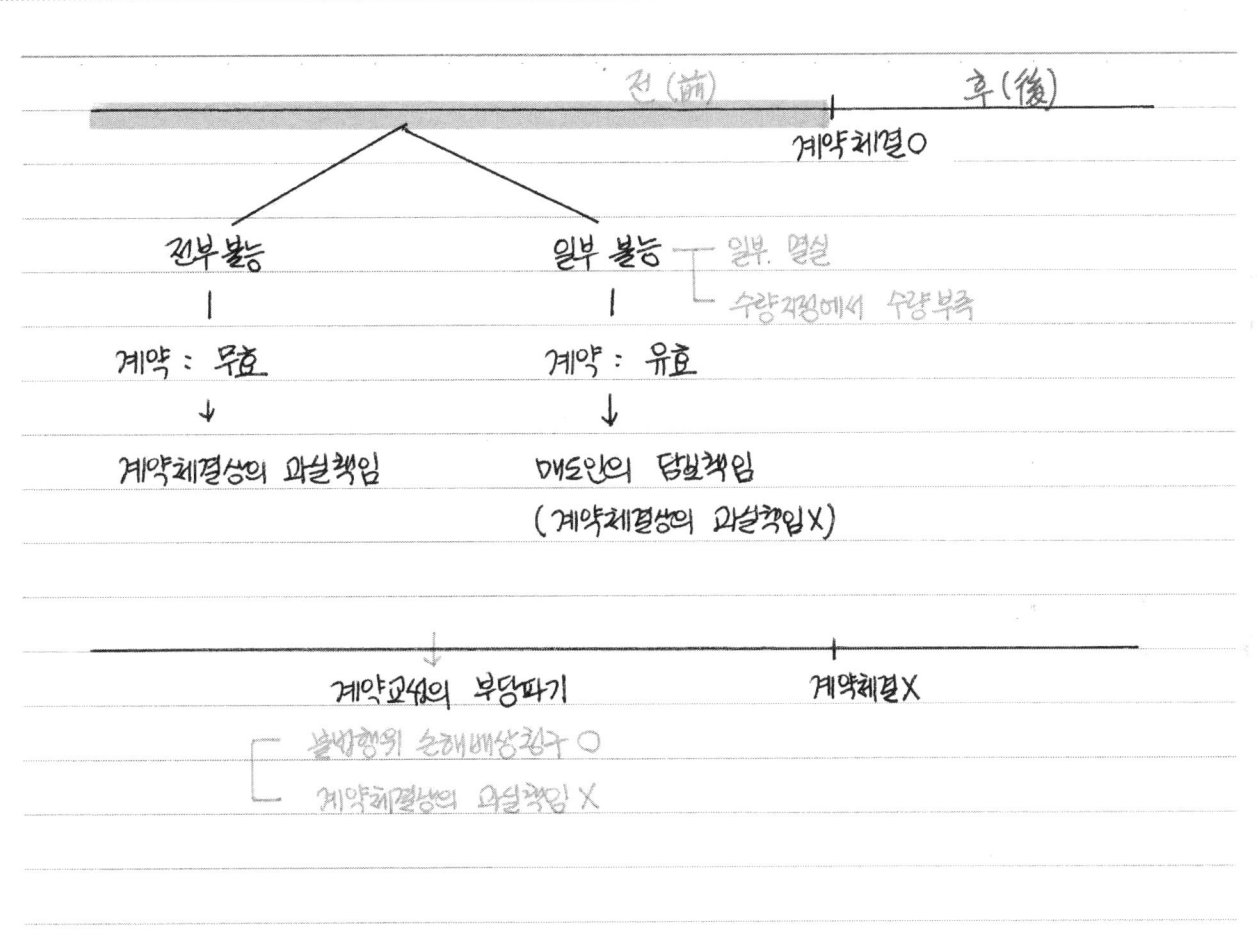

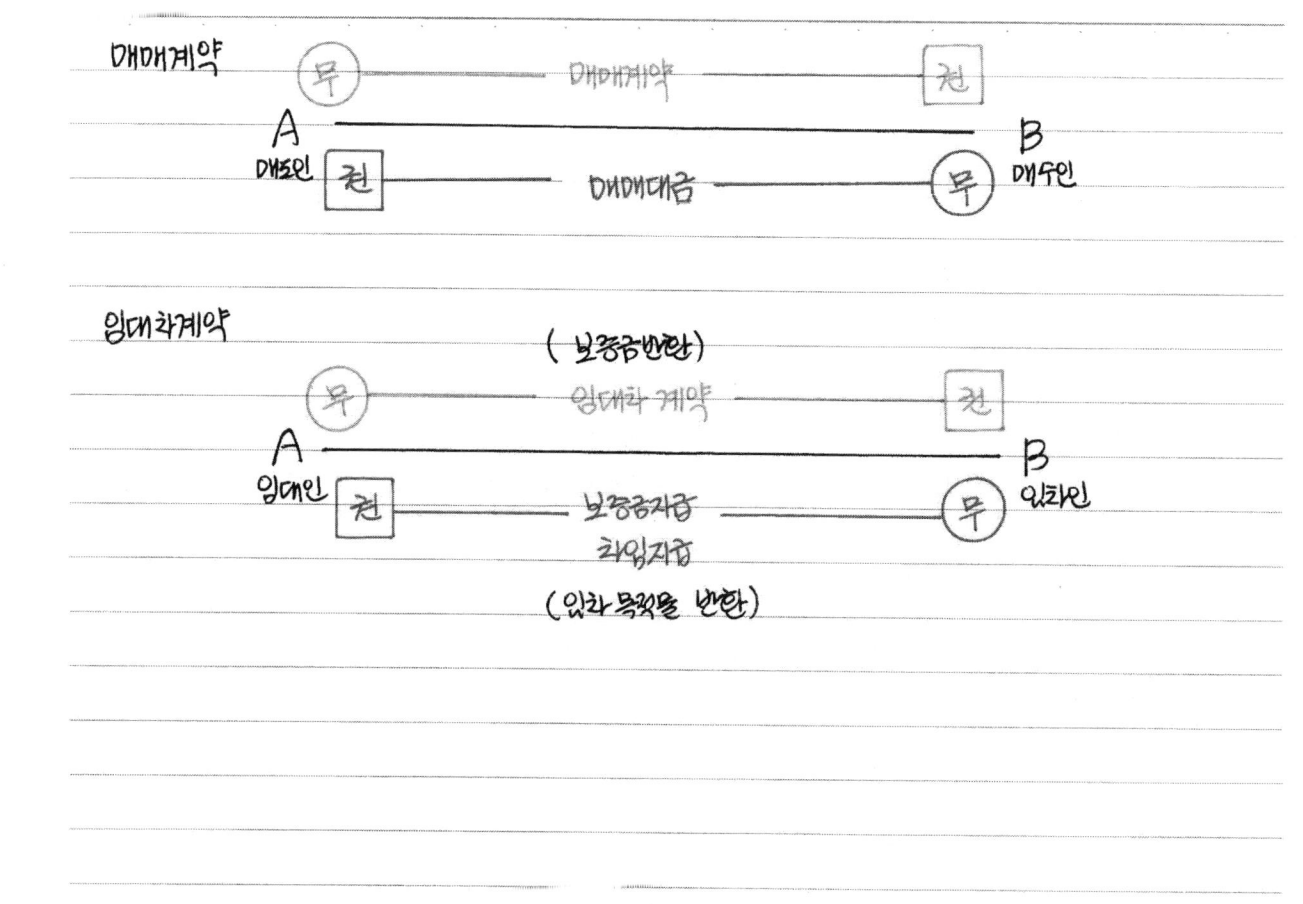

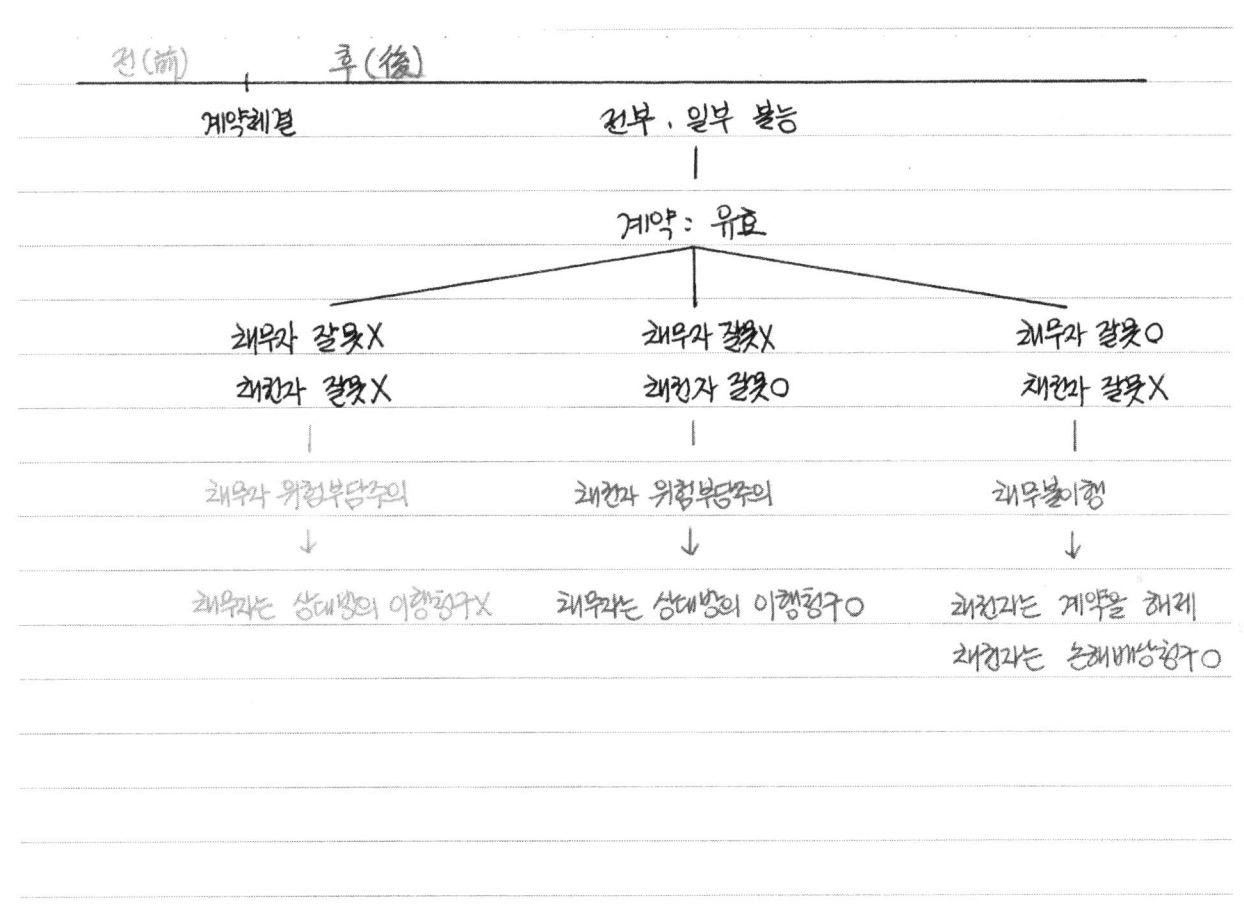

매매계약

(무) A ─────── 매매목적물 ✗ ─────── (처) B
매도인   10억 매매대금   매수인
                                    멸실 13억 배상금

① 채무과 위험부담주의 ─ A가 B에게 매매대금 이행청구 ✗
   (B는 A에게 13억 이행청구, A는 B에게 10억 이행청구)

② 채권자 위험부담주의 ─ A가 B에게 매매대금 이행청구 ○
   (B는 〃 13억 〃, A는 〃 10억 〃)

③ 채무불이행 ─ B가 A에게 손해배상청구 ○
   (B는 〃 13억 〃, A는 〃 10억 〃)

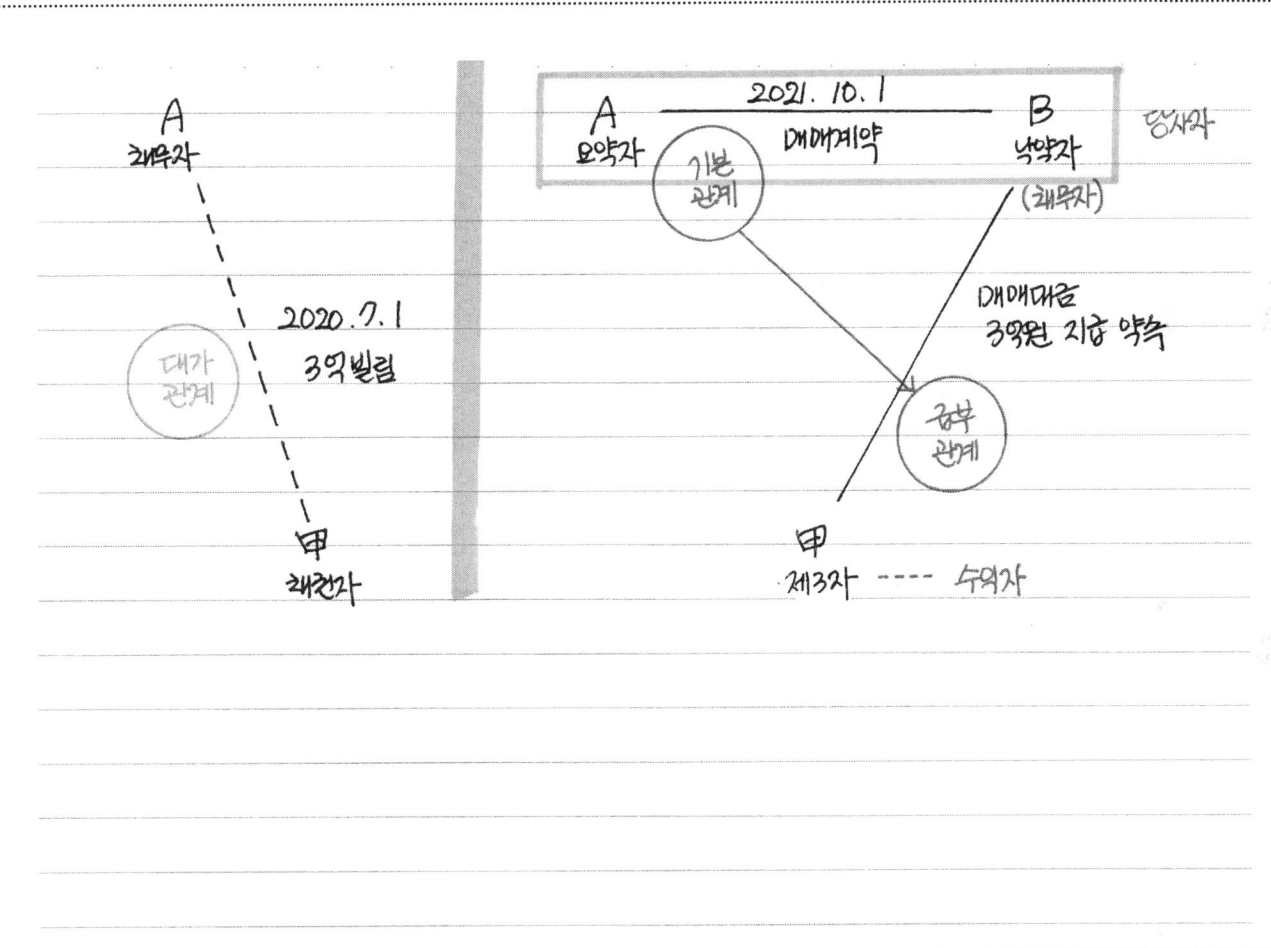

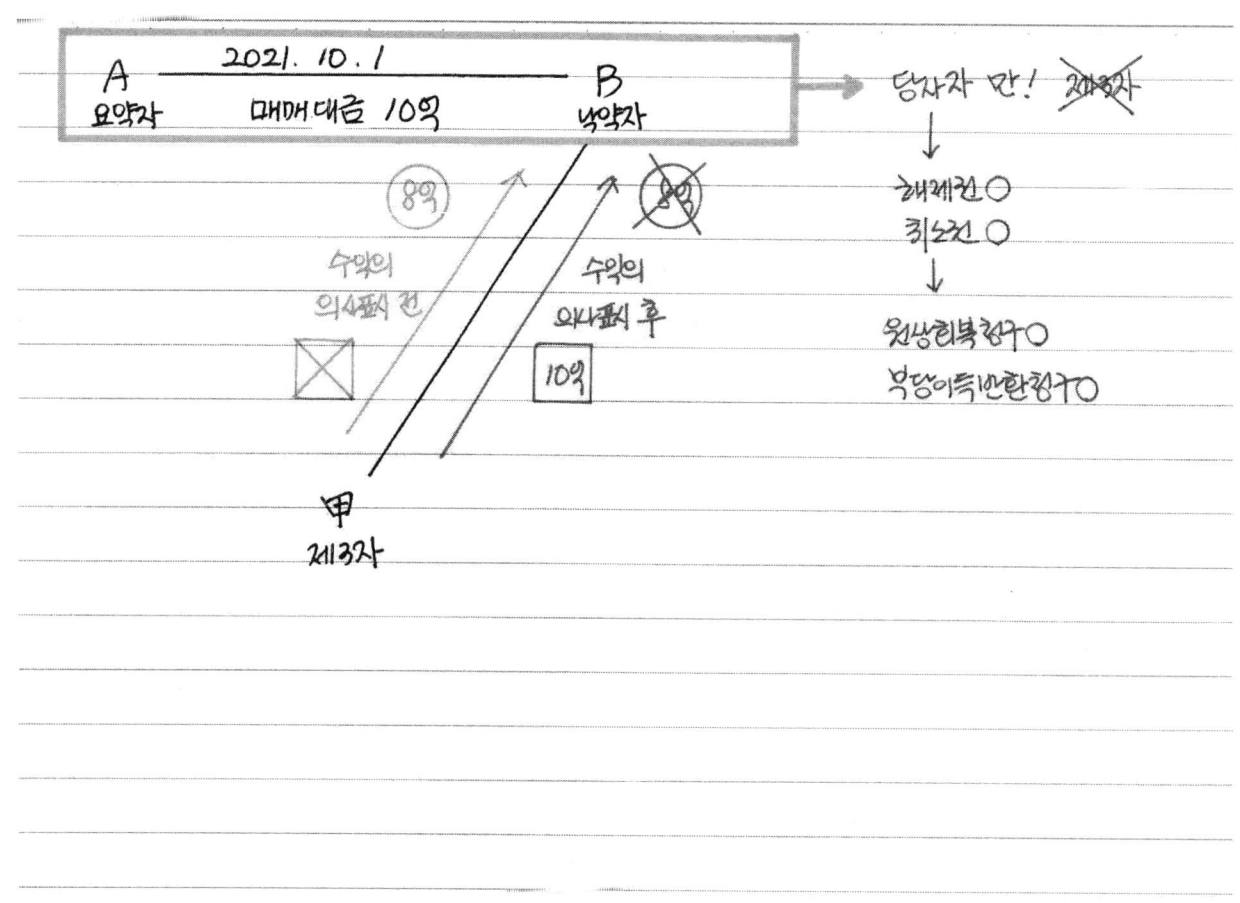

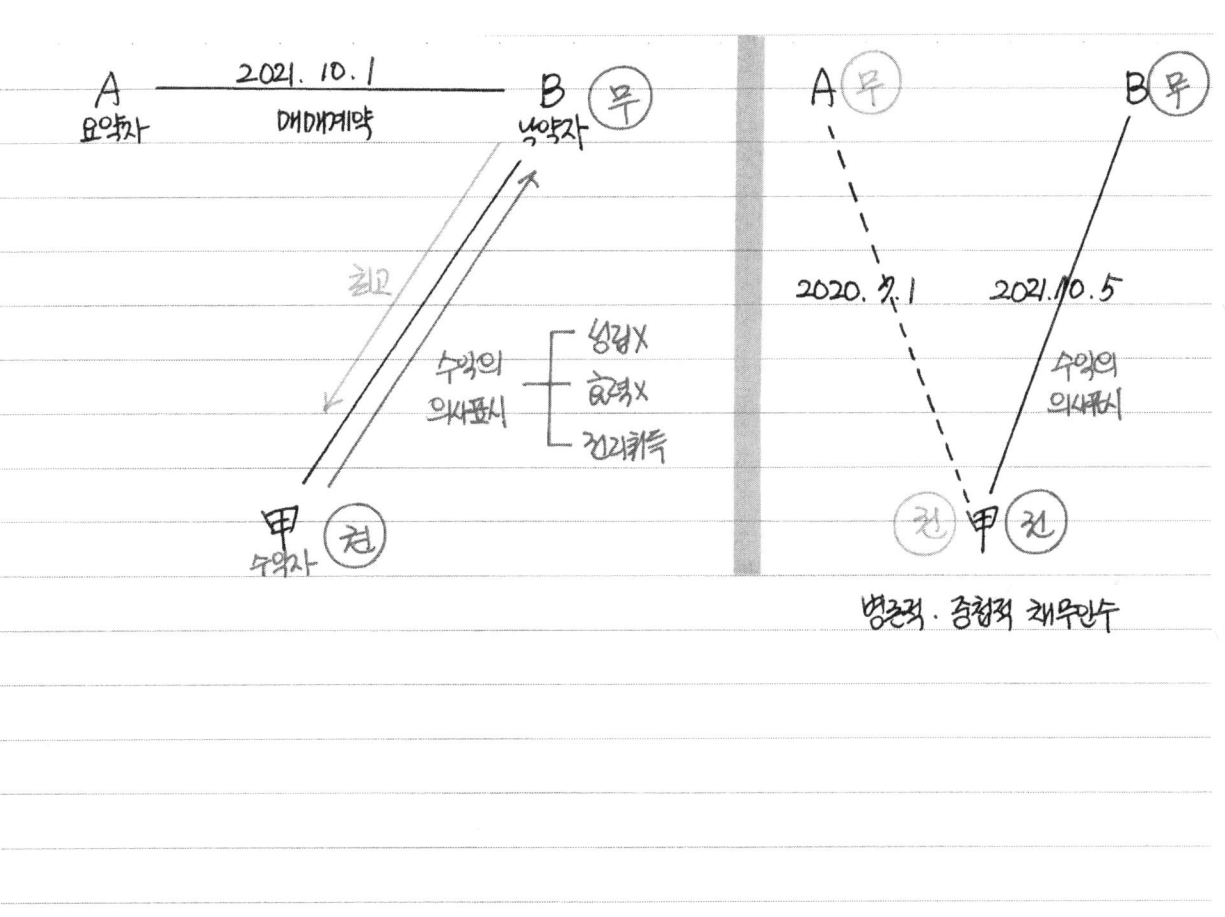

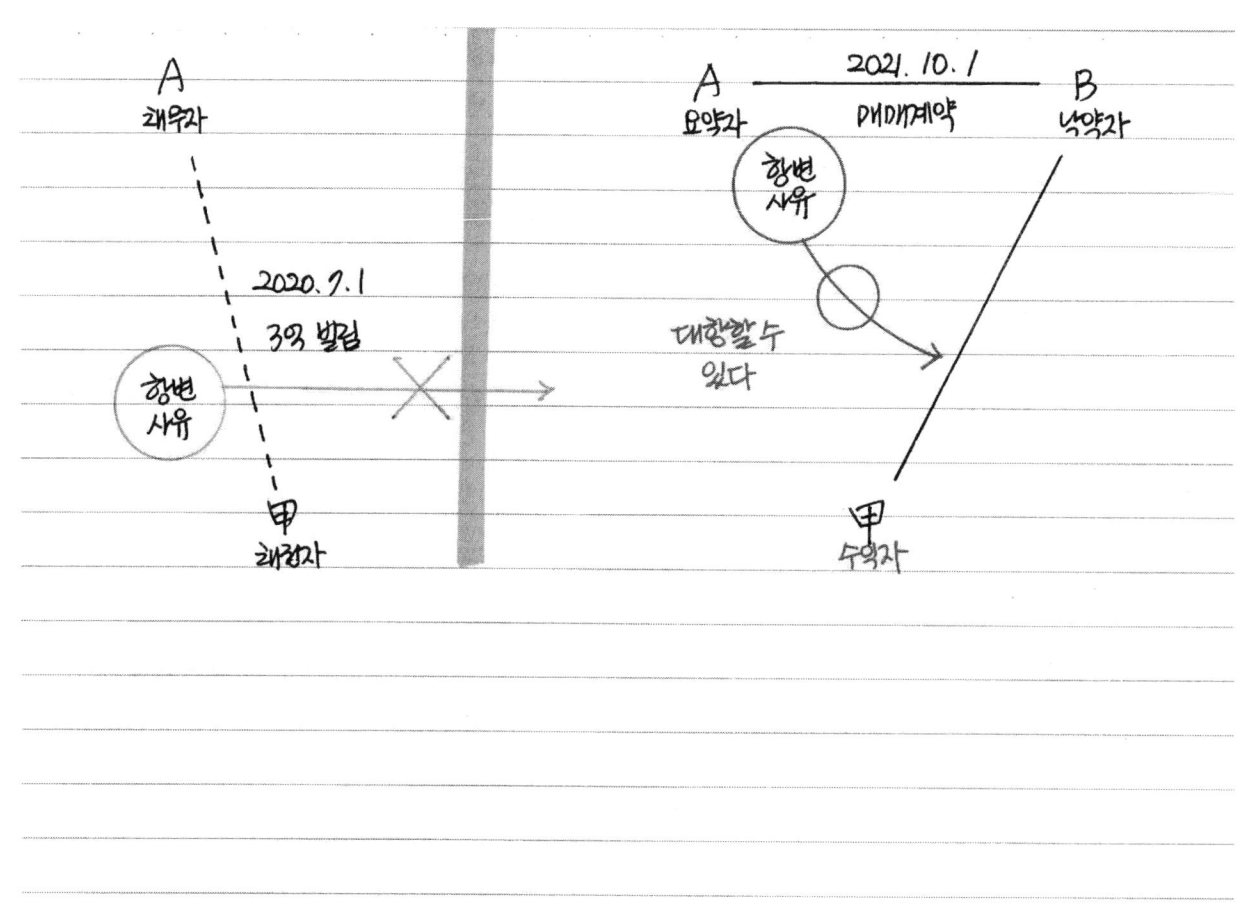

```
甲 ──── 결혼 계약 ──── 乙
                ↓
           확정적 유효 ┬── 합의 해제 · 해지
                      ├── 약정    "     "
                      └── (법정) 해제 · 해지
                              ↓
  채무자의 채무불이행 ←─────────┘

┌── 이행을 제대로 못함 ┬── ① 이행지체 ──── 최고 후 해제
│                     └── ② 정기행위 ──── 최고  해제
├── ③ 이행불능 ──────────────────────── 최고  해제
└── ④ 이행거절 ──────────────────────── 최고  해제

        ┌── 이중매매 후 제2양수인에게 등기이전 ── 이행불능 O
        └── 가○○ ──── 이행불능 X
```

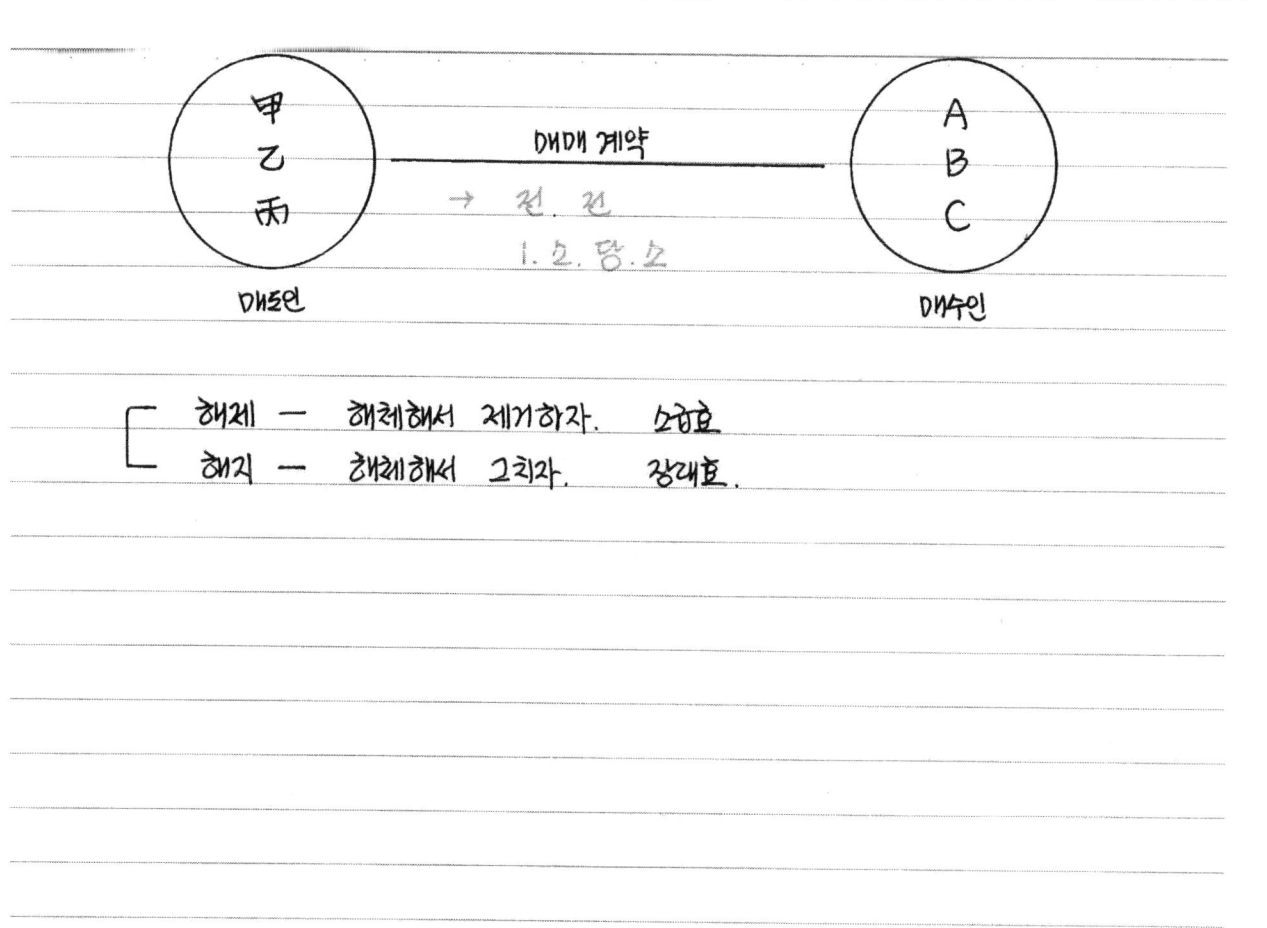

- 해제 — 해제해서 제거하자. 소급효
- 해지 — 해제해서 그치자. 장래효.

당사자 | 甲 ——— 乙 | ——————————— 丙 제3자

① 민법총칙의 제3자 丙
  - 새로운 이해관계를 맺은 자 — 채권자 O, 물권자 O
  - 무효. 취소에 따른 무효
    - 원칙: 선의. 악의 제3자에게 대항. 주장 O
    - 예외: 비.통.확.사. 강은 선의의 제3자에게 대항 주장 X

② 해제의 제3자 丙
  → 토지매매계약 해제시 토지 위 건물 매수한자 X
  - 완전한 권리를 취득한 자 ┬ 채권자 X, 물권자 O (가압류. 등기한 자)
                          └ 물건에 준하는 대항력을 갖춘 채권자 O
                            → 등기한 임차권, 주.우.한 임차권
                            → 가등기한 자

└ 해제에 따른 무효

甲 —②해제→ 乙 —①丙이 권리를 취득→ 丙

원칙 : 선의·악의 제3자에게 대항. 주장 X

甲 —①해제→ 乙 —②丙이 권리를 취득→ 丙

예외 : 선의의 제3자에게 대항. 주장 X

```
甲 ——————————— 매매계약 ——————————— 乙
매도인                  확정적 유효                  매수인
                    ╱              ╲
            법정해제              합의해제 (해제만 합의)
        
        → 계약이 소급해서 무효
        → 소유권 당연히 甲에게 복귀
        → 원상회복의무 : 동시이행 관계
        → 받은 이익 전부
    ① 이자 가산 ○                    ① 이자 가산 X
    ② 손해배상청구 ○                  ② 손해배상청구 X
        → 제3자의 권리를 해하지 못한다.
```

　　　　　　계약총론　　　　　　　　　　　　　계약각론

① 계약의 성립 ─ 청약 + 승낙 + 합치　←──　증여계약
　　　　　　　　　　　　　　　　(합의)　←──　매매계약
② 동시이행의 항변권　　　　　　　　　　←──　임대차계약
③ 계약의 전부, 일부 불능　　　　　　　←──　교환계약
④ 제3자를 위한 계약　　　　　　　　　　　　　⋮
⑤ 계약의 해제·해지　　　　　　　　　　←──　여행계약

우리민법의 조문형태 ─ 독일의 판덱텐식 방법
　　　　　　　　　　 ─ 공통적인 요소를 앞으로 뽑아냄
　　　　　　　　　　 ─ 총론부분은 모든 계약에 적용됨.

계약총론 계약각론

① 계약의 성립   증여계약
② 동시이행의 항변권   매매계약 ┬ 계약금 해제
③ 계약의 전부·일부 불능   └ 담보책임 해제
④ 제3자를 위한 계약   임대차 계약
⑤ 계약의 해제·해지 ┬ 합의 해제   교환 계약
                    ├ 약정 해제   ⋮
                    └ 법정 해제   여행계약

매매계약의 해제 ── 계약총론상 합의해제, 약정해제, 법정해제 ⎫ 가능
                    계약각론상 계약금 해제, 담보책임 해제   ⎭

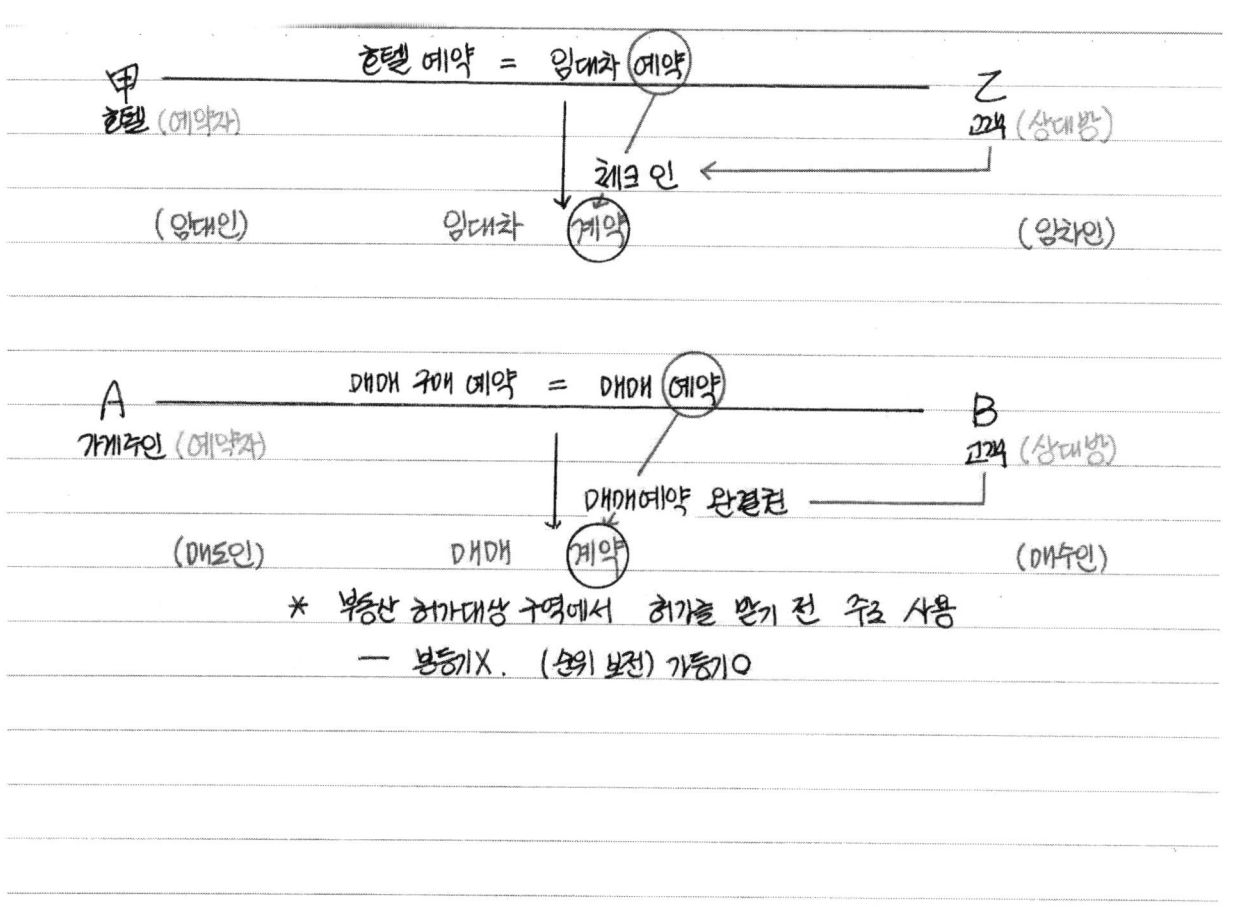

甲 ―――― 2억 X부동산 → 매매계약 ―――――― 乙
매도인   ← 1억 8천 매매대금   매수인

甲 ―――― 2억 X부동산 → 교환계약 ―――――― 乙
                ← 1억 Y부동산

① 금전의 보충지급 : + 8천 현금
② X부동산의 저당권의 : + 8천 피담보채무의 이행인수
   피담보채무의 이행인수

쉼표(,) 하나 때문에 문장의 의미가 바뀐다.

- 학교 측은 B로부터 발전기금을 받았고 B를 교수로 채용하였다.
- 학교 측은 B로부터 발전기금을 받았고, B를 교수로 채용하였다.

- 당사자가 계약금의 일부만을 먼저 지급하고 잔액은 나중에 지급하기로 약정 — ①
- 당사자가 계약금의 일부만을 먼저 지급하고, 잔액은 나중에 지급하기로 약정 — ②
  → 계약금을 나누어 주기로 약정만 한 경우 — ①
  → 〃 진짜 일부 주고, 나머지는 다음에 주기로 약정한 경우 — ②
  → 가계약금을 일부 주고, 나머지 계약금은 다음에 주기로 약정한 경우 — ①

```
    甲 ─────── 10억  매매계약 ─────── 乙
   매도인          계약금 1억.           매수인
           ① 약정만 ───── 계약금 계약 성립 ✗
           ② 3천만 지급 ─── 계약금 계약 성립 ○  ┐
           ③ 1억원 지급 ─── 계약금 계약 성립 ○  ┘ → 요물계약.


    甲 ─── 10억 매매계약 ─── 무효.취소 ─── 乙
   매도인    계약금 1억  →  2명 (종된 계약)    매수인
```

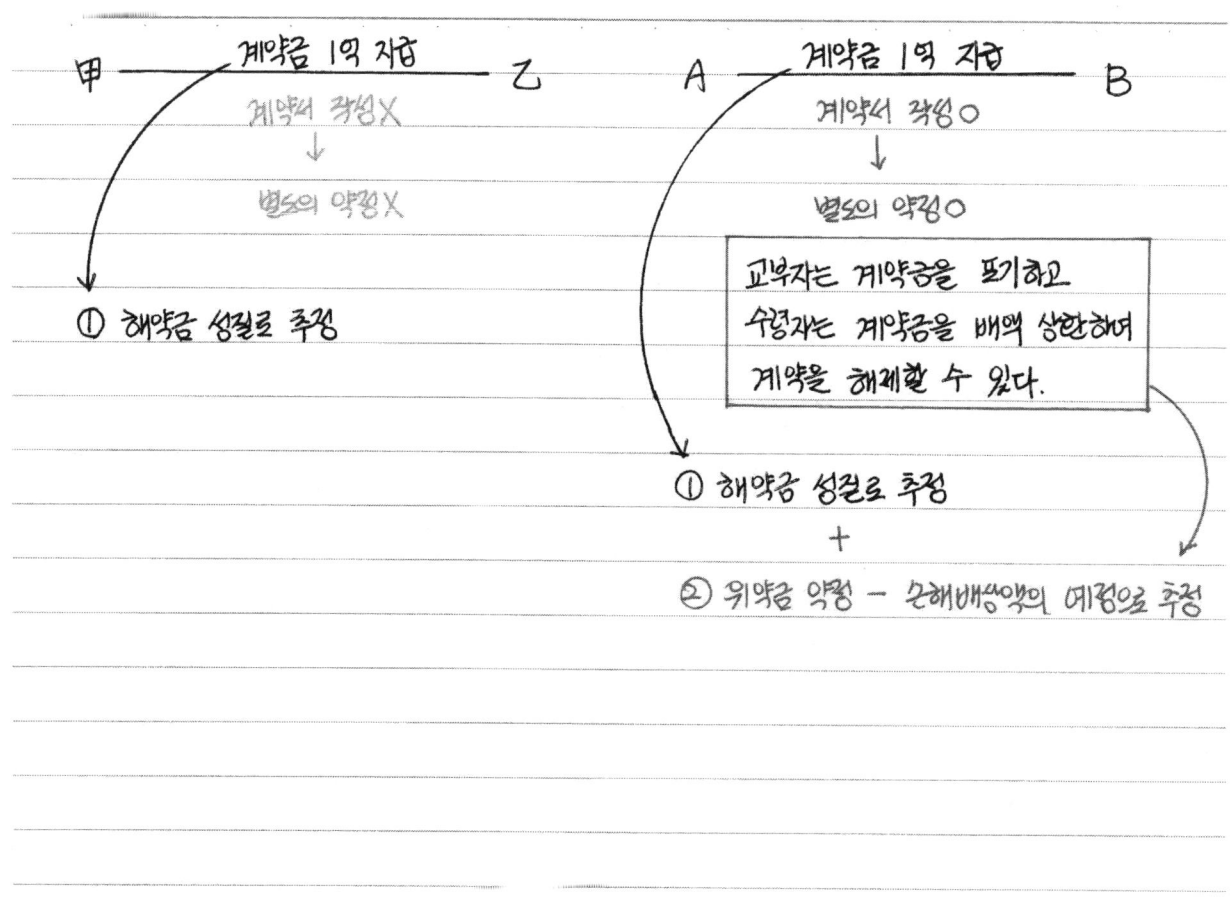

甲 ————————— 10억 매매계약 ————————— 乙
매도인   계약금 1억   매수인

甲의 이행의 착수   乙의 이행의 착수

— 甲이 乙에게 등기이전 ○   — 乙이 甲에게 매매대금 지급 ○

→ 甲이 토지거래 허가 신청 X   → 乙이 甲에게 중도금 지급 ○
     〃   허가받음 X   ⌐ 이행기 전
→ 甲이 乙에게 잔금자령의 △제기 X   → 乙이 甲에게 잔금 준비 후
                                        등기소 동행촉구 ○
  └→ 甲. 乙 계약금 해제할수 있다.

```
甲 ─────────── 10억 매매대금 ─────────── 乙
매도인              계약금 1억              매수인

        ① 1억원 지급           (1억손해) 교부자 1억원 포기
                                        ─ 해제의 의사표시

  수령자    (1억반환)┐   배액 제공 O.  해제의
  배액상환  (1억손해)┘   공탁 X       의사표시


        ② 3천 지급            (1억손해) 교부자 7천 지급.
                                        ─ 해제의 의사표시

           (3천반환)┐   1억 3천 제공 O. 해제의
  약정 계약금 기준 → (1억손해)┘           의사표시
```

甲 ──── 계약금 1억 지급 ────→ 乙   → if 甲이 등기 乙에게 이전.

乙의 계약금 해제 ─────────→ if 乙이 계약금을 지급X
 ─ 乙은 계약금 1억 포기   ─ 甲은 채무불이행에 따른 (법정)해제 O
 ─ 乙은 원상회복청구 X   ─ 甲은 원상회복청구 O
 ─ 甲은 손해배상청구 X   ─ 甲은 손해배상청구 O

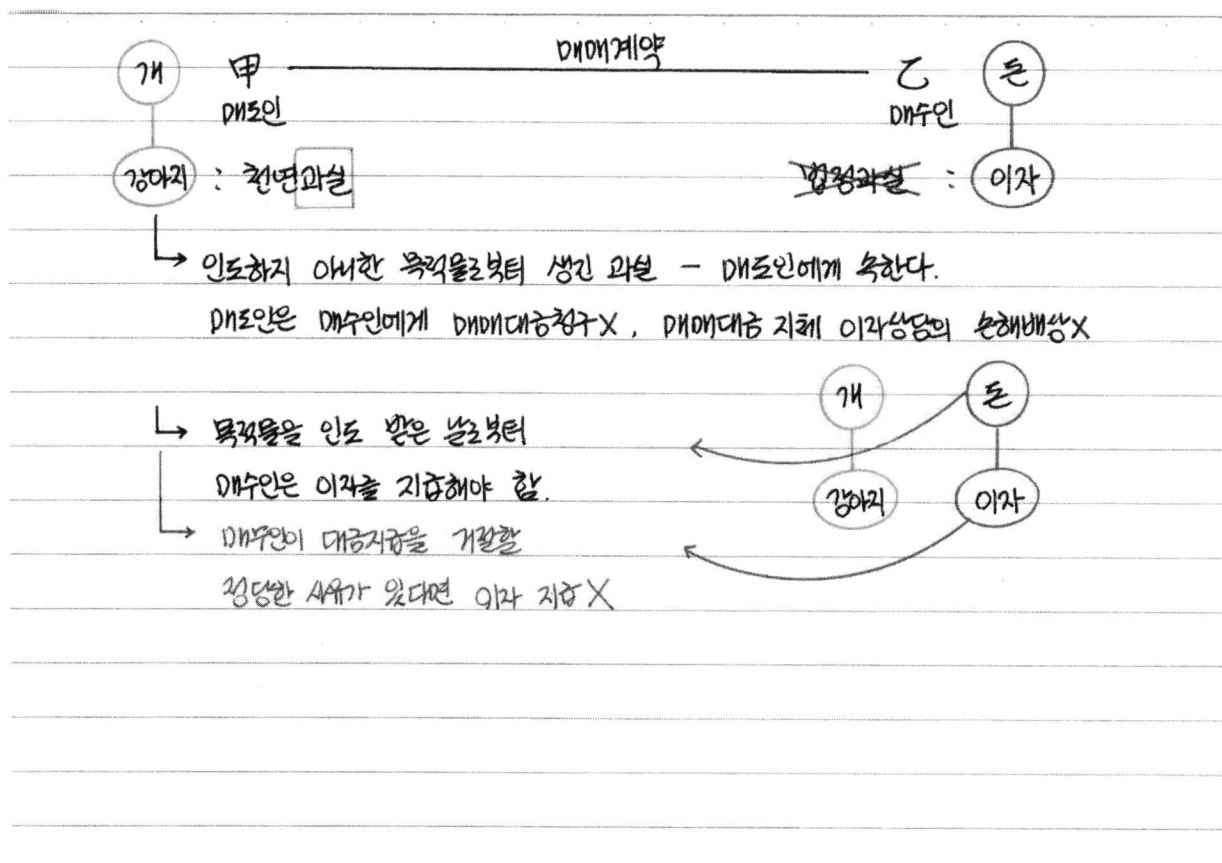

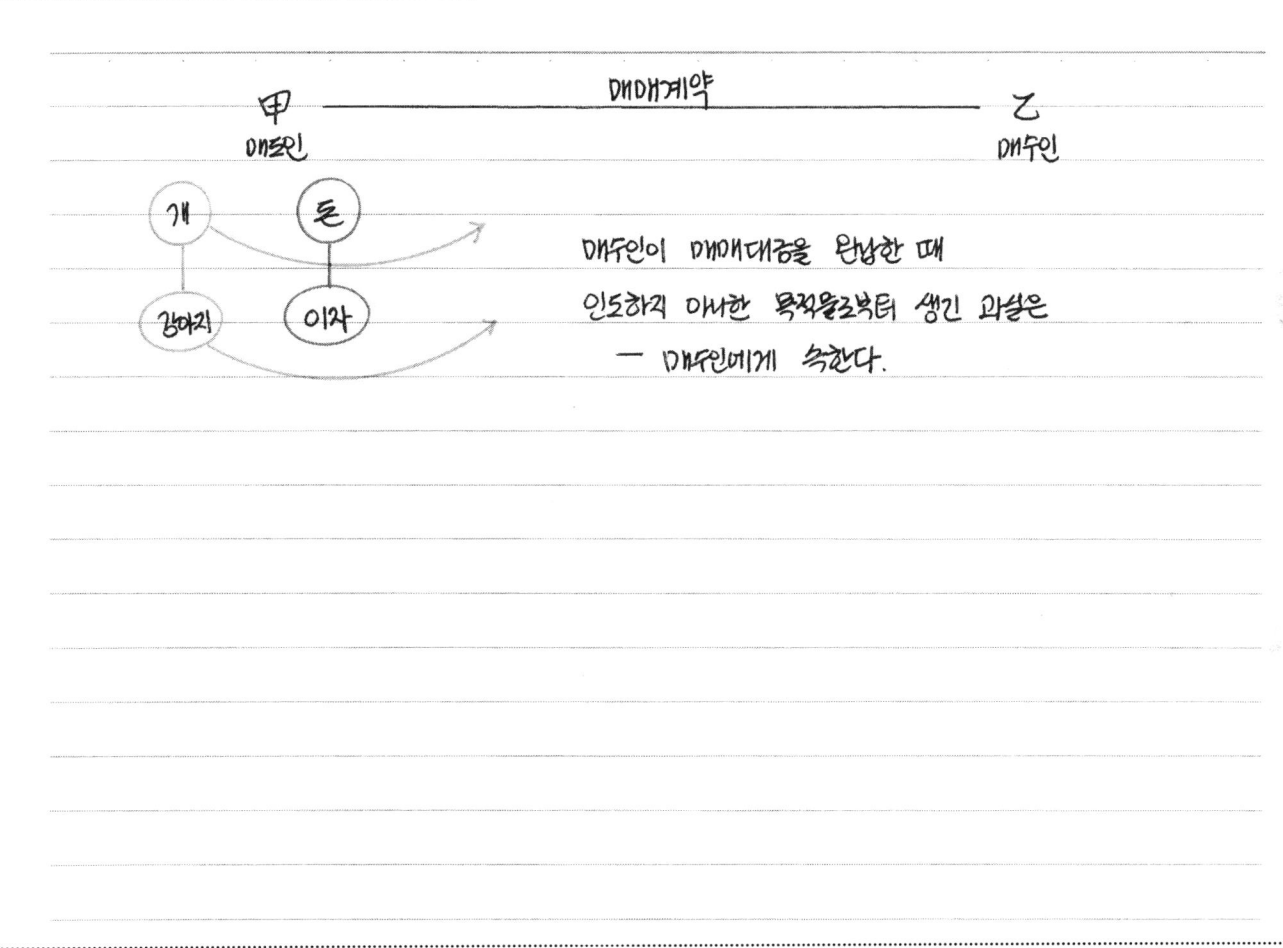

매도인의 담보책임

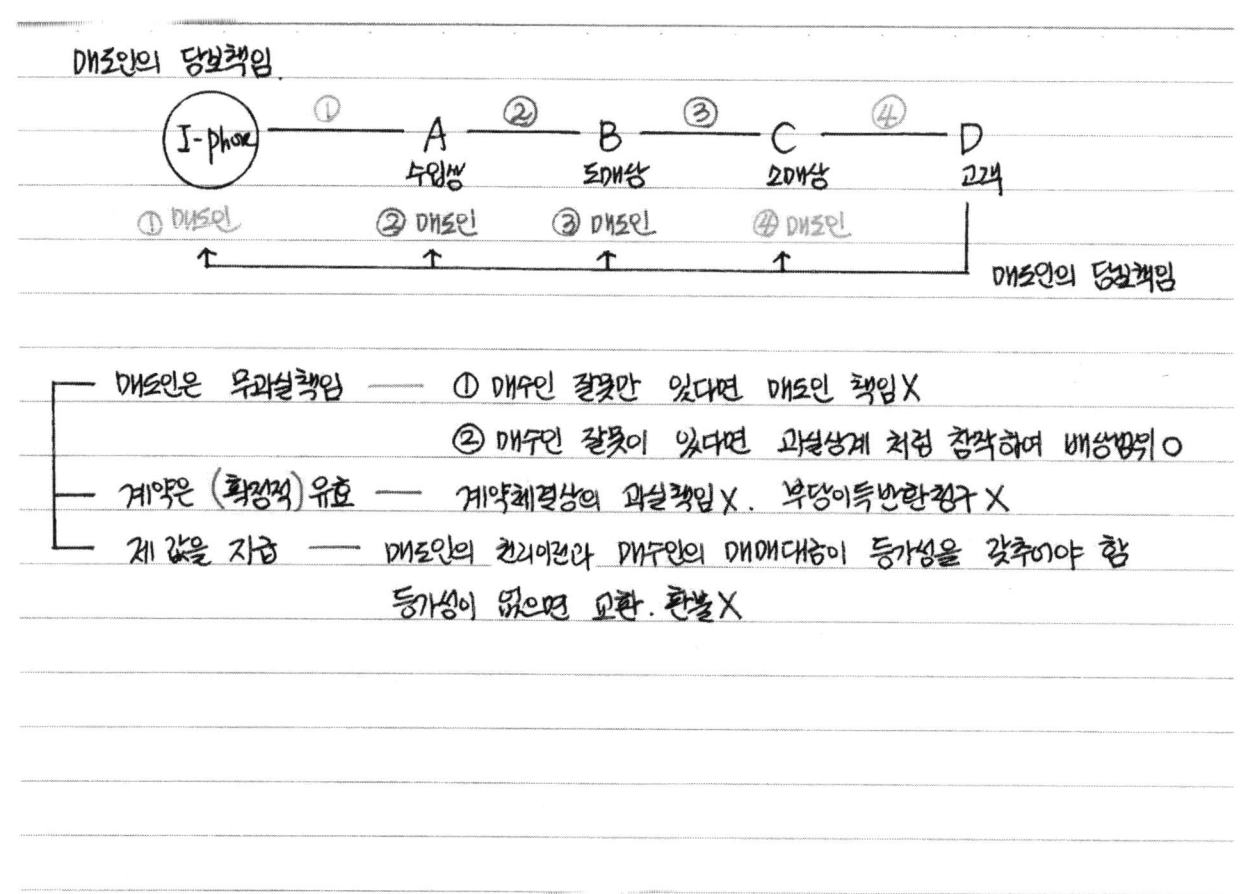

- 매도인은 무과실책임 — ① 매수인 잘못만 있다면 매도인 책임X
  - ② 매수인 잘못이 있다면 과실상계 처럼 참작하여 배상범위○
- 계약은 (확정적)유효 — 계약체결상의 과실책임X, 부당이득반환청구 X
- 제 값을 지급 — 매도인의 권리이전과 매수인의 매매대금이 등가성을 갖추어야 함
  - 등가성이 없으면 교환, 환불X

                              매도인의 담보책임
                   ┌─────────────────┴─────────────────┐
              권리의 흠결   (상대방)   물건의 하자   (상대방)
          ─ 하자가 쉽게 안 보임 ┌ 선의 : 담보책임 O   ─ 하자가 쉽게 보임 ─ 선의·무과실
                              └ 악의 :   "   X   : 담보책임 O

          ┌ 전부 타인권리 목적물   ┌ 종류물 (불특정물)
          ─ 일부   "   "   └ 특정물
          ─ 수량부족 목적물
          ─ 일부멸실 목적물   ─ 법률적 제한 내지 장애 ─ 물건의 하자
          ─ 권리행사가 제한되는 목적물   └→ 하자 판단시기 : 매매계약 당시
          └ 저당권·전세권 행사로 소유권을 잃은 때

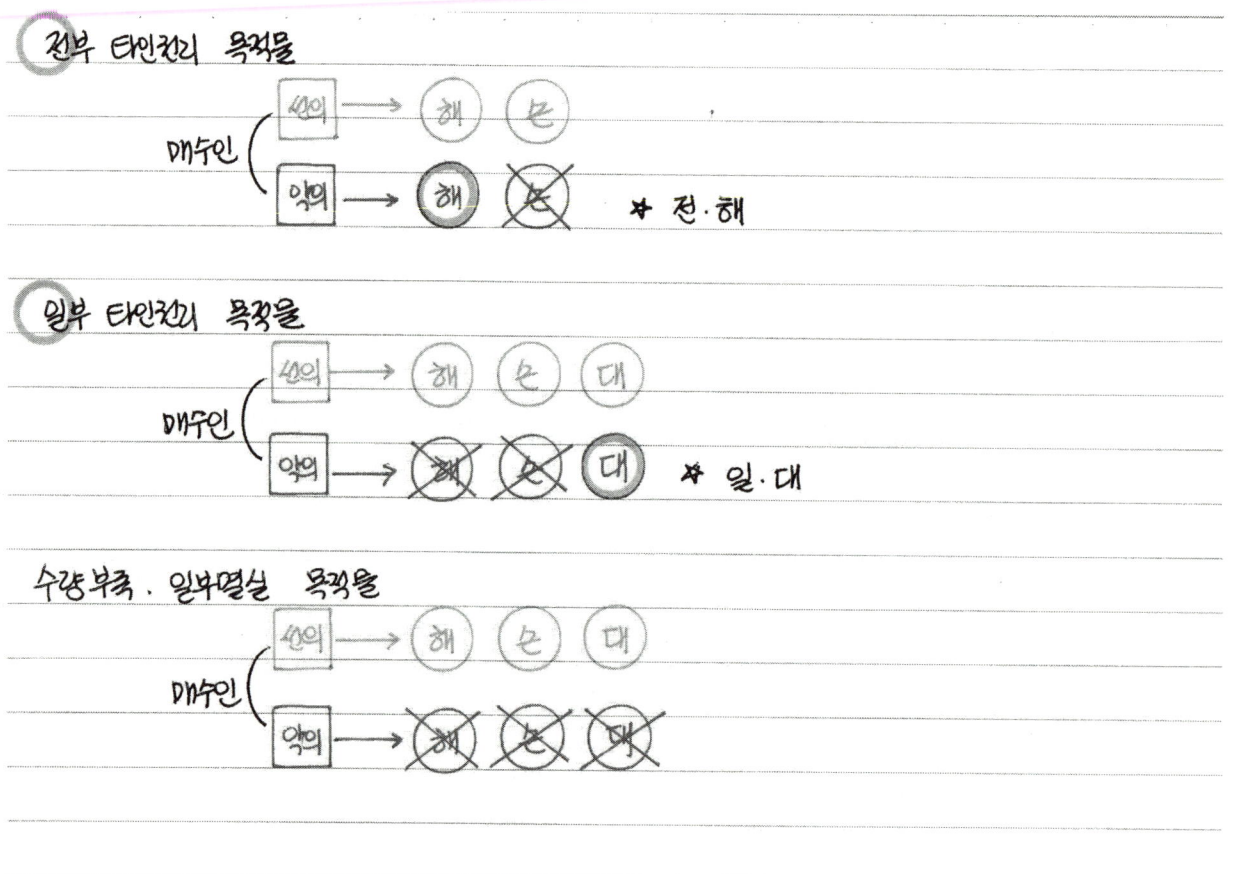

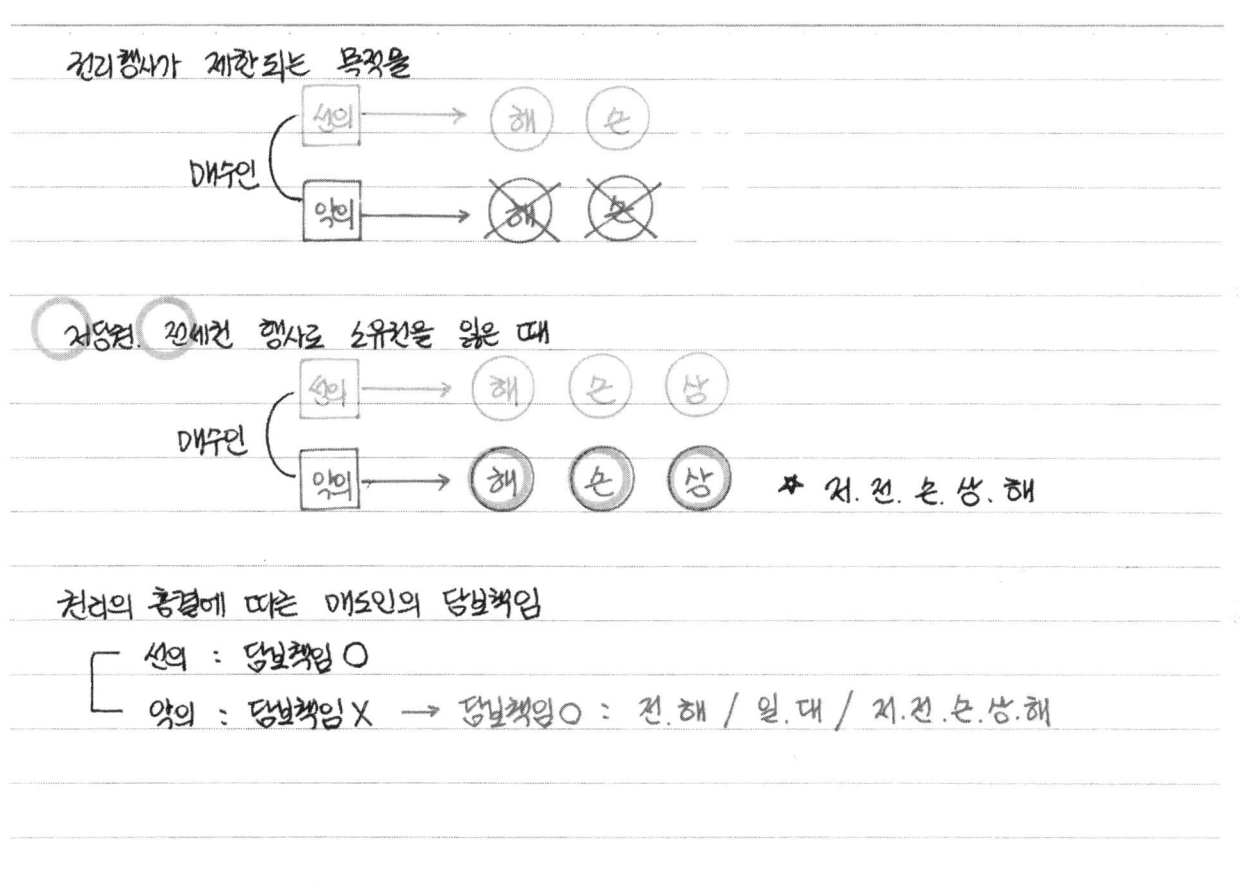

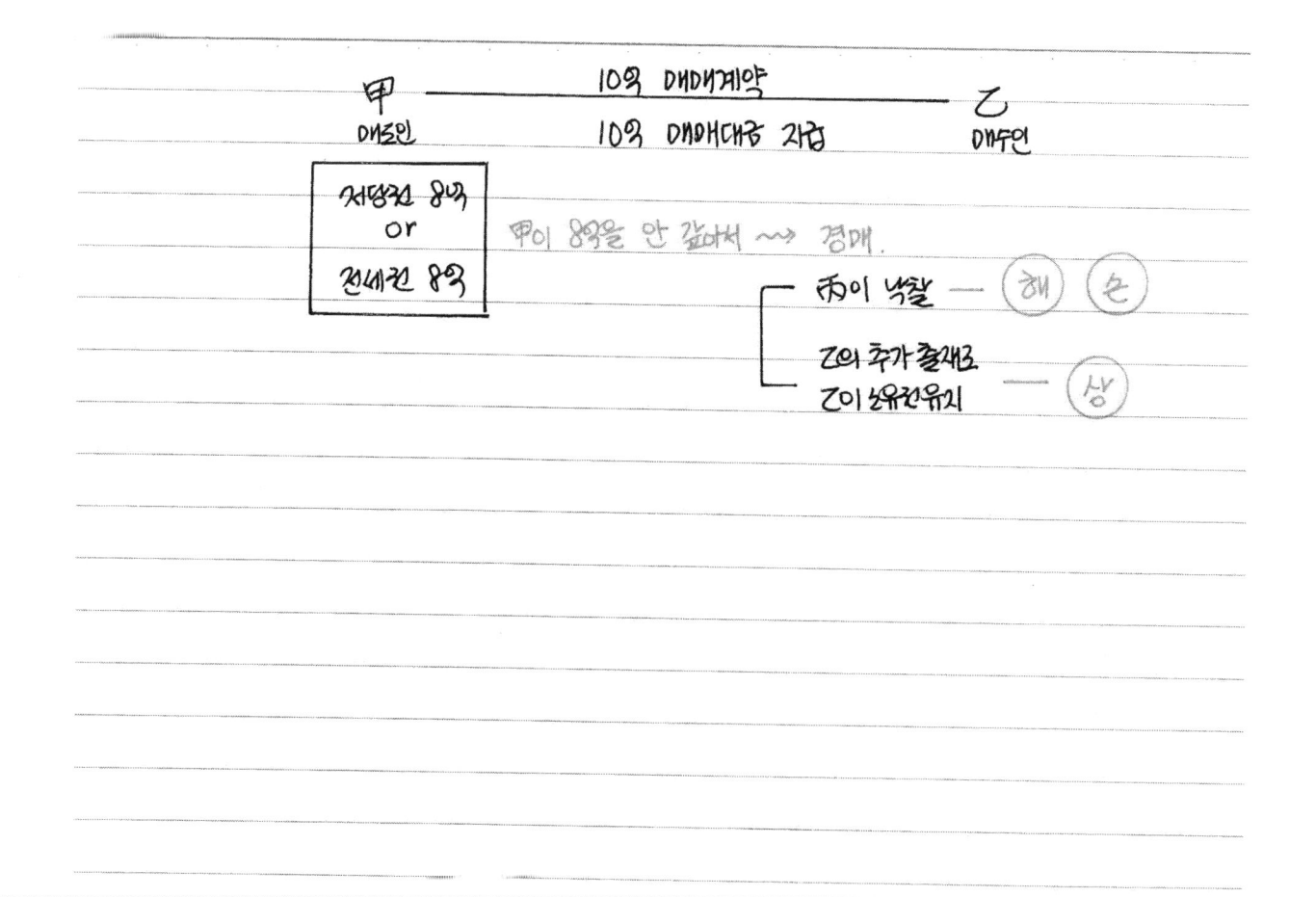

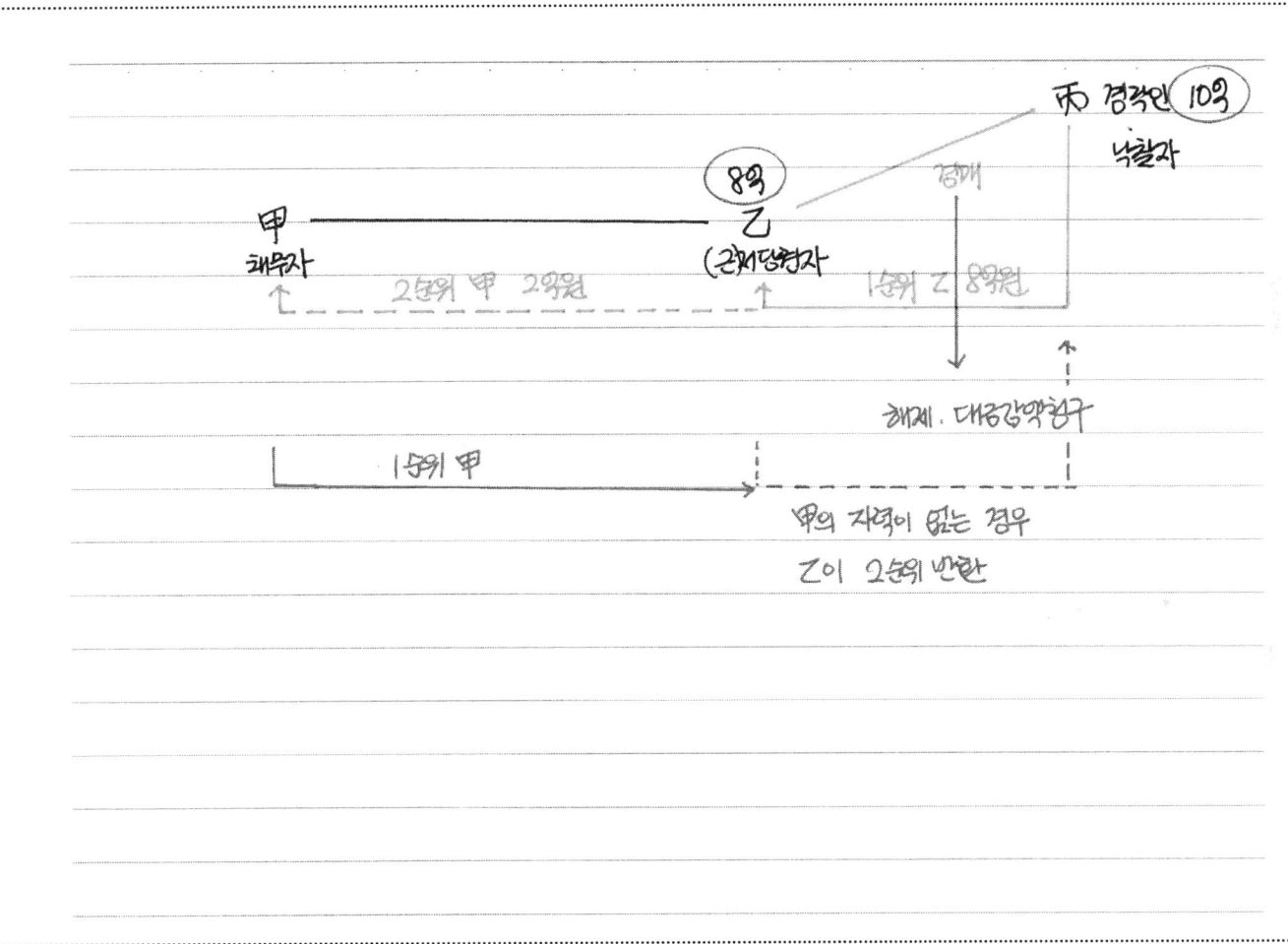

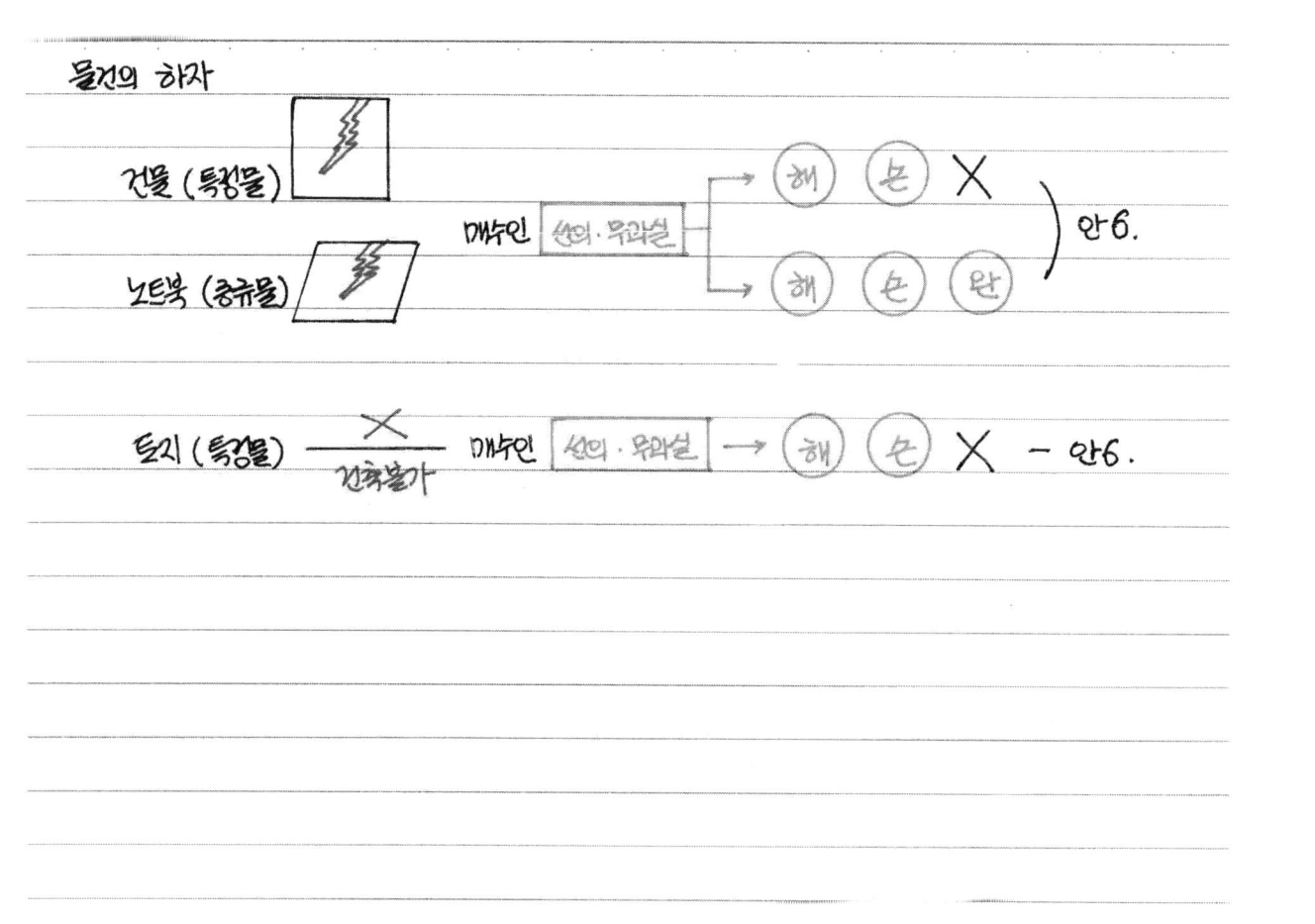

甲 ——————————— 10억 매매계약 ——————————— 乙
매도인   건물   매수인

① 甲의 건물은 주택이라 대출금 많이 안 나옴
② 중도금 지급 전 상가로 용도변경하면 상가건물로 대출을 많이 해 주겠으나 이젠 안 됨
③ 甲이 乙에게 먼저 소유권이전등기 해 주고
   乙이 용도변경 되면 대출받아 甲에게 매매대금 지급
   "   " 안되면 다시 甲에게 소유권이전등기 → 환매방식 사용!

갑구
| 1. 소유권자 甲 |
| 2. 소유권이전 소유권자 乙 6.21 |
| 2-1. 환매특약 환매권자 甲 6.21 |

을구
| 1. 저당권자 丙 7.1 |

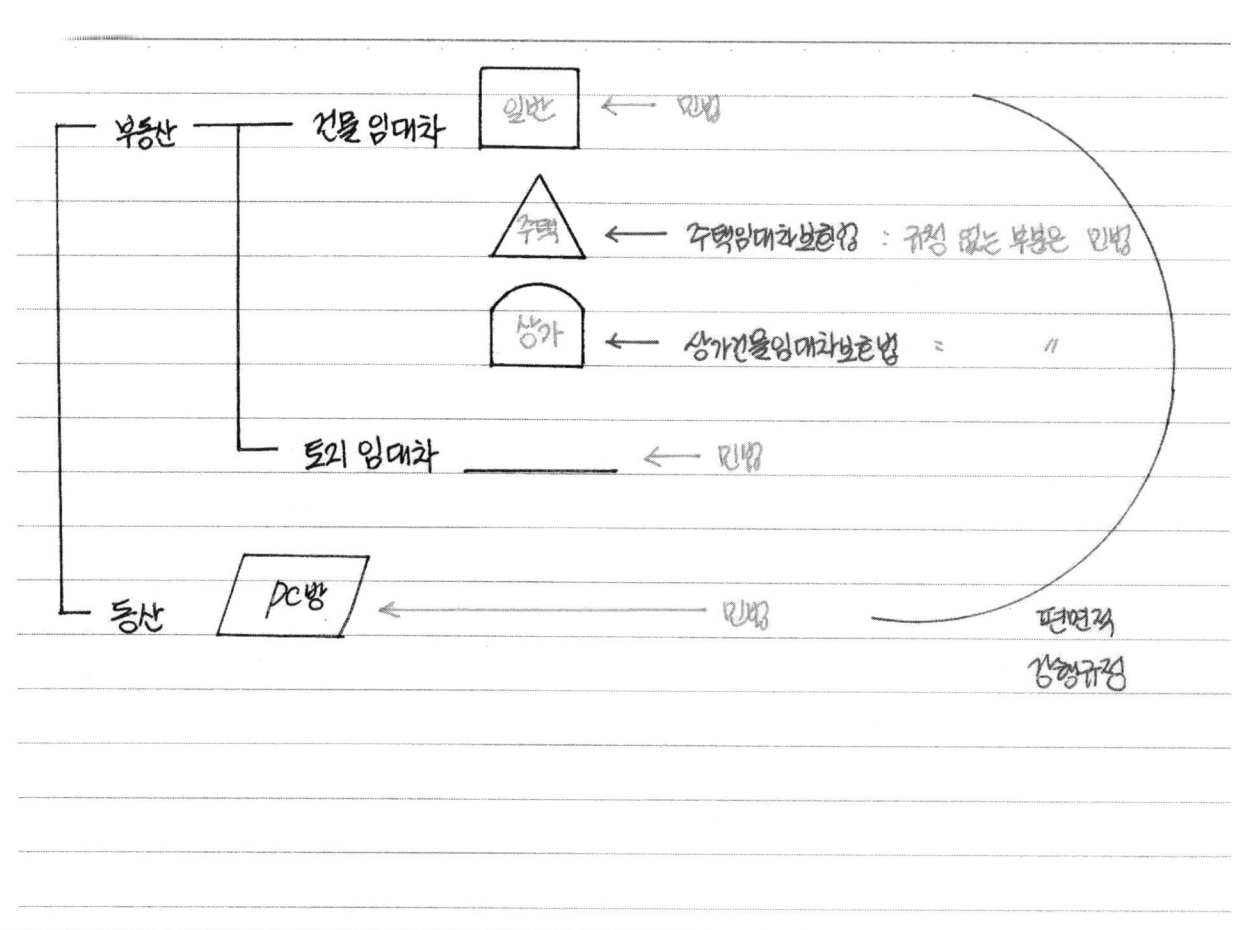

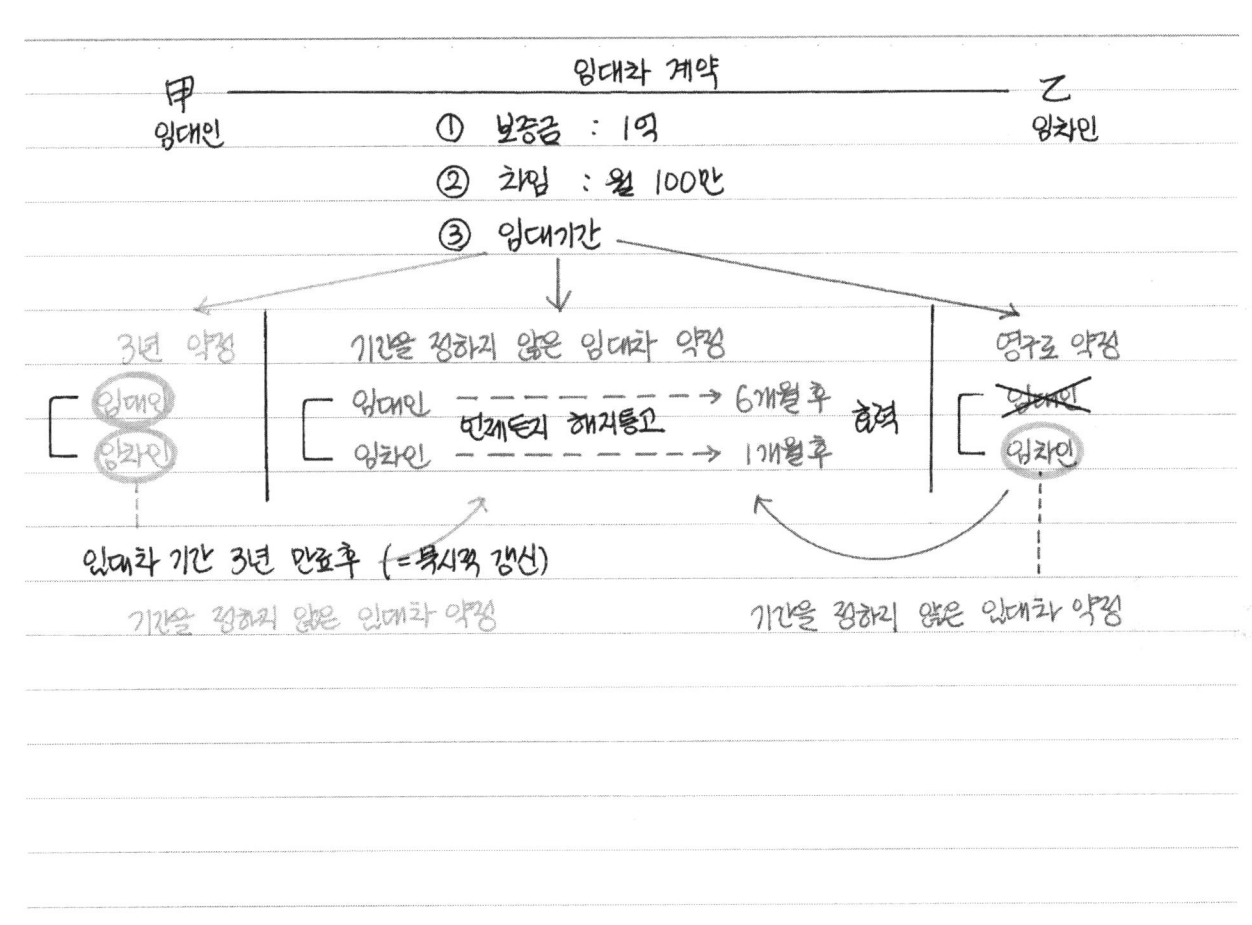

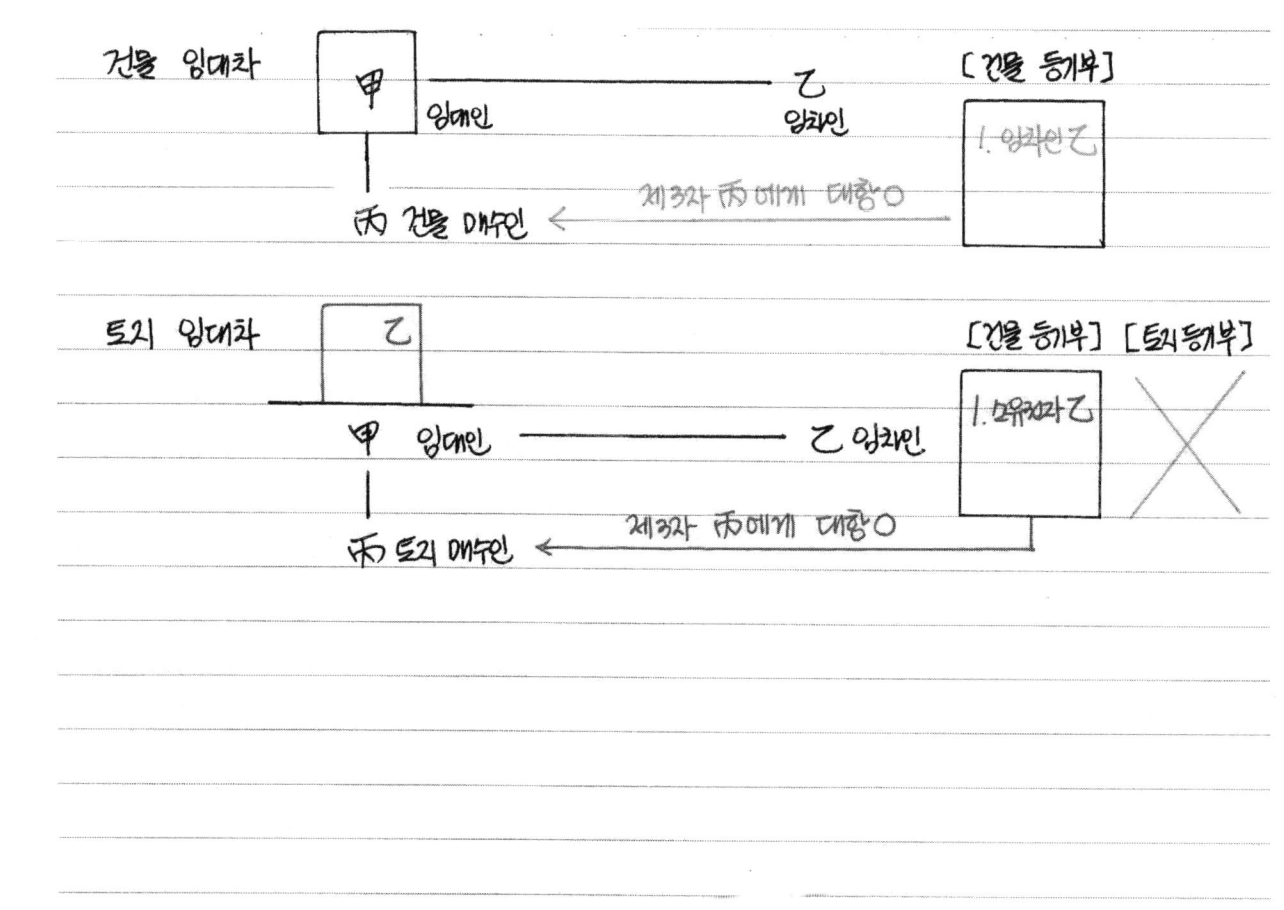

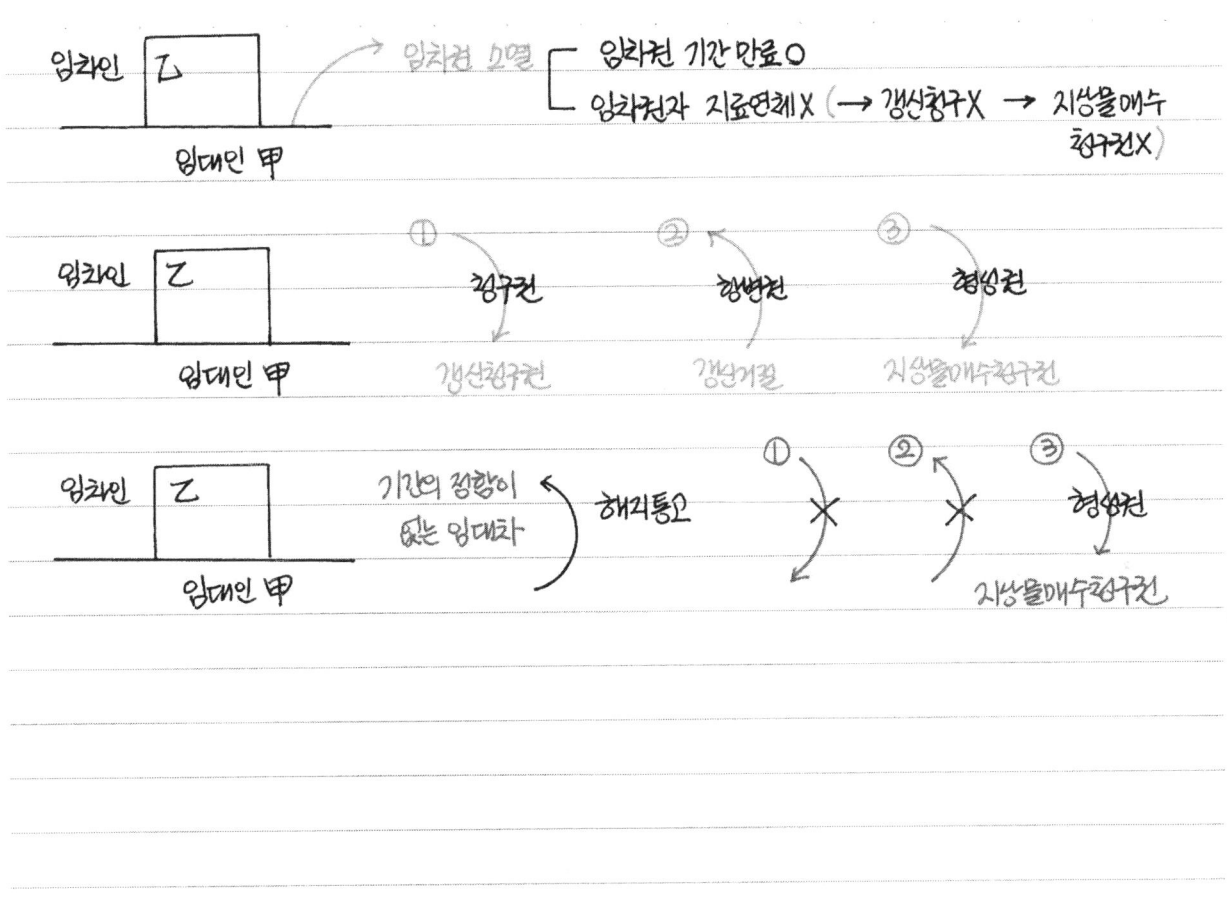

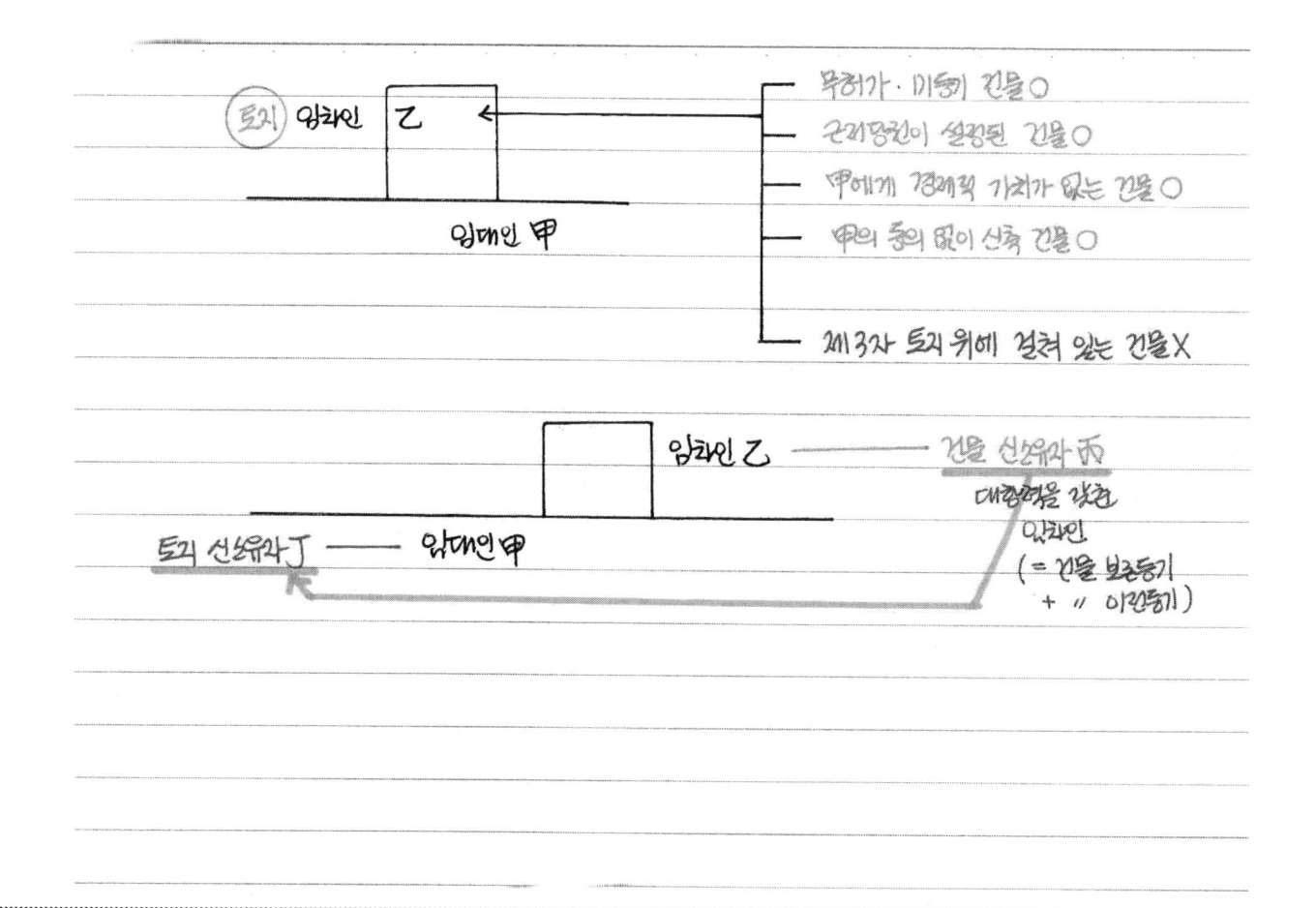

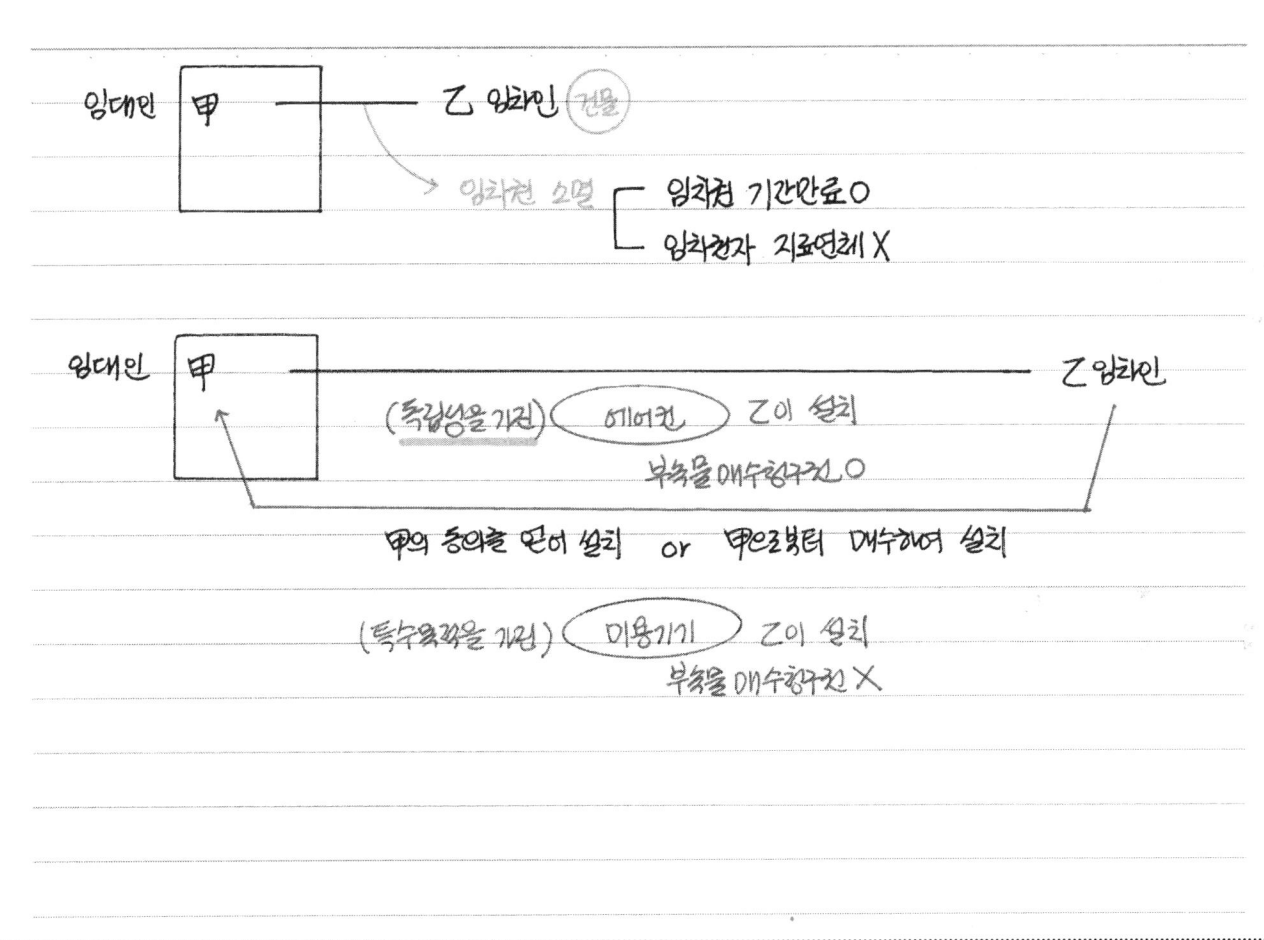

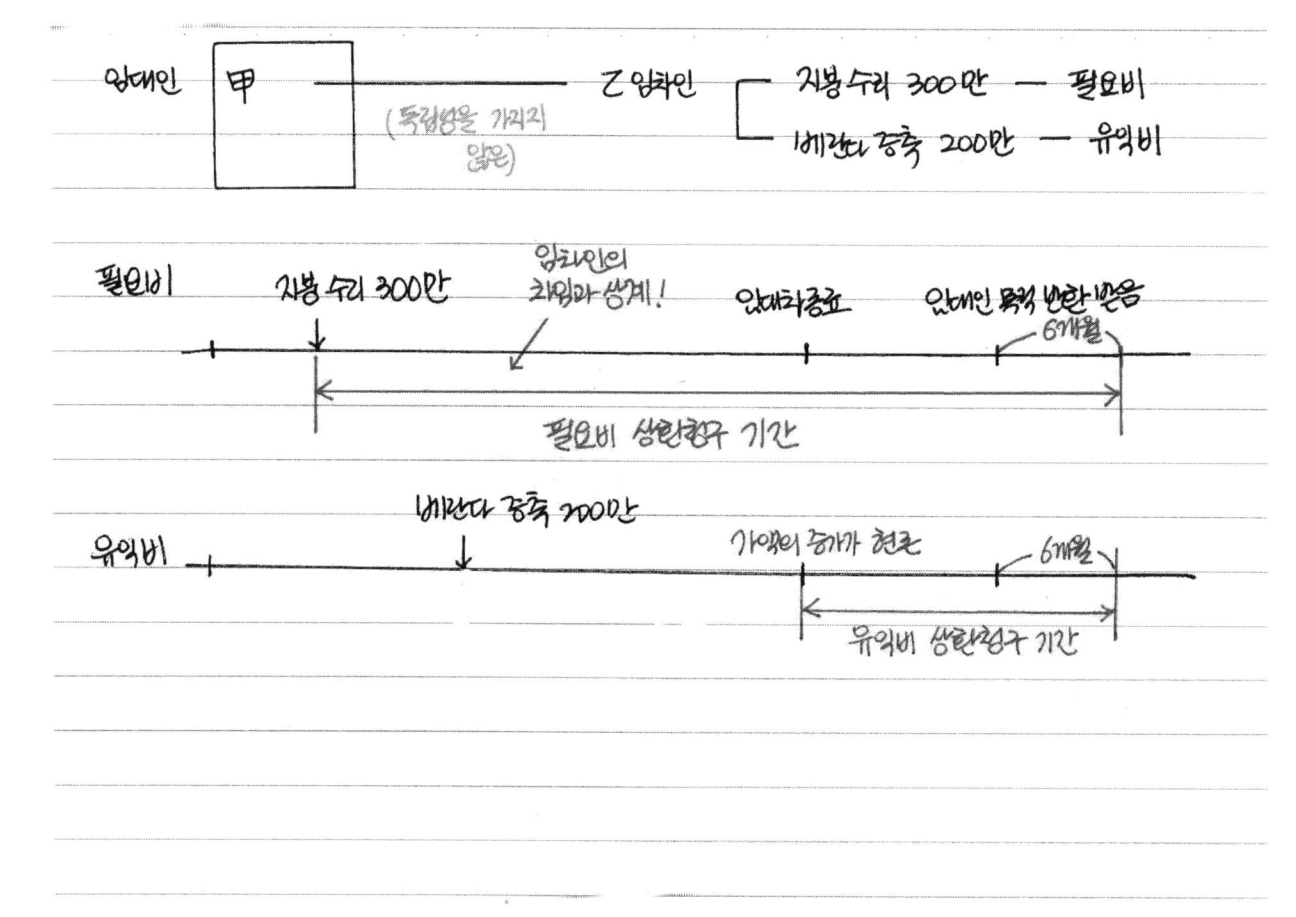

- 지상물매수청구권 ─ 형성권
  └ 편면적 강행규정

- 부속물매수청구권 ─ 형성권
  └ 편면적 강행규정

- 비용상환청구권 ─ 청구권
  └ 임의규정

임차권의 양도

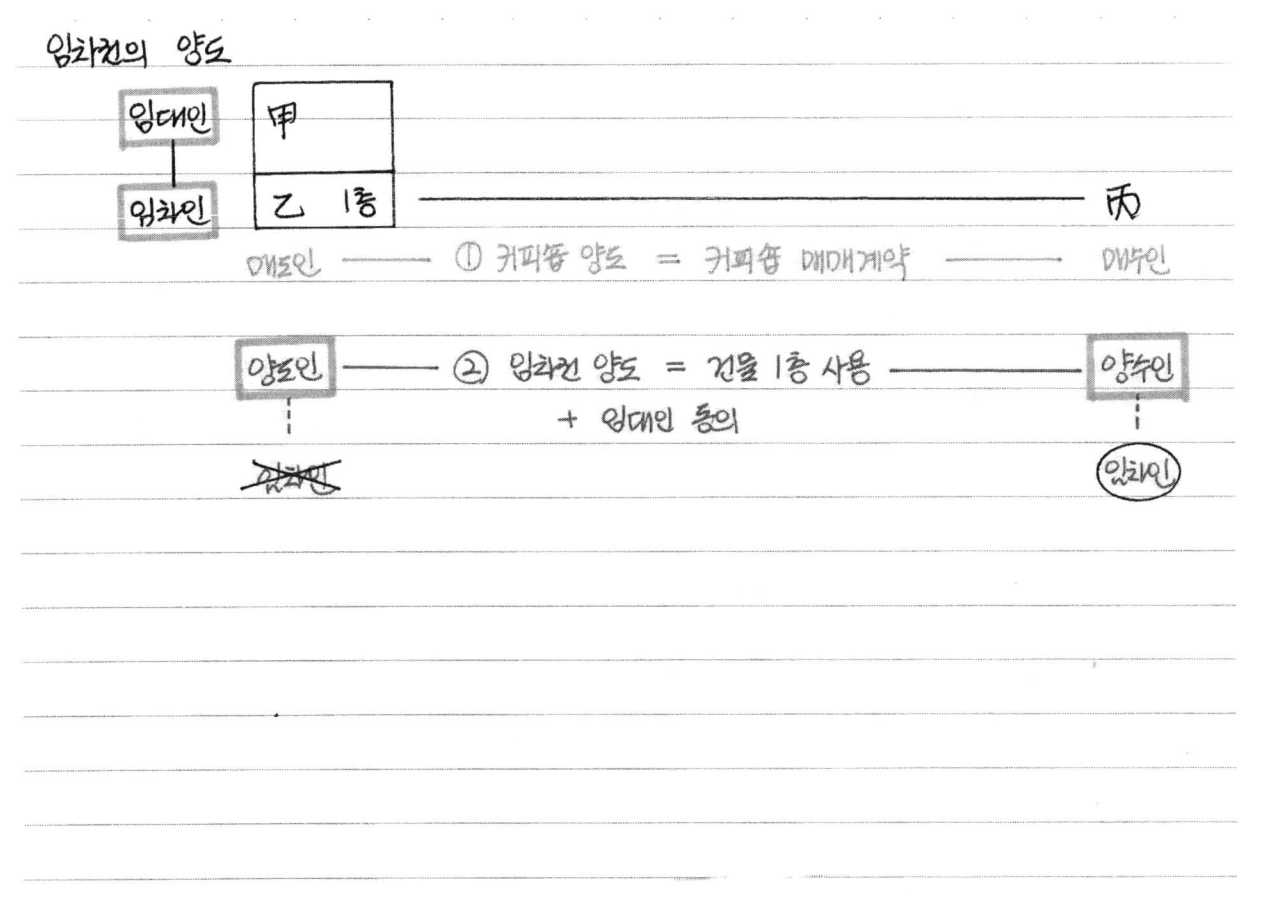

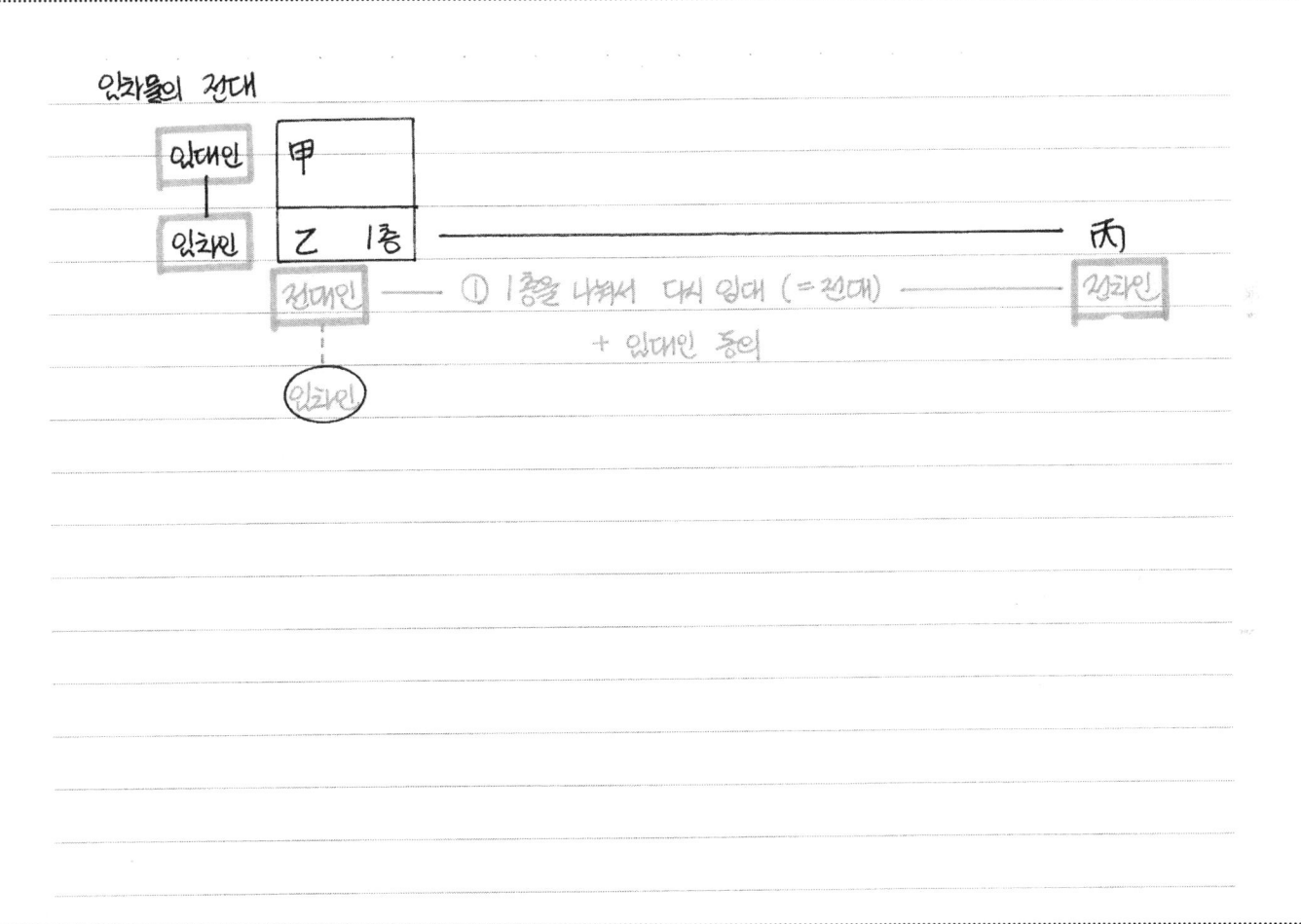

임대인의 동의 없는 임차권의 양도, 임차물의 전대

임대인 甲

① 丙의 점유는 甲에 대한 불법점유 ○
② 甲은 丙에게 방해배제청구 ○
③ 甲은 丙에게 乙에게 반환청구 ○
④ 甲은 丙에게 불법점유를 이유로 차임상당 손해배상청구 X
   〃 부당이득반환 X
   (임대차 계약을 해지 아니하는 한)
⑤ 丙은 甲의 전차 대위행사 X

해지 ○ / X
차임청구 ↓

유효 → 의무

임차인 乙 1층 ——————————— 丙

양도인 ——— 커피숍 양도 + 甲의 동의 X ——— 양수인

전대인 ——— 1층 다시 임대 + 甲의 동의 X ——— 전차인
          (丙 - 乙 : 차임지급 의무)

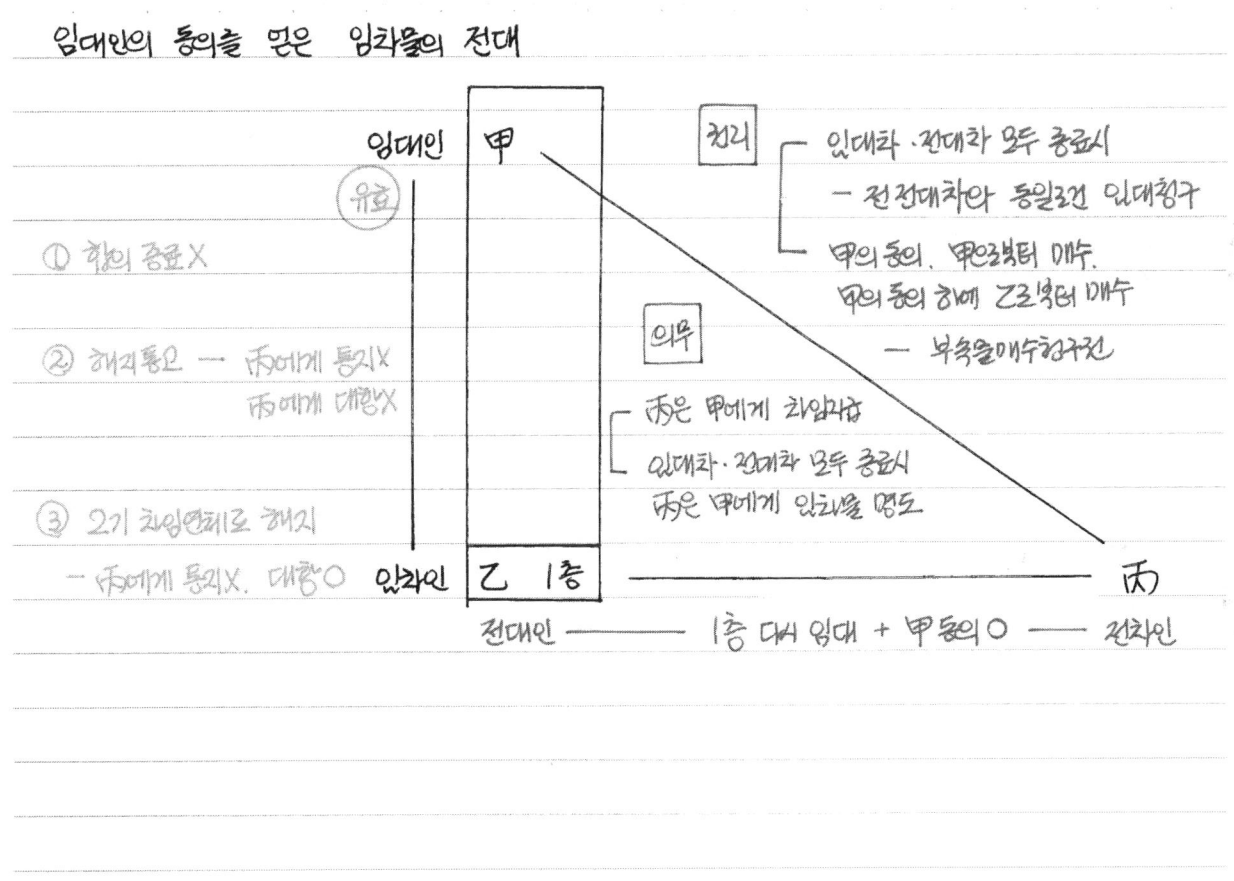

```
                    甲 ─────────── 임대차 계약 ─────────── 乙
                  임대인       乙의 연체 차임 2천만 발생        임차인
                                      ↑
                              그에 대한 지연손해금까지


      임대차 종료 전                                   임대차 종료 후
  ┌ 甲: 공제의사 후 보증금 공제 O              ─ 甲: 공제의사 없이도 보증금 공제 O
  └ 乙: 보증금 존재를 이유로 차임지급거절 X        甲은 乙에게 보증금 1억 8천 지급

                                    ←────────────────────
                                       보증금 2억 지급: 乙 입증

                                    ←────────────────────
                                       甲 입증: 연체차임 2천 발생

                                    ←────────────────────
                                       연체차임 2천 변제: 乙 입증
```

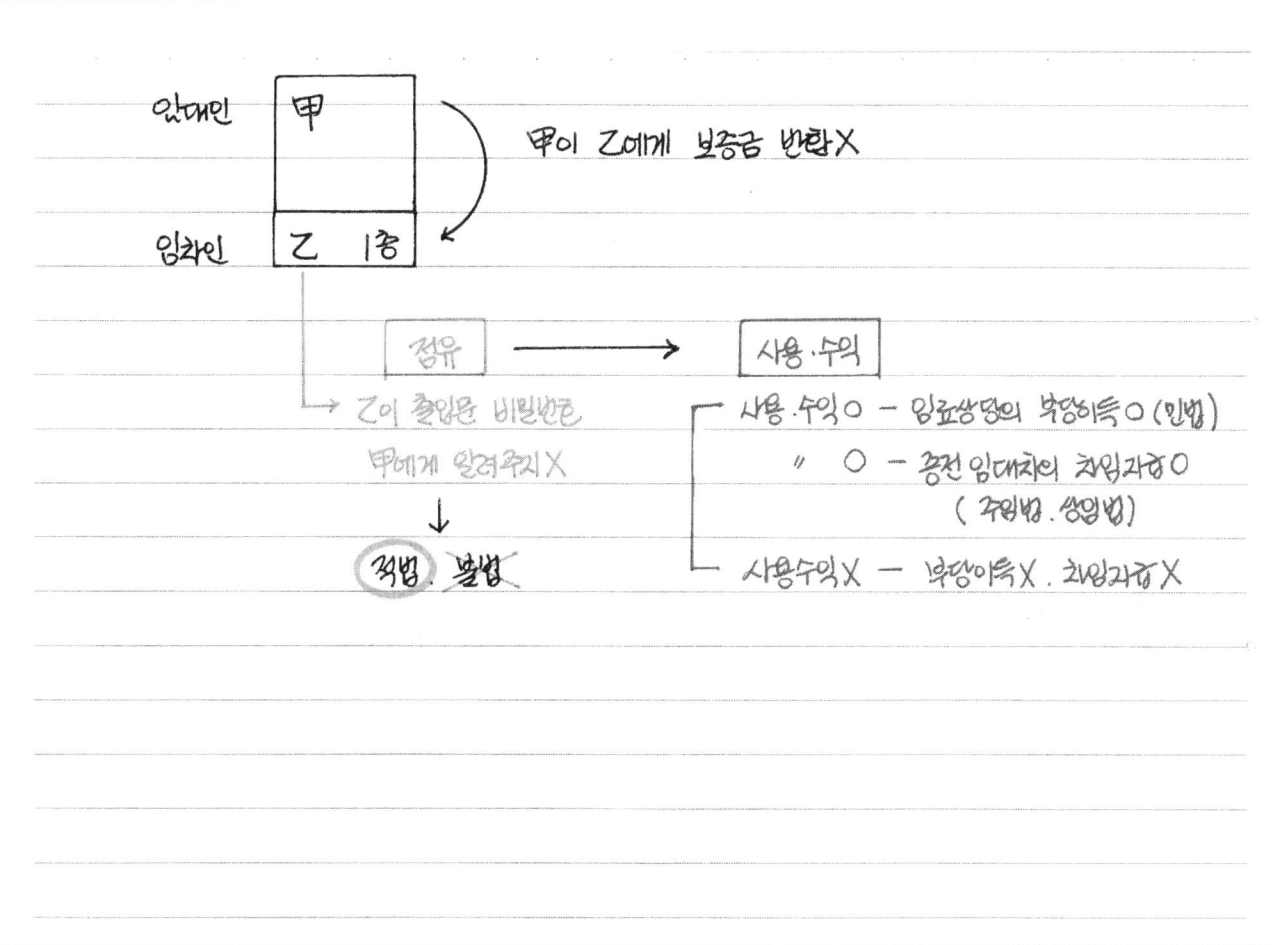

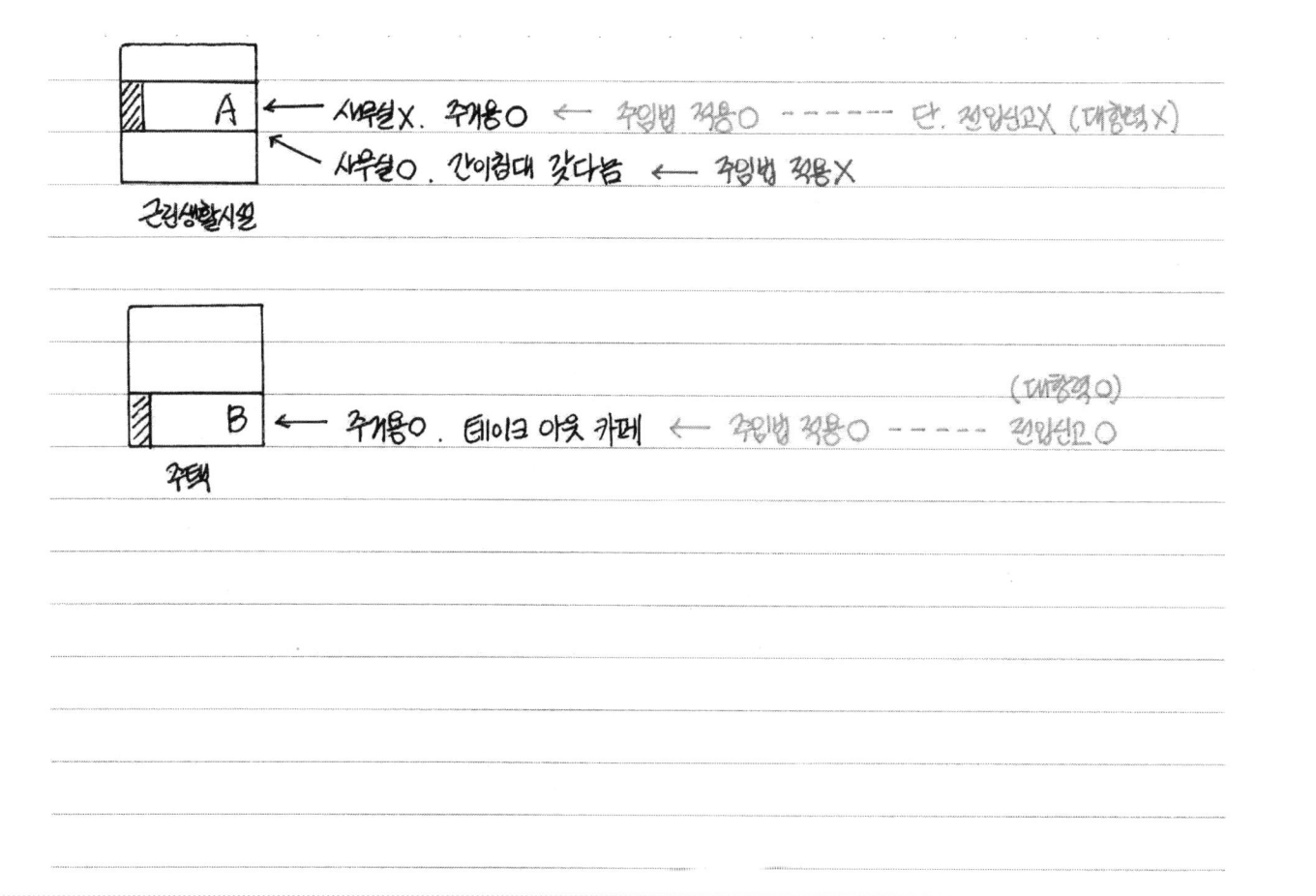

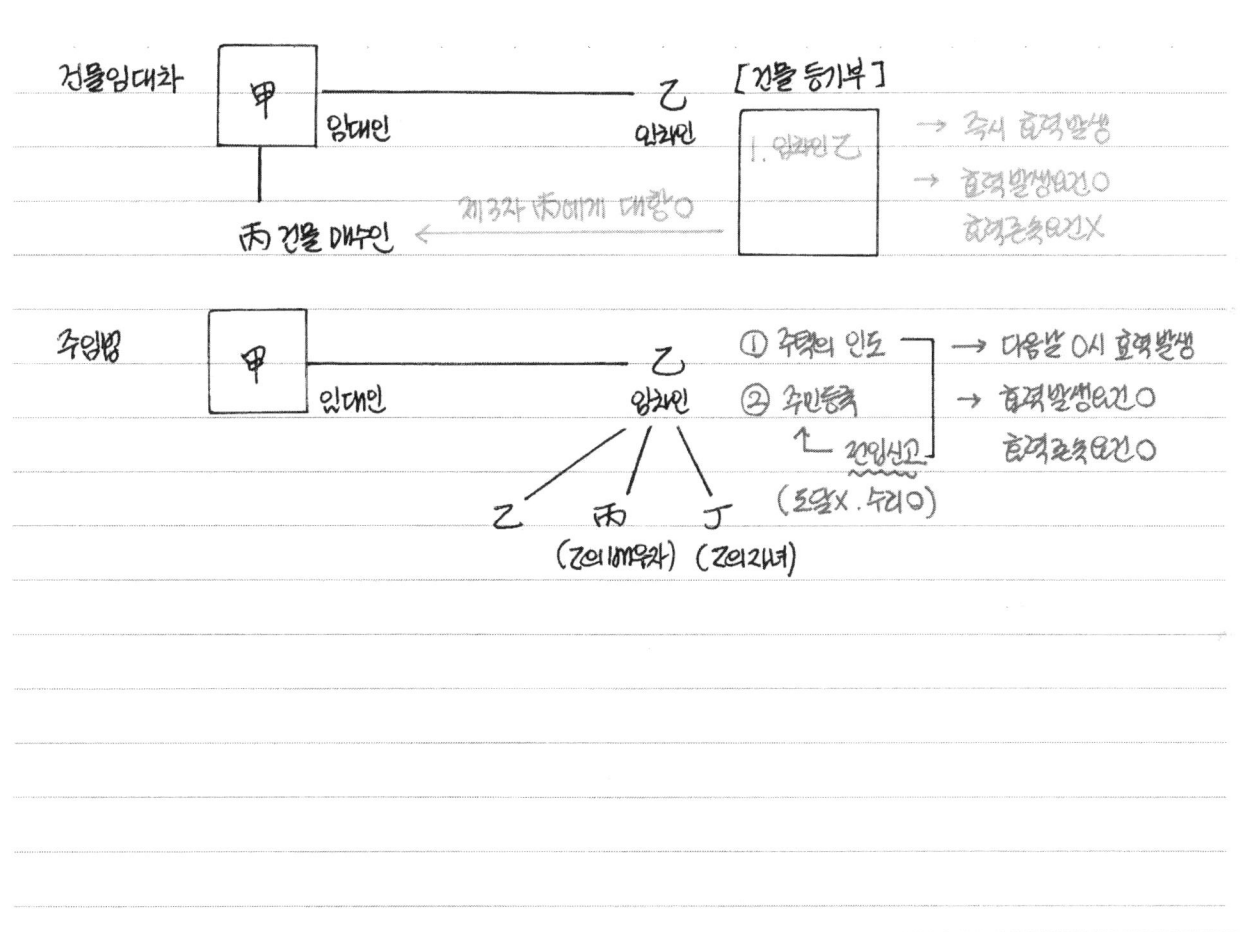

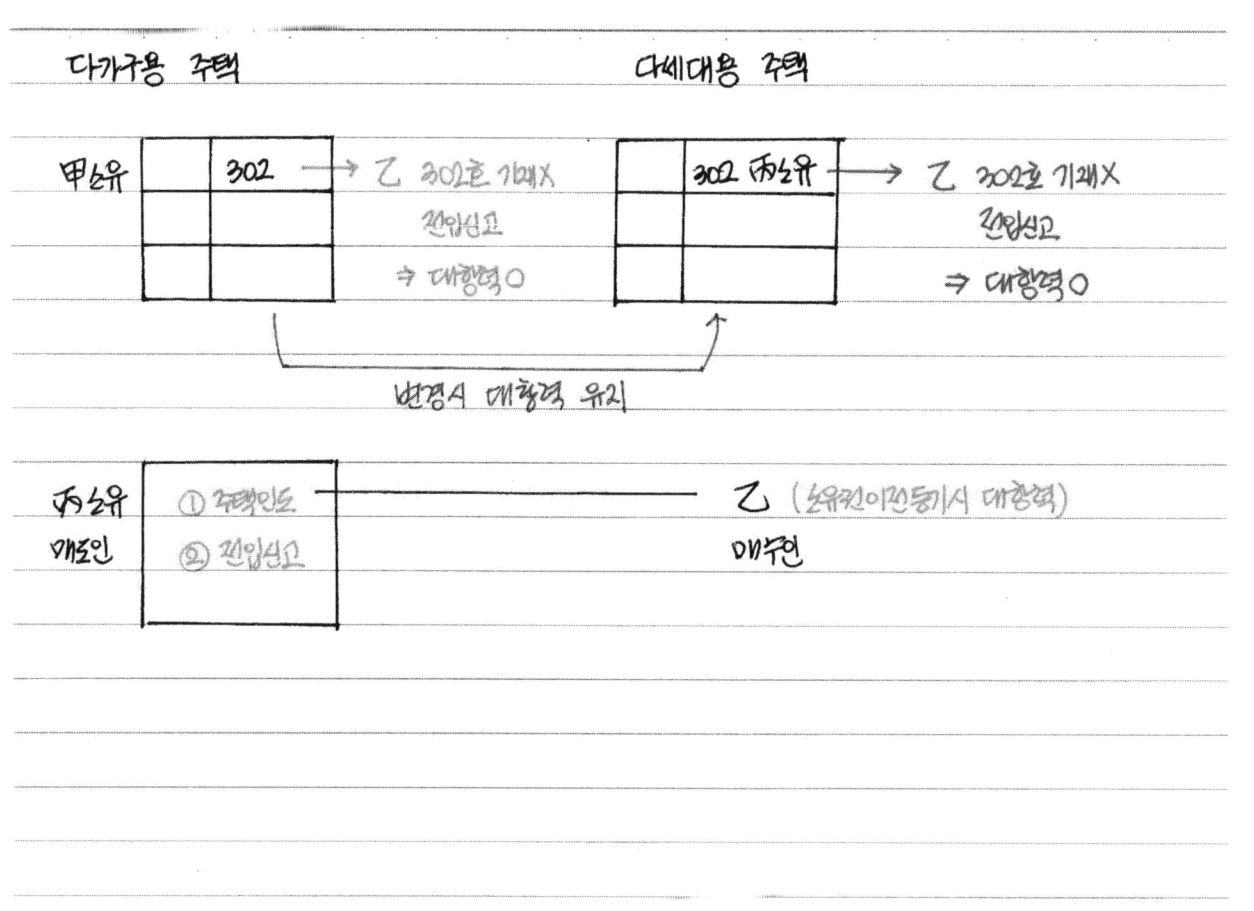

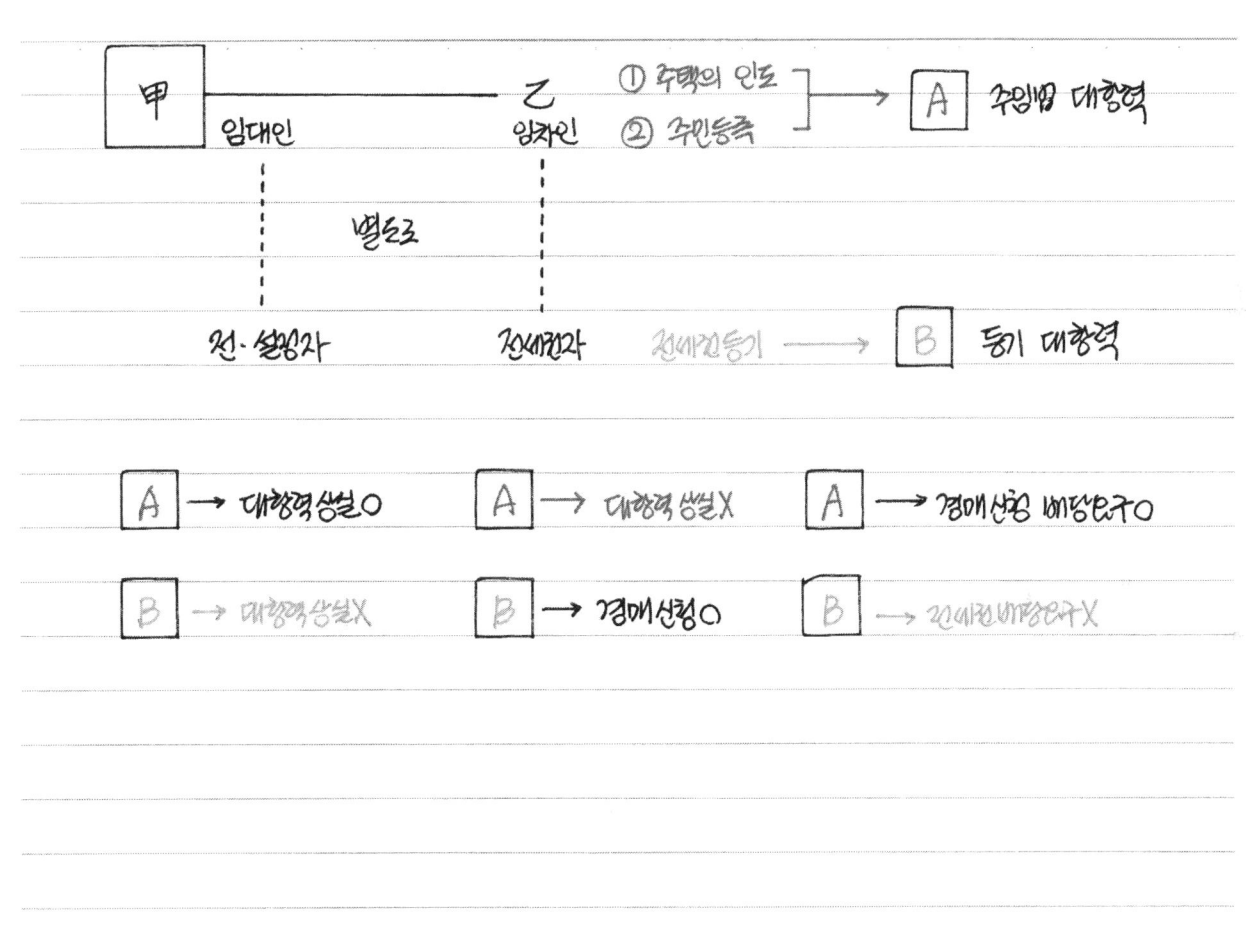

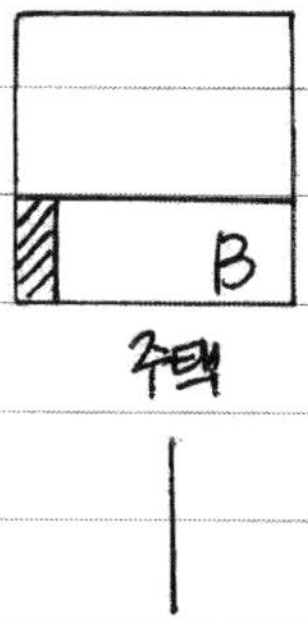

← 주거용 O. 테이크 아웃 카페. ← 주임법 적용 O. 전입신고 O (=대항력 O)

주택

甲 토지 매수인 — 임차주택의 양수인 X

乙 주택 매수인 — (임차인 B가 있는 상태) 임차주택의 양수인 O
丙 임차권 소멸 상태의 주택 매수인 — 임차주택의 양수인 X

丁 주택의 양도담보 — 임차 주택의 양수인 X

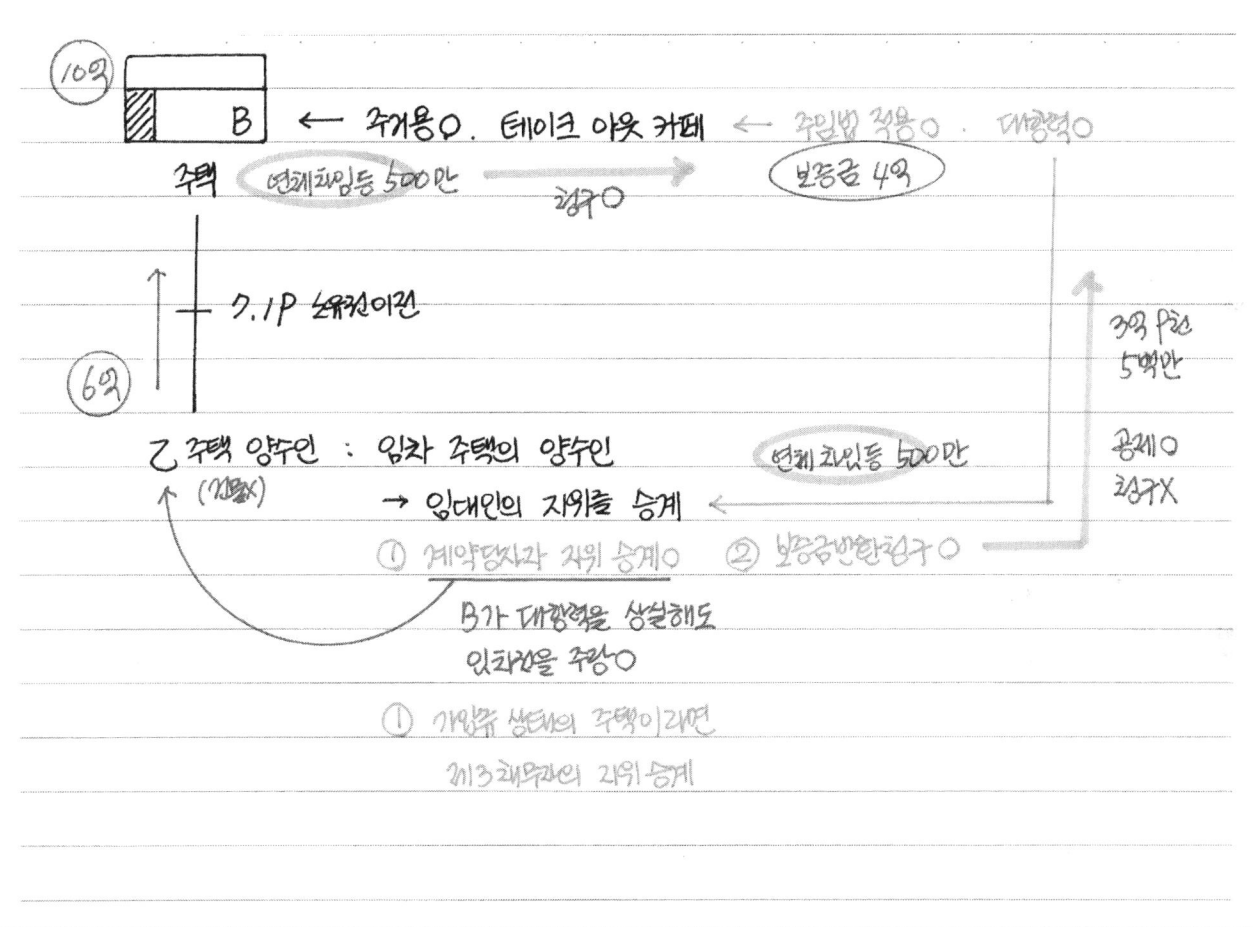

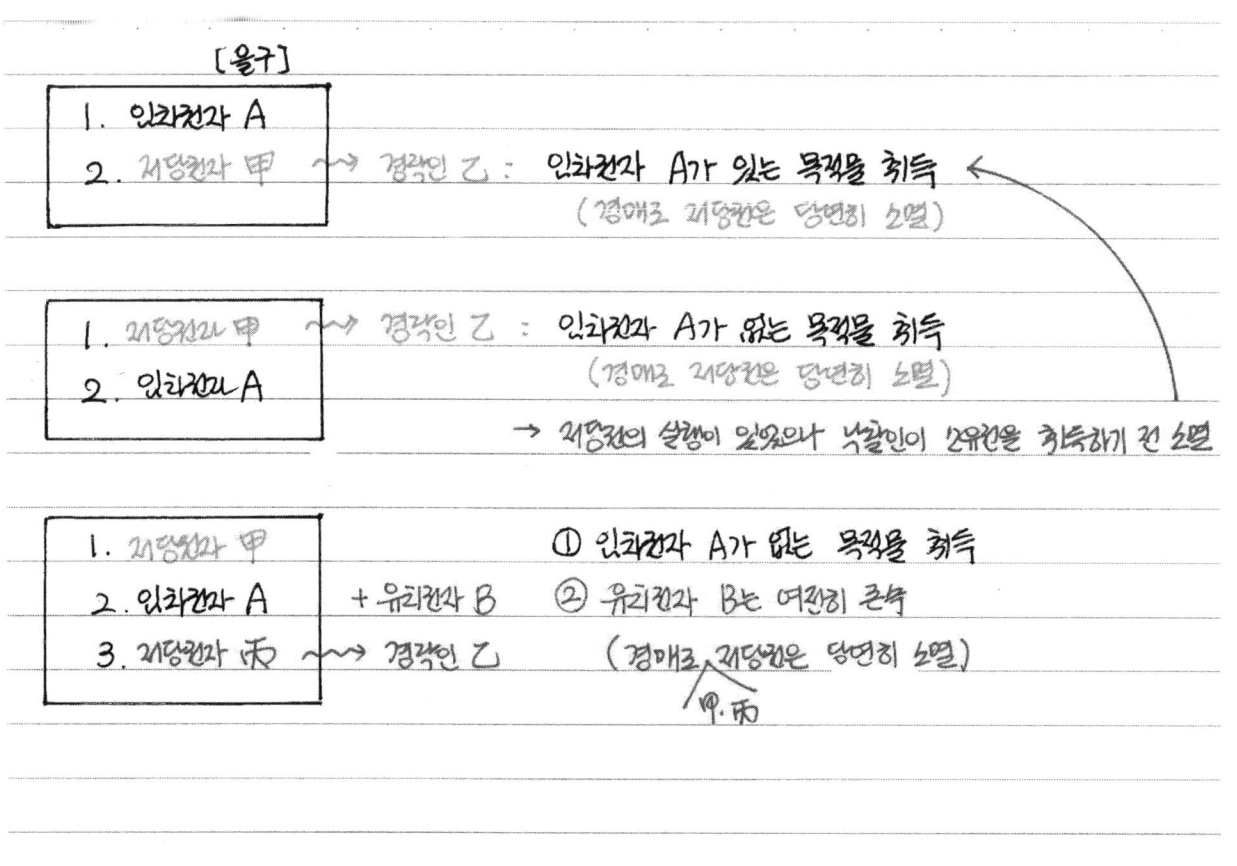

첫번째 임대차 계약

甲 ——————————————————————— 乙
임대인   임차인

민법 [임대기간]
- 기간을 정하지 않음 → 정하지 않음
- 1년 약정 → 임대기간 1년

주임법 [임대기간]
- 기간을 정하지 않음 → 2년
- 1년 약정 → 2년
  - 乙은 1년 주장 O
  - 甲은 1년 주장 X

[증액·감액]
- 한도 없이 증액 O
- 〃 감액 O

[증액·감액]
- (1년마다) 5% 한도 증액 O
- 한도 없이 감액 O

甲	묵시적 갱신	乙
임대인		임차인

민법 — 기간만료 (임대인 통지X, 임차인 통지X)

주임법 — 6개월전 ~ 2개월전 기간만료 (임대인 통지X, 임차인 통지X)

묵시적 갱신 X ① 乙이 2기의 차임액을 연체
　　　　　　　② 乙이 의무를 현저히 위반

[임대기간]
- 기간을 정하지 않음
  - 甲, 乙 언제든지 해지통고
    - 乙은 1개월 후 효력
    - 甲은 6개월 후 효력

[임대기간]
- 2년 ─ 乙은 해지통고 ○ → 3개월 후 효력
  　　└ 甲은 　 〃 　 X

[증액·감액 X]

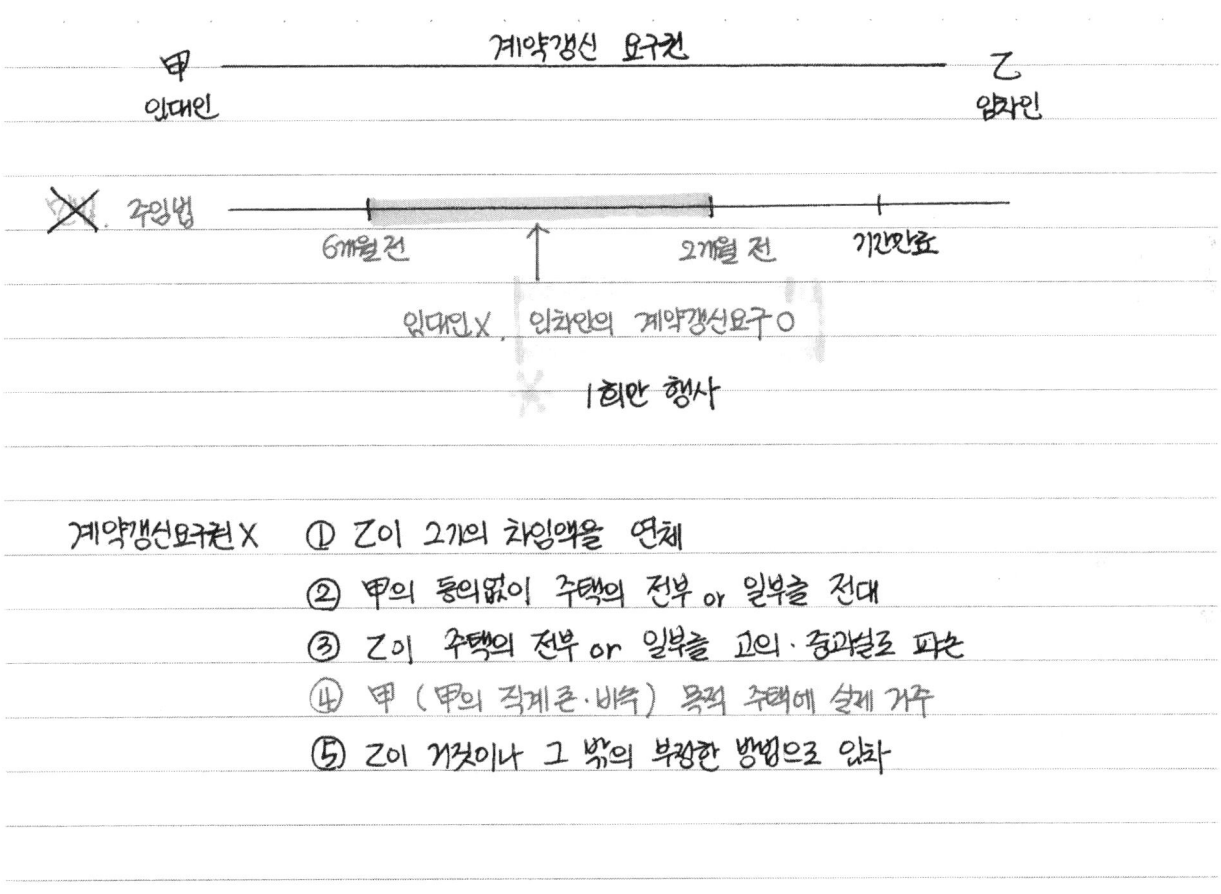

[임대기간]

- 2년 ┌ 乙은 해지통고 O — 3개월 후 효력
      └ 甲은 〃   X

```
                                              ┈> 3개월 후의 효력 X (21. 요)
─────────┬────────────────────┬──────┬──────────────
      6개월전                2개월전   기간만료
         ↑           ↑
      乙이 갱신요구?   乙이 해지통고 → [ 3개월 후의 효력 O (대) ]
```

[증액 · 감액]

┌ (1년 마다) 5% 한도 증액 O
└ 한도 없이 감액 O

```
甲                  < 주.주 - (대)(우)              乙
임대인                 주.주 - 대.우              임차인
```

① 임대차 종료 후 - 乙이 법원에 임차권등기명령 신청 → 임차권 등기
   → 비용 : 乙이 甲에게 청구

② ┌ (대)(우) → 유지
   └ 대 우 → 취득

③   → 최우선변제 : 임차인 丙 → 인정X
   1. 임차인 乙   1. 임차인 乙 (임차권등기)
   2. 임차인 丙   2. 임차인 丙

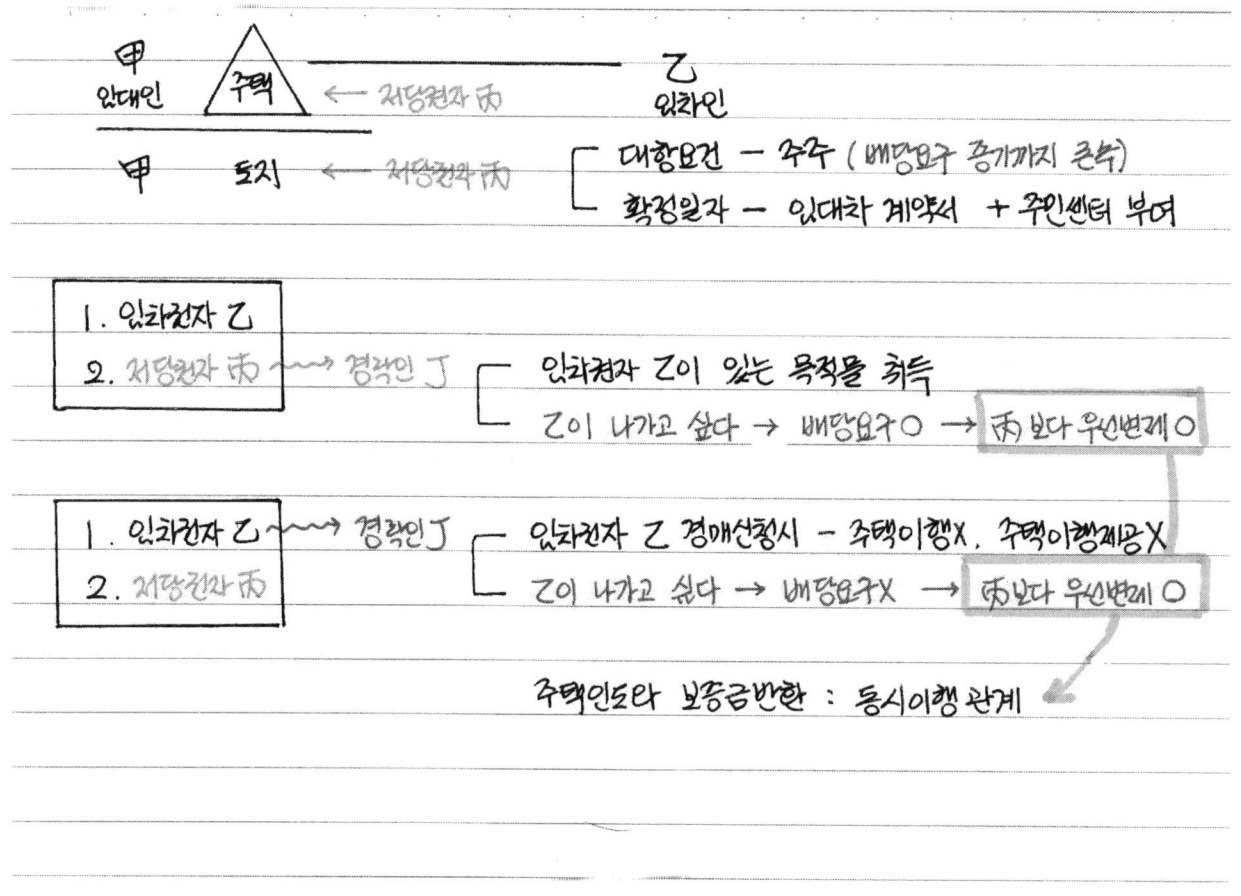

甲 △주택 ← 저당권자 丙   乙
임대인   임차인

甲 토지 ← 저당권자 丙   ┌ 대항요건 - 주소 (배당요구 종기까지 존속)
                        └ 확정일자

┌─────────────────┐
│ 1. 저당권자 丙 ──→ 경락인 J ┌ 임차권자 乙이 없는 목적물 취득
│ 2. 임차권자 乙   └ 乙은 나가면서 → 배당요구 ○ → ┌ 丙보다 소액보증금
└─────────────────┘   └ 우선변제 ○

┌─────────────────┐
│ 1. 저당권자 丙   ┌ 丙보다 소액보증금
│ 2. 임차권자 乙 ──→ 경락인 J ─ 乙은 나가면서 → 배당요구 X → └ 우선변제 ○
└─────────────────┘

서울시 : 보증금 1억 6천 500만원 이하 → 5천 500만원 이하

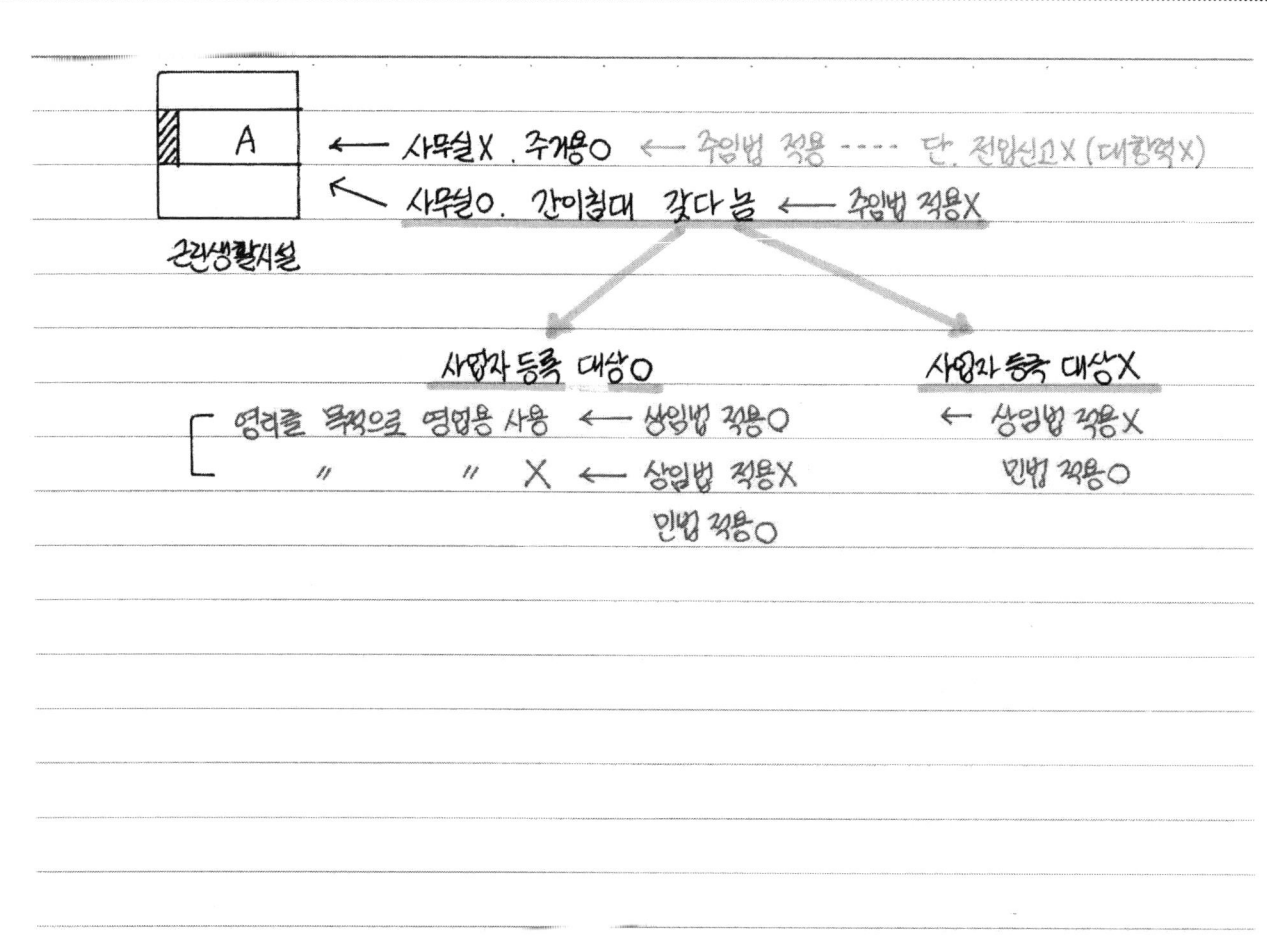

- 주임법 — 주거생활의 안정 보장 — 보증금 10억 ← 주임법 적용O
- 상임법 — 국민 경제생활의 안정 보장
  - 경제활동이 열악한 경우 — 보증금 1억, 월세 100만 ← 상임법 적용O
  - 대기업처럼 경제자력이 큰 경우 — 보증금 10억, 월세 500만 ← 상임법 적용X

기준 ┌ 서울시 9억 초과   ← 상임법 적용X
     └ 세종시 5억 4천만 초과

환산방법 — 보증금 10억 + 차임액 500만 × 100 = 15억 ← 상임법 적용X

☐ 서울시 7억 보증금 + 차임 월 200만 = 환산보증금 9억 ← 상임법 적용 O
　　　　　　　　　　　　　　　　　　　　　　9억초과 X

☐ 서울시 10억 보증금 + 차임 월 500만 = 환산보증금 15억 ← 상임법 적용 X
　　　　　　　　　　　　　　　　　　　　　　9억초과 O

단. ① 대항력
　　② 계약갱신 요구권
　　③ 권리금
　　④ 3기 차임연체와 해지
　　⑤ 감염병 예방에 따른 폐업조치

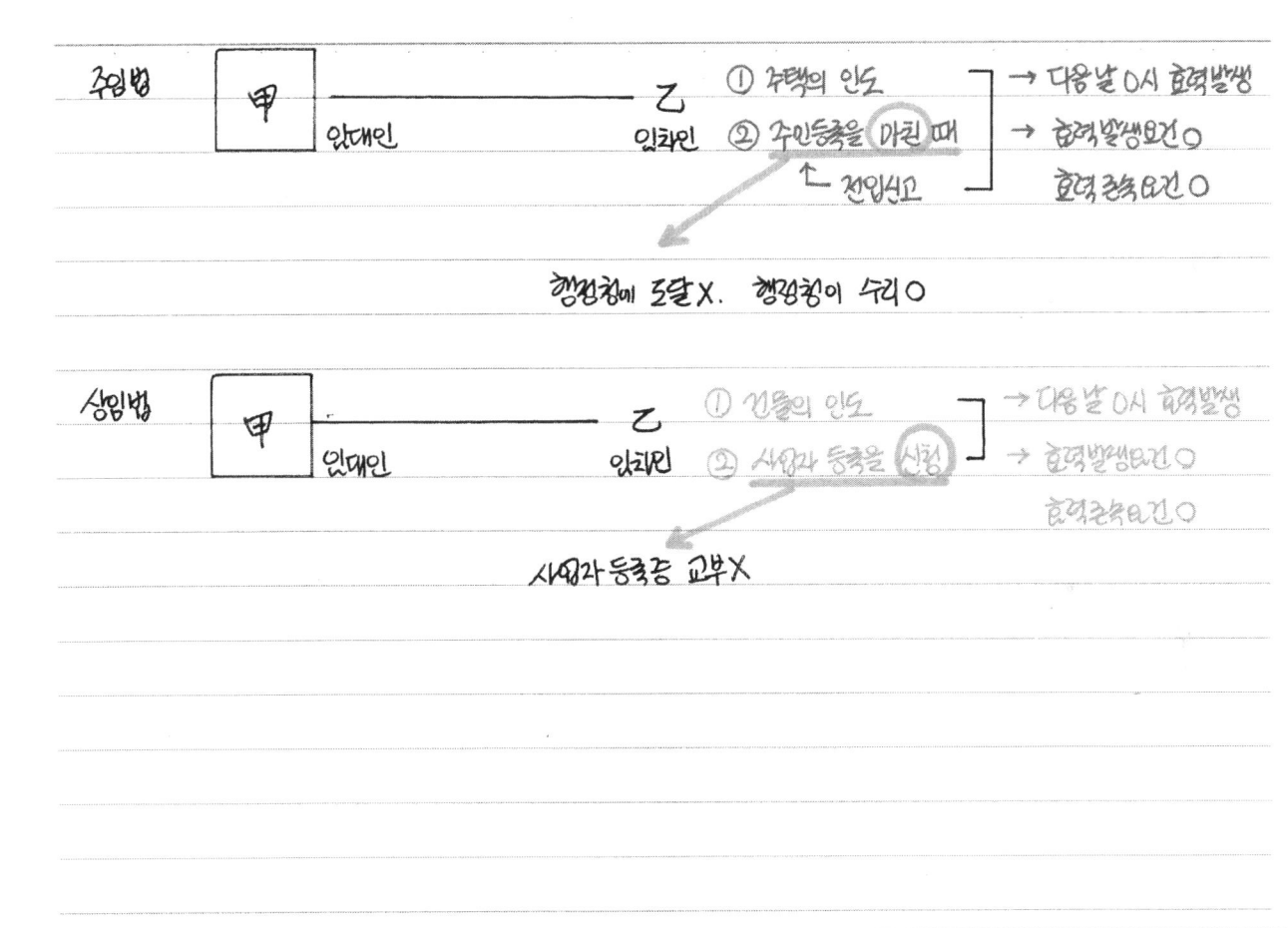

```
                    甲 ─────── 첫번째    임대차 계약 ─────── 乙
                  임대인                                        임차인


    주임법 [임대기간]                    상임법 [임대기간]
    ┌ 기간을 정하지 않음 → 2년           ┌ 기간을 정하지 않음 → 1년
    └ 1년 약정 ─────→ 2년              └ 6개월 약정 ─────→ 1년
              ┌ 乙은 1년 주장 O                 ┌ 乙은 6개월 주장 O
              └ 甲은 1년 주장 X                 └ 甲은 6개월 주장 X


         [증액 . 감액]                        [증액 . 감액]
    ┌ (1년 마다) 5% 한도 증액 O          ┌ (1년 마다) 5% 한도 증액 O
    └ 한도 없이 감액 O                   └ 한도 없이 감액 O
```

　　　　　甲　————— 묵시적 갱신 ————— 乙
　　　　임대인　　　　　　　　　　　　　　　임차인

주임법	상임법
6개월전 ——↑—— 2개월전　기간만료	6개월전 ——↑—— 1개월전　기간만료
임대인 통지X, 임차인 통지X	임대인 통지X, ~~임차인 통지X~~

상임법 측: 기간만료 전부 乙 해지통고
　→ 기간만료로 해지

묵시적 갱신 X ① 乙이 2기의 차임액을 연체
　　　　　　　② 乙이 의무를 현저히 위반

[임대기간]　　　　　　　　　　　　　[임대기간]
- 2년 ┌ 乙은 해지통고 O — 3개월 후 효력　- 1년 ┌ 乙은 해지통고 O — 3개월 후 효력
　　　└ 甲은　 〃　 X　　　　　　　　　　　└ 甲은　 〃　 X

[증액·감액 X]　　　　　　　　　　　[증액·감액 X]

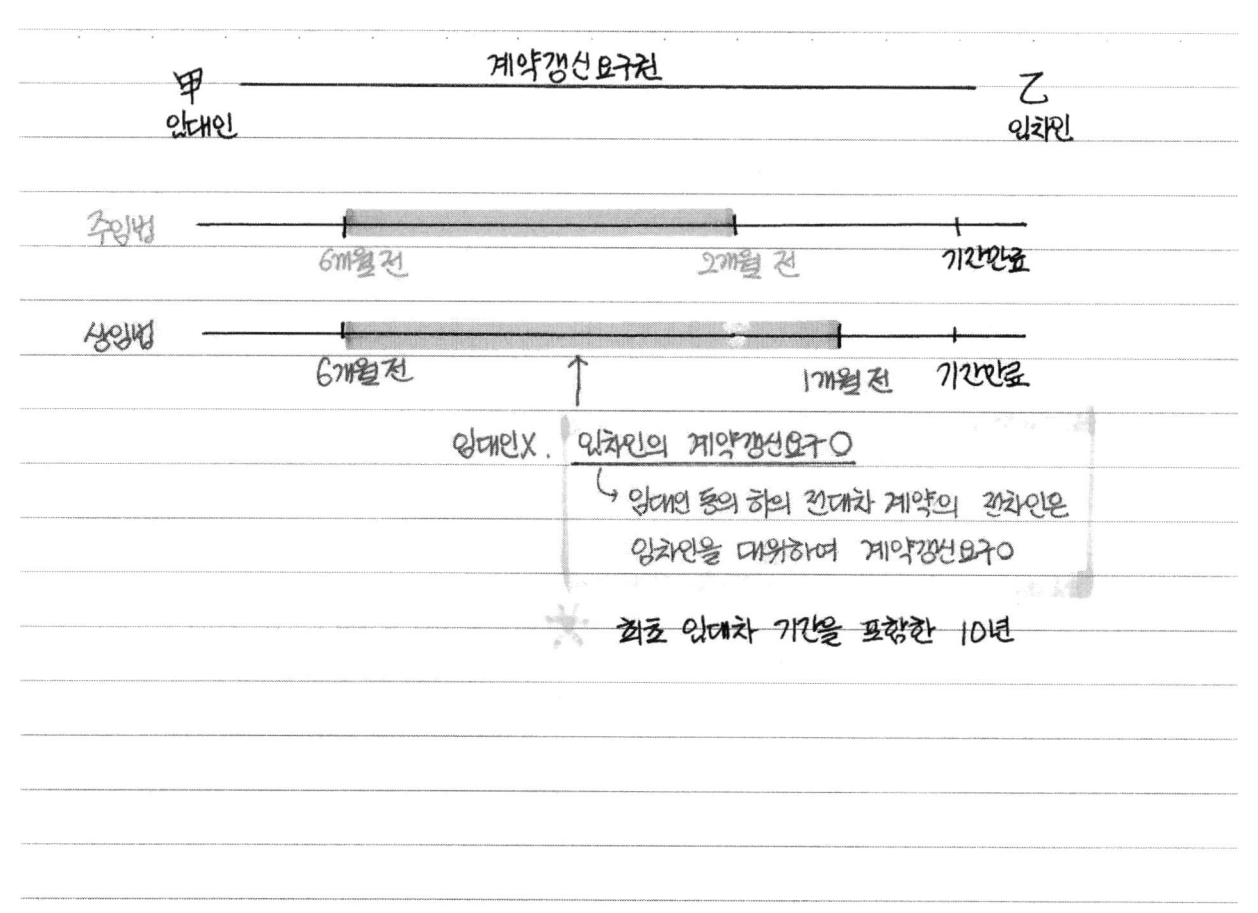

계약갱신 요구권 X

주임법 ① 乙이 2기의 차임액을 연체   상임법 ① 3기
       ② 甲의 동의 없이 주택의 전부 or 일부를 전대   ② 〃
       ③ 乙이 주택의 전부 or 일부를 고의·중과실로 파손   ③ 〃
       ④ 甲 (甲의 직계존·비속) 목적 주택에 실제 거주   ④ ✕
       ⑤ 乙이 거짓이나 그 밖의 부정한 방법으로 임차   ⑤ 〃

주임법 [임대기간]   상임법 [임대기간]
― 2년 ┌ 乙은 해지통고 O ― 3개월 후 효력   ― 전 임대차기간과 동일
       └ 甲은   〃   ✕   ― 甲·乙은 해지통고 ✕

       [증액·감액]   [증액·감액]
┌ (1년 마다) 5% 한도 증액 O   ┌ (1년 마다) 5% 한도 증액
└ 한도 없이 감액 O   └ 한도 없이 감액 O

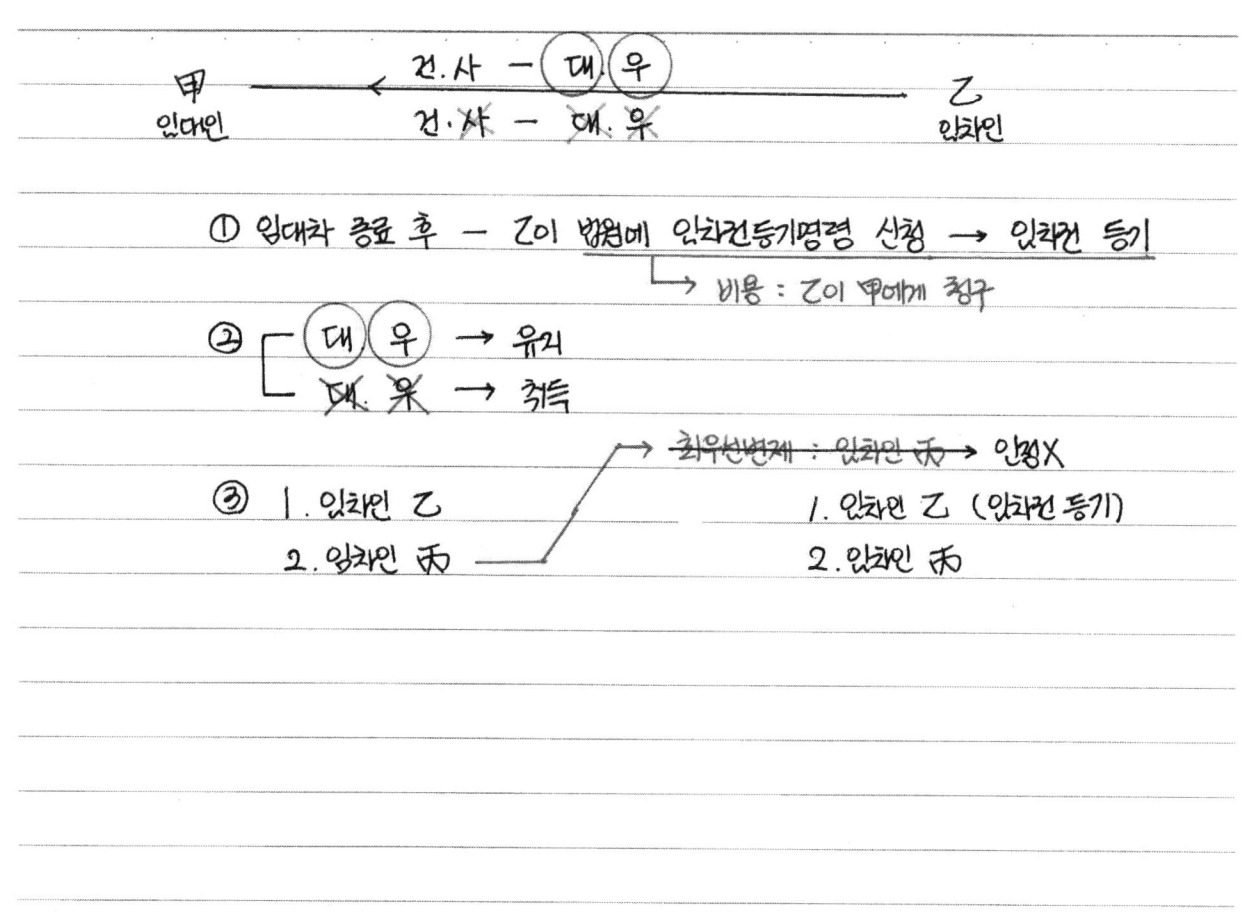

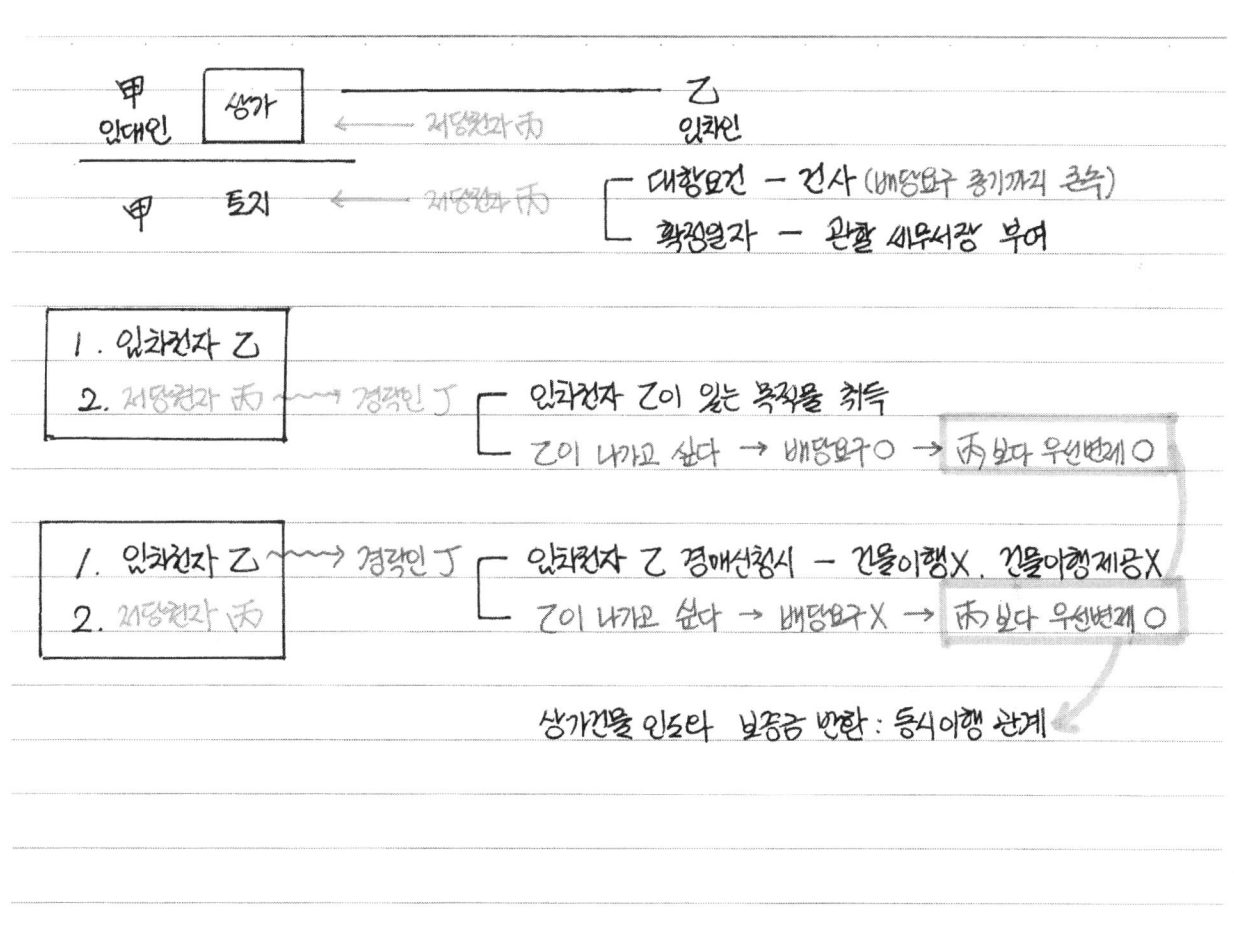

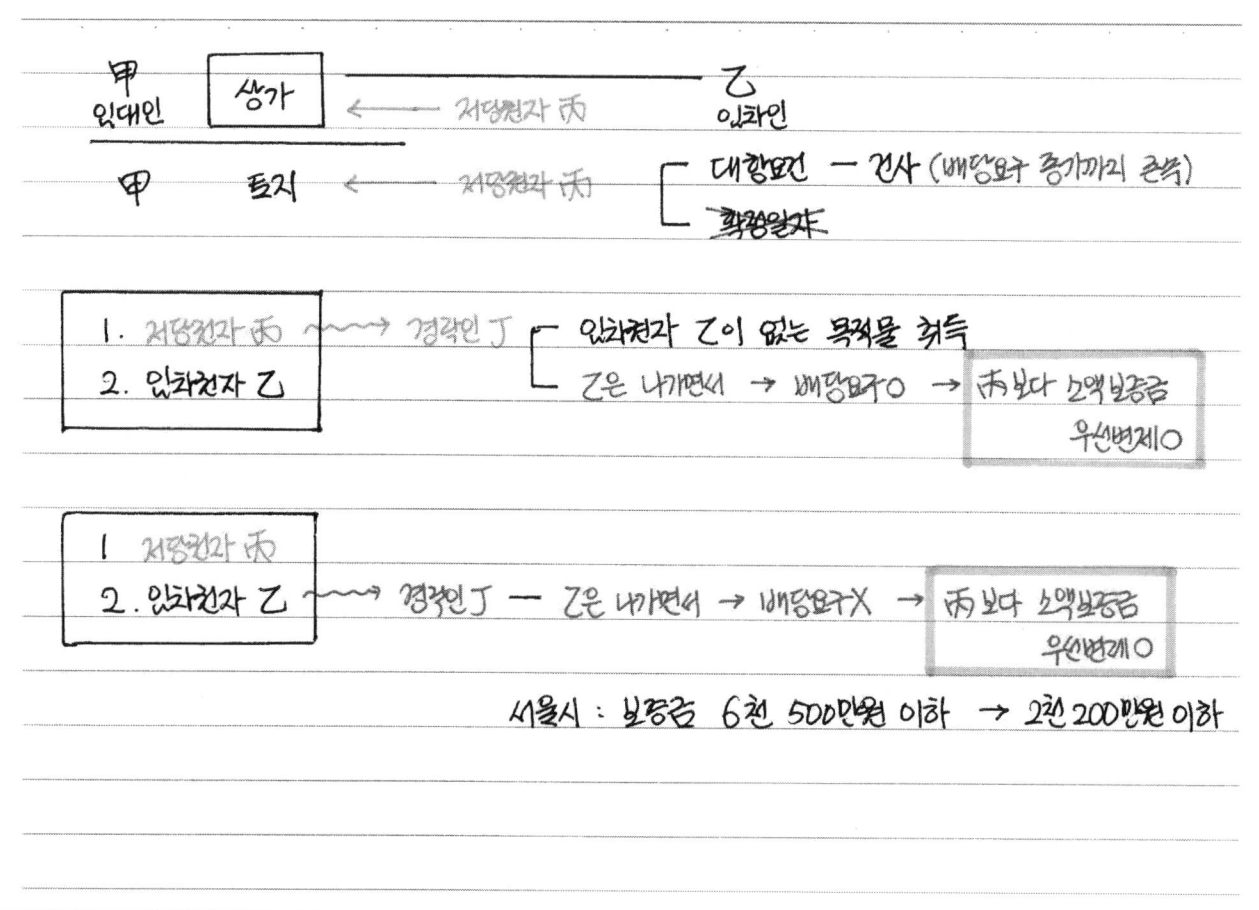

위패스 공인중개사 민법 및 민사특별법 판서노트

초판 1쇄 발행	2025. 03. 01.
글	김묘엽
편집자	구낙회 · 김효선
표 지	그래픽웨일
마케팅	김효선
발행인	윤혜영
발행처	로앤오더
ISBN	979-11-6267-473-4
값	18,000원

2014년 02월 10일 l 제222-23-01234호
서울시 성동구 왕십리로 8길 21-1 2층 201호
전화 02-6332-1103 l 팩스 02-6332-1104
cafe.naver.com/lawnorder21

이 책은 저작권법에 따라 보호받는 저작물이므로 무단복제를 금지하며 이 책 내용의 전부 또는 일부를 이용하려면 반드시 저작권자와 로앤오더의 서면 동의를 받아야 합니다.